Das bietet Ihnen die CD-ROM

- Die besten Musterbewerbungen für Berufseinsteiger, Hochschulabsolventen und Führungskräfte
- Checklisten für Anschreiben, Lebenslauf und Formatierung
- Von Experten kommentierte Hörbeispiele zum Vorstellungsgespräch
- Multiple-Choice-Tests zur Vorbereitung auf den Einstellungstest
- Gehalts- und Bewerbungskostenrechner sowie Formulare für Ihre Bewerberverwaltung

Ca. 100 Bewerbungsmuster in Deutsch und Englisch

Bewerbungen von Hauptschülern, Realschülern, Abiturienten, Berufsanfängern nach einer Ausbildung, Hochschulabsolventen, Angestellten und Führungskräften

Bewerbungen für Praktika, Ausbildungsplätze, zum Berufseinstieg oder Wiedereinstieg nach einer Familienphase, zur beruflichen Weiterentwicklung oder Neuorientierung

E-Mail-Bewerbungen, Bewerbungen uber Bewerber-Management-Systeme oder über den klassischen Postweg

Bewerbungen auf Stellenanzeigen in Printmedien, im Internet, in Online-Jobbörsen oder auf den Websites der Unternehmen

Initiativbewerbungen, Bewerbungen über Fachmessen und Rekrutierungsveranstaltungen, über Personalberater und Personaldienstleistungsunternehmen

Adressen

Stellenmärkte der Tages- und Wochenzeitungen im Internet

Jobbörsen im Internet

Links zum Thema Gehalt

Checklisten (Auszug)

zu Ihren Wettbewerbsvorteilen und Ihrem Kompetenzprofil (fachliche, persönliche, soziale und Methodenkompetenzen)

zu beruflichen Ziel- und Wunschvorstellungen und zur Verfügung stehenden persönlichen Ressourcen

zu Berufen mit Zukunft für Hauptschüler, Realschüler und Abiturienten

zur Analyse von Stellenanzeigen (Muss-, Kann- und versteckte Kriterien)

zum Aufbau Ihrer Bewerbung: Bewerbungsmappe, Anschreiben und Lebenslauf

zu Lücken in Ihrem Lebenslauf und wie Sie diese füllen

zur Online- und Initiativbewerbung

zur Bewerbung bei einer Recruitingveranstaltung: Kurzprofil

zum Vorstellungsgespräch: Wie kleide ich mich richtig? Welche Phasen des Vorstellungsgesprächs gibt es? Mit welchen Fragen muss ich rechnen?

zum Telefoninterview

Überall, wo Sie das Icon sehen, finden Sie die Texte vollständig im DIN-A4-Format auf der CD-ROM – direkt zum Übernehmen in Ihre Textverarbeitung.

Bibliografische Information Der Deutschen Bibliothek

Die Deutsche Bibliothek verzeichnet diese Publikation in der Deutschen Nationalbibliografie; detaillierte bibliografische Daten sind im Internet über http://dnb.ddb.de abrufbar.

ISBN 3-448-07294-X Bestell-Nr. 04261-0001
Ab 01.01.2007: 978-3-448-07294-5

Redaktionsanschrift: Postfach 13 63, 82142 Planegg
Hausanschrift: Fraunhoferstraße 5, 82152 Planegg
Telefon (0 89) 8 95 17-0, Telefax (0 89) 8 95 17-2 50
Internet: http://haufe.de
Lektorat: Jasmin Jallad

Idee & Konzeption: Dr. Matthias Nöllke, Textbüro Nöllke München
Umschlaggestaltung: Luxus Medien Daniel Gunia, 86836 Graben
Lektorat und DTP: Text+Design Jutta Cram, 86391 Stadtbergen
Druck: Himmer GmbH & Co. KG, 86167 Augsburg

Claus Peter Müller-Thurau
Helga Krausser-Raether
Doris und Frank Brenner

Erfolgreich bewerben

Das große Handbuch mit CD-ROM

Inhalt

Vorwort

Sie stehen vor beruflichen Veränderungen? Sie wollen sich bei einem anderen interessanten Unternehmen bewerben? Sie haben das noch nie oder schon seit längerem nicht mehr gemacht? Und fragen sich, welche Anforderungen potenzielle Arbeitgeber heute bei einer Bewerbung an Sie stellen? Eine wichtige Entscheidung für Ihre berufliche Zukunft steht nun an. Diese Entscheidung und ganz besonders ihre Umsetzung erfordern von Ihnen Ihre ganze Energie und eine intensive und zielgerichtete Vorbereitung.
Dieses Handbuch richtet sich an Sie, die Menschen mit Fragen rund um das Thema Bewerbung. Mit Ihren so unterschiedlich geprägten beruflichen und persönlichen Werdegängen. In ganz unterschiedlichen Lebenssituationen und Entwicklungsstufen. In denen Sie mit Änderungen Ihrer Arbeitssituation – freiwillig oder auch nicht – umgehen, die von den Rahmenbedingungen Ihres Arbeitsmarktes oder auch Ihres persönlichen Umfelds abhängen. Diese Änderungen bewirken erste entscheidende Weichenstellungen für Ihre berufliche und persönliche Zukunft. Ihre Bewerbung stellt dabei nur einen Baustein in Ihrem beruflichen Orientierungsprozess dar. Dieser Baustein spielt allerdings eine wichtige Rolle, die des „Türöffners“ für eine neue Aufgabe, ein neues Unternehmen, eine neue Branche. Ihre Bewerbung ist das erste Arbeitsdokument, mit dem Sie sich für diese neuen Aufgaben empfehlen.
Gerade der Bewerbungsprozess wirft bei Ihnen viele Fragen auf. Wo bewirbt man sich am besten? Und wie treffe ich die für mich richtige Entscheidung? Suchen die Unternehmen auch Mitarbeiter wie mich? Wie finde ich meine Stärken und Schwächen heraus? Warum ist eine gute Bewerbung so wichtig? Wie kann ich herausfinden, welches Unternehmen interessant für mich ist? Was wollen und müssen die Unternehmen von mir wissen? Was kommt im Bewerbungsprozess alles auf mich zu? Antworten auf diese Fragen finden Sie in diesem Buch. Und auch die richtige Interpretation von Stellenanzeigen kommt zur Sprache. Denn die Anforderungen in vielen Ausschreibungen hören sich unerreichbar an. Was steckt dahinter? Dieses Buch gibt Ihnen Antworten auf diese Fragen. Es dient Ihnen als Orientierungshilfe im Bewerbungslabyrinth. Mit vielen Tipps und Tricks finden Sie Ihren Weg zu einer gut gemachten Bewerbung, die auch vor den kritischen Augen der Personalverantwortlichen besteht.
Der Bewerbungsprozess besteht grundsätzlich aus drei Phasen: Standortbestimmung – individuelle Bewerbung – Auswahlverfahren im Unternehmen in Form von Einstellungstest, Assessment Center und/oder Vorstellungsgespräch. In der ersten Phase sollten Sie klar definieren, welche Richtung Sie beruflich einschlagen wollen. Dafür erarbeiten Sie mit diesem Buch Ihr eigenes Kompetenzprofil auf der Basis Ihrer fachlichen, sozialen, methodischen und persönlichen Kompetenzen.
„Viele Wege führen nach Rom.“ Dieser Satz gilt auch für die Wege zum Job. Diese unterschiedlichen Wege zum Unternehmen – Jobmessen, Messen, Bewerbung auf Stellenanzeigen in Printmedien und Internet, Bewerber-Management-Systeme, Initiativbewerbung, Personalberatungen – lernen Sie kennen und erfahren, welchen aktuellen Kriterien Ihre Bewerbung jeweils in optischer und inhaltlicher Form genügen muss. Sie erfahren, wie Sie Stellenanzeigen nach Muss- und Kann-Kriterien, Aufgaben und

versteckten Kriterien analysieren. Denn wichtig für Sie ist eine große Übereinstimmung zwischen den in der Anzeige genannten Anforderungen und Ihrer Qualifikation. Die zweite Phase umfasst das Herzstück des Bewerbungsprozesses, Ihre individuelle Bewerbung. „Individuell" heißt für Sie, Ihren Werdegang und Ihre Leistungen – unabhängig von Ihrer Aufgabe, von Ihrem Ausbildungshintergrund und von der Branche, in der Sie tätig sind – klar und authentisch zu präsentieren, ohne dabei Ihr Licht „unter den Scheffel zu stellen". Denn Bewerbungsunterlagen zeigen dem Arbeitgeber schwarz auf weiß, wie der Kandidat oder die Kandidatin später arbeitet: ob sorgfältig oder nachlässig, strukturiert oder chaotisch, mit vielen Umwegen oder zielgerichtet. Es geht im Kern immer darum, überzeugend zu argumentieren, dass man der beziehungsweise die Richtige für die zu besetzende Stelle ist. Auf welche Kenntnisse, Fähigkeiten und Eigenschaften kann man verweisen? Deshalb sollten Sie sich unbedingt ausreichend Zeit für Ihre Unterlagen nehmen. Und jede Bewerbung ganz individuell an die jeweilige Stelle anpassen.
Im großen Teil Bewerbungsmuster erfahren Sie, wie andere Menschen mit unterschiedlichsten beruflichen Schwerpunkten – vom Berufseinsteiger bis zum Manager – ihre Bewerbung aufbauen. Mehr als 100 Bewerbungsmuster finden Sie außerdem auf Ihrer CD-Rom. Kleine Navigationshilfe für Sie: Arbeiten Sie alle Muster und die entsprechenden Kommentare intensiv durch. Wählen Sie dann ein Muster aus, das Ihnen gefällt. Dann erst füllen Sie dieses Muster mit Ihren Daten.
Der erste Schritt ist getan, Sie haben eine Einladung zu einem Einstellungstest, Assessment Center, Telefoninterview oder Vorstellungsgespräch erhalten. Was nun? Wie präsentieren Sie sich auch hier professionell – in den Tests, bei der Darstellung Ihres Werdegangs und bei der Gehaltsverhandlung? Antworten gibt der nächste Teil mit einem ausführlichen Fragenkatalog und Tipps für Ihre Vorbereitung.
Und im Schlussteil schreiben Personalverantwortliche und Führungskräfte aus der Unternehmenspraxis über ihre persönlichen Vorstellungen zum Erfolg Ihrer Bewerbung.
Sie haben Ihre berufliche Zukunft zu einem großen Teil selbst in der Hand. Je besser Sie wissen, was Sie können und was Sie wollen, desto leichter fällt Ihnen der Bewerbungsprozess. Dieses Handbuch vermittelt Ihnen umfangreiches Wissen über alle Themen, die im Bewerbungsprozess für Sie wichtig sind. Nehmen Sie sich daher Zeit für dieses Buch und natürlich für Ihre Bewerbung.

Viel Erfolg!

Helga Krausser-Raether
Claus Peter Müller-Thurau

Frankfurt am Main, März 2006

Vor der Bewerbung: Standortbestimmung

In einem klassischen Bonmot heißt es: „Pepsi schmeckt besser als Coca Cola, wenn es nur einen anderen Namen hätte.“ Eine Marke ist folglich das, was der Einzelne im Kopf hat, und Marketing das Bemühen, die gewünschten Assoziationen und Vorstellungen bezüglich eines Unternehmens, Produkts oder Menschen mit nachhaltiger Wirkung in den Köpfen zu verankern. Genau darum geht es auch, wenn Sie sich als Bewerberin oder Bewerber positiv positionieren möchten.

Experten-Tipp

Worauf es beim Selfmarketing ankommt

Entscheidend ist nicht, wie Sie sind, sondern wie Sie gesehen werden! Die meisten Bewerber scheitern ja nicht, weil sie objektiv für die fragliche Aufgabe ungeeignet sind, sondern weil sie ein unvorteilhaftes Bild von sich vermitteln bzw. weil es Mitbewerbern gelingt, sich besser in Szene zu setzen. Personalentscheidungen werden schließlich nicht von einem seelenlosen Automaten getroffen.

Der Philosoph Arthur Schopenhauer stellte einst fest: „Nicht, was die Dinge wirklich und wahrhaftig sind, macht uns glücklich oder unglücklich, sondern was sie in unserer Vorstellung sind.“ Auf diesem Grundsatz basieren Marketing, Werbung und PR und an diesem Grundsatz müssen Bewerber/innen ihr Handeln ausrichten. Wie viele Menschen mag es wohl geben, die in einer bestimmten Aufgabe etwas Hervorragendes leisten könnten, aber bisher noch nicht an jenen Personalentscheider geraten sind, der sich dies auch vorstellen kann? Und nur das zählt.

Experten-Tipp

Keinen Aktionismus betreiben

Es gibt Menschen, die sehr fleißig sind, aber es kommt nicht viel dabei heraus. Am Ende schieben sie jede Menge Frust, der sich auch auf die persönliche Ausstrahlung negativ auswirkt. Gehen Sie bei Ihren Bewerbungsaktionen konzeptionell-strategisch vor! Praktizieren und üben Sie diese Fähigkeit in eigener Sache – sie wird später im Job und für die weitere berufliche Entwicklung unbedingt gebraucht.

Ein gutes Konzept besteht zunächst in der Klärung von vier Fragen.

To Do

Strategische Fragen stellen und beantworten

- Was kann ich?
- Was sind meine Wettbewerbsvorteile?
- Wie kann ich meine Wettbewerbsvorteile erfolgreich kommunizieren?
- Was will ich überhaupt erreichen?

Wem zu diesen Fragen nichts einfällt oder wer sie falsch beantwortet, kann nicht auch noch erfolgreich sein wollen. Dies gilt für Einsteiger, Umsteiger und Aufsteiger und es gilt auch für jedes Unternehmen.

Was kann ich?

Der Jurist Rolf Schmidt-Holtz, ehemaliger Chefredakteur von WDR und „Stern“, Ex-Vorstand bei Gruner + Jahr und heute u. a. Aufsichtsrat der RTL Group, hat sich kürzlich im „manager magazin“ wie folgt geoutet: „In den meisten Funktionen habe ich erst mal gelernt, dass ich zuvor das Falsche gelernt hatte.“

Wissen ist wichtig – aber wichtiger ist oft die Fähigkeit, Gelerntes wieder zu vergessen, wenn die Umstände es erforderlich machen. Nicht wenige Menschen verfahren nach der Devise: „Das habe ich so gelernt und wenn es in der Wirklichkeit nicht funktionieren sollte – Pech für die Wirklichkeit!“ Sie haben es bemerkt: Die Frage „Was kann ich?“ bezieht sich vor allem auf fachübergreifende Qualifikationen, die so genannten „Soft Skills“. Und die entscheiden maßgeblich über die Zukunftsfähigkeit eines Bewerbers bzw. Mitarbeiters.

Die entscheidende Herausforderung für neue Mitarbeiter/innen heißt deshalb nicht „Zeig, was du weißt!“, sondern: „Zeig, was du kannst!“. Für einen Bewerber reicht aber auch dies nicht. Bei der Jobsuche lautet der Appell: „Zeig, was du besser als deine Mitbewerber kannst!“ Da es nur einen Sieger gibt und Platz zwei und drei wertlos sind, gilt es, sich konsequent mit der Frage zu befassen, wie man nach ganz oben aufs Treppchen kommt.

Was sind meine Wettbewerbsvorteile?

„Ich bin der Glanzpunkt der Natur“, lässt Nestroy seinen Holofernes sagen. „Ich möchte mich mal mit mir selbst zusammensetzen und sehen, wer der Stärkere ist – ich oder ich.“ Mit dieser Haltung kann man nur scheitern. Alleskönner werden weder gesucht, noch wirklich gebraucht. Richtig gefährlich für ein Unternehmen sind jene, die von sich glauben, alles zu wissen und zu können.

Konzentrieren Sie sich deshalb auf einige Eigenschaften, die Ihr Persönlichkeitsprofil wirklich akzentuieren, und versuchen Sie, mit diesen zu punkten. Drei ist hier eine gute Zahl. Es gibt Bewerber, die rattern bei der Frage nach den persönlichen Stärken so ziemlich alle Soft Skills herunter, von denen sie mal gehört haben.

Aber machen Sie sich, bevor Sie loslegen, erst einmal die Situation, in der Sie sich befinden klar, man nennt es das „strategische Wettbewerbsdreieck“:

Das strategische Wettbewerbsdreieck

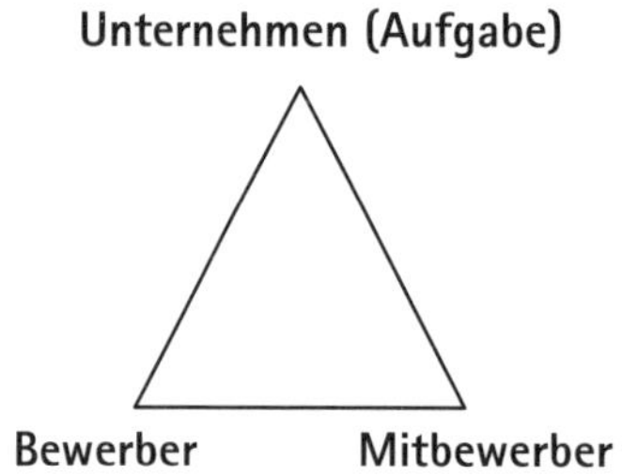

In dieser Wettbewerbssituation befindet sich jeder Jobaspirant: Er muss zunächst einmal Akzeptanz bei seinem Zielunternehmen finden („Könnte passen!") und sich dann gegen seine Mitbewerber durchsetzen („Sie erhalten von uns ein Angebot!").
Dieses Modell bildet auch die Situation eines Unternehmens ab, das mit anderen Betrieben im Wettbewerb um qualifizierte Fach- und Führungskräfte steht. Auch in Zeiten, die für die meisten Bewerber nicht so sind, wie sie sein sollten, erhalten Unternehmen Absagen bzw. verlieren Top-Kräfte an die Konkurrenz.

Die wichtigsten Wettbewerbsparameter

Um die interessanten und besser dotierten Jobs findet naturgemäß ein Gerangel statt. Im Marketing werden die Faktoren, auf die es ankommt, in „Hardware-Komponenten" und „Software-Komponenten" unterschieden.

Die wichtigsten „Hardware-Komponenten"

- Preis (Gehaltswunsch)
- Qualität (Ausbildung, Praxis, Zusatzqualifikationen)
- Verfügbarkeit (Starttermin)
- Mobilität

Diese „Hard Facts" lassen sich recht gut quantifizieren bzw. über Zeugnisse und Zertifikate belegen.

Experten-Tipp

Hard Facts im Selfmarketing

Thomas G. hat sein Studium der Betriebswirtschaftslehre mit Schwerpunkt „Controlling" nach neun Semestern als „Diplom-Betriebswirt" mit der Durchschnittsnote 1,6 abgeschlossen. Danach qualifizierte er sich mit sehr guten Ergebnissen zum MBA.

Vor dem Studium hat er erfolgreich eine Ausbildung zum Bankkaufmann absolviert und war dann zwei Jahre in der zentralen Revision und in Filialen in England und Spanien tätig. Seine Zeugnisse sind überdurchschnittlich gut. Er beherrscht alle gängigen IT-Tools und verfügt über verhandlungssichere Englisch- und Spanischkenntnisse. Der Interessent ist kurzfristig verfügbar und mobil.

Wenn dies alles wäre, mit dem der Bewerber aufwarten kann, hätte er am Ende keine Chance. Im Zweifelsfall gibt es noch andere Interessenten, die diese Kriterien erfüllen. Und selbst wenn er der Einzige wäre, der den formalen Anforderungen entspricht, würde er noch lange nicht das Rennen machen.

Die wichtigsten „Software-Komponenten"

- Verhalten
- Charakter
- Ausstrahlung
- Stil

Persönlichkeit zählt! Auf die „weichen", fachübergreifenden Qualifikationen kommt es an. Fachkenntnisse sind zwar unverzichtbar, haben aber leider oft die Zeit und die mit ihr verbundenen Veränderungsprozesse gegen sich. Eine sozialkompetente, teamfähige, gewinnende und integre Persönlichkeit verfügt dagegen über Wettbewerbsvorteile, die immer gefragt sind und sein werden.

Experten-Tipp

Die Formel des Scheiterns

„Hired by ability, fired by personality." Die meisten Menschen scheitern nicht an der mangelnden Sach-, sondern an einer mangelhaften Sozialkompetenz. Das gilt insbesondere für Führungskräfte und jene, die es werden wollen. Axel Claus Heitmann, Vorstandsvorsitzender des Chemie-Konzerns Lanxess, in einem Interview mit dem „manager magazin": „Der Chef braucht Sensoren für das, was die Mitarbeiter denken. Delegieren kann man das nicht. Ich selbst muss das fühlen."

Einige Manager haben offenbar keine Antenne dafür, wie ihr Verhalten ankommt. Als sich Josef Ackermann als Chef der Deutschen Bank und Angeklagter im Vodafone/Mannesmann-Prozess vor den Kameras zu einem Victory-Zeichen hinreißen ließ, entstand augenblicklich ein irreparabler Schaden. Das Image der Bank und das des deutschen Top-Managements waren ramponiert. Auch an Hilmar Kopper erinnert man sich immer noch: Die „Peanuts“ sind als Unwort des Jahres 1994 noch nicht vergessen.

Was ist überhaupt ein Wettbewerbsvorteil?

Wer sich als Unternehmer oder Bewerber im Markt durchsetzen will, muss sich Gedanken darüber machen, welchen besonderen Nutzen er zu bieten hat bzw. welche Merkmale ihn in eine vorteilhafte Position gegenüber den Mitbewerbern bringen.
Dabei gilt es zu bedenken, dass ein Wettbewerbsvorteil – wenn er sich positiv auswirken soll – unbedingt drei Kriterien erfüllen muss:

- Er muss für den Kunden bzw. potenziellen Arbeitgeber **wichtig** sein.
- Er muss **dauerhaft** sein.
- Er muss vom Kunden bzw. potenziellen Arbeitgeber tatsächlich **wahrgenommen** werden.

Wichtig

Ein Wettbewerbsvorteil muss wichtig sein. Wer sich im Finanz- und Rechnungswesen eines Filialisten für Autoersatzteile bewirbt, mag zwar zu Recht auf seinen Pilotenschein nebst Blindfluglizenz stolz sein, den Gesprächspartner im Vorstellungsinterview dürfte diese Qualifikation aber bei seiner Entscheidungsfindung wenig beeindrucken. Andererseits kann es durchaus vorteilhaft sein, im tabellarischen Lebenslauf unter der Rubrik „Interessen“ zu erwähnen, dass man als Hobbybergsteiger auf dem Mont Blanc war. Sich Ziele zu setzen und diese im Team mit Zähigkeit und Umsicht zu verfolgen ist eine gefragte Schlüsselqualifikation.

Dauerhaft

Ein Wettbewerbsvorteil muss dauerhaft sein. Was für Qualitätsmerkmale von Produkten gilt, gilt auch für die Eigenschaften von Bewerbern. Eine in der Ausbildung gezeigte hohe Leistungsbereitschaft darf nicht in den Niederungen des betrieblichen Alltags auf der Strecke bleiben. Und das erworbene Spezialwissen sollte – wenn nicht übermorgen – so doch wenigstens noch morgen im Unternehmen von Nutzen sein.

Wahrgenommen

Ein Wettbewerbsvorteil muss wahrgenommen werden. Die tollsten Eigenschaften oder Leistungen bleiben im Bewerbungsprozess wirkungslos, wenn sie von den Entscheidern nicht bemerkt werden. „Tue Gutes und sprich drüber!" Dieser alte PR-Slogan gilt auch für ein erfolgreiches Selfmarketing. Was in einem steckt, muss deutlich gezeigt werden.

Experten-Tipp

Nur wahrgenommene Wettbewerbsvorteile zählen

Entscheidend für Ihren Markterfolg ist nicht, welche Qualifikationen auf der **objektiven** Ebene vorhanden sind, sondern ob diese von Ihren Interviewpartnern **subjektiv** wahrgenommen werden.

Wenn beispielsweise Organisationstalent eine wichtige Anforderung im Stellenprofil ist und diese Eigenschaft zu Ihren Stärken zählt, sollten Sie Beispiele parat haben, die dies „unterfüttern". Sie haben als Schülerin, Auszubildende oder Studentin Feste oder Ausflüge organisiert? Sie haben sich bei Projekten um die angemessenen Rahmenbedingungen und den reibungslosen Arbeitsablauf gekümmert? Sprechen Sie darüber! Gehen Sie darauf schon im Anschreiben ein.

Mit diesen Kriterien im Kopf können Sie sich nun an die Definition jener persönlichen Wettbewerbsvorteile machen, die Sie im Zuge Ihrer Bewerbungsaktion kommunizieren wollen.

Meine persönlichen Wettbewerbsvorteile im Bereich der „Hard Facts"

Checkliste: Mit welchen „Hard Facts" kann ich mich als Bewerber/in um die Position als … bei der Firma X profilieren?

Checkliste

Wettbewerbsvorteile „Hard Facts"	ja	nein		ja	nein
Schule bzw. Schulabschlüsse	✓		Sprachen		
Ausbildung			Auslandsaufenthalt		
Image der Ausbildungsfirma			IT-Kenntnisse		
Branche der Ausbildungsfirma			Praktika		
Studiengang			Nebenjobs		
Studienschwerpunkt			Gesellschaftliches Engagement (Ehrenamt)		
Thema der Diplomarbeit			Sportliche Leistungen		

Wettbewerbsvorteile „Hard Facts"	ja	nein		ja	nein
Studiendauer			Preise („Jugend musiziert", „Jugend forscht" etc.)		
Ruf der Hochschule			Besondere Erfolge		
Ausbildung und Studium			Besondere Interessen		
Überdurchschnittlich gute Examina			Besondere Ereignisse in der persönlichen Biografie		
Zusatzqualifikationen mit Abschluss					

Prüfen Sie bei jedem „Ja", ob es sich im Hinblick auf die angestrebte Position wirklich um einen Wettbewerbsvorteil handelt. Ist das Merkmal wichtig, dauerhaft und wahrnehmbar?

Experten-Tipp

„Vertriebsbeauftragte/r im Kfz-Leasingvertrieb"

Die Schwerpunkte dieser Tätigkeit sind:

- Akquisition von Neukunden
- Pflege und Ausbau bestehender Kundenbindungen
- Kreative Weiterentwicklung der Vertriebsstrategie
- Vertriebssteuerung und Controlling
- Erstellung und Präsentation von Angeboten und Ausschreibungen

Jörn E. interessiert sich für diese Aufgabe und profiliert sich über die folgenden „Hard Facts":

- Studium an der Fachhochschule für Wirtschaft Berlin, deren Studiengänge konsequent mit Blick auf die Praxis konzipiert sind
- Abschluss als Dipl.-Kaufmann (FH) mit dem Studienschwerpunkt „Rahmenbedingungen und Management von Dienstleistungen"
- Thema der Diplomarbeit: „Kundenorientierte Servicestrategien im Vertrieb von Investitionsgütern"
- Die in den Hauptstudiengang integrierte Praxisphase wurde in einem Autohaus absolviert.
- Studienbegleitend freie Mitarbeit bei einem Finanzdienstleister

Diese „Hard Facts" sagen natürlich noch nichts darüber aus, ob jemand verhandlungs- und abschlusssicher ist und in der Lage sein wird, das Geschäftspotenzial in seinem Vertriebsgebiet zu erschließen. Da die Tätigkeit von einem Homeoffice aus wahrgenommen wird, ist außerdem ein hohes Maß an Selbstständigkeit und Eigenmotivation erforderlich. Jetzt kommen die „Soft Skills" ins Spiel.

Meine persönlichen Wettbewerbsvorteile im Bereich der „Soft Skills"

Mit welchen „Soft Skills" kann ich mich als Bewerber/in um die Position als ... profilieren?

Checkliste Wettbewerbsvorteile „Soft Skills"	Ausprägung: „Soft Skills"						
	schwach			mittel		stark	
Eigenmotivation	1	2	3	4	5	6	7
Zielorientierung	1	2	3	4	5	6	7
Lernbereitschaft	1	2	3	4	5	6	7
Belastbarkeit	1	2	3	4	5	6	7
Analytische Fähigkeiten	1	2	3	4	5	6	7
Urteilsvermögen	1	2	3	4	5	6	7
Strategisches Denkvermögen	1	2	3	4	5	6	7
Kommunikationsstärke	1	2	3	4	5	6	7
Kontaktfähigkeit	1	2	3	4	5	6	7
Empathie	1	2	3	4	5	6	7
Repräsentatives Auftreten	1	2	3	4	5	6	7
Selbstsicherheit	1	2	3	4	5	6	7
Verhandlungsgeschick	1	2	3	4	5	6	7
Akquisitorische Fähigkeiten	1	2	3	4	5	6	7
Kundenorientierung	1	2	3	4	5	6	7
Technisches Interesse	1	2	3	4	5	6	7
Selbstständigkeit	1	2	3	4	5	6	7
Teamfähigkeit	1	2	3	4	5	6	7
Flexibilität	1	2	3	4	5	6	7
Kreativität	1	2	3	4	5	6	7
Selbstkritik	1	2	3	4	5	6	7
Entscheidungsfähigkeit	1	2	3	4	5	6	7
Durchsetzungskraft	1	2	3	4	5	6	7
Führungspotenzial	1	2	3	4	5	6	7

Meine Schlüsselqualifikationen – Mein Kompetenzprofil

Jetzt wissen Sie, dass sich Ihre Kompetenzen als „hard facts" und „soft skills" beschreiben lassen. Und Sie haben bereits eine Übersicht darüber gewonnen, was sich unter den Begriffen verstehen lässt. Um nun Ihre eigenen Schlüsselqualifikationen herausarbeiten und zu einem persönlichen Kompetenzprofil zusammenstellen zu können, werden diese beiden Bereiche noch einmal in je zwei Kompetenzen unterteilt:

- fachliche Kompetenz
- Methodenkompetenz

} hard facts

- Sozialkompetenz
- persönliche Kompetenz

} soft skills

Im Schnittpunkt dieser vier Komponenten liegt die Handlungskompetenz. Sie bezeichnet die Fähigkeit, zielgerichtet, aufgabengemäß, der Situation angemessen und verantwortungsbewusst betriebliche Aufgaben zu erfüllen und Probleme zu lösen. Und zwar entweder allein oder im Team – je nach arbeitsorganisatorischen Gegebenheiten.

Fachliche Kompetenz

Basis für Ihre Bewerbung ist eine genaue Analyse Ihres beruflichen und persönlichen Werdegangs und die Erstellung Ihres Kompetenzprofils. Sie starten daher mit den „harten" Fakten – Ihren beruflichen Daten. Diese können Sie in der folgenden Übersicht auflisten.

Übersicht: Mein beruflicher Werdegang

Zeitliche Daten	Arbeitgeber, Ort (Branche, Produkt etc.)	Meine Position	Meine Aufgaben/ausgeführten Tätigkeiten
Stelle 1			
Stelle 2			
Stelle 3			
Stelle 4			

Wie definieren Sie nun Ihre fachlichen Kompetenzen? Fachliche Kompetenzen bilden das Fundament Ihrer beruflichen Qualifikation. Sie erwerben diese Kompetenzen über Ihre Ausbildung und/oder Ihr Studium, über Ihre Tätigkeiten und auch über Weiterbildungsmaßnahmen. Es handelt sich um Wissen und Kenntnisse, die Sie im Lauf Ihres Lebens gesammelt haben, aber auch um die Erfahrung, die damit einhergeht.

Checkliste: Fachliche Kompetenzen

Frage	Notizen
Welchen höchsten Schulabschluss habe ich?	
Welche Fachkenntnisse habe ich in meiner Ausbildung erworben?	
Welche Kenntnisse habe ich im Studium erworben?	
Welchen Studienabschluss habe ich?	
Welche Kenntnisse habe ich in Praktika oder anderen studienbegleitenden Tätigkeiten erworben?	
Welche beruflichen Tätigkeiten habe ich in welcher Länge seit der Ausbildung/dem Studium bis heute ausgeübt?	

Frage	Notizen
Welche Aufgaben und Aufgabenschwerpunkte waren mit den einzelnen Tätigkeiten verbunden?	
Welche Verantwortlichkeiten hatte ich?	
Wurde ich befördert?	
Welche beruflichen Kenntnisse habe ich in den beruflichen Stationen erworben?	
Wie kann ich diese Kenntnisse nachweisen?	
Sind die Kenntnisse so aktuell, dass ich sie in meinen Lebenslauf einbauen können?	
Welche Fremdsprachenkenntnisse habe ich?	
Wie gut sind meine EDV-Kenntnisse? (In Standardsoftware wie Word, PowerPoint, Excel, Internet, SAP, Lotus Notes u. a.)	
Welche Weiterbildungen habe ich besucht? Welches Wissen habe ich dort erworben?	

Um eine inhaltliche Struktur in Ihre beruflichen Stationen zu bringen, empfehle ich Ihnen die Erarbeitung von Leistungsbeispielen (oder auch PAR-Liste: Problem – Aktion – Resultat). Grundlage dafür sind ein bis drei fest definierte Aufgaben oder Projekte, an denen Sie jeweils gearbeitet haben. Diesen Fragenkatalog können Sie auf sehr viele Bereiche nicht nur Ihres beruflichen Lebens anwenden. In Zeiten, in denen Sie nicht beruflich tätig waren, haben Sie vielleicht an Projekten im ehrenamtlichen Bereich gearbeitet. Auch für diese Themen eignet sich diese Sammlung. Denn auch dort haben Sie bestimmte Aufgaben bewältigt, die Ihnen neue Erfahrungen gebracht haben. Im Vordergrund steht die systematische Aufarbeitung Ihrer Lebensstationen, um sie sinnvoll in Ihren Lebenslauf einzubauen. Für Ihren Lebenslauf wählen Sie dann bis zu drei Aufgabenstellungen aus, die Sie in die einzelnen beruflichen Stationen einfügen. Wichtig ist die Strukturierung dieser Kompetenzen für Ihren Lebenslauf
Beachten Sie auch mögliche Lücken und Übergangsphasen der Stellensuche oder Erziehungszeiten. In dieser Rückschau wird Ihnen bewusst, wo Ihre fachlichen Stärken liegen und welche Problemstellungen Sie lösen können.
Leistungsbeispiele helfen Ihnen, sich über Ihre Fähigkeiten klar zu werden und daraus die beruflichen Kenntnisse abzuleiten, die Sie erworben haben. Sie erhalten Einsichten über Ihre Zielsetzung und werden sicherer im Hinblick auf die Identifizierung Ihrer beruflichen Zukunft. Außerdem füllen Sie Ihren Lebenslauf mit Ihren wichtigsten Arbeitsergebnissen. Auf diese Weise dokumentieren Sie in der Folge auch sichtbar für andere Personen, was Sie können und was Sie von anderen potenziellen Kandidaten für eine Stelle unterscheidet.
Mit diesem Lebenslauf strukturieren Sie gleichzeitig auch Gesprächsinhalte vor. Sie gewinnen mehr Sicherheit, da Sie auf alle Fragen zu Ihren beruflichen Kenntnissen und Erfahrungen gut vorbereitet sind. Mit den Fragen, die Sie in der PAR-Checkliste finden, können Sie im ersten Schritt Aufgaben und Probleme zusammentragen, die Sie

CD-ROM

im Verlauf Ihrer verschiedenen Beschäftigungsverhältnisse und Positionen erarbeitet haben.

Checkliste: Die PAR-Liste (Problem – Aktion – Resultat)

Frage	Notizen
Problem/Aufgabenstellung	
Welche Hauptaufgaben wurden mir in meiner Position übertragen?	
Welche zusätzlichen Aufgaben?	
An welchen Projekten habe ich gearbeitet? An welchen war ich beteiligt?	
Welche Sonderaufgaben?	
Aktion/Handlung	
Konkrete Beschreibung der Vorgehensweise zur Lösung: Was habe ich getan?	
Wie habe ich begonnen und wie bin ich im Einzelnen vorgegangen?	
Was habe ich unternommen?	
Welchen persönlichen Anteil hatte ich an gemeinsamen Aktivitäten?	
Resultat/Ergebnis	
Beschreibung des Nutzens/Vorteils (für das Unternehmen/für die Beteiligten) – quantitativ (Umsatz, Gewinn, Zeit etc.) – qualitativ (Innovation etc.)	
Abgeleitete Fähigkeiten und persönliche Stärken	
Welche Eigenschaften brauchte ich, um die Arbeitsergebnisse zu erzielen?	
Abgeleitete Kenntnisse	
Welche fachlichen und beruflichen Kenntnisse habe ich genutzt, um die beschriebene Leistung zu erbringen?	
Welche Kenntnisse habe ich in der Aufgabe entwickelt und neu erarbeitet?	

Sozialkompetenz

Diese Kompetenz bezeichnet die Fähigkeit, in unterschiedlichen Situationen zielgerichtet und sinnvoll mit unterschiedlichen Menschen umgehen zu können.

Checkliste: Soziale Kompetenzen

Was	Notizen
Teamfähigkeit als Ihr Wille zur Zusammenarbeit: Arbeite ich gern in Gruppen? Was gefällt mir daran? Nehme ich in einer Gruppe immer eine bestimmte Rolle ein?	
Einfühlungsvermögen/Empathie: Bin ich in der Lage, mich in andere Menschen hineinzuversetzen? Ohne sie mit meinen eigenen Maßstäben zu beurteilen?	
Kommunikationsfähigkeit: Kann ich mich gut schriftlich und mündlich ausdrücken? Kann ich diskutieren? Wie steht es um meine an unterschiedliche Zielgruppen gerichtete Kommunikation?	
Konfliktfähigkeit: Kann ich mich mit anderen Menschen auseinander setzen, ohne zu verletzen?	
Kontaktfähigkeit: Kann ich schnell Kontakte in einem neuen Umfeld aufbauen? Gehe ich offen auf unbekannte Personen zu?	
Motivationsfähigkeit: Kann ich nicht nur mich, sondern auch andere Menschen motivieren?	
Toleranz: Habe ich die Fähigkeit, andere Meinungen gelten zu lassen, auch wenn sie von meiner eigenen abweichen?	
Führungseigenschaften: Verfüge ich über die Fähigkeit, Menschen zielorientiert zu führen? Zu diesen Eigenschaften gehören z. B. Souveränität und Sicherheit, Durchsetzungsstärke und Einfühlungsvermögen. Überprüfen Sie Ihre persönlichen Kompetenzen!	

Denken Sie daran, dass Sie für die einzelnen Eigenschaften immer auch Beispiele aus Ihrem beruflichen oder außerberuflichen Umfeld benennen. Im Vorstellungsgespräch müssen Sie darauf vorbereitet sein, Ihre Kompetenzen auch durch Praxisbeispiele zu belegen. Es reicht nicht, einfach nur von sich zu behaupten, z. B. teamfähig zu sein. Sie müssen das im Gespräch beweisen können. Einige der oben genannten Kompetenzen sind Fähigkeiten, die Sie durch Ausbildung, Erfahrung und Weiterbildung entwickelt haben.

Persönliche Kompetenzen

Erst eine Betrachtung Ihrer persönlichen Eigenschaften mit dem Bezug auf Ihre eigene Person ergeben ein vollständiges Profil.

Checkliste: Persönliche Kompetenzen

Was	ja	nein
Konzentrationsfähigkeit – Kann ich mich gut auf ein Thema konzentrieren?	✓	
Selbstständigkeit		
Fähigkeit zu Selbstkritik		
Kreativität		
Flexibilität – Bin ich fähig, neue Wege zu beschreiten/umzuziehen/umzudenken, wenn der bisherige Weg sich nicht als der richtige herausstellt?		
Durchsetzungsvermögen		
Ausdauer		
Eigeninitiative		
Anpassungsfähigkeit – Kann ich mich veränderten Situationen schnell anpassen?		
Selbstmotivation – Bin ich in der Lage, mich bei Tiefschlägen selbst aufzuraffen und weiterzumachen?		
Arbeitseinstellung/Leistungsbereitschaft		

Lassen Sie sich bei Ihren persönlichen Kompetenzen auch eine Einschätzung durch andere Personen geben.
Eine weitere Einschätzung Ihrer persönlichen Fähigkeiten gelingt Ihnen mit folgender Tabelle, die Sie auch auf Ihrer CD finden.

Checkliste: Wie schätze ich meine persönlichen Fähigkeiten ein?

	Schwach ausgeprägt						Stark ausgeprägt
	- 3	-2	-1	0	+1	+2	+3
sachlich-nüchtern							
selbstbewusst							
tatkräftig, aktiv							
ausdauernd							
schnell							
anpassungsfähig							
risikofreudig							
zuverlässig							
aufgeschlossen							
schlagfertig							
kreativ							
zielstrebig							

	Schwach ausgeprägt					Stark ausgeprägt
	-3	-2	-1	0	+1	+2	+3
begeisterungsfähig							
vielseitig							
ehrgeizig							
belastbar							
geltungsbedürftig							
impulsiv							
kontaktfreudig							
tolerant							
sensibel							
ausgeglichen							
kompromissbereit							
optimistisch							
mutig							
sympathisch							
ungeduldig							
lernbereit							
hilfsbereit							
fähig, andere zu beeinflussen							
autoritär							
teamfähig							
kritikfähig							
unsicher							

Selbsteinschätzung versus Fremdeinschätzung durch andere Personen

Diese Übersicht sollten Sie auch anderen Personen vorlegen, um eine realistische und ehrliche Einschätzung Ihrer Persönlichkeit zu erhalten. Bitte beachten Sie: In einem Vorstellungsgespräch werden Ihnen Fragen zu Ihren Stärken und Schwächen gestellt, zum Teil in direkter Form („Beschreiben Sie uns bitte Ihre Stärken ...“, „Wo sehen Sie Ihre Schwächen und Defizite?“), zum Teil auch indirekt („Wenn ich Ihren jetzigen Vorgesetzten bitte, Sie mit Ihren Stärken zu beschreiben, wie würde er/sie das tun?“, „Was sind Ihre Stärken im Vergleich zu anderen?“).

Die Übersicht ermöglicht Ihnen daher eine frühzeitige Auseinandersetzung mit Ihren individuellen Persönlichkeitskriterien. Bei der Frage nach den Stärken werden Sie immer auf einem schmalen Grat wandeln, der zwischen „Überverkaufen“ und „das eigene Licht unter den Scheffel stellen“ liegt. Ich ermutige Sie, sich einfach mal eine Note besser zu bewerten und einer Person Ihres Vertrauens die ausgewählten Eigenschaften zu beschreiben. Und ganz besonders andere Personen aus Ihrem Umfeld zu befragen. Ein Hinweis am Rande: Belegen Sie Ihre Stärken mit Beispielen, z. B. die Stärke Durchsetzungsfähigkeit: Woran machen Sie diese fest? Haben Sie dafür Beispiele aus Ihrem beruflichen oder persönlichen Alltag?

Auch Ihre Schwächen können Sie mit der Übersicht definieren. Und benennen Sie durchaus Ihre Misserfolge, ob im beruflichen oder persönlichen Umfeld. Auch hier gilt: Rechnen Sie damit, dass Sie im Vorstellungsgespräch Antworten finden müssen auf Fragen wie diese: „Wie gehen Sie mit Fehlern und Misserfolgen um?". Wissen Sie, warum Personalverantwortliche diese Frage stellen? Sie wollen sichergehen, dass Sie zukünftig als potenzielle/r Mitarbeiter/in fähig sind, mit Fehlern professionell umzugehen und diese frühzeitig anzusprechen, wenn etwas schief läuft. Sie müssen auch in der Lage sein, sich von Fehlern oder Misserfolgen nicht entmutigen zu lassen.

Methodenkompetenz

Diese Kompetenz beschreibt Ihre Fähigkeiten und Fertigkeiten, durch die Anwendung geeigneter Arbeitsmethoden und –techniken die Arbeit sowohl effizient als auch effektiv zu gestalten.

Checkliste: Methodenkompetenz

Was	ja	nein
Lernverhalten	✓	
Analytisches Denken		
Problemlösungsverhalten		
Projektmanagement		
Organisationsfähigkeit		
Systematisches Denken		
Logisches Denken		
Fähigkeit, Prioritäten zu setzen		

Mithilfe der folgenden Übersicht, die Sie auch auf Ihrer CD finden, können Sie noch einmal Ihr Kompetenzprofil individuell zusammenstellen.

Übersicht: Mein individuelles Kompetenzprofil

Mein individuelles Kompetenzprofil		
	Kompetenzen	**Beispiele**
Fachliche Kompetenzen		
Soziale Kompetenzen		
Persönliche Kompetenzen		
Methodenkompetenz		

Was will ich?

In der ersten Phase Ihres Bewerbungsprozesses haben Sie die Grundlagen Ihrer Bewerbung – Ihr Kompetenzprofil – erarbeitet. Nun folgt Phase zwei – die Vorbereitung Ihrer persönlichen Bewerbungskampagne. Sie haben grundsätzlich zwei Möglichkeiten: Sie bewerben sich auf jede Stellenanzeige, die aus Ihrer Sicht halbwegs passend scheint. Das kann erfolgreich sein, ist aber sehr zeitaufwändig und der Erfolg stellt sich eher zufällig ein. Oder Sie arbeiten auch hier systematisch. Zu dieser Systematik gehören folgende Module, die Sie in diesem Kapitel kennen lernen:

- Definition Ihrer beruflichen Ziel- und Wunschvorstellungen und
- Ihre Ressourcenplanung.

Für Frauen und Männer, die z. B. Verantwortung für Kinder tragen, Angehörige pflegen oder andere Rahmenbedingungen berücksichtigen müssen, stellen sich in Bezug auf eine berufliche Veränderung im Vorfeld viele Fragen. Aus diesem Grund ist die Auseinandersetzung mit den oben aufgeführten Themen sehr wichtig. Sie erhalten für sich ein klares Bild Ihrer Möglichkeiten – und sind so in der Lage, gezielt und sinnvoll auf die für Sie richtigen Stellenanzeigen zu antworten. Das kostet zwar Zeit und Energie, ist aber auf längere Sicht für Sie und Ihre Ressourcen der sinnvolle Weg.

Definition meiner beruflichen Ziel- und Wunschvorstellungen

Checkliste

Checkliste: Meine beruflichen Ziel- und Wunschvorstellungen

Berufliche Ziel- und Wunschvorstellungen	Notizen
Tätigkeit/Zielposition	
Welche inhaltlichen Aufgaben kann und möchte ich bearbeiten?	
Welche Qualifikation und Fähigkeiten möchte ich einsetzen können?	
Will/kann ich in einem Team oder eher individuell arbeiten?	
Arbeitsform	
Festanstellung oder freiberufliche/selbstständige Tätigkeit?	
Voll- oder Teilzeitstelle?	
Flexible Arbeitszeitmodelle?	
Ist mir Reisetätigkeit möglich?	
Verantwortungsbereich	
Möchte ich Mitarbeiterverantwortung übernehmen?	
Suche ich eine Position mit Umsatz- oder Budgetverantwortung?	
Ist diese Verantwortung mit entsprechendem zeitlichen Einsatz verbunden?	
Kann ich diesen Einsatz leisten?	
Branche	
In welchen Branchen bringe ich Erfahrungen mit?	

Berufliche Ziel- und Wunschvorstellungen	Notizen
Art von Unternehmen/Institution/Organisation	
Größe: Klein- oder mittelständische Unternehmen, Großunternehmen?	
Internationalität: Lege ich besonderen Wert auf eine internationale Ausrichtung des Unternehmens?	
Kultur: Gilt das Unternehmen als familienfreundlich?	
Schlüsselqualifikationen – Kompetenzprofil (siehe PAR-Liste)	
Fachliche Kompetenzen	
Soziale Kompetenzen	
Persönliche Kompetenzen	
Methodenkompetenz	
Mobilität	
Bin ich mobil? Könnte ich auch umziehen?	
Einkommen	
Welches Einkommen möchte ich erzielen?	
Welches Einkommen wird in Ihrem Bereich aktuell angeboten?	
K.-o.-Kriterien	
Was sind für mich die Ausschlusskriterien für eine bestimmte Position?	

Meine Ressourcenplanung

Dieses Thema spielt in der systematischen Vorbereitung Ihres Bewerbungsprozesses eine entscheidende Rolle. Denn Sie können sich nur dann erfolgreich bewerben, wenn Sie überzeugend darlegen, wie Sie Ihr berufliches Leben planen. Sie müssen sich vor einem Vorstellungsgespräch genau darüber Gedanken machen. Denn gerade Frauen mit Kindern oder allein erziehende Väter werden immer gefragt, wie sie diese Bereiche organisieren.

Checkliste: Meine Ressourcen

Persönliche Ressourcen	Notizen
Plane ich den beruflichen Einstieg, Umstieg oder Aufstieg?	
Verfüge ich über die richtige berufliche Qualifikation? – Besprechen Sie diese Frage auch mit Personen, die Sie gut kennen und die Ihre Leistungen einschätzen können! (Nutzen Sie die Ergebnisse aus der Checkliste „Fachliche Kompetenzen".)	
Welche Stärken bringe ich für einen beruflichen Wechsel mit? (Nutzen Sie die Checklisten über Ihre sozialen und persönlichen Kompetenzen.)	

Ihr Umfeld	
Zeit: Vollzeit oder Teilzeit? Welche Arbeitszeiten sind für mich machbar?	
Gehalt: Welches Gehalt brauche ich, um meine Kosten zu decken? Abhängig von Ihrer beruflichen/persönlichen Situation sollten Sie genau planen, welche finanziellen Verpflichtungen Sie haben, um auch Zeiten, in denen Sie kein Einkommen erzielen, zu überbrücken.	
Arbeitsweg: Weg vom Wohnort zum Arbeitsort und zurück? Bitte hier Zeiten für diesen Weg einplanen!	
Erfahre ich Unterstützung meiner beruflichen Pläne durch meine/n Partner/in oder meine Familie?	
Wie sehen die Betreuungsmöglichkeiten für meine Kinder aus? (Kindertagesstätte/Au-pair/Tagesmutter/Vater/Großmutter etc.)	
Sind meine Kinder schon an eine Betreuung durch andere Personen gewöhnt? – Es entlastet Sie im beruflichen Alltag, wenn das bereits funktioniert.	
Verfüge ich über ein funktionierendes Netzwerk an Nachbarn, Freunden, Verwandten, die im Notfall meine Kinder betreuen?	
Welche Lösung biete ich meinem potenziellen Arbeitgeber diesbezüglich an?	
Fälle ich die anstehende Entscheidung aus der Überzeugung heraus, dass ich es schaffe und der eingeschlagene Weg der für mich richtige ist?	

Wie finde ich passende Stellenangebote?

Im nächsten Schritt starten Sie dann Ihre Bewerbungsaktion. Aktion bedeutet für Sie, nicht nur auf Stellenanzeigen zu reagieren, sondern auch andere Wege und Plattformen zu nutzen, die eine Erfolg versprechende Alternative darstellen. Es ist entscheidend, dass Sie sich in Ihrer Präsentation von Ihren Konkurrenten unterscheiden. Es reicht nicht, einfach eine Bewerbung auf eine Stellenanzeige zu schicken – und das womöglich 150-mal zu tun, in der Hoffnung, einen Treffer zu landen. Sie müssen Ihre Bewerbung professionell mit Ihrem individuellen Marketing-Mix vermarkten. Marketing-Mix bedeutet für Sie die optimale und systematische Kombination einzelner Instrumente, um Ihr Produkt – Sie – auf dem Arbeitsmarkt zu platzieren.
Folgende Wege in den Arbeitsmarkt stehen Ihnen zur Verfügung:

- Stellenanzeigen in den Printmedien (Zeitschriften/Fachzeitschriften etc.) – Ansprechpartner: Unternehmen, Chiffre oder Personalberatungen
- Stellenanzeigen in den Internet-Jobbörsen (Monster, Jobpilot, Stepstone, fachspezifische Job-Suchmaschinen)
- Stellenanzeigen auf den Webseiten der Unternehmen
- Initiativbewerbungen (Bewerbungen, die Sie ohne konkrete Stellenanzeigen an das Unternehmen schicken)
- Stellengesuche, die Sie selbst in Printmedien oder im Internet schalten
- Personalberater, die eine Suche nach Fach- und Führungskräften im Auftrag der Unternehmen durchführen (über Direktansprache)
- Zeitarbeitsunternehmen
- Arbeitsagenturen

- Jobmessen, die Sie selbst besuchen
- Messen (Fachmessen/internationale Industriemessen), die Sie besuchen
- Netzwerke bzw. persönliche Beziehungen, die Sie gezielt aufbauen und nutzen

Der aktuelle Arbeitsmarkt erfordert von Ihnen eine Kombination unterschiedlicher Methoden. Verlassen Sie sich nicht darauf, dass nur ein Weg funktioniert. Nutzen Sie alle Kanäle, die Ihnen zur Verfügung stehen, parallel. Und rechnen Sie bitte mit einem zeitlichen Aufwand von mindestens sechs Monaten für Ihren individuellen Bewerbungsprozess.
Als kleine Hilfe auf Ihrem Weg möchten wir Ihnen ein paar Tipps und Adressen geben, wo und wie Sie interessante Stellenanzeigen finden. Wenn Sie sich ein Bild über Ihre Wünsche und Ihre Qualifikationen gemacht haben, können Sie darangehen, die passende Stelle zu finden. Besonders Erfolg versprechend sind die Stellenmärkte in Tageszeitungen, Magazinen und Fachzeitschriften oder die Suche übers Internet. Diese so genannten Job-Suchmaschinen werden immer beliebter, da mit ihnen eine einfache und zielgerichtete Suche möglich ist.

Printmedien – Tageszeitungen, Magazine und Fachzeitschriften

Printmedien sind auch heute noch der bekannteste und am weitesten verbreitete Weg, um nach einer geeigneten neuen Position zu suchen. Die Stellenmärkte in den Printmedien bieten eine Vielfalt an aktuellen Stellenangeboten. Wenn Sie hauptsächlich nach einer Stelle in Ihrer näheren Umgebung suchen, bieten sich die Heimatzeitungen mit ihren lokalen Stellenmärkten an. Richten Sie Ihren Blick aber auch auf überregionale Tageszeitungen, Magazine und Fachzeitschriften – z. B. Branchenzeitschriften und Fachzeitschriften der Berufsverbände (z. B. VDI Nachrichten).

Internet

Zeitungen und Magazine im Internet

Inzwischen haben viele Tageszeitungen und Magazine ihre Stellenmärkte auch komplett im Internet. Das gilt nicht nur für die überregionalen Zeitungen, sondern auch für die Heimat- und Lokalzeitungen. Die Suche dort ist einfach, aktuell und kostenlos.

Checkliste

Checkliste: Tages- und Wochenzeitungen und ihre Stellenmärkte im Internet

Stellenmärkte der Zeitungen im Internet		ja	nein
Überregionale Medien			
Frankfurter Allgemeine Zeitung	www.faz.de	✓	
Handelsblatt	www.handelsblatt.de		
Die Welt	www.welt.de		
Die Zeit	www.zeit.de		
Junge Karriere	www.jungekarriere.com		

Stellenmärkte der Zeitungen im Internet		**ja**	**nein**
Regionale Medien			
Frankfurter Rundschau	www.fr-aktuell.de		
Hamburger Abendblatt	www.abendblatt.de		
Süddeutsche Zeitung	www.sueddeutsche.de		
Stuttgarter Zeitung	www. stuttgarter-zeitung.de		
Berliner Morgenpost	http://stepstone-mopojob.berlin1.de		
Kölner Stadtanzeiger	www.ksta.de		
... und viele mehr in den Regionen			
Fachzeitschriften			
Textilwirtschaft	www.twnetwork.de (für Jobs in der Textil- und Bekleidungsindustrie)		
Lebensmittelzeitung	www.lz-net.de (für Jobs im Bereich Einzelhandel, Vertrieb, Produktion)		
VDI-Nachrichten	www.ingenieurkarriere.de		

Job-Suchmaschinen im Internet

Die meisten Job-Suchmaschinen im Internet bieten zwei verschiedene Services an: Zum einen kann man gezielt nach Stellenangeboten suchen, zum anderen besteht die Möglichkeit, seinen Lebenslauf einzustellen und ständig zu aktualisieren. So ist man stets präsent, wenn Unternehmen diese Möglichkeit nutzen, um nach geeigneten Kandidaten zu suchen. Dieser Service wird auch von vielen Headhuntern in Anspruch genommen, die nach Arbeit Suchenden Ausschau halten.

Experten-Tipp

Stichwortliste für Internetsuche

Für die Suche in Internetmaschinen erstellen Sie sich am besten eine Liste mit relevanten Schlagwörtern. Dadurch können Sie gezielter suchen und finden die passenden Stellenanzeigen.

Internet

Jobbörsen im Internet	
www.academics.de	Jobs in Lehre, Forschung und Wissenschaft
www.arbeitsagentur.de	alle Positionen
www.crosswater-systems.com	Portal für Jobbörsen
www.health-job.net	Jobs im Gesundheitswesen
www.horizont.net/jobs	Jobs für Kreative
www.hotel-career.de	Jobs in der Hotellerie
www.ingenieurkarriere.de	Jobs für Ingenieure
www.ingenieurweb.de	Jobs für Ingenieure
www.jobpilot.de	alle Positionen
www.jobscout24.de	alle Positionen

Jobbörsen im Internet	
www.jobsintown.de	alle Positionen
www.jobware.de	alle Positionen
www.karriere.de	Jobs für Hochschulabsolventen und Young Professionals
www.karriere.unicum.de	Jobs für Studenten/Hoschulabsolventen
www.karriereundjob.de	Jobs in Marketing/Vertrieb/PR
www.meinestadt.de	alle Positionen
www.monster.de	alle Positionen
www.praktika.de	Praktika
www.rekruter.de	alle Positionen
www.salesjob.de	Jobs im Vertrieb
www.sozialwesen.de	Jobs im sozialen Bereich
www.stellenanzeigen.de	alle Positionen
www.stepstone.de	alle Positionen
www.studienabbrecher.com	Jobs für Studienabbrecher
www.t5-futures.de	Jobs in Chemie, Pharmazie, Medizintechnik, Life Science, Biotechnologie
www.worldwidejobs.de	alle Positionen

Der richtige und professionelle Umgang mit Personalberatern

Man unterscheidet grundsätzlich zwischen zwei Formen der Personalberatung, der „passiven" Suche über Stellenanzeigen, bei der die eingehenden Bewerbungen gesammelt, beurteilt und weiterverfolgt werden, und der „aktiven" Form des Executive Search oder der Direktsuche, bei der gezielt nach den besten verfügbaren Kandidatinnen und Kandidaten für eine zu besetzende Position gesucht wird. Diese Berater werden auch Headhunter genannt. Personalberater kennen die „Job-Szene" und wissen, welche Qualifikationen aktuell in den einzelnen Branchen gefragt sind, da sie sich meist auf eine bestimmte Branche und die dazugehörigen Fachbereiche und Positionen spezialisiert haben.

Im Bereich Direktsuche funktioniert das so:

Die Anforderungen in Bezug auf die zu besetzende Position werden eingehend mit dem Kunden – auch unter Berücksichtigung der Gesamtsituation des Unternehmens – analysiert. Auf der Basis dieser Analyse definiert der Berater ein Profil des gesuchten Mitarbeiters, das mit dem Unternehmen abgestimmt wird.
Dann findet die systematische Suche nach dem idealen Kandidaten über eine genaue Konkurrenzanalyse, Identifikation potenzieller Kandidaten und telefonische Ansprache dieser Personen statt.
In einem eingehenden Erstinterview werden diejenigen Kandidaten, die in die engere Wahl kommen, auf ihre fachliche und persönliche Eignung für die zu besetzende Position und ihr Umfeld im Unternehmen des Klienten überprüft. Nach einer gründlichen Auswertung der Interviews stellt der Berater dem Klienten die geeignetsten Kan-

didaten vor und gibt dabei beiden Seiten die erforderlichen Hilfestellungen. Unternehmen und Bewerber einigen sich.

So erkennen Sie einen professionellen Personalberater

Ganz wichtig für Sie sind folgende Kriterien für die Zusammenarbeit mit Personalberatern.

Klare Angaben

Bei Fragen nach seiner Identität und der seines Unternehmens sowie dem Zweck seiner Nachforschungen gibt Ihnen ein seriöser Berater gerne die entsprechenden Informationen. Der Name des beauftragenden Unternehmens bleibt im ersten Telfonat meist anonym. Lassen Sie sich beim Erstkontakt (E-Mail-/Internet-)Adresse und Telefonnummer des Beraters geben. Fragen Sie ihn, ob Sie ihn zu einem späteren Zeitpunkt zurückrufen können. Dies gibt Ihnen auch die Möglichkeit, im Web über den Berater zu recherchieren.

Fachkenntnis

Die führenden Executive Search Berater arbeiten exklusiv und nicht erfolgsabhängig. Sie können das Unternehmen, die Position und Anforderungsprofil genau beschreiben.
Bevor Ihr Ansprechpartner Sie bittet, Ihre Unterlagen zuzusenden, versucht er daher, über gezielte Fragen zu Ihrem Werdegang und Ihrer Karriereplanung herauszufinden, ob eine Übereinstimmung der Erwartungshaltungen wahrscheinlich ist.

Persönliche Ansprache

Um Ihre erste Einschätzung in einem Gespräch zu überprüfen, geben Sie dem Berater mündlich die wesentlichen Eckdaten zu Ihrem Werdegang. Bei beiderseitigem Interesse vereinbart man ein persönliches Gespräch. Für einen seriösen Berater ist es selbstverständliche Voraussetzung, vor dem gemeinsamen Vorstellungsgespräch mit dem beauftragenden Unternehmen ein eingehendes, persönliches Bewerbungsgespräch mit Ihnen zu führen. Informationen über Sie und Ihre Unterlagen oder einen vertraulichen Bericht gibt der Berater erst nach diesem Gespräch und nur mit Ihrer ausdrücklichen Zustimmung an seinen Kunden weiter. Sie sollten daher immer wissen, wo Ihre Unterlagen gerade sind. Ganz wichtig für Sie: Der Berater fordert von Ihnen kein Honorar. Er arbeitet auftragsbezogen. Ihre Reisekosten werden in der Regel ebenfalls vom Berater übernommen.
Im Bereich anzeigengestützte Suche schalten Personalberater im Auftrag ihrer Kunden Anzeigen in ausgewählten Medien. Sie dienen dann als Schnittstelle zwischen interessanten Kandidaten und den beauftragenden Unternehmen und führen ggf. auch die ersten persönlichen Interviews. Oder leiten Ihre Unterlagen nach einem Telefoninterview an den Kunden weiter.
Aber auch hier gilt: Informieren und recherchieren. Denn viele Personalberater haben sich spezialisiert und suchen im Auftrag ihrer Kunden nur Kandidaten für Führungspositionen.

So finden Sie Personalberater

Inzwischen gibt es viele Verzeichnisse von Personalberatern. Forschen Sie auch im Internet. Dort finden Sie viele Informationen über Auswahlverfahren von Headhuntern und erfahren, wen Sie wo finden können und auf welche Anzahl der Mandate pro Jahr dieser jeweils kommt. Nachfolgend führen wir einige Adressen von Headhuntern und Personalberatungsgesellschaften auf, zu denen Sie Kontakt aufnehmen können:

Ausgewählte Adressen von Personalberatungsgesellschaften	
Baumann Unternehmensberatung Hanauer Landstr. 220 60314 Frankfurt am Main www.baumann-ag.com Tel: (069) 90 43 30 Fax: (069) 90 43 31 70	MR Personalberatung GmbH Hans-Henny-Jahn-Weg 29 22085 Hamburg Tel: (040) 46 88 42 0 Fax: (040) 46 88 42 42 www.mr-intersearch.de
Dr. Heimeier & Partner Management- und Personalberatung GmbH Albstadtweg 4 70567 Stuttgart Tel: (0711) 780760 Fax: (0711) 78076 78 www.heimeier.de	oprandi AG Personal- & Unternehmensberatung Albrecht-Dürer-Platz 4 D-90403 Nürnberg Tel: (0911) 95 77 91 Fax: (0911) 95 77 95 www.oprandi.de
Kienbaum Consultants International GmbH Ahlefelder Straße 47 51645 Gummersbach Tel: (022 61) 7 03-0 Fax: (022 61) 7 03-6 39 www.kienbaum@de	Steinbach & Partner Ebniseestraße 18 71566 Althütte Tel: (07183) 959 01-0 Fax: (07183) 959 01-8 www.steinbach-partner.de
Michael Page Frankfurt (Deutschland-Zentrale) Nibelungenplatz 3 60318 Frankfurt am Main Tel: (069) 50778 0 Fax: (069) 50778 6099 e-mail: mp.frankfurt@michaelpage.com	access AG Schanzenstr. 23 51063 Köln Tel.: (02 21) 95 64 90-0 Fax: (02 21) 95 64 90-920 www.access.de Stichwort: acess executive

Eine Aufstellung von Personalberatern erhalten Sie über den Bund deutscher Unternehmensberater e. V. (www.bdu.de) in Bonn sowie die Vereinigung Deutscher Executive Search Berater (www.vdesb.de). Verschaffen Sie sich vor einem ersten Kontakt Informationen über den jeweiligen Berater. Dies geht zum einen über dessen Homepage, aber fragen Sie auch im Bekanntenkreis oder in Ihrem Netzwerk, wer welche Erfahrung mit welchem Berater gesammelt hat.

Wie Sie sich gegenüber dem Personalberater verhalten

Kontakt sollten Sie dann aufnehmen, wenn Sie vorher als potenzieller Bewerber Ihre Hausaufgaben gemacht haben. Perfekte Bewerbungsunterlagen gehören genauso zu Ihrem guten Image wie die Offenheit, zu Ihrer gewünschten Position und Ihren Gehaltsvorstellungen Auskunft zu geben. Natürlich nur, wenn Sie an einem vertiefenden Kontakt interessiert sind.
Bleiben Sie locker, wenn ein Headhunter Sie anruft, und zeigen Sie nicht, wie überrascht Sie eventuell sind! Reagieren Sie auch nicht zu aufdringlich, wenn Sie Ihr Profil verschickt haben – lassen Sie dem Headhunter Zeit. Es ist ein Spiel von Geben und Nehmen, das Sie nur zusammen effizient und erfolgreich spielen können!
Von einem seriösen Personalberater oder Headhunter können Sie erwarten, zu einem Positionsangebot glaubwürdige Auskünfte zur Wirtschaftlichkeit des Unternehmens und zu der zu besetzenden Position zu bekommen. Genau diese Mischung kann Ihnen den Vorteil verschaffen, die Position zu finden, die Sie wirklich haben möchten.

Bewerbung über Personalberater

Wenn eine Position über eine Personalberatung besetzt werden soll, sind Personalberater eine Hürde, die Sie überwinden müssen, ob Sie wollen oder nicht. Geben Sie nur dann Informationen weiter, wenn Sie im Gegenzug auch Informationen erhalten. Stellen Sie während des Gesprächs objektiv fest, ob Sie auf die Position passen oder nicht. Vorsicht ist geboten, wenn der Personalberater trotz eines „Nichtpassens" Ihre Unterlagen anfordert. Sie sollten ihn fragen, was damit geschieht. Zum Teil „füttern" Personalberater nur ihre Datenbänke damit und sonst nichts.

Der Personalauswahlprozess bei Personalberatern

Sie durchlaufen letztendlich bei einem Headhunter oder einem Personalberater einen ganz normalen Personalauswahlprozess. Dieser Prozess sollte von hoher Professionalität gekennzeichnet sein. In der Regel dauert er auch länger als ein „normaler" Personalauswahlprozess. Im Allgemeinen können Sie sich auf die folgende Vorgehensweise einstellen:

- Kontakt zu einem Berater/Headhunter herstellen
- Bewerbungsunterlagen einreichen
- Interview mit dem Personalberater (hier will er sehen, ob Sie auf eine von ihm zu besetzende Position passen)
- eventuell ein zweites, vertiefendes Interview
- Referenzen einholen
- eventuelle Bearbeitung von Persönlichkeitsfragebögen
- Beim Passen zu der in Frage kommenden Position folgt ein Vorstellen beim Kunden (gehen Sie davon aus, dass diese Gespräche mit Ihnen auch mehrfach geführt werden)
- eventuelle Teilnahme an einem Einzel-Assessment oder einem ähnlichen Auswahlverfahren

Bewerbung bei Personaldienstleistungsunternehmen

Nicht zu verwechseln mit Personalberatern sind Personaldienstleistungsunternehmen, die auch Vermittlung und Zeitarbeit anbieten. Zeitarbeit setzt immer mindestens drei Beteiligte voraus: den Einsatzbetrieb, der Personalbedarf hat, das Zeitarbeitsunternehmen, das gewerbsmäßig seine Arbeitnehmer an Einsatzbetriebe überlässt, und den Mitarbeiter des Zeitarbeitunternehmens. Für den Einsatzbetrieb ist dieser Mitarbeiter eine Arbeitskraft auf Zeit, nämlich für Tage, Wochen oder Monate. Die Modalitäten der Überlassung werden zwischen Zeitarbeitunternehmen und Kundenbetrieb im Arbeitnehmerüberlassungsvertrag festgelegt. Der Kunde entrichtet an das Zeitarbeitsunternehmen das dort vereinbarte Honorar.
Der Zeitarbeitnehmer ist in der Regel unbefristet beim Zeitarbeitsunternehmen angestellt. Zwischen diesen Parteien existiert ein normaler Arbeitsvertrag auf der Basis von Tarifverträgen. Einzige Besonderheit ist, dass das Zeitarbeitunternehmen seine Mitarbeiter nicht auf eigenen Arbeitsplätzen einsetzt, sondern auf denen seiner Kunden, die vorübergehend Personalbedarf haben. Zeitarbeitnehmer erhalten die im Arbeitsvertrag vereinbarte Vergütung, die auch dann geleistet wird, wenn das Zeitarbeitsunternehmen einmal keine Einsatzmöglichkeit hat.
Informationen zu Thema finden Sie auf der Webseite des Bundesverbandes Zeitarbeit Personal-Dienstleistungen e. V. (www.bza.de). Lesen Sie auch den Expertentipp von Christina Callies, jobs in time GmbH, auf Seite 349.

Welche anderen Wege zum Unternehmen gibt es?

Wie Sie im vorhergehenden Kapitel gelesen haben, können Sie verschiedene Kanäle für den Weg zum Unternehmen wählen. Dabei sind unterschiedliche Anforderungen an Ihre Bewerbung – ob Sie den Post- oder den elektronischen Bewerbungsweg wählen – zu beachten. Im Folgenden erhalten Sie daher detaillierte Handlungsempfehlungen.

Die Online-Bewerbung

Online-Bewerbungen ersetzen in zunehmendem Maße die klassische schriftliche Bewerbung in Briefform. Allerdings stufen Unternehmen nach einer aktuellen Studie von www.berufsstart.de diese Form der Bewerbung in puncto Qualität gering ein. Immerhin 55 Prozent der eingehenden Bewerbungen entsprechen nach Aussage der Personalverantwortlichen nicht dem Niveau einer schriftlichen Bewerbung. Zwei Drittel der Bewerbungen weisen Mängel wie zu hohes Dateivolumen, schlechte Formatierung oder zu viele einzelne angehängte Dateien auf. Gehen Sie daher an jede Online-Bewerbung, ob über die Karriereseite des Unternehmens oder eine Internet-Jobbörse, mit großer Genauigkeit und hohem Anspruch heran. Man unterscheidet diese Varianten:

- Bewerbung direkt über Bewerbungsformulare auf der Homepage des Unternehmens oder
- Bewerbung per E-Mail.

Auf den ersten Punkt wird an dieser Stelle nicht weiter eingegangen, da Sie auf den Unternehmensseiten in der Regel sehr gut durch das Menü geführt werden. Was bei einer Bewerbung per E-Mail wichtig ist, sagt Ihnen die folgende Checkliste:

Checkliste: Daraus besteht meine Online-Bewerbung (per E-Mail)

Was	**ja**	**nein**
Anschreiben	✓	
Lebenslauf: als Word-Dokument (.doc) oder als pdf-Datei im Anhang		
Dateiname: Genaue Bezeichnungen der angehängten Dateien sind notwendig (also: CV Hilde Müller ... oder Zeugnis ABC – Hilde Müller).		
Zeugnisse von Arbeitgebern/Ausbildung/Hochschule/Seminarbestätigungen (nur wenn das ausdrücklich in der Anzeige gewünscht wird und dann auch nur die aktuellsten Zeugnisse) als pdf-Dateien.		
Aufbau		
Empfängeradresse: Persönlichen Ansprechpartner und dessen E-Mail-Adresse herausfinden.		
Betreff: Mein Anliegen wie im klassischen Anschreiben in der Betreff-Zeile genau mit Angabe der gesuchten Position formulieren!		
CC und BCC frei lassen!		
Textfeld: Anschreiben in das Textfeld der Mail schreiben, aber in der gleichen Form des normalen Anschreibens in Briefform oder kurzes Anschreiben mit Hinweis auf das Anschreiben im Anhang.		
Automatische Signatur mit allen Daten (Name/Adresse/Telefonnummer/E-Mail-Adresse) unter das Textfeld setzen.		
Mail- bzw. Dateigröße – nie größer als 1 MB (die Sicherheitssysteme der Unternehmen wehren Mails >1 MB oder >2 MB häufig ab).		
Details		
Sehr genau auf Rechtschreibung achten!		
Schicken Sie zur Probe die erste Mail an Sie selbst.		
Keine besonderen grafischen Symbole (Smileys o. Ä.) verwenden, sondern nur eine Schriftart wie Arial, Verdana oder Times.		
Ihre E-Mail-Adresse: Sie muss Ihren Namen enthalten! Keine Kose- oder Kunstnamen!		

Online-Bewerbung nur, wenn gewünscht

Bitte beachten Sie: Eine Online-Bewerbung oder Bewerbung per Mail ist nur interessant für Sie, wenn das ausdrücklich gewünscht wird. Das Unternehmen formuliert das in der Regel in der Stellenanzeige so: „Richten Sie Ihre Bewerbung – am besten per E-Mail – bitte an ..." oder „Senden Sie Ihre aussagefähigen Unterlagen bitte an ... oder auch per E-Mail." Auch wenn auf Anzeigen in Jobbörsen ein direkter Link zum Bewerbungsformular des Unternehmens geschaltet ist, diesen Weg wählen.

Die Initiativbewerbung

Eigeninitiative macht sich immer gut. Dies gilt auch, wenn es um Initiativbewerbungen geht. Damit Ihre Unterlagen aber nicht auf dem falschen Schreibtisch landen und postwendend wieder zu Ihnen zurückkommen, ist es von großer Bedeutung, dass Sie klar benennen, für welche Tätigkeit Sie sich bewerben.

Wenn Sie sich völlig „blind“ (d. h. ohne Kenntnisse über das Unternehmen oder evtl. Stellen, ohne Ansprechpartner) bei Unternehmen bewerben, sind die Erfolgsaussichten äußerst gering. Damit Sie Ihre Chancen verbessern, sollten Sie Ihre Bewerbungen gründlich vorbereiten. Erstellen Sie zudem eine Liste mit den relevanten Unternehmen und finden Sie heraus, welche Einstellungskriterien diese jeweils haben.

Auch hier gilt: Keine Serienbriefe schreiben, sondern immer eine individuelle, auf das jeweilige Unternehmen bezogene Bewerbung versenden. Ebenso sollten Sie alle Informationen über das Unternehmen in Erfahrung bringen, die Sie nur finden können. Die Quellen dafür können Broschüren, Internetseiten, Tageszeitungen, PR-Berichte, Anzeigen oder Ähnliches sein. Unternehmen selbst sind diese Bewerbungen durchaus willkommen. Viele bieten dafür heute einen eigenen Link auf ihrer Karriereseite an. Unaufgeforderte, aber gezielte und gut gemachte Bewerbungen haben nach Aussage vieler Personalverantwortlicher durchaus Chancen, da manche Positionen dann gar nicht erst ausgeschrieben werden müssen. In der Regel wird eine eingehende Initiativbewerbung zunächst in der Personalabteilung gesichtet. Wenn sie die formalen und inhaltlichen Anforderungen erfüllt, leitet man sie an die Fachabteilungen zur internen Prüfung weiter.

Denken Sie dabei auch an Ihre Übersicht Ihrer beruflichen und persönlichen Zielvorstellungen. Diese bildet die Grundlage für Ihre Recherche nach für Sie interessanten Unternehmen – in Bezug auf Ihre Wunschposition und Ihre persönlichen Rahmenbedingungen. Präsentieren Sie sich auch hier nicht wie ein „Gemischtwarenladen“, sondern grenzen Sie Ihre Zielposition oder das Arbeitsgebiet möglichst genau ein.

Auch Ihre Initiativbewerbung können Sie auf verschiedenen Wegen an die Unternehmen senden. Für die Form gelten die gleichen Regeln wie bei Briefform oder Online-Bewerbung. Allerdings sollten Sie versuchen, einen Ansprechpartner in der Personal- oder Fachabteilung zu recherchieren, falls das Unternehmen keinen Standardprozess anbietet.

Informieren Sie sich

Experten-Tipp

Informieren Sie sich auf der Karriereseite der Unternehmen über deren Anforderungen an eine erfolgreiche Bewerbung (direkt oder initiativ).

Bei der inhaltlichen Aufbereitung Ihrer Initiativbewerbung können Sie sich an den folgenden Checklisten orientieren. Der Schwerpunkt liegt hier auf dem Anschreiben, das an diese Bewerbungsform inhaltlich angepasst wird. Beispiele für das Thema Initiativbewerbungen finden Sie auch in den Bewerbungsmustern.

Checkliste: Bausteine meines Initiativanschreibens

8 Module	
Modul 1	Name, Anschrift und Telefonnummer, ggf. E-Mail
Modul 2	Empfänger mit Firmennamen, Ansprechpartner, Anschrift
Modul 3	Ort, Datum rechtsbündig
Modul 4	Betreff-Zeile fett gedruckt (das Wort „Betreff" oder „Betr." wird nicht mehr genutzt), Inhalt des Betreffs nennen (Initiativbewerbung – genaue Angabe der gewünschten Position/des gewünschten Arbeitsbereichs/der gewünschten Abteilung)
Modul 5	Direkte Ansprache („Sehr geehrte Frau Müller", „Sehr geehrte Damen und Herren", falls Sie die Ansprechpartner nicht kennen)
Modul 6	Text (maximal 10 Sätze)
Modul 7	Korrekte Abschlussformel: „Über eine genaue Prüfung meiner Unterlagen würde ich mich freuen." Oder: „Ich würde mich sehr freuen, wenn Sie mein fachliches und persönliches Profil auf Einsatzmöglichkeiten in Ihrem Hause überprüfen."
Modul 8	„Mit freundlichen Grüßen"
	Unterschrift

Checkliste: Mein Initiativanschreiben – Text (Modul 6)

Inhalt	ja	nein
Warum bewerbe ich mich initiativ? Ihr Aufhänger könnte sein: „Da ich in diesem Jahr eine berufliche Veränderung anstrebe, möchte ich mich Ihnen kurz vorstellen."	✓	
Wer bin ich?		
Was muss der Leser/die Leserin über mich wissen?		
Welche besonderen Kenntnisse und Fähigkeiten kann ich dem Unternehmen anbieten?		
Was interessiert mich speziell an diesem Unternehmen?		

Jobmessen/Messen

Auch Jobmessen oder andere regionale oder internationale Messen wie die CeBIT oder die Hannover Messe können zumindest zu einer ersten Kontaktaufnahme mit Unternehmen führen. Nutzen Sie parallel auch diesen Weg, zumal seit einigen Jahren auch Unternehmen mit den Themenkomplexen Job und Karriere in den Messehallen zu finden sind.

Für den Besuch und eine Kurzpräsentation empfehle ich Ihnen, Ihre Bewerbungsmappe mit dem Lebenslauf mitzunehmen. Sie benötigen kein Anschreiben oder die Zeugnisse. Bereiten Sie sich so vor, dass Sie sich und Ihr Kompetenzprofil kurz darstellen können. Für dieses Kurzprofil können Sie diese Struktur wählen:

Kurzprofil – ich über mich!

Ich bin	■ Vorstellung mit vollem Namen ■ Mein „Aufhänger" ■ Meine aktuelle Situation
Ich kann	■ Bisher gelöste Aufgaben ■ Qualifikationen ■ Wesentliche Kenntnisse ■ Interessante Leistungsbeispiele
Ich will	■ Zielvorstellung – gewünschte Position ■ Interesse beim Gesprächspartner erfragen ■ Weiteres Vorgehen vereinbaren!

Wie analysiere ich eine Stellenanzeige?

Eine Stellenanzeige ist ein Weg eines Unternehmens, über externe Kanäle in Printmedien, über die unternehmenseigene Karrierewebseite oder über Internet-Jobbörsen neue Mitarbeiter zu finden. Nicht nur das: Eine Stellenanzeige beinhaltet auch Informationen über die zu besetzende Position. Andererseits ist sie aber auch ein Mittel zur Selbst- oder Imagepräsentation eines Unternehmens. In einer Stellenanzeige stecken also ganz unterschiedliche Informationen. Diese müssen Sie herausarbeiten und Ihre Bewerbung gezielt und ganz individuell an diese Informationen anpassen. Das erhöht Ihre Chancen, tatsächlich auch zu einem Vorstellungsgespräch eingeladen zu werden. Das heißt für Sie, einen genauen Vergleich von Anforderungen aus der Anzeige mit Ihrer Qualifikation vorzunehmen. Auch die Wortwahl und das Layout der Anzeige geben Ihnen Hinweise auf das Unternehmen und die Kultur. Der erste Schritt ist daher eine Analyse von Stellenanzeigen. Die Gestaltung einer Stellenanzeige erfolgt unter mehreren Gesichtspunkten: Inhalt, Optik und Größe.

Die inhaltliche Gestaltung einer Anzeige

Sie orientiert sich in der Regel an folgendem Schema:

- Unternehmen: Name, Firmenzeichen, Branche, Standort, Größe, Mitarbeiterzahl, Führungsstil, Unternehmensimage, Marktstellung
- Zu besetzende Position: Aufgabenbeschreibung, Verantwortungsumfang, Vertretungsmacht, Entwicklungschancen
- Anforderungsmerkmale: Berufsbezeichnung, Vorbildung, Ausbildung, Kenntnisse, Fähigkeiten, Berufserfahrung, persönliche Eigenschaften, Alter
- Leistungen des Unternehmens

• Kontaktaufnahme	Vollständigkeit der Unterlagen, Angabe von Gehaltswünschen und frühestem Eintrittsdatum, Einsenden per Post, online über die Webseite des Unternehmens, Kontaktadresse

Die optische Gestaltung einer Anzeige

Darunter fallen folgende Punkte:

- Blickfang = Überschrift/Headline
- Textblöcke
- Schriftgröße
- Einsatz von Farbe
- Firmenlogo
- Corporate Design

Die Größengestaltung einer Anzeige

Sie orientiert sich an

- der Bedeutung des Unternehmens,
- der Bedeutung der ausgeschriebenen Stelle,
- der Dringlichkeit der Stellenbesetzung,
- Werbeträger und -etat, Kosten für die Anzeige im entsprechenden Medium,
- Konkurrenzpräsenz.

Aus diesen Punkten können Sie in der Regel ein klares Bild über das Unternehmen und die Stelle erhalten. Ihr Kompetenzprofil und Ihre berufliche und persönliche Zielrichtung bilden nun die Grundlage für die Auswahl der Stellenanzeigen. Verschwenden Sie Ihre Energie nicht darauf, sich auf Stellen zu bewerben, die weder zu Ihrem Profil noch zu Ihren Zielen und Wünschen passen!
Im Vorfeld empfehle ich Ihnen daher die Beantwortung dieser Fragen:

- Warum finde ich die Stelle und die Anzeige interessant?
- Welches Aufgabengebiet wird beschrieben? Entspricht das meinen Vorstellungen?
- Warum interessiert mich das Unternehmen? Ist es mir bekannt? Welches Image hat es? Passt das zu meinen Vorstellungen?
- Wen sucht das Unternehmen überhaupt? Jemanden wie mich?
- Welche Anforderungen haben sie? Decke ich diese ab? Passt die Stelle zu mir?
- Wie beschreibt das Unternehmen die Unternehmenskultur?

Schon die Überschrift oder Headline als Blickfang lenkt Ihr Interesse auf die Anzeige. Sie soll dafür sorgen, dass Sie die Anzeige vollständig lesen und sich bewerben. In der Regel ist die Headline entweder ein Satz in Form eines Zitats oder direkt die Position, die besetzt werden soll. Schon hier sehen Sie, ob Bewerbungen von Frauen gleiche Chancen haben: Für die Stellenbezeichnung gelten strenge rechtliche Vorgaben – sie müssen geschlechtsneutral formuliert werden.

Muss-Kriterien

Die wichtigsten Punkte in einer Stellenanzeige sind die Anforderungen an die potenziellen Bewerber. Dabei geht es um berufliche Qualifikationen, Fachkenntnisse und Erfahrungen, und um die auf Ihre Person und Persönlichkeit bezogenen Anforderungen. Nehmen Sie diese Anforderungen ernst, auch wenn Sie das Gefühl haben, dass es solche Personen in der Realität gar nicht gibt. Unterscheiden Sie in einer Anzeige grundsätzlich zwischen Muss- und Kann-Anforderungen. Die Muss-Anforderungen müssen Sie erfüllen. Und zwar mindestens vier von fünf Punkten. Das erfordert von Ihnen eine genaue Analyse.

Muss-Kriterien
Voraussetzung sind sehr gute/gute (oder ähnliche Bewertungen) Kenntnisse in ...
Sehr gute Kenntnisse in ... setzen wir voraus.
Als Erfolgsvoraussetzung bringen Sie ... mit.
Kenntnisse in ... sind erforderlich.
Kenntnisse in ... sind aufgrund von ... unabdingbar.
Erwartet werden umfassende Kenntnisse in ...
Ein ... setzen wir ebenso voraus wie ...
Wir erwarten ...
Sie verfügen über ...
Sie besitzen ...
Sie können heute ... vorweisen.
Sie sollten ein ... besitzen.
Sie haben ...
Kenntnisse in ... (oder andere Punkte) sind selbstverständlich.
... mindestens zwei Jahre Berufserfahrung gesammelt haben ...
... runden das Profil ab.
Auflistung: Unsere Erwartungen: ...
Fragetechnik: Sind Sie vertraut mit ...? Verfügen Sie über ...?

Kann-Kriterien

Kann-Kriterien sind Qualifikationen, die, falls Sie diese nicht nachweisen können, nicht gleich zur Absage führen. Aber dennoch, angesichts der Konkurrenz haben Sie Vorteile, wenn Sie auch von diesen Punkten einige abhaken können. Es handelt sich hier um die Kriterien, bei denen Sie sich positiv von den Mitbewerbern abheben können.

Bewerbungen, die Sie nicht zielgerichtet nach einem genauen Vergleich abschicken, erhalten Sie schnell zurück. Manche Anforderungen sind allerdings auch im Text versteckt. Das betrifft Themen wie die Unternehmenskultur oder auch die international geprägte Ausrichtung des Unternehmens. Als Beispiel nenne ich Folgendes: „Wenn Sie aus einem größeren Unternehmen kommen, dann wissen Sie, dass im Mittelstand die Uhren etwas anders ticken.“ Das Unternehmen erwartet also eigentlich eine/n Bewerber/in, die/der die Strukturen eines mittelständischen Betriebs gut kennt und weiß, wie er oder sie sich darin zu bewegen hat. Diese Eignungsmerkmale können also in engem Zusammenhang mit der Unternehmenskultur und dem Unternehmensleitbild stehen. Auch Angaben zur Position und zu den damit verbundenen Themen wie Arbeitszeit, Gehalt etc. werden häufig indirekt beschrieben.

CD-ROM

Kann-Kriterien
Idealerweise verfügen Sie über ...
Kenntnisse in ... sind wünschenswert, aber nicht Bedingung.
Weitere Kenntnisse in ... sind von Vorteil/ ... wären vorteilhaft.
Sie besitzen ausbaufähige Kenntnisse in ...
... vorzugsweise ...
Eine ... ist nicht unbedingt erforderlich, aber ...
... wäre ein zusätzlicher Vorteil.
... möglichst zwei bis drei Jahre Berufserfahrung (oder andere Themen).

Versteckte Kriterien

Die Terminologie der Inserate sollten Sie also genauestens beachten; bei der Auslegung der Stellenbeschreibungen dürfen Sie genauso wenig leichtgläubig sein wie bei den Anpreisungen in Urlaubskatalogen!
Erfolgsfaktoren für Ihre Bewerbung sind auch hier Genauigkeit und ein kritischer Blick zwischen die Zeilen.

CD-ROM

Versteckte Kriterien	
Wir sind ein global operierender Hersteller von ...	Hier erwartet man von Ihnen internationale Erfahrung.
Stehvermögen ...	Dies zielt auf Ihre große Belastbarkeit und die Fähigkeit, in kritischen Situationen nicht einzuknicken.
... Sie scheuen weder den Gang in die Produktion noch das Gespräch auf Augenhöhe mit der Geschäftsführung ...	Diese Wortwahl zielt auf Ihre Fähigkeiten, ohne Arroganz auf unterschiedlichen Ebenen kommunizieren zu können.
Enge Zusammenarbeit mit ...	Diese Begriffe zielen auf Ihre sozialen Kompetenzen wie Integrations- und Kooperationsfähigkeit, Überzeugungskraft und Durchsetzungsvermögen.
Bei uns erwartet Sie ein junges Team mit offener Kommunikation.	Das weist auf Ihre Kontakt- und Teamfähigkeit hin.
Wir stellen überdurchschnittliche Anforderungen.	Das heißt, Sie müssen ein/e Top-Bewerber/in sein, die/der die Kriterien zu 100 % erfüllt.
Wir bieten variable Arbeitszeiten.	Das bedeutet viel Arbeit.
Wir bieten ein leistungsorientiertes Vergütungssystem.	Ihr Gehalt splittet sich in einen fixen und einen variablen Anteil, der von definierten Zielen abhängt.
Belastbarkeit	Sie verlieren auch unter Zeitdruck das Ziel nicht aus den Augen und erzielen gute Ergebnisse. Sie arbeiten viel und können viel Druck aushalten.

Versteckte Kriterien	
Flexibilität	Sie müssen schnell auf unterschiedliche Anforderungen reagieren und Einsatz bringen.
Durchsetzungsvermögen	Sie begründen Ihre Überzeugung/Ergebnisse in Meetings und setzen sie meist durch.
Leistungsbereitschaft	Sie wissen, wann Sie gebraucht werden und setzen Ihre Arbeitskraft nach der Aufgabenstellung und nicht nach dem Dienstplan ein.
Selbstbewusstsein	Sie sind sich über Ihre Stellung im Unternehmen wie im Team bewusst und kennen Ihre eigenen Fähigkeiten und Grenzen gut.
Initiative	Sie verhalten sich extrovertiert und menschenorientiert. Sie fühlen sich herausgefordert, wenn andere für neue Aktivitäten gewonnen und zusammengebracht werden müssen.
Lernfähigkeit	Sie sind empfänglich für Impulse aus Ihrer Umgebung und lassen sie in Ihre eigenen Ideen einfließen.
Aufgeschlossenheit	Sie können Kritik gut annehmen, neue und andere Ideen akzeptieren, diskutieren und produktiv nutzen.

Stellenanzeige genau analysieren

Bevor Sie sich auf eine Stellenanzeige bewerben, lesen Sie sie systematisch durch. Analysieren Sie die Muss-Kriterien und vergleichen Sie diese mit Ihren eigenen Qualifikationen und Ihrem Kompetenzprofil. Sie müssen mindestens 90 % der Anforderungen erfüllen, um in Ihrem Bewerbungsprozess weiterzukommen. Auch die Kann-Kriterien sollten Sie genau definieren, denn bei gleichen Qualifikationen mehrerer Kandidaten entscheiden sie über Ihren Erfolg. Behalten Sie auch Ihre Ressourcen im Blick. Prüfen Sie die versteckten Kriterien im Hinblick auf Arbeitsbelastung und Qualifikation kritisch!

Erfolgsfaktor: Netzwerken

Kontakte sind das A und O in der Geschäftswelt. Es ist wichtig, an beruflichen Beziehungen zu arbeiten und neue Menschen und deren Positionen kennen zu lernen.

Die „Dienste" eines Netzwerks gestalten sich ganz unterschiedlich. Ein Netzwerk kann Ihnen helfen, einen guten Arbeitsplatz zu finden, und es kann „young professionals" bessere Karrierechancen bieten. Vor dem Hintergrund eines Netzwerks können Sie Karriereziele höher ansetzen. Wichtig ist zu beachten, dass Sie in guten Netzwerken als Trittbrettfahrer keine Chance haben. Es geht letztendlich immer primär darum, Brücken zu bauen und Freude am Aufbau von Beziehungen zu haben.

Von einer festgelegten Strategie kann man beim „Netzwerken" nicht sprechen. Keine Strategie ist *die* richtige Strategie. Unterschiedliche Menschen bevorzugen unterschiedliche Strategien. Beziehungen müssen wachsen, denn ein Netzwerk entsteht nicht über Nacht, sondern bedarf gründlicher Pflege. Ihrer Pflege!

Die Unverbindlichkeit spielt eine wesentliche Rolle im Auf- und Ausbau von Netzwerken. Die Persönlichkeit des Gegenübers sollten Sie ebenso beachten und betrachten wie Ihr eigenes Verhalten. Letzteres sollten Sie stets überprüfen und gegebenenfalls korrigieren, ohne dass Sie dabei eine Rolle annehmen. Bleiben Sie sich treu.
Das Eingehen auf den Gesprächspartner zählt zu den bedeutendsten Fähigkeiten im „Netzwerken“. Geben und Nehmen, in dieser Reihenfolge, sind die wichtigsten Faktoren für ein geschäftliches oder freundschaftlich-privates Zusammentreffen. Die Investition von Zeit und Energie ist für Ihr Netzwerk unumgänglich. Dennoch sollten Sie beachten, dass es wichtige und weniger wichtige Kontakte gibt. Nehmen Sie in Augenschein, welche Kontakte Sie wirklich weiterbringen und für welche Sie eventuell zu viel Zeit investieren. Die Unterscheidung der Beziehungen sowie Bedeutung und Nutzen eines Kontakts auf fachlicher Basis sind ein Ziel, das Sie genau definieren sollten.
Erkennen Sie Kontaktchancen und haben Sie immer eine Visitenkarte dabei, auf der alle wichtigen Informationen zu Ihrer Person aufgeführt sind. Denken Sie an Kleinigkeiten wie etwa eine genormte Größe der Karten. Auffallen können Sie auch anders.
Es gibt zahlreiche Möglichkeiten, neue interessante Kontakte zu knüpfen. Gehen Sie aktiv auf andere Menschen zu und zeigen Sie Interesse an ihnen und für ihr Fachgebiet. Speziell auf Messen, Tagungen, Seminaren und Kongressen werden Sie Personen mit ähnlichen Interessen treffen.
Netzwerkkontakte können eine wichtige Quelle zu Hintergrundinformationen über Personen oder Firmen sein und Ihnen bei einer Bewerbung oder der Suche nach offenen Stellen helfen.
Lernen Sie, sich Gesichter einzuprägen. Eine kurze Vorstellung auf einer Tagung, einer Messe oder einem Seminar reicht dazu oft schon aus. So besteht die Möglichkeit, sich im Nachhinein, z. B. in einem Telefonat, auf dieses, wenn auch nur kurze Treffen zu beziehen und es sich in Erinnerung zu rufen.
Dies sollten Sie spätestens zwei Wochen nach der ersten Begegnung tun. Durch ein Telefongespräch können Sie auch ein kurzes Feedback erhalten, ob Sie selbst für Ihren Gesprächspartner noch zuzuordnen sind. Das so genannte „Vitamin B“ gewinnt stetig an Bedeutung. Sehen Sie es als Chance, in ein neues Unternehmen einzusteigen und neue Erfahrungen zu sammeln.
Über einen Grundstock an Netzwerkkontakten verfügen Sie aber bereits: Das sind Freunde und Bekannte – Verwandte – Nachbarn – Kollegen – Kommilitonen – Vorgesetzte – Lieferanten – Kunden – andere. Sprechen Sie, auch wenn das Überwindung kostet, mit Ihren Kontakten über deren Arbeit oder über mögliche andere Personen, die wiederum Informationen geben können. Sie werden überrascht sein, wie viele wertvolle Tipps und Informationen Sie erhalten.
Schaffen Sie sich eine Übersicht Ihrer Kontakte mit diesen Fragestellungen:

- Wen kenne ich von meinem alten Arbeitsplatz, mit dem ich über neue Jobs sprechen könnte? (Kollegen, Angestellte, Mitarbeiter etc.)
- Wen kenne ich aus meiner Ausbildung noch? (Dozenten, Studienkollegen etc.)
- Wen kenne ich über meine Hobbys?
- Wer kann mir zu bestimmten beruflichen Themen Infos geben?
- Wer arbeitet in einem spannenden Unternehmen?

- Wen kenne ich durch meine Mitarbeit in Vereinen, ehrenamtlichen Organisationen etc.?
- Wen kenne ich in meinem privaten Umfeld?
- Wen kenne ich durch meine Kinder? Aus Kindergarten, Schule etc.?
- Wen kann ich ansprechen im Umfeld von Dienstleistern (Friseur, Handwerker, Blumenladen etc.)?
- Wen habe ich im Rahmen von Seminaren, Workshops oder Fortbildungen kennen gelernt?

Meine schriftliche Bewerbung

Sie bewerben sich – das ist der erste Schritt. Aber wie geht der Bewerbungsprozess im Unternehmen nach Eingang Ihrer Bewerbung weiter?

A, B oder C?

Ein Mitarbeiter der Personalabteilung überprüft zunächst Ihren Lebenslauf und überlegt, ob Sie auf eine ausgeschriebene Position „passen". Passen heißt in diesem Zusammenhang, ob Sie die Anforderungen an diese Position fachlich und persönlich erfüllen. Und zwar nicht nur zu 50 %, sondern mindestens zu 75 %. Und erst wenn er dann der Meinung ist, dass Sie die grundlegenden Anforderungen erfüllen, liest er auch Ihr Anschreiben. Wenn auch dies erste Fragen beantwortet, haben Sie eine realistische Chance, in den weiteren Auswahlprozess zu gelangen. Ihre Bewerbung wird dann einer von drei Kategorien zugeordnet:

A – für diejenigen Kandidat/innen, die sofort zu einem Vorstellungsgespräch eingeladen werden,
B – für diejenigen, die in die engere Wahl kommen, falls aus den A-Kandidaten niemand den Anforderungen gerecht wird,
C – für die Bewerbungen, die sofort zurückgeschickt werden. Unter C fallen die Bewerbungen, die unvollständig oder fehlerhaft sind oder nicht die richtigen Voraussetzungen aufweisen.

Für diesen ersten Sichtungsprozess haben die Personalverantwortlichen 40 Sekunden Zeit. Nicht mehr!

Anforderungen an meine Bewerbung

Die Anforderungen an Ihre Bewerbung sind also hoch. Sie müssen die Leser/innen sofort auf die wichtigen und aktuellen Informationen (Ihre Qualifikation, Ihre Eignung) lenken. Es steckt im Wort „bewerben" – Sie werben für sich mit Ihren Bewerbungsunterlagen. Sie sind das Produkt oder die Dienstleistung, die Sie professionell und individuell vermarkten. In einer Sprache, die Ihre Leser verstehen. Bitte planen Sie diesen Vermarktungsprozess wie ein Arbeitsprojekt, denn Sie haben (nur) eine Chance, auf eine Stellenanzeige hin zu einem Vorstellungsgespräch eingeladen zu werden.
Die Bewerbungsunterlagen sind das zentrale Element in Ihrem Bewerbungsprozess. Dieser startet mit der Phase der Vorbereitung. In dieser Phase nehmen Sie eine präzise Standortbestimmung vor, Sie definieren Ihre beruflichen und persönlichen Aktionsfelder (Aufgaben, Branchen und Unternehmen, Arbeitsgebiete), Sie erstellen Ihr Kom-

petenzprofil. Sie nutzen diese Phase auch dazu, sich Gedanken über Ihre Ressourcen zu machen. Denn Sie präsentieren sich in Ihrer Bewerbung dann professionell, wenn Sie sich ganz klar darüber sind, was Sie wollen, was Sie können und ob Sie dies auch realisieren können.
Zunächst erkläre ich Ihnen die Fakten zum Thema Bewerbung. Dabei werden die Charakteristika der unterschiedlichen Wege einer Bewerbung – über die Stellenanzeige, über die Homepage eines Unternehmens oder über Internet-Stellenbörsen – nicht berücksichtigt, sondern Sie erfahren, was Sie ganz allgemein beachten müssen.

Die drei Elemente einer Bewerbung

Ihre Bewerbungsunterlagen bestehen immer aus drei Elementen:

- Anschreiben,
- aussagefähiger Lebenslauf (mit aktuellem Foto) sowie
- Zeugniskopien bisheriger Tätigkeiten, Ausbildungsstationen/Weiterbildungen/Seminare.

Nur auf Wunsch fügen Sie noch Referenzen und/oder Arbeitsproben bei.
Was Sie bei der Erstellung dieser Elemente beachten müssen und wie die aktuellen Standards aussehen, erkläre ich Ihnen auf den nächsten Seiten. In den folgenden Checklisten sehen Sie, wie Sie die einzelnen Elemente Ihrer Bewerbung richtig strukturieren und ordnen.

Checkliste: Meine Bewerbungsmappe – Grundlagen

Diese Dinge brauche ich	ja	nein
Neue hochwertige Kunststoff-Klemmhefter! Auf keinen Fall teure, aufklappbare Mappen! Auf keinen Fall gebrauchte Mappen nehmen! Achtung Preisschild!	✓	
Farbe der Klemmmappen transparent/weiß mit grauen, blauen, schwarzen oder weißen Clips! Keine auffallenden Farben wählen!		
Sauberes weißes Papier, DIN-A4-Format (80 bis 120g/m^2) für Lebenslauf und Anschreiben		
Auf keinen Fall Ihre Unterlagen einzeln in Klarsichthüllen stecken!		
Großer DIN-A4-Briefumschlag (zum Verschicken Ihrer Bewerbung per Post)! Ausreichendes Porto! Kein Einschreiben! Korrekte Anschrift des Empfängers beachten!		

Checkliste: Meine Bewerbungsmappe – Inhalt

Daraus besteht meine Mappe	ja	nein
Anschreiben mit meiner Unterschrift	✓	
Aussagefähiger Lebenslauf mit aktuellem Foto		
Zeugnisse bisheriger Tätigkeiten sowie aus Ausbildung, Schule/Hochschule		
Seminarnachweise (falls relevant für die Position)		
Nachweise über außerberufliche Aktivitäten (Ehrenamt)		
Wenn gewünscht, Referenzen (maximal drei auf gesondertem Blatt)		
So ordne ich meine Unterlagen (von oben nach unten)		
Anschreiben (lose)		
Lebenslauf (unterschrieben, mit aktuellem Datum versehen)		
Aktuellstes Zeugnis einer beruflichen Station		
Zeugnisse aus Ausbildung		
Zeugnisse aus Schule (nur der höchste Schulabschluss) und Hochschule		
Praktikumszeugnisse oder -bestätigungen		
Kursbescheinigungen		
Nachweise über andere Aktivitäten (ehrenamtliches freiwilliges Engagement o. Ä.)		

Nur präzise Fakten zählen

Wichtig für die potenziellen Leser Ihrer Unterlagen sind **Fakten, Fakten, Fakten**.

Aktuell erhalten Personalverantwortliche auf Stellenanzeigen bis zu mehreren hundert Bewerbungen. Sie erwarten von Ihnen als potenzieller Kandidatin, als potenziellem Kandidaten eine Bewerbung, in der Sie eine präzise Begründung dafür liefern, warum Sie ein/e ernst zu nehmende/r Bewerber/in sind. Sie erwarten glasklare Informationen über Ihre bisherige berufliche Entwicklung, Ihre Erfahrung und Fähigkeiten. Diese wollen sie schnell finden, ohne erst auf ein Deckblatt oder auf dritte Seiten schauen zu müssen. Das bedeutet für Sie, dass Sie Ihre Qualifikationen sehr genau mit den Anforderungen einer Stellenbeschreibung vergleichen und entsprechend in Ihren Tätigkeitsprofilen darstellen.

Mein Anschreiben

Für alle Bewerber gelten beim Anschreiben grundsätzlich folgende Regeln: beschreiben und nicht übertreiben. Das Anschreiben ist keine bloße Aufzählung Ihres Lebenslaufs, sondern ergänzt diesen! Hier nehmen Sie konkret Bezug auf die in einer Stellenanzeige genannten Anforderungen und zeigen, dass Sie diese verstanden haben. Sehen Sie das einfach so: Ein gutes Anschreiben ist ein Appetizer und macht Lust auf mehr!
Im Folgenden finden Sie je eine Checkliste zu den Bausteinen Ihres Anschreibens und zur Struktur Ihres Textes. Diese Checklisten sind selbstverständlich auch auf Ihrer CD-ROM enthalten.

Checkliste: Bausteine meines Anschreibens

8 Module	
Modul 1	Name, Anschrift und Telefonnummer, ggf. E-Mail
Modul 2	Empfänger mit Firmennamen, Ansprechpartner, Anschrift
Modul 3	Ort, Datum rechtsbündig
Modul 4	Betreff-Zeile fett gedruckt (das Wort „Betreff" oder „Betr." wird nicht mehr genutzt), Inhalt des Betreffs nennen (Ihre Anzeige in der FAZ vom 12.05.2005 – genaue Angabe der Position wie in der Anzeige)
Modul 5	Direkte Ansprache („Sehr geehrte Frau Müller", „Sehr geehrte Damen und Herren", falls Sie die Ansprechpartner nicht kennen)
Modul 6	Text (maximal 10 Sätze)
Modul 7	Korrekte Abschlussformel: „Auf ein persönliches Gespräch in Ihrem Hause freue ich mich."
Modul 8	„Mit freundlichen Grüßen"
	Unterschrift

Checkliste: Mein Anschreiben – Text (Modul 6)

Inhalt	ja	nein
Was will ich wann vom Unternehmen? Ihr Aufhänger!	✓	
Wer bin ich?		
Was muss der Leser/die Leserin über mich wissen?		
Welche Kenntnisse und Fähigkeiten bringe ich speziell für diese Position mit?		
Warum bin ich für diese Position die richtige Kandidatin/der richtige Kandidat?		
Warum möchte ich gerade in diesem Unternehmen arbeiten?		

KISS – Keep it short and simple!

Short: Das ist die wichtigste Regel für Ihr Anschreiben. Fassen Sie sich kurz, Ihr Anschreiben muss auf eine DIN-A4-Seite passen. Zeigen Sie den Leserinnen und Lesern überzeugend, warum Sie ein Gewinn für das Unternehmen sind. Aber bitte ohne den Versuch, besonders originell sein zu wollen.

Simple: Formulieren Sie kurze Sätze, bitte keine Schachtelsätze über vier Zeilen. Machen Sie lieber zwischendurch einen Punkt. Beschreiben Sie, wer Sie sind, was Sie wann möchten und welche speziellen Fähigkeiten und Kenntnisse Sie für den von Ihnen gewählten Beruf mitbringen.

Schreiben Sie nicht im Konjunktiv! Und: Stapeln Sie nicht zu hoch – bitte nicht „überverkaufen"! Vermeiden Sie unbedingt Sätze wie „Ich bin sicher, dass ich die Richtige für Sie bin". Das entscheiden nicht Sie, sondern Ihre Leser/innen. Sie kennen die Empfänger Ihrer Bewerbung nicht. Bitte bleiben Sie daher sachlich und stellen Sie heraus, welche Kenntnisse und Erfahrungen Sie bereits haben. Hier sehen Sie in einem Beispiel, wie ein Anschreiben richtig und sinnvoll inhaltlich strukturiert wird.

So bauen Sie Ihr Anschreiben beispielhaft auf:

Modul 1

Martina Mustermann
Musterstraße 1
12345 Musterhausen
01234/123 45 67
0172/123 45 67
martina.mustermann@muster.de

Modul 2

Mustermann GmbH
Herrn Muster
Musterstraße 56
13456 Musterstadt

Modul 3

Musterhausen, 25. September 2005

Modul 4

Bewerbung für die Position Junior Controller der Mustermann GmbH
Unser Telefongespräch vom 24. September 2005

Modul 5

Sehr geehrter Herr Muster,

Modul 6

vielen Dank für die Informationen, die Sie mir in unserem Gespräch über die Position des Junior Controllers gegeben haben. Sie ermutigten mich, Ihnen heute meine Bewerbungsunterlagen zukommen zu lassen.

(Wer bin ich? Was muss der Leser über mich wissen? Warum bin ich für diese Position geeignet?)

Am 20. September habe ich mein BWL-Studium an der Musteruniversität in Musterstadt erfolgreich als Diplom-Kauffrau abgeschlossen. Schon während meines Studiums war ich als Assistentin des Leiters Finanz- und Rechnungswesen bei der Muster GmbH tätig. Im Rahmen dieser Funktion hatte ich schon erste Aufgaben im Controlling zu bearbeiten. Parallel dazu lag mein Studienschwerpunkt im Controlling.

(Welche Erfahrungen habe ich noch?)

Die von Ihnen ausdrücklich gewünschten verhandlungssicheren Englischkenntnisse bringe ich mit. Ich war nicht nur als Austauschschülerin sechs Monate in England, sondern auch nach Abschluss des Gymnasiums ein Jahr als Au-pair in Kanada tätig.

Die Position des Junior Controllers in Ihrem Haus entspricht genau den Vorstellungen, die ich für meinen Berufseinstieg habe.

Modul 7

Über eine Einladung zu einem persönlichen Gespräch mit Ihnen freue ich mich daher sehr.

Modul 8

Mit freundlichen Grüßen

Unterschrift

Überprüfen Sie zum Schluss noch einmal Ihr Anschreiben anhand folgender Checkliste:

Checkliste: Habe ich eine gute Gestaltung gewählt?

Was?	ja	nein
Besteht mein Text aus höchstens 25–30 Zeilen?	✓	
Habe ich auf die genaue Aufteilung des Textes (max. fünf Absätze) geachtet?		
Habe ich auf ein klares und übersichtliches Schriftbild geachtet und nur einen Schrifttyp verwendet?		
Habe ich eine gute Übersichtlichkeit gewählt, die zum Lesen anregt (das Auge liebt die freie Fläche)?		
Habe ich kurze, präzise Sätze verwendet?		
Habe ich eigene Kompetenzen und Erfahrungen positionsbezogen erläutert und bewiesen?		
Habe ich überflüssige Konjunktive vermieden und die Rechtschreibung und Interpunktion genau überprüft und überarbeitet?		
Sind meine Adressdaten in der Kopfzeile vollständig?		
Ist das Anschreiben (richtig) datiert?		
Ist das Anschreiben an die richtige Adresse und an eine Kontaktperson adressiert?		
Werden in der Betreffzeile die ausgeschriebene Position und die Bezugsquelle genannt?		
Spreche ich in der Anrede die Kontaktperson an?		
Text: Nehme ich im ersten Satz Bezug auf ein zuvor geführtes Telefongespräch? Verweise ich auf meine Bezugsquelle und auf die zu besetzende Position? Nenne ich einen Grund für die Bewerbung bei gerade diesem Unternehmen? Enthält der Hauptteil des Textes Kernaussagen, mit denen ich verdeutliche, warum ich die/der Richtige für die Stelle bin? Nenne ich bisherige Tätigkeiten (in groben Umrissen)? Weise ich auf besondere Fähigkeiten und Kompetenzen hin? Mache ich Angaben zu sozialen Kompetenzen? Erwähne ich meinen frühestmöglichen Eintrittstermin? Mache ich Angaben über meine Gehaltsvorstellung? Ist mein Schlusssatz freundlich, selbstbewusst, aber nicht überheblich formuliert?		
Sind alle Aussagen prägnant und auf das Wichtigste konzentriert (Blick fürs Wesentliche)?		
Steht der Leseaufwand in einem guten Verhältnis zum Informationswert des Textes?		
Habe ich das Anschreiben mit Vor- und Nachnamen unterschrieben?		
Habe ich einen Anlagenvermerk angebracht?		

Alles begründen

Denken Sie immer daran, die im Anschreiben verwendeten Schlüsselbegriffe und Schlagworte zu begründen und im Lebenslauf den beruflichen Tätigkeiten zuzuweisen.

Mein Lebenslauf

Wer sind Sie? Wann und wo haben Sie was gemacht? Welchen Mehrwert bringen Sie dem Unternehmen? Was können Sie? Und – könnten Sie zum Unternehmen passen? Welche besonderen Kenntnisse haben Sie? Diese Fragen eines Unternehmens an Sie beantworten Sie im ersten Schritt mit Ihrem Lebenslauf. Der Personalverantwortliche erkennt in Ihrem Lebenslauf sofort, ob Sie die richtigen Voraussetzungen für die entsprechende Position mitbringen. Für die Struktur Ihres Lebenslaufs können Sie zwei Varianten wählen:

- **Chronologisch:**
  Der chronologische Lebenslauf wird so aufgebaut: Schule – Ausbildung/Studium – Praktika – beruflicher Werdegang.
- **Gegenchronologisch:**
  Der gegenchronologische Lebenslauf wird so aufgebaut: beruflicher Werdegang (aktuelle Position zuerst) – Ausbildung/Studium – Praktika – Schule.

In den Bewerbungsmustern finden Sie Beispiele für beide Varianten. Unabhängig von Ihrer Wahl müssen Sie aber immer folgende Bausteine in Ihrem Lebenslauf aufführen.

Grobraster zur Vorbereitung meines Lebenslaufs

Dazu sehen Sie unten ein Grobraster, das zur Vorbereitung Ihres Lebenslaufs dient. Diese Daten sind Ergebnis der ausführlichen Reflexion Ihres beruflichen und persönlichen Werdegangs, Ihrer individuellen Karriere.

Checkliste: Meine berufliche Erfahrung

Wann?	Was und wo?
Zeitliche Daten Stelle 1 etc.	Name des Arbeitgebers, Rechtsform, Ort
	Stellenbezeichnung
	Verantwortungsbereich
	Hauptaufgaben/Aufgabenschwerpunkte/wichtigste Leistungen/erfolgreiche Projekte (aus PAR-Liste) beschreiben
Zeitliche Daten (z. B. außerberufliches Engagement)	Name der Organisation/Institution, Ort
	Aufgabenbezeichnung oder Position
	Verantwortungsbereich
	Hauptaufgaben/Aufgabenschwerpunkte/wichtigste Leistungen/erfolgreiche Projekte (aus PAR-Liste) beschreiben

Die Angaben fügen Sie dann in die entsprechenden Themenbereiche ein. In den Bewerbungsmustern werden Sie Beispiele entdecken, in denen auf der ersten Seite des Lebenslaufs ein Kurz- bzw. Kompetenzprofil und in den beruflichen Stationen Projekte und/oder Leistungen eingearbeitet werden.

Checkliste: Mein Lebenslauf

Persönliche Daten
Hier stehen Namen, Anschrift, Telefonnummern und die E-Mail-Adresse. Auch Ihr Geburtsdatum und -ort, Ihre Staatsangehörigkeit und die Angabe Ihres Familienstands sind obligatorisch. Beispiel:
Name Anschrift Telefon – hier möglichst eine Telefonnummer nennen, die nur Sie nutzen. Mobil E-Mail Geboren am Staatsangehörigkeit Familienstand (ggf. Zahl der Kinder)
Schulischer Werdegang
Hier nennen Sie bitte die weiterführenden Schulen, die Sie besucht haben, mit genauer Angabe des Schulnamens und Schulorts. Den höchsten erzielten Abschluss (mittlerer Schulabschluss, allgemeine Hochschulreife etc.) nicht vergessen. Beispiel:
09/1980 – 06/1989 Gymnasium am Hellerberg, Siegen Abschluss: Allgemeine Hochschulreife
Ausbildung
Hier nennen Sie Ihren Ausbildungsbetrieb mit genauer Angabe des Firmennamens und -orts sowie des erreichten Ausbildungsabschlusses. Beispiel:
08/1989 – 07/1992 Sparkasse SüdWesten, Siegen Ausbildung zur Sparkassen-Fachwirtin
Studium
Hier führen Sie aus, wann Sie welche Universitäten/Fachhochschulen, Berufsakademien oder auch private Business Schools besucht haben. Zusätzlich informieren Sie über gewählte Schwerpunkte, Ihren erreichten Abschluss und das Thema Ihrer Abschlussarbeit. Beispiel:
09/1992 – 07/1997 Hochschule Finance und Banking, Siegen Studium der Betriebswirtschaftslehre Studienschwerpunkte Finance/Accounting Thema der Diplomarbeit Abschluss: Diplom-Kauffrau

Berufliche Praxis
Unter diesem Punkt werden Ihre beruflichen Stationen in dieser Form aufgelistet: Name des Unternehmens, in dem Sie tätig sind, oder ehemalige Arbeitgeber, mit genauer Firmen- und Rechtsbezeichnung und dem Arbeitsort. Darunter setzen Sie Ihre Stellenbezeichnung (z. B.: Sachbearbeiterin Innendienst) und listen dann bis zu drei Tätigkeitsbeschreibungen auf. Die betreffenden fachlichen Schwerpunkte wie auch Themen wie Umsatzverantwortung und Mitarbeiterführung. Beispiele dazu finden Sie in den Mustern. Hier bauen Sie auch eventuelle Lücken (Elternzeit o. Ä.) ein.
Praktika/studienbegleitende Tätigkeiten
Dieser Punkt beinhaltet neben Ihren Praktika auch Tätigkeiten, die Sie neben Ihrem Studium geleistet haben. Bitte listen Sie hier genau auf: Unternehmen, Ort, Art der Tätigkeit/Aufgabe in welcher Abteilung, Verantwortungsbereich.
Auslandsaufenthalt
Hier können Sie zeigen, dass Sie schon einmal den „Blick über den Tellerrand" gewagt haben. Sie weisen dadurch nach, wie und wo Sie sich welche Sprachkenntnisse angeeignet haben. Dazu gehören auch längere Reisen ins Ausland (länger als einen Monat), Austauschschülerzeiten, Sprachkurse im Ausland oder auch Tätigkeiten als Au-pair nach Schulabschluss.
Besondere Kenntnisse und Qualifikationen
Unter diesen Punkt gehören Ihre Fremdsprachen- und EDV-Kenntnisse, jeweils mit Angabe Ihres Kenntnisstands. Sollten Sie durch spezielle Kurse zusätzliches Wissen, das für die ausgeschriebene Stelle wichtig ist (wie Kurse in den Themen Management etc.), mitbringen, tragen Sie es hier ein.
Beispiel: Fremdsprachen: Englisch sehr gute Kenntnisse EDV: Windows/MS Office (Word/PowerPoint/Excel) sehr gute Anwenderkenntnisse
Außerberufliches Engagement
Auch freiwilliges Engagement in Vereinen, im sozialen oder auch im privaten Bereich ist für einen Arbeitgeber (möglicherweise) interessant. Denn Sie belegen damit auch Ihre soziale Kompetenz. Bitte geben Sie diese Tätigkeiten an mit Angabe von Verein/Träger/Einrichtung und Ihrer Tätigkeitsbeschreibung.

Die einzelnen Bausteine sind natürlich jeweils optional, je nachdem, ob sie auf Sie zutreffen oder nicht. Grundsätzlich gelten für die professionelle Erstellung Ihres Lebenslaufs die folgenden Anforderungen:

- Genauigkeit,
- Lückenlosigkeit,
- Vollständigkeit,
- Mut zur Ehrlichkeit,
- Offenheit,
- Klarheit,
- roter Faden.

Versetzen Sie sich immer in Ihre potenziellen Leser/innen hinein: Sie sind professionelle und geschulte Personalfachleute, die aufgrund ihrer Erfahrung fähig sind, hinter Ihre Kulissen zu schauen. Für das Bild, das sie sich von Ihnen machen, sind Sie selbst verantwortlich.

Nichts verschweigen

Ich empfehle Ihnen, Ihr Leben in Ihrer Bewerbung so darzustellen, wie es ist, mit geradem oder auch nicht so geradem Verlauf. Sie verschenken eine Chance, wenn Sie Themen, die Ihnen unangenehm sind oder die Sie nicht als Erfolg empfinden, verstecken. Denn dann bieten Sie offene Flanken, die Personalverantwortliche sofort erkennen und negativ auslegen.

Die Erfolg versprechendere Variante ist die, Ihre Erfahrungen und den Lernprozess auch aus unangenehmen Themen herauszuarbeiten. Denn im Vorstellungsgespräch müssen Sie sowieso Farbe bekennen.

Lücken im Lebenslauf ... und wie sie sich füllen lassen

Mit einem hervorragenden Abschluss und guten Zusatzqualifikationen ist es leicht, eine ansprechende, gar „perfekte" Bewerbung zu erstellen. Doch was, wenn Sie Ihre Lehre oder Ihr Studium abgebrochen haben, Sie in den vergangenen vier Jahren bei fünf verschiedenen Unternehmen tätig waren oder gar arbeitslos sind? Mithilfe unserer Checklisten können Sie schnell und zuverlässig prüfen, ob Sie entsprechende Lücken in Ihrem Lebenslauf haben.

Checkliste: Gibt es Lücken in meinem Lebenslauf?

Was	ja	nein
Musste ich eine Schulklasse wiederholen?	✓	
Sind meine Abschlussnoten schlecht?		
Habe ich meine Lehre oder das Studium abgebrochen?		
Liegt meine Studiendauer weit über der Regelstudienzeit?		
Habe ich mein Studienfach gewechselt?		
Haben ich eine ausgefallene Studienrichtung gewählt?		
Musste ich umschulen?		
Habe ich meine Arbeitgeber häufig gewechselt?		
War oder bin ich arbeitssuchend?		
War oder bin ich selbstständig?		
Bin ich mit meiner jetzigen Position unzufrieden?		
Fehlen mir die notwendigen Zusatzqualifikationen?		
Kann ich keinerlei Auslandserfahrungen aufweisen?		
Verfüge ich nicht über die notwendigen Fremdsprachenkenntnisse?		
Habe ich nur wenige oder etwa unpassende Praktika absolviert?		
Bin ich für den Job eigentlich zu alt?		
Habe ich mir eine Auszeit gegönnt?		
Fehlen mir Zeugnisse oder schriftliche Belege?		

Ihre Bewerbungsmappe kann gut gestaltet sowie ansprechend aufbereitet sein und allen formalen Ansprüchen genügen. Doch wenn im Lebenslauf Mängel, Lücken oder Unstimmigkeiten auffallen, lädt das den potenziellen Arbeitgeber lediglich zu Spekulationen ein. Und das nur selten zu Ihren Gunsten! Ein negativer erster Eindruck ist somit meist vorprogrammiert.

Wir wollen Ihnen dabei helfen, die Schwächen in Ihrem Lebenslauf zu beheben. Dabei sollen Sie die vorhandenen Lücken und Unstimmigkeiten nicht und darauf hoffen, sie gut versteckt zu haben. Vielmehr sollen Sie in die Lage versetzt werden, so manche offensichtliche Lücke oder Unstimmigkeit erklären zu können. Und mancher als Schwäche angesehene Mangel lässt sich sogar als Stärke hervorheben – zumindest aber relativieren oder abschwächen.

Hinterfragen Sie die Schwachstellen in Ihrem Lebenslauf positiv, suchen Sie nach Ihren Stärken und gehen Sie damit in die Offensive. Denn spätestens im Bewerbungsgespräch müssen Sie mit Nachfragen rechnen. Wer dann nicht überzeugend reagieren kann und passende Argumente zur Hand hat, ist schlecht beraten. Begründungen für Schwachstellen im Lebenslauf finden Sie ab Seite 58.

Lückenlosigkeit und Genauigkeit sind wichtige Kriterien für Ihre Bewerbungsunterlagen. Was machen Sie, wenn Sie größere zeitliche Lücken (mehr als drei Monate) in Ihrem Werdegang haben? Sie füllen diese Lücken bzw. begründen Sie nachvollziehbar. Auch wenn es Ihnen im Moment nicht bewusst ist, etwas haben Sie bestimmt in diesen Zeiten gemacht. Überlegen Sie genau und stellen Sie sich diese Fragen, unabhängig von dem zeitlichen Aufwand, den Sie betrieben haben. Auch wenn Sie nur drei Stunden pro Woche etwas getan haben, schreiben Sie es auf.

Das Wort „arbeitslos" vermeiden

Experten-Tipp

Für unfreiwillige Auszeiten wie Arbeitslosigkeit gilt Folgendes: Vermeiden Sie das passive Wort „arbeitslos" und schreiben Sie stattdessen „beschäftigungssuchend" oder „Phase beruflicher Neuorientierung". Auch wenn Sie freiberuflich gearbeitet haben oder selbstständig waren, das aber nicht klappte, sollten Sie dies in Ihre Unterlagen einbauen.

Versuchen Sie dann, die „PAR-Liste“ auch auf diese Aktivitäten anzuwenden. Auch bei diesen Themen werden Sie bestimmte Kompetenzen finden, die für diese Aktivitäten wichtig sind oder die Sie erst in der aktiven Beschäftigung mit den Themen entdeckt haben.

In Ihrem Lebenslauf füllen Sie die zeitlichen Lücken mit den Ergebnissen dieser Liste. Damit verfügen Sie über einen lückenlosen und aussagekräftigen Lebenslauf. Beispiele und Hilfestellungen finden Sie in den Bewerbungsmustern und in der folgenden Checkliste.

Checkliste: Lücken im Lebenslauf

Was	Beispiele
Habe ich Elternzeit für die Erziehung meines Kindes genommen?	
Habe ich in einem Freiwilligenprojekt mitgearbeitet?	
Habe ich eine Aufgabe in einem Verein übernommen (Gruppenleiterin, Kassenwart, Elternbeirätin etc.)?	
Habe ich selbstständig gearbeitet und vielleicht eine Geschäftsidee verfolgt?	
Habe ich zum Beispiel im Direktvertrieb privat gearbeitet (Abendveranstaltungen mit Vorführung von Produkten)?	
Habe ich Weiterbildungsmaßnahmen/Fortbildungen oder Seminare besucht?	
Habe ich andere soziale Aufgaben wahrgenommen?	
Habe ich berufsrelevante Kurse an der Volkshochschule besucht?	
Habe ich mich intensiv mit einem fachlichen Thema beschäftigt?	
Habe ich im privaten Umfeld andere Menschen betreut und/oder gepflegt?	
Habe ich an anderen Projekten bei Freunden/Bekannten etc. mitgearbeitet?	
Habe ich intensive Literaturrecherche zu einem Thema betrieben ?	
Habe ich mich intensiv mit meinen Hobbys beschäftigt?	
War ich krank?	
War ich arbeitslos oder – besser ausgedrückt – arbeitssuchend?	
Habe ich eine längere Reise unternommen?	

Mögliche Gründe für Lücken im Lebenslauf

Ausland, Reise

Sie haben sich eine Auszeit im Ausland genommen. Selbst wenn Sie dort nicht wirklich „karrieretechnisch“ aktiv waren – diese Zeit lässt sich gut in den Lebenslauf integrieren und ist ausbaufähig. Zum einen natürlich aus sprachlicher Sicht, zum anderen aus kultureller. Notieren Sie sich, welche Erfahrungen Sie gesammelt haben und welche Gründe Sie damals hatten, ins Ausland zu gehen. Vielleicht haben Sie ja auch hin und wieder gejobbt, um sich den Trip zu finanzieren. Denken Sie daran: Jeder Job bietet etwas.

Familie, Kind, private Gründe

Sie haben sich wegen Ihrer Familie (Kinder oder andere Verwandte) für eine Auszeit entschieden. Bauen Sie dies als ganz normale Station in Ihren Lebenslauf ein. Etwa als Babypause, Pflege der kranken oder alten Mutter, Mithilfe im elterlichen Betrieb. Falls Sie dabei bestimmte Qualifikationen erreicht haben, führen Sie diese ebenfalls an. Manche Mütter betreuen in den ersten drei Jahren die Kinder anderer Mütter mit; vielleicht mussten Sie sich medizinisch schulen oder fortbilden, um Ihre Verwandten zu pflegen.

Wenn Sie nach Ihrer Auszeit bereits wieder gearbeitet haben, müssen Sie auf diese Pause im Anschreiben nicht weiter eingehen. Ist die Pause dagegen gerade erst vorbei und Sie befinden sich nun in der Bewerbungsphase, so kommen Sie im Anschreiben am besten kurz darauf zu sprechen. „Nach einer zweijährigen Babypause möchte ich zurück in den Beruf ..." Oder: „Meine Situation hat sich normalisiert, nun möchte ich mich ..."

Soziales Jahr

Wenn wir ehrlich sind, ist das so genannte Soziale Jahr manchmal anstrengender als manch anderer Job – körperlich und psychisch. Die Arbeit in einem Altersheim oder einer Sozialstation hat es in sich. In dieser Zeit haben Sie sicherlich einiges gesehen und gelernt. Nutzen Sie dieses Potenzial und bauen Sie das auf jeden Fall in Ihre Bewerbungsmappe ein, ruhig auch ein wenig ausführlicher und nicht nur als bloßen Vermerk.

Au pair

Nach der Schule haben Sie als Au pair im Ausland gearbeitet. Da haben Sie sicherlich nicht nur die Zeit abgesessen, sondern die Verantwortung für die Kinder anderer mit übernommen. Sie haben den Alltag der Familie mitgeplant und organisiert und andere Aufgaben übernommen. Zudem haben Sie eine Fremdsprache im Alltag kennen und anwenden gelernt. Es sei denn natürlich, Sie waren in der Schweiz oder in Österreich tätig.

Entscheidungsfindung

Nach Schule, Studium oder Lehre weiß so mancher noch nicht so genau, wohin er möchte, oder ob seine bisherige Wahl tatsächlich die richtige war. Um sich darüber Gedanken zu machen, haben Sie sich eine Auszeit gegönnt. Wenn Sie nicht nur Däumchen gedreht haben, dann lassen Sie das in Ihren Lebenslauf und ins Anschreiben einfließen. Wenn doch, dann vermerken Sie die Zeit gemeinsam mit der jetzigen Bewerbungsphase als „Orientierungs- und Bewerbungsphase.

Mögliche Gründe für Schwachstellen im Lebenslauf

Schlechte Abschlussnoten

Der Stellenwert der schulischen Leistungen hängt im Wesentlichen von der zeitlichen Distanz der Schulzeit zum Bewerbungszeitraum ab. Generell gilt: Je länger die Schulzeit zurückliegt, desto weniger fallen Ihre Schulnoten oder die Tatsache, dass Sie eine Klasse wiederholt haben, ins Gewicht. Können Sie also bereits ein paar Jahre Berufserfahrung, eine abgeschlossene Ausbildung oder ein Studium vorweisen, so wird Ihre Abschlussnote nicht mehr ernsthaft interessieren.
Dennoch werfen viele Personalverantwortliche auch dann noch einen Blick auf die Schul- und Abschlussnoten – meist, um sich einen Gesamteindruck über die Quali-

fizierung des Bewerbers zu machen. Wenn Sie also die Regelschulzeit überschritten oder eine auffallend schlechte Abschlussnote haben, so müssen Sie das nicht zwingend im Anschreiben oder im Lebenslauf erwähnen oder erklären, gar rechtfertigen. Aber rechnen Sie mit einer kurzen Nachfrage.

Doch schlechte Noten müssen kein Ausschlusskriterium sein. Es kommt dabei immer auf den Einzelfall und die Argumentationsweise an. Wenn Sie sich um eine Ausbildungsstelle zum Schreiner oder Fotografen bewerben, dann werden Sie sicherlich nicht an Ihren schlechten Noten im fremdsprachlichen Bereich scheitern. In der Regel orientiert sich die Berufswahl ja an den eigenen Stärken und Interessen.

Für den Personalverantwortlichen ist beim Blick auf Ihre schulischen Leistungen neben den eigentlichen Noten in erster Linie Ihre Entwicklung entscheidend. Eine Steigerung der Leistungen im Laufe der Schulzeit schätzt er verständlicherweise höher ein als umgekehrt. Spätzünder etwa entwickeln Ihre Fähigkeiten ja oft erst in der Pubertät.

Mögliche Gründe für schlechte Abschlussnoten	**ja**	**nein**
Umzug	✓	
Schulwechsel, Schulartwechsel		
Scheidung der Eltern		
Todesfall oder Krankheitsfall in der Familie		
Fehlende Motivation, Pubertät		
Andere Interessen (Leistungssport, politisches oder soziales Engagement, besondere Hobbys etc.)		
Prüfungsangst		
Stärken in einzelnen Fachbereichen		
Schulabschluss nachgeholt		

Mögliche Gründe für das Überschreiten der Regelschulzeit	**ja**	**nein**
Umzug	✓	
Schulwechsel		
Scheidung der Eltern		
Todesfall oder Krankheitsfall in der Familie		
Fehlende Motivation, Pubertät		
Andere Interessen (Leistungssport, politisches oder soziales Engagement, besondere Hobbys etc.)		
Prüfungsangst		
Stärken in einzelnen Fachbereichen		
Schulabschluss nachgeholt		

Abgebrochene Ausbildung, abgebrochenes oder sehr langes Studium

Der erfolgreiche Abschluss einer beruflichen Ausbildung oder eines Studiums ist heute meist eine der Grundvoraussetzungen für eine aussichtsreiche Karriere. Liegen hier Lücken oder Schwachstellen vor, so sollten diese aussagekräftig und überzeugend erklärt und am besten mit anderen Qualifikationen ausgeglichen werden.
Vor allen Dingen dann, wenn Sie eine Lehre oder ein Studium abgebrochen haben. Allerdings darf man sich nicht über die Tatsache hinwegtäuschen lassen, dass der Abbruch eines Ausbildungsweges noch so gut erklärt werden kann, viele Türen bleiben dennoch verschlossen. Ein Jurastudent benötigt nun einmal das erste und zweite Staatsexamen um später als Rechtsanwalt oder Richter agieren zu dürfen. Das Gleiche gilt für Mediziner, Lehrer und ähnliche Berufe.
Auch im Handwerk kommt man in vielen Fällen ohne eine abgeschlossene Ausbildung nicht weiter. Liegen diese Qualifikationen nicht vor, bleibt nur die Suche nach attraktiven Alternativen.
Doch nicht nur eine vorzeitige Beendigung der Ausbildung können bei Arbeitgebern Zweifel an der gewünschten Qualifikation aufkommen lassen. Lange Studienzeiten, ein Studienfach- oder Ausbildungsplatzwechsel sollten nicht unbedingt kommentarlos im Raum stehen bleiben. Gleiches gilt für eine Umschulung oder ein so genanntes Exotenstudium. Es ist wichtig, dass der Bewerber in diesen Fällen seine Vorzüge, Stärken und seine zusätzlichen Qualifikationen herausarbeitet, um überzeugen zu können.
Allerdings gestaltet es sich leichter, eine lange Studiendauer, einen Studienfach- oder Ausbildungsplatzwechsel zu rechtfertigen als den Abbruch einer Ausbildung, denn im Vordergrund steht dann die abgeschlossene Ausbildung. Doch bereiten Sie sich trotzdem auf eine Nachfrage des potenziellen Arbeitgebers vor.

Mögliche Gründe für den Abbruch einer Lehre	ja	nein
Anderes, lukratives Stellenangebot angenommen	✓	
Gesundheitliche Gründe		
Private Gründe		
Lehre entspricht nicht den eigenen Vorstellungen		
Andere, geeignetere oder aussichtsreichere Ausbildung begonnen		

Mögliche Gründe für einen Studienabbruch	ja	nein
Anderes, lukratives Stellenangebot angenommen	✓	
Finanzielle Gründe		
Lernform nicht geeignet		
Studieninhalte nicht wie erwartet		
Studium zu theoretisch		

Mögliche Gründe für eine lange Studiendauer	ja	nein
Eigenfinanzierung des Studiums	✓	
Viele praktische Erfahrungen gesammelt		
Zeitraubende Aktivitäten (Sport, politisches oder soziales Engagement etc.)		
Studienfachwechsel		
Private oder familiäre Gründe (Kinder, Krankheit etc.)		

Mögliche Gründe für ausgefallene Studienrichtungen	ja	nein
Änderung der Perspektiven auf dem Arbeitsmarkt	✓	
Passende Teilbereiche		
Ausgleich durch Erfahrungen in der Praxis		
Besondere Merkmale des Studiums betonen		

Ausbildungsplatz- oder Studienfachwechsel, Umschulung

Die Grundsteine für unser berufliches Leben müssen wir bereits früh setzen. Viele haben zu jenem Zeitpunkt – nach der Haupt- oder Realschule oder dem Abitur – keine oder nur eine vage Vorstellung von dem, was sie später einmal machen möchten. Hat man eine Entscheidung getroffen, so heißt das noch lange nicht, dass alles genau so eintrifft, wie man es sich in den Träumen ausgemalt hat. Macht es wirklich Spaß, den ganzen Tag an kaputten Autos herumzuschrauben? Oder Tag ein Tag aus die schlechten Zähne oder wunden Füße unserer Artgenossen zu behandeln? Ist es gesund, den ganzen Tag auf den Bildschirm zu starren oder bei Wind und Wetter durch Wald und Flur zu ziehen? Möchte man nicht doch lieber etwas ganz anderes machen?

Wer das zu Beginn seiner beruflichen Karriere feststellt und umsattelt, hat sich noch nicht viel vergeben. Man kann mal daneben liegen. Sie brechen also Ihre Lehre oder Ihr Studium ab und beginnen eine neue Ausbildung. Prinzipiell geht das in Ordnung und steht jedem zu. Vermerken Sie die abgebrochene Ausbildungszeit nahezu kommentarlos im Lebenslauf. Wenn Sie wollen, können Sie Ihre Entscheidung kurz begründen, Sie müssen es allerdings nicht. Nutzen Sie den Platz für Wichtigeres. Auf das Vorstellungsgespräch sollten Sie sich allerdings etwas vorbereiten und in der Lage sein, Ihre Entscheidung kurz darzustellen. Zu tief müssen und sollten Sie dabei allerdings nicht einsteigen.

Brechen Sie jedoch eine zweite Ausbildung ab, sollten Sie das nicht kommentarlos stehen lassen. Der Arbeitgeber könnte den Eindruck gewinnen, Sie seien wankelmütig, sprunghaft, unentschlossen und nicht zuverlässig. Wer versichert ihm, dass Sie nach drei Monaten nicht wieder Ihre Sachen packen und gehen? Doch Kopf hoch! Solche Entscheidungen fällt man nicht aus dem hohlen Bauch heraus. Meist gibt es gewichtige Gründe dafür, eine Ausbildung abzubrechen. Diese müssen Sie nun nur noch überzeugend darstellen. Und zwar jeden Wechsel für sich.

Mögliche Gründe für einen Ausbildungsplatz- oder Studienfachwechsel	ja	nein
Gesundheitliche Gründe	✓	
Verbesserung der Berufsaussichten		
Zu großer Einfluss von außen, etwa von der Familie		
Studien- oder Lehrinhalte nicht wie erwartet		
Neuorientierung		

Mögliche Gründe für eine Umschulung	ja	nein
Gesundheitliche Probleme	✓	
Weiterbildung		
Umorientierung		
Verbesserung der Berufsaussichten		
Unzufriedenheit		

Häufiger Arbeitgeberwechsel

Neben der eigentlichen beruflichen Ausbildung spielt die persönliche Berufserfahrung im Bewerbungsverfahren natürlich eine ganz entscheidende Rolle. Denn hiermit grenzt sich der Bewerber im Besonderen von seinen Konkurrenten ab und qualifiziert sich für die zu besetzende Stelle.
Vor allem bei höher angesiedelten Stellen ist die Berufserfahrung wichtig. Dabei spielt nicht nur die Anzahl der Berufsjahre eine Rolle. Ausschlaggebend sind je nach Job der Aufgabenbereich, der Verantwortungsumfang sowie spezielle Fachkenntnisse, aber auch soziale Kompetenzen.
Doch jeder Arbeitgeber bewertet einzelne Berufsstationen anders. So schätzen manche die langjährige Zugehörigkeit zu einem Unternehmen als besonderes Kennzeichen für Loyalität, während andere fehlende Flexibilität unterstellen und sich einen Mitarbeiter wünschen, der bereits unterschiedliche Betriebe kennen gelernt hat und neuem Terrain gegenüber aufgeschlossen ist. Meist kann man sich an der Branche etwas orientieren. Im handwerklichen Bereich ist ein häufiger Arbeitgeberwechsel eher untypisch, in den Bereichen IT oder Consulting suchen viele Mitarbeiter nach zwei, drei Jahren eine neue Herausforderung, um sich weiterentwickeln zu können.
Unterschiedlich bewerten Arbeitgeber auch den Status der Selbstständigkeit bzw. wenn ein Bewerber diesen aufgeben möchte. Während so mancher Personaler damit berufliches Versagen verbindet, sehen andere dessen Erfahrung als Unternehmer und erhoffen sich in manchen Situationen eine differenzierte Sichtweise. Sie schätzen zudem die Selbstständigkeit und das Verantwortungsbewusstsein solcher Mitarbeiter.

Mögliche Gründe für (häufigen) Arbeitgeberwechsel	ja	nein
Falsche Vorstellungen	✓	
Falsche Vorgaben, Informationen		
Arbeitsumfeld anders als erwartet		
Übergangslösung		
Änderungen beim Arbeitgeber		
Familiäre oder private Gründe		
Sprungbrett		
Zeitverträge, befristete Arbeitsverträge, Zeitarbeit		
Freier Mitarbeiter		

Mögliche Gründe für die Aufgabe der Selbstständigkeit	ja	nein
Sicherheit einer Festanstellung	✓	
Private, gesundheitliche Gründe		
Schwacher, weggebrochener Markt		
Übergangslösung		

Mögliche Gründe für Arbeitslosigkeit	ja	nein
Sozialplan	✓	
Internetboom		
Befristeter Arbeitsvertrag		
Auszeit aus privaten Gründen		
Selbstständigkeit		
Umschulung		
Fortbildung		
Ausbildungsabbruch		
Neuorientierung		
Schwacher Markt		

Mögliche Gründe für eine nicht zufrieden stellende Position	ja	nein
Falsche Vorstellungen von der gegenwärtigen Position	✓	
Übergangslösung		
Krankheit, familiäre Gründe		

Fehlende Zusatzqualifikationen

So genannte Zusatzqualifikationen gibt es viele. Neben Fremdsprachen, Auslandsaufenthalten, fachspezifischen Kompetenzen, IT- und EDV-Kenntnissen gelten auch Soft Skills wie soziale Kompetenz oder Führungsqualitäten als zusätzliche Fähigkeiten, die den einzelnen Bewerber von den übrigen unterscheiden und ihn für ein Unternehmen oder eine Branche interessant machen. Die Liste lässt sich nahezu beliebig lang fortführen.

Vorab stellt sich jedoch erst einmal die Frage, welche dieser Zusatzqualifikationen für Sie und die von Ihnen angestrebte Stelle wichtig oder gar notwendig sind. Denn wenn Sie hauptsächlich im nationalen Markt arbeiten, werden von Ihnen sicherlich weniger Fremdsprachenkenntnisse erwartet als von einem Kollegen, der jede Woche nach Amerika oder Asien reist. Doch auch hier kommt es auf die Branche an. Gerade im IT-Bereich nimmt die englische Sprache einen immer größer werdenden Stellenwert ein.

Prinzipiell gilt: Je spezieller die ins Auge gefasste Stelle, desto wichtiger die jeweiligen Zusatzqualifikationen. Wer sich also nach dem Schulabschluss um eine Lehrstelle bemüht, muss sicherlich weniger zusätzliche Qualifikationen aufweisen als jemand, der als SAP-Spezialist den Posten eines Projektleiters in Südafrika ins Auge gefasst hat.

Zusatzqualifikationen können einerseits durch ergänzende Kurse, Praktika oder Auslandsaufenthalte erworben werden. Diese lassen sich im Lebenslauf natürlich gut und einfach platzieren. Andererseits eignet man sich viele Fähigkeiten erst im beruflichen Alltag an. Nehmen Sie sich deshalb ein wenig Zeit, um Ihre Qualifikationen herauszuarbeiten und überlegen Sie, wo Sie diese in Ihren Bewerbungsunterlagen am besten einfließen lassen.

Zusätzliche Qualifikationen müssen Sie allerdings nicht zwingend aus Ihren beruflichen Erfahrungen gewinnen. Eine andere Quelle können persönliche Interessen und Hobbys sein. Oder das Engagement in einem Verein, auf der politischen Bühne oder im familiären Bereich. Hier ein paar Beispiele:

Der Volleyballer ist wohl eher Teamplayer. Der Leiter einer Jugendabteilung hat gelernt, Verantwortung zu übernehmen. Ein Mannschaftsführer oder Trainer muss aus unterschiedlichen Einzelpersonen mit verschiedenen Stärken und Schwächen ein Erfolg versprechendes Team bilden und seine Entscheidungen durchsetzen und vertreten können. Der Schatzmeister darf sich erst einmal mit den Regeln der Buchhaltung herumschlagen. Der ehrenamtliche Lokalpolitiker lernt, seine politischen Überzeugungen gegen die Ansichten anderer zu vertreten. Und wer sich um seine kranke Mutter kümmert, zeigt soziale Verantwortung.

Checkliste

Mögliche Gründe für fehlende Zusatzqualifikationen (allgemein)	**ja**	**nein**
Konzentration auf kurze Studiendauer	✓	
Zeitaufwendige zusätzliche Aktivitäten		
Eigenfinanzierung des Studiums		
Zeitplan des Studiums		
Lehre		
Notwendigkeit nicht erkannt		

Checkliste

Mögliche Gründe für fehlende Auslandserfahrung	ja	nein
Private Situation	✓	
Finanzielle Möglichkeiten fehlten		
Wenig Freiräume durch Zeitplan des Studiums		
Zweisprachig aufgewachsen		
Notwendigkeit nicht erkannt		

Checkliste

Mögliche Gründe für fehlende Fremdsprachenkenntnisse	ja	nein
Keine entsprechenden Sprachen in der Schule gelernt	✓	
Förderung fehlte		
Notwendigkeit nicht erkannt		

Checkliste

Mögliche Gründe für fehlende oder unpassende Praktika	ja	nein
Eigenfinanzierung des Studiums	✓	
Wenig Freiräume durch Zeitplan des Studiums		
Konzentration auf kurze Studiendauer		
Private, gesundheitliche Gründe		
Familiäre Gründe		
Schlechter Standort, eingeschränkte Mobilität		
Orientierung		

Sonstige Schwachstellen

Wenn Sie die Stellenanzeigen in den Tageszeitungen, im Internet oder beim Arbeitsamt durcharbeiten, wie sieht der ideale Mitarbeiter aus, den sich die meisten Unternehmen wünschen? Jung, dynamisch, jahrelange Berufserfahrung, beste Referenzen, mobil und, und, und …

Doch Sie sind nicht mehr Anfang zwanzig? Sie können keine jahrelange Erfahrung vorweisen? Sie sind einfach nicht mobil, da Sie Familie haben? Ihnen fehlen Zeugnisse oder andere Referenzen? Dann fallen Sie genau in die Rubrik der Bewerber mit „sonstigen Schwachstellen“. Doch lassen Sie den Kopf nicht hängen, schenken Sie diesen Faktoren besondere Aufmerksamkeit, wenn Sie Ihre Bewerbungsmappe erstellen.

Gehen Sie davon aus, dass in Stellenanzeigen immer nur eine Wunschvorstellung von Mitarbeitern beschrieben wird. Es ist meist wie an Weihnachten: Nicht alles, was wir auf den Wunschzettel geschrieben haben, lag dann auch unterm Baum. So geht es auch den meisten Personalverantwortlichen. Wenn diese eine Stelle ausschreiben, dann machen sie sich eine Art Wunschliste mit allen Fähigkeiten und Qualifikationen, die sie im Bewerber vereint sehen möchten. Die meisten Bewerbungen, die dann später auf ihrem Schreibtisch landen, erfüllen jedoch längst nicht alle Kriterien. Lassen Sie sich daher nicht gleich abschrecken. Versuchen Sie Ihr Glück. Letzten Endes weiß man nie, worauf der Personaler Wert legt.

Wir wollen versuchen, Ihnen ein wenig dabei zu helfen, sich als attraktives Gesamtpaket zu verkaufen. Denn auch hier kommt es darauf an, dass Sie Ihre Stärken herausarbeiten und gut präsentieren. Dass Sie eine aussagekräftige und überzeugende Erklärung dafür haben, warum Sie erst jetzt, mit knapp 30 Jahren, Ihre erste Lehre abschließen und dennoch die bessere Wahl sind. Warum Sie sich eine Auszeit gegönnt haben und warum Sie von Ihren Praktikaplätzen oder Anstellungen keine Zeugnisse oder Referenzen vorlegen können.

Mögliche Gründe für hohes Alter	**ja**	**nein**
Schulabschluss nachgeholt	✓	
Familie, Kind		
Neuorientierung, Ausbildungs- oder Studienfachwechsel,		
Umschulung		
Lehre vor Studium		

Mögliche Gründe für eine Auszeit	**ja**	**nein**
Auslandsaufenthalt, Reise	✓	
Familie, Kind, private Gründe		
Soziales Jahr		
Au pair		
Entscheidungsfindung		

Mögliche Gründe für fehlende Zeugnisse und Bescheinigungen	**ja**	**nein**
Notwendigkeit nicht erkannt	✓	
Streit mit Arbeitgeber		
Arbeitgeber existiert nicht mehr		
Au pair ohne Bewertung/Bescheinigung der Familie		

Checkliste Lebenslauf

Überprüfen Sie zum Schluss noch einmal die Gestaltung und den Inhalt Ihres Lebenslaufs anhand nachfolgender Checkliste:

Checkliste: Lebenslauf

Was?	ja	nein
Das Layout ist ansprechend, einheitlich, übersichtlich und leserfreundlich.	✓	
Alle persönlichen Daten und Kontaktdaten sind aufgeführt.		
Ich habe eine leicht lesbare Schrifttype verwendet.		
Ich habe nur eine Schrifttype verwendet.		
Der Aufbau ist übersichtlich (z. B. durch Blockbildung und Hervorhebung der einzelnen Blöcke).		
Der Aufbau ist chronologisch/gegenchronologisch.		
Ich habe einen einzeiligen Zeilenabstand gewählt.		
Die Seiten sind nicht überfüllt.		
Eine Seite enthält nicht mehr als 30 Zeilen.		
Der Text ist gleichmäßig verteilt.		
Die Zeitangaben sind in vollen Monaten und Jahren.		
Die Monatsangaben sind alle einheitlich.		
Der Lebenslauf ist vollständig (d. h. keine zeitlichen Lücken).		
Es gibt einen roten Faden.		
Ich habe nur gängige Fachbegriffe und Fremdwörter verwendet.		
Relevante und positionsbezogene Fakten habe ich im Lebenslauf näher erläutert.		
Ich habe nicht nur den Titel der Stelle, sondern auch das Unternehmen benannt.		
Wiederholungen habe ich vermieden.		
Ich habe keine unnötigen Informationen (z. B. Besuch der Grundschule) gegeben.		
Ich habe Sprach- und EDV-Kenntnisse sowie Kompetenzen in ihrer Ausprägung erläutert.		
Ich habe die Datenangaben genau überprüft (Zahlendreher oder fragwürdige Angaben vermieden).		
Ich habe die Zeilenumbrüche überprüft.		
Ich habe Rechtschreibung und Interpunktion überprüft.		
Ich habe die Formatierung überprüft.		
Datum und Unterschrift sind vorhanden.		

Mein Bewerbungsfoto

Ganz ehrlich und aus eigener Erfahrung weiß ich, dass man zuerst auf das Foto in Bewerbungsunterlagen schaut und so zumindest einen ersten Eindruck hat oder sich davon beeinflussen lässt. Für Sie bedeutet das:

Mein Foto

- Lassen Sie Ihre Fotos beim professionellen Fotografen machen!
- Aktuell – nicht älter als sechs Monate, man muss Sie sofort erkennen!
- Größe 4,5 x 6,0 cm – Hoch- oder Querformat
- Schwarzweiß oder Farbe – das entscheiden Sie!
- Achten Sie auf einen passenden Hintergrund (ein guter Fotograf kann den Hintergrund Ihrem Hauttyp und Ihrer Haarfarbe anpassen).
- Für eine Online-Bewerbung ein bis zwei digitale Fotos (als .jpg-Datei) auf eine CD-ROM kopieren (lassen). Die Dateigröße beträgt circa 70 bis 90 KB. Ihr Fotograf bietet diese Dienstleistung an.
- Bedenken Sie die Wirkung Ihres Outfits: Die Kleidung sollte der angestrebten Position angemessen sein. Seriosität ist hier oberstes Gebot. Dennoch müssen Sie sich wohl fühlen, um authentisch und sympathisch zu wirken.
- Für Herren gilt: Hemd und Krawatte, für Frauen: Blazer und Bluse/hochwertiges T-Shirt. Damit machen Sie nichts falsch!
- Ihr Gesichtsausdruck – freundlich und sympathisch, lächelnd, nicht breit lachend!

Fotos von Freunden bewerten lassen

Lassen Sie mehrere unterschiedliche Schwarzweiß- und Farbfotos von sich anfertigen und finden Sie heraus, wie diese auf andere Personen wirken, indem Sie die Fotos z. B. Freunden zur Bewertung geben.

Erfolgsfaktor individuelle Bewerbung

Hier sehen Sie noch einmal komprimiert, welche Punkte für Ihre Bewerbung wichtig sind:

Fakten und Informationen	Betrifft Inhalt und Aufmachung – die Leser/innen Ihrer Bewerbung sollen die wichtigen Informationen zu Ihrer Eignung für die Position sofort erkennen.
Aussagekraft	Im Lebenslauf nicht nur chronologisch die einzelnen Stationen Ihres Werdegangs auflisten, sondern auch mit Aufgaben und Verantwortungsbereichen füllen. Im Anschreiben klar herausstellen, warum Sie ein/e geeignete/r Bewerber/in sind und was Sie fachlich und persönlich auszeichnet.
Individualität	Das bedeutet, durch sinnvollen, auf die Stelle bezogenen Inhalt aufzufallen, nicht durch ausgefallene Aufmachung Ihrer Bewerbungsmappe. Auch wenn Sie einige Brüche, kurze berufliche Stationen oder Zeiten der Arbeitslosigkeit in Ihrem Werdegang nennen: Sie haben dabei Erfahrungen gesammelt und sind heute fähig, Dinge anders zu beurteilen. Ein offener und offensiver Umgang mit Ihrem Werdegang spricht für Ihre Souveränität und Lernbereitschaft.
Strukturen und Längen	Zweispaltig im Lebenslauf – links zeitliche Angaben, rechts Daten zum Werdegang. Aufteilung: persönliche Daten, beruflicher Werdegang, Ausbildung/Studium/Schule, Praktika, Weiterbildungen, sonstige Kenntnisse, außerberufliches Engagement. Lebenslauf eine bis maximal drei Seiten, Anschreiben maximal eine Seite.
Lückenlosigkeit	Lücken von mehr als zwei Monaten immer füllen – auch wenn Sie in den betreffenden Zeiten z. B. arbeitssuchend waren, eine längere Reise gemacht oder Elternzeit genommen haben. Beispiele dafür finden Sie in den Mustern!
Fehlerlosigkeit	Auf Rechtschreibfehler und Ungenauigkeiten wie nicht übereinstimmende Daten aus Zeugnis und Lebenslauf achten!
Einheitlichkeit	Gleiche optische Gestaltung (Schrifttype, Schriftgröße etc.) in Anschreiben und Lebenslauf! Keine optischen Experimente – die Schriftarten Arial, Times oder Verdana in Punktgröße 11 bis 12 reichen völlig aus.
Leistungsbeispiele	In den einzelnen Punkten Ihres Lebenslaufs (Beruf/Praktika/Nebenjobs/außerberufliches Engagement etc.) auch Hauptaufgaben und wichtigste Leistungen nennen!
Argumentation	Beziehen Sie sich auf die Stelle – nicht nur auf sich! Argumente für die große Übereinstimmung Ihrer Qualifikation mit den Muss-Kriterien nennen!

Vorsicht, Falle: Das sollten Sie vermeiden

Äußeres und Äußerlichkeiten

Oscar Wilde hat es einmal sehr schön gesagt: „Nur oberflächliche Menschen urteilen nicht nach dem Äußeren.“ Wer jetzt erschrickt – hier der zweite Teil des Zitats: „Das Sichtbare ist das Geheimnis, nicht das Unsichtbare.“ Gehen Sie davon aus, dass die meisten Personalexperten einige Geheimnisse lüften werden. Dies gilt natürlich auch für das Vorstellungsgespräch.
Jede Bewerbung hat ein Gesicht, aus dem der Adressat und Beurteilende Rückschlüsse auf die Persönlichkeit des Absenders zieht. Diese Rückschlüsse mögen bisweilen zwar falsch sein, aber die Chance, dies nachträglich richtig zu stellen, gibt es bekanntlich nicht. Folglich ist es besser, beim schriftlichen Auftritt sämtliche Schwachstellen zu vermeiden.

Schludrigkeiten und Tippfehler

„Wie kleinlich“, mag mancher denken. „Es kommt doch auf den Inhalt an!“ Dennoch gibt es für Schreibfehler und formale Unstimmigkeiten (wie ein verrutschter Einzug, falsch geschriebener Empfängername, schlechte Kopien) zu Recht Minuspunkte – und zwar aus folgenden Gründen:

- Verstoß gegen das Vier-Augen-Prinzip. Bevor in einem Unternehmen wichtige Briefe, neue Preislisten oder Angebote an Kunden verschickt werden, liest ein anderer Korrektur. So sollte man es selbstverständlich auch mit den eigenen Bewerbungsunterlagen halten. Warnung: Verlassen Sie sich nicht auf das Rechtschreibprogramm Ihres Computers!
- Wer in eigener Sache nachlässig ist, nährt beim zukünftigen Arbeitgeber den Verdacht, bei der Wahrnehmung der Interessen anderer ebenfalls wenig Sorgfalt an den Tag zu legen.
- Natürlich ist der Inhalt immer wichtiger als die Form. Beim Ei zählt zwar auch zunächst das, was darin ist. Aber dann kommt es doch auf die Zubereitung und Optik an. Das Auge isst ja bekanntlich mit. In diesem Sinne können auch Bewerbungen unappetitlich anmuten.

Sekundärtugenden sind unverzichtbar

Sie merken: Es geht nicht um irgendwelche Normen oder Gestaltungsvorschriften, die gerade in Mode sind, sondern um das, was Ihre Bewerbung über Sie verrät. Wer eine schriftliche Bewerbung verfasst, begibt sich vorsätzlich in eine psychodiagnostische Situation. Denn hier kommt alles auf den Prüfstand.

Experten-Tipp

Sekundärtugenden sind gefragt

Die so genannten Sekundärtugenden wie Ordnung, Korrektheit, Disziplin, Stilsicherheit, Gründlichkeit oder Pünktlichkeit wurden in Schulen sowie in Hochschulen lange Zeit nicht nur vernachlässigt, sondern oft auch diffamiert. Für einen Betrieb sind diese Eigenschaften aber unverzichtbar und deshalb sollten Sie diese bereits bei der ersten Kontaktaufnahme unter Beweis stellen. Dies gilt natürlich auch für die weiteren Stationen einer Bewerbungsaktion.

Machen Sie ein Gedankenexperiment: Was erwarten Sie neben der ausgewiesenen Fachkompetenz von einem Piloten, Flugzeugwartungstechniker oder Chirurgen? Sie erwarten, dass keiner von ihnen schlampt.

Schlechte optische Gestaltung der Bewerbungsunterlagen

Manche schriftlichen Bewerbungen wirken wie Augenpulver. Für jemanden, der hunderte von Unterlagen lesen muss, sind sie deshalb eine Zumutung. Der Ehrgeiz, zeigen zu wollen, was jemand in Sachen Gestaltung so alles mit dem Computer anstellen kann, wird vom Adressaten nicht honoriert. Bunt und abwechslungsreich darf es auf dem Basar zugehen, aber nicht bei der Vermarktung des eigenen Wissens und Könnens. Das macht nur argwöhnisch. Der werbliche Auftritt muss solide und dem Zweck angemessen sein. Das heißt, dass sich die Form dem Inhalt unterzuordnen hat. Wer inhaltlich nichts zu bieten hat, flüchtet sich gern in optische Spielereien und erweckt damit den Verdacht, nur über die Verpackung Eindruck schinden zu wollen. Sie müssen weder Layouter noch Grafik-Designer sein, um Ihre Unterlagen optisch gefällig gestalten zu können. Beherzigen Sie einfach konsequent die folgenden Empfehlungen bei der Erstellung Ihrer schriftlichen Unterlagen:

- Die „Farbe“ Weiß erhöht die Lesbarkeit von Texten. Gehen Sie also großzügig mit dem Papier um.
- Entscheiden Sie sich für eine Schriftart und behalten Sie diese bei.
- Wählen Sie eine der üblichen Schriftarten.
- Die Schriftgröße sollte zwischen zehn und zwölf Punkt liegen – abhängig von der Schrifttype.
- Wenn Sie bei Ihrem tabellarischen Lebenslauf einen Überhang von wenigen Zeilen auf der folgenden Seite haben, wählen Sie eine Elf-Punkt-Schrift oder prüfen Sie, ob Kürzungen möglich sind.
- Für Überschriften (persönliche Daten, Schulbildung, Ausbildung etc.) ist 12 Punkt, fett angemessen.
- Hervorhebungen in fetter Schrift im fließenden Text sind erlaubt – aber nur, wenn es inhaltlich einen besonders interessanten Zusammenhang zur ausgeschriebenen Position gibt. Wer sich z. B. bei einem Automobilhersteller bewirbt, der sollte ein absolviertes Praktikum bei einem Automobilzulieferer optisch akzentuieren.
- Lassen Sie links und rechts vom Text ausreichend Abstand zum Rand.
- Bei Zeitangaben reichen Monat und Jahr normalerweise aus (Beispiel: 05.2006–07.2006).

In diesem Buch und auf Ihrer CD-ROM finden Sie Muster für Anschreiben und Lebensläufe, an denen Sie sich orientieren können.

Abgegriffene Unterlagen

Manchen Bewerbungsmappen ist anzusehen, dass sie schon oft unterwegs waren. Selbst wenn es selbstverständlich erscheint, dass keine unansehnlichen Dokumente versendet werden sollten, gibt es doch manchmal Tücken, die einem nicht sofort einfallen. Hier ein Beispiel: Nehmen Sie eine preiswerte Prospekthülle, legen Sie ein Blatt Papier darauf und schreiben Sie auf dieses Blatt die Worte „ungeeignet“ und „Absage“. Sie können auf der Plastikhülle lesen, was Sie geschrieben haben. Es gibt Bewerber, die solche Prospekthüllen mit Kommentaren aus missglückten Aktionen ahnungslos weiterverwenden. Auf diesem Weg wurden bereits viele ungewollte Botschaften verschickt, die zudem manchmal nur wenig schmeichelhaft waren.

Kontrolle ist gut

Verfrachten Sie zurückerhaltene Unterlagen (Zeugnisse, Praktikumbescheinigungen etc.) nicht einfach in einen neuen Umschlag, sondern überprüfen Sie, ob diese in Ordnung sind. Auch Papiere, die Sie mit Kaffeeflecken oder Eselsohren zurückbekommen, sollten nicht wieder auf Reisen gehen.

Lästige Deckblätter

Wie bitte? Wieso ist ein Deckblatt lästig? Ja, was Deckblätter angeht, gibt es ein ziemliches Durcheinander. Bewerber, die konsequent adressatengerecht denken und handeln wollen, sollten sich mit diesem Thema doch etwas genauer befassen. Es geht hier nämlich – wie im richtigen Leben – um Zielkonflikte. Perfekte und damit raumgreifende Selbstdarstellung oder nur so viel Informationen, wie für die Entscheidungsfindung nötig? Beides gleichzeitig geht nicht.
Der Autor hält sich aufgrund leidvoller Erfahrungen als Personalbeschaffer bei der Frage nach dem Sinn oder Unsinn eines Deckblatts an den Kulturkritiker Karl Kraus: „Gut gemeint“, warnte dieser, „ist ein anderes Wort für schlecht.“

Machen Sie ein Gedankenexperiment

Stellen Sie sich vor, Sie wären ein Personalchef, der viele Lebensläufe hinsichtlich ihrer Eignung für eine bestimmte Aufgabe miteinander vergleichen muss. Wie gehen Sie zweckmäßigerweise vor? Sie lesen die Bewerbungen zunächst nacheinander und vergleichen die interessantesten dann, indem Sie sie nebeneinander legen. Genau jetzt wird die Sache ungemein lästig. Die Mappen mit einem Deckblatt lassen sich nicht nebeneinander legen, sondern müssen erst aufgeklappt werden, bevor sie die wichtigsten Informationen – den tabellarischen Lebenslauf – zeigen. Dummerweise schlagen die geöffneten Mappen aber sofort wieder zu, wenn sie nicht mit einem Aschenbecher oder einer Kaffeetasse beschwert werden.

Genau darum geht es: Hier stehen keine formalen Vorschriften (Ist ein Deckblatt gerade in Mode oder schon wieder out?) im Vordergrund, sondern Empathie,

Kunden- und Serviceorientierung. Und das ist noch nicht alles. Der mit jeder Bewerbung verbundene Appell lautet doch sinngemäß: „Bitte machen Sie sich ein Bild von mir!“ Befindet sich das Foto auf einem gesonderten Deckblatt, ist der Empfänger allerdings gezwungen, den Bewerber sofort aus den Augen zu verlieren, wenn er sich den Lebenslauf anschauen möchte, da er umblättern muss.

Experten-Tipp

Mit dem Kopf des anderen denken

Das ist einer der wichtigsten Erfolgsfaktoren für eine gelungene Positionierung im Wettbewerb um einen guten Job. Wie kommt das an, was ich schreibe, tue oder sage? In diesem Sinne ist alles zu unterlassen, was das Handling der Bewerbungsunterlagen beschwerlich macht. Das gilt auch für die überdimensionierten Mappen, die der Handel anpreist. Manches mag ganz chic aussehen – nur damit arbeiten müssen andere.

Unpassende Fotos

Der Autor hat in seiner Eigenschaft als Personalberater schon so ziemlich alles gesehen, was die Fantasie hergibt: Bewerber/innen mit Hund oder Kind, mal als Ganzkörperablichtung lässig am Gartenzaun lehnend, mal in der Küche mit einer Batterie leerer Flaschen im Hintergrund. Manche möchten dann noch mit dem Telefon am Ohr ihre Wichtigkeit unterstreichen. Solche Schnappschüsse gehören in die Kategorie grober Unfug oder ins Familienalbum.
Insgesamt gilt: Die Bedeutung von Fotos wird häufig überschätzt. Es ist sinnvoll, zu einem Starfotografen zu gehen, wenn man sich bei einer Model-Agentur bewirbt – das Bewerbungsfoto für eine Bank oder Spedition sollte den Bewerber aber möglichst so zeigen, wie er in Wirklichkeit aussieht. Wenn Sie bei Ihrem Vorstellungstermin nicht erkannt werden, haben Sie mit Ihrem Foto etwas falsch gemacht.

Experten-Tipp

Machen Sie sich ein Bild von mir!

- Verwenden Sie ein normales Foto vom Fotografen – nicht eines aus dem Automaten.
- Die Kleidung muss möglichst gut zum vermuteten Dresscode der Firma oder Branche passen, in der Sie sich bewerben.
- Das Format sollte höchsten 6 x 4,5 Zentimeter ausmachen.
- Farbe oder Schwarz-Weiß? Das bleibt Ihnen überlassen.
- Kleben Sie das Foto oben rechts auf den tabellarischen Lebenslauf – und zwar so, dass es dem Adressaten nicht gleich vor die Füße fällt.
- Selbstverständlich können Sie das Foto einscannen. Achten Sie dabei aber auf eine gute Qualität des Scans.

Anschreiben in Prospekthülle

Wenn Sie das Anschreiben in eine Prospekthülle stecken oder in die Mappe einheften, kann es nicht geknickt werden. Auch wenn dies überzeugend klingt, hier wird etwas Wichtiges übersehen. Das Anschreiben und die restlichen Unterlagen beziehen sich

nämlich auf zwei verschiedene juristische Sachverhalte: Das Anschreiben wird Eigentum des Empfängers, während die anderen Unterlagen im Eigentum des Absenders verbleiben.
Wer diesen Grundsatz nicht beachtet, macht das Handling der Bewerbung unnötig kompliziert. Stellen Sie sich einen Stapel von 150 Bewerbungsmappen vor, aus denen jedes einzelne Anschreiben aus der Prospekthülle gefischt oder aus der Klemmmappe gelöst werden muss.

Experten-Tipp

Konzeptionell-strategisch vorgehen

Selbst bei solchen vermeintlichen Kleinigkeiten zeigt sich, dass es nicht um Moden oder Konventionen geht. Eine in sich stimmige und wirklich gute Bewerbung können Sie nur erstellen, wenn Sie für jede Empfehlung, für jedes Tun und Lassen auch die Begründung kennen. Mitdenken ist angesagt.

Unterlagen in Prospekthüllen

Stellen Sie sich noch einmal vor, Sie wären als Personalberater tätig: Sie erhalten auf eine ausgeschriebene Position 60 Bewerbungsmappen mit durchschnittlich 15 Seiten (inklusive Zeugnissen, Praktikumbescheinigungen etc.). Alle Interessenten haben den gleichen Bewerbungsratgeber gelesen und sind der Empfehlung gefolgt, jede einzelne Seite in eine Prospekthülle zu stecken. Und nun passiert Folgendes: Ihr Auftraggeber, der Sie mit der Analyse der Bewerbungen betraut hat, möchte sich schon einmal einen kurzen Eindruck über die Resonanz auf die Suchaktion verschaffen und bittet um Zusendung aller Unterlagen. Sie Ihrerseits dürfen bei der Bewertung der Kandidaten keine Zeit verlieren. Die Lösung: alles kopieren. Was einfach klingt, wird jetzt schwierig, denn der Vorlageneinzug Ihres Kopierers ist wegen der Prospekthüllen nicht nutzbar.
Das bedeutet: Entweder müssen Sie 900 Seiten aus den Prospekthüllen nehmen und später wieder hineinbekommen oder Sie dürfen 900 Seiten einzeln mit der Plastikhülle fotokopieren. Bei gut entwickelter Fingerfertigkeit brauchen Sie pro Seite 20 Sekunden. 900 Seiten mal 20 Sekunden macht fünf Stunden. Prospekthüllen sind eine Tortur.

Unterlagen per Einschreiben

Wenn Sie Ihre Bewerbungsunterlagen per Einschreiben verschicken, begehen Sie einen bösen Verstoß gegen eine wichtige Schlüsselqualifikation: Empathie, das heißt Einfühlungsvermögen. Es macht ganz sicher keinen Spaß, den Eingang der Bewerbungen tagtäglich beim Postboten abzeichnen zu müssen.
Wertvolle Dokumente gehören sowieso nicht in eine Bewerbungsmappe – im Bedarfsfall können Sie sie im Vorstellungsgespräch präsentieren. Denken Sie daran, welche Folgen es hätte, wenn jeder seine Bewerbung per Einschreiben auf den Weg brächte. Nicht zuletzt sei erwähnt, dass das Versenden von Einschreiben auch nicht gerade billig ist.

Experten-Tipp

Werden Sie nicht zum Zeitdieb

Organisieren Sie die gesamte Bewerbungsprozedur auch unter dem Gesichtspunkt Zeit. Unterlassen Sie alles, was einen unnötigen Zeitaufwand verursachen könnte.

Bei dieser Gelegenheit noch eine gute Nachricht für Sie: Verzichten Sie darauf, Schriftstücke amtlich beglaubigen zu lassen. Ausnahme: Zeugnisübersetzungen. Hierzu eine Anmerkung am Rande: Selbstverständlich übersetzen Sie englischsprachige Zeugnisse oder Bescheinigungen nicht in die deutsche Sprache, schließlich wollen Sie den Empfänger ja nicht vorsätzlich zum Ignoranten erklären.

Mehr als 1,45 Euro Porto

Wer für seine Unterlagen einen Maxibrief benötigt, hat etwas falsch gemacht. Es sei denn, es werden Arbeitsproben verlangt – wie bei Journalisten oder Grafik-Designern. In der Regel sind überfrachtete Bewerbungsunterlagen aber eine Last. Kurzum: Bei allem berechtigten Stolz auf erworbene Zertifikate – nicht alle gehören in die Mappe. Es gibt Bewerber, die legen ihre Fluglizenz als Hobbyflieger bei oder Aufsätze, die sie irgendwo publiziert haben, die aber rein gar nichts mit der angestrebten Aufgabe zu tun haben. Hier ist weniger mehr.

Experten-Tipp

Verschicken Sie Entscheidungshilfen

In Deutschland – so heißt es – sieht man Zertifikate und amtliche Bescheinigungen gern. Insbesondere im Vergleich zu den USA ist da etwas dran. Dennoch: In die Bewerbungsmappe gehören nur Nachweise, die für die Entscheidungsfindung hilfreich sind. Mit voranschreitendem Berufsleben sollten Sie Unterlagen aus lichter Vorzeit (etwa Schulzeugnisse und Praktikumsbescheinigungen) herausnehmen.

Und auch das gibt es: Bewerber, die eine Teilnahmebestätigung über ein Bewerbertraining anfügen. Kein Kommentar! Alles andere, was für die Abrundung des Persönlichkeitsbilds dienlich sein könnte, darf gern im Vorstellungsgespräch thematisiert werden.

Mangelhafte Online-Bewerbungen

Die Möglichkeit, Informationen via E-Mail weiterzugeben, ist eine wunderbare Sache. Selbst im Urlaub oder auf Reisen kann man sofort auf ein interessantes Stellenangebot reagieren. Bei vielen Bewerbern besteht allerdings das Missverständnis, Online-Bewerbungen benötigten weniger Sorgfalt. Es fällt jedenfalls auf, dass die auf diesem Weg übermittelten Anschreiben oft im Stil lockerer gehalten sind, auf die Gestaltung des Lebenslaufs weniger Wert gelegt wird und es manchmal von Fehlern nur so wimmelt. Das gilt übrigens generell für E-Mails. Was auf einem Blatt Papier ausgedruckt und versendet wird, unterliegt offensichtlich anderen Qualitätsstandards als das, was auf dem Bildschirm steht und per Mausklick auf die Reise geht.

Was ist bei Bewerbungen per E-Mail zu beachten?

- Behandeln Sie eine Online-Bewerbung wie eine klassische schriftliche Bewerbung. Wer lässig formuliert, ist schnell wieder offline.
- Begrenzen Sie die Zahl der Attachments. Wer hat schon Lust, sich durch eine Vielzahl von Anhängen zu klicken? Dies gilt insbesondere für die erste Kontaktaufnahme.
- Das Anschreiben gehört natürlich nicht in einen Anhang.
- Verwenden Sie gängige Formate. Am besten sind Word-Dokumente oder pdf-Dateien geeignet.
- Entscheiden Sie sich für eine schlichte Formatierung. Nicht jedes Programm akzeptiert Sonderzeichen wie Klötzchen, Pfeile und Bildhintergründe. Ihre Bewerbung kann auf dem Bildschirm des Empfängers unfreiwillig komisch aussehen.
- Verschicken Sie keine Mails, die größer als 1 MB sind. Achtung: Sie kommen nicht durch jede Firewall!
- Versenden Sie keine Bewerbung an eine E-Mail-Sammelstelle („info@"). Sie verschwindet meist im Datennirwana.
- Schicken Sie Ihre Bewerbung nach der Fertigstellung erst einmal an sich selbst und überprüfen Sie alles noch einmal.

Die Bewerbung in englischer Sprache

Eine Bewerbung auf Englisch ist erforderlich, wenn Sie im Ausland eine Stelle suchen. Oft verlangen aber auch internationale Arbeitgeber oder deren Standorte in Deutschland Bewerbungen auf Englisch. Bei der Formulierung und Gestaltung Ihrer Bewerbungsunterlagen hilft Ihnen dieser Ratgeber mit Mustern, Formulierungsbeispielen und Tipps. Wählen Sie die passenden Beispiele auf der CD aus und verknüpfen Sie sie mit Ihren individuellen Daten. Diese Arbeit kann Ihnen niemand abnehmen: Sie selbst kennen sich am besten und wissen, welches Bild Sie von sich entwerfen wollen. Berücksichtigen Sie dabei Unterschiede kultureller und gestalterischer Art.

Andere Sprache, andere Kultur

Beispielsweise sollte eine Bewerbung in die USA keine persönlichen Daten enthalten, die mögliche Arbeitgeber aufgrund der teilweise strengen Antidiskriminierungsgesetze nicht erfahren dürfen. Darunter fallen Familienstand, Hautfarbe, Alter, Geburtsdatum und -ort sowie die Nationalität. Ein Foto darf ebenfalls nicht verschickt werden. Ein wissenswertes technisches Detail ist der Unterschied beim Papierformat in Europa und in den USA: Wir verwenden DIN A4 mit Seitenlängen von 21 x 29,7 Zentimeter, in Amerika heißt das ähnliche Format „Letter size". Es hat die Maße 21,59 x 27,94 Zentimeter. Ein kultureller Unterschied zu Großbritannien besteht bei der Kommunikationskultur: Wer sich scheut, zum Telefonhörer zu greifen und nach dem genauen Ansprechpartner zu fragen, hat von vornherein schlechte Karten.

Experten-Tipp

Warum müssen Sie das alles wissen?

Damit Ihre Bewerbung erfolgreich sein kann! Das Foto gilt in Amerika als ein K.-o.-Kriterium. Wer Ihre E-Mail-Bewerbung auf der anderen Seite des Atlantiks auf dem kürzeren Papierformat ausdruckt, ärgert sich über die zu langen Seiten. Hat ein Londoner Personalchef das Gefühl, Sie meinen es nicht ernst mit Ihrer Bewerbung, weil Sie nicht einmal versucht haben, seinen Namen herauszufinden, dann war all Ihre Mühe umsonst.

Sie können Stellenanzeigen in großen Tageszeitungen nicht nur dazu verwenden, sich darauf zu bewerben. Vor allem Stellenanzeigen aus Ihrem Arbeitsbereich oder von interessanten Unternehmen bieten wichtige Informationen, die Sie später nutzen können, wenn Sie sich gezielt bewerben, ob initiativ oder auf eine Anzeige hin. Neben wertvollen Details über Unternehmen und Ansprechpartner finden Sie spezielles Vokabular, das die jeweilige Branche verwendet. Nutzen Sie zudem die folgende Checkliste, wenn Sie weiterführende Informationen recherchieren.

Machen Sie nicht den Fehler, mit einem Einheitslebenslauf und -anschreiben auf alle Anzeigen zu antworten, die für Sie infrage kommen. Die folgenden Kapitel und das Bewerbungsmuster am Ende zeigen, welche Art von CV (Curriculum Vitae) oder Résumé sich für welchen Einsatzbereich besonders eignet. Zeigen Sie dem Unternehmen, das Sie ins Auge gefasst haben, dass Sie genau der/die Richtige für die ausgeschriebene Stelle oder für die anfallenden Aufgaben sind. Belegen Sie dies mit der passenden Erfahrung und Qualifikation. Erstellen Sie für jede Bewerbung maßgeschneiderte Unterlagen. Das bedeutet nicht, dass Sie immer wieder von vorne anfangen müssen. Konzipieren Sie verschiedene Bausteine, die sich je nach Bedarf anpassen und zusammensetzen lassen.

Checkliste

Möglichkeiten zur Stellensuche und Recherche	ja	nein
In Internetstellenbörsen können Sie selbst nach offenen Stellen suchen und/oder Ihren Lebenslauf hinterlegen.	✓	
Ideen, wo sich eine Bewerbung lohnen könnte, erhalten Sie durch regelmäßiges Sammeln und Auswerten von Artikeln in Tageszeitungen und in der Fachpresse. Welche Firma expandiert? Wer hat einen neuen Riesenauftrag bekommen? Meist lohnt sich bei diesen Unternehmen eine Initiativbewerbung oder aber Sie finden einen kreativen Aufhänger für Ihr Anschreiben.		
Meist lohnen sich Messebesuche (Fachmessen) und die Auswertung der Messekataloge auf relevante Firmen und Informationen hin.		
Nutzen Sie persönliche Kontakte (Freunde, Bekannte, ehemalige Kollegen), die zu Jobs führen können: Viele Stellen werden intern vergeben, bevor überhaupt eine Anzeige in einer Tageszeitung geschaltet wird.		
Holen Sie sich Firmenlisten bei der IHK oder bei Konsulaten.		
Suchen Sie im Internet unter bestimmten Stichworten. So lassen sich Hersteller bestimmter Produkte oder Dienstleister in verschiedenen Regionen abfragen.		
Gehen Sie zu einer Personalberatung oder einem Headhunter.		
Besuchen Sie Karrieremessen (job fairs).		
Lehnen Sie Zeitarbeit nicht generell ab. Oft ist eine Zeitarbeitsstelle der Türöffner in ein Unternehmen. Vielleicht werden Sie übernommen oder Sie entdecken am schwarzen Brett eine Stellenausschreibung, bevor sie in die Tageszeitung kommt.		

Besondere Formbestimmungen in England und den USA

Das Anschreiben – eine Herausforderung

Das Anschreiben ist Ihre Visitenkarte. Der erste Eindruck, den Sie hinterlassen, noch bevor Sie Ihre Erfahrung und Errungenschaften im Lebenslauf in die Waagschale werfen können, ist entscheidend. Oft lesen Personalverantwortliche nach einem schlechten Anschreiben gar nicht mehr weiter. Verwenden Sie daher größte Sorgfalt bei der Erstellung Ihrer Unterlagen. Seien Sie dabei selbstbewusst, aber nicht aufdringlich oder anbiedernd. Zu den schlimmsten Fehlern in einem Anschreiben zählen:

- Der Ansprechpartner ist nicht namentlich benannt.
- Die Bezugnahme ist falsch oder ungenau.
- Das Anschreiben enthält formale (Rechtschreib-, Grammatik- oder Satzzeichen-) Fehler.

- Es ist zu lang (länger als eine Seite) und wiederholt die Inhalte des Lebenslaufs.
- Es wurde nicht genau auf die angestrebte Stelle zugeschnitten. Der Nutzen, den der Bewerber dem angeschriebenen Unternehmen bringt, wird nicht (genug) herausgestellt.
- Der Schreibende versucht sich durch Lässigkeit oder Humor abzuheben.
- Das Anschreiben enthält negative Informationen.

Experten-Tipp

AIDA – Werbung in eigener Sache

Wenn es um die Inhalte Ihres Anschreibens geht, können Sie auf das AIDA-Modell zurückgreifen.

A	=	attention	Aufmerksamkeit auf Ihre Unterlagen lenken
I	=	interest	Interesse an Ihrer Person erregen
D	=	desire	Wunsch wecken, Sie kennen zu lernen
A	=	action	Einladung zum Vorstellungsgespräch bekommen

Betreiben Sie Marketing in eigener Sache vor allem für eine Bewerbung.

Ein ideales Anschreiben ist übersichtlich gegliedert und besteht aus drei, maximal fünf Absätzen. Der erste Absatz enthält die Bezugnahme und eine Einleitung. In den Abschnitten zwei bis höchstens vier stellen Sie Ihre besondere Eignung und Ihren konkreten Nutzen für die Firma heraus, bei der Sie sich bewerben. Im letzten Absatz verabschieden Sie sich höflich und bitten um ein Vorstellungsgespräch.

1. Professionell einsteigen

Im ersten Absatz lenken Sie die Aufmerksamkeit auf sich und Ihre Unterlagen. Nehmen Sie Bezug auf die zu besetzende Stelle, woher Sie den Kontakt haben oder bedanken Sie sich für das telefonische Vorgespräch. Verdeutlichen Sie Ihre Motivation und bekunden Sie im Einstieg Ihr Interesse an der Firma. Lassen Sie den Personalverantwortlichen spüren, dass seine Entscheidung für ein Inserat in der XY-Zeitung oder für den Stand auf dem Karriereforum ein richtiger Schritt war. Ihre Bezugnahme bedeutet eine Anerkennung seiner Leistungen und eine Wertschätzung der Firma. Formulierungsbeispiele hierzu finden Sie im Kapitel „Wertvolle Tipps zu Grammatik, Wortschatz und Stil“.

2. Interesse wecken und überzeugen!

Nutzen Sie den zweiten Absatz, um sich als ideale/r Kandidat/in vorzustellen. Achten Sie vor allem darauf, Ihre Qualitäten so ins rechte Licht zu rücken, wie es die Stelle verlangt. Hier geht es vor allem darum, das „I“ für „Interest“ aus der AIDA-Formel umzusetzen. Seien Sie mehr als kritisch in der Auswahl dessen, was Sie in Ihrem Anschreiben unterbringen. Zeigen Sie, dass Sie die zu besetzende Stelle kompetent ausfüllen werden, und belegen Sie Ihre Leistungen mit Beispielen.
Wiederholen Sie auf keinen Fall Ihren gesamten Lebenslauf. Eine Methode etwa, um Aufzählungen von Qualitäten, Leistungen oder Errungenschaften übersichtlicher zu machen, besteht darin, Spiegelstriche oder Bullet Points zu verwenden. Formulierungsbeispiele dazu finden Sie im Kapitel „Wertvolle Tipps zu Grammatik, Wortschatz und Stil“.

3. Letzter Absatz: Action!

Im letzten Abschnitt wollen Sie Ihren Ansprechpartner dazu bringen, sofort zum Telefon zu greifen und einen Vorstellungstermin mit Ihnen zu vereinbaren. Verfolgen Sie auch hier Ihre Taktik weiter: Ein Vorstellungsgespräch bedeutet Arbeit für die Personalabteilung. Verwenden Sie daher statt dem Wort „interview" lieber Euphemismen wie „a chance to meet with you" oder „opportunity of a discussion". Vergessen Sie auf keinen Fall das obligatorische „I am looking forward to meeting you", bevor Sie sich mit „yours sincerely" verabschieden. Denken Sie auch immer daran, dem Leser für seine Zeit und für sein Interesse zu danken! Auch hierzu finden Sie Formulierungsbeispiele im Kapitel „Wertvolle Tipps zu Grammatik, Wortschatz und Stil".

Grundregeln im englischen Schriftverkehr

Jedoch spielen nicht nur inhaltliche und taktische Erwägungen bei Bewerbungen eine Rolle. Sie sollten darüber hinaus zeigen, dass Sie die Grundregeln des englischen Schriftverkehrs beherrschen.

Datum

Ist die britische (14-01-03) oder die amerikanische (1-14-03) Schreibweise angebracht, wenn Sie den 14. Januar meinen? Am sichersten ist es, wenn Sie den Monat ausschreiben. Ansonsten bleibt es Ihnen überlassen, welche Schreibweise Sie bevorzugen. Lassen Sie den Punkt nach der Zahl weg, also 14 January 2006. Das Anfügen von „st" oder „th", also 1st oder 14th, wird oft als altmodisch empfunden und ist nicht nötig. Unüblich ist es, dem Datum den Ort voranzustellen. Frei sind Sie dagegen bei der Platzierung des Datums. Rechts- oder linksbündig, direkt unter Ihrer Adresse – die Position des Datums ist nicht streng festgelegt.

Betreffzeile, Anrede und Schlussformel

Die Betreffzeile wird in Großbritannien zwischen Anrede und ersten Absatz platziert, in den USA weggelassen. Sie ist kein Muss, aber wegen der besseren Übersichtlichkeit angezeigt, darf gefettet oder unterstrichen werden. Das Pendant „RE" für „regarding" zum deutschen „Betreff" wird kaum noch verwendet, verzichten auch Sie darauf. Beginnen Sie die erste Zeile nach der Anrede mit einem Großbuchstaben.

Anrede und Schlussformel eines Anschreibens sind eng verknüpft. „Dear Sir or Madam" bzw. „Dear Sirs" (nur GB) schreiben Sie immer dann, wenn Sie den Namen Ihres Ansprechpartners nicht kennen, was allerdings bei einer Bewerbung vor allem im englischsprachigen Ausland nicht günstig ist. Nach dem Motto „Wer A sagt, muss auch B sagen" müssen Sie Ihr Schreiben nach dieser Anrede mit „yours faithfully" beenden. „Dear Mr .../Ms .../Mrs ..." verlangt ein „yours sincerely". Selbstverständlich ist für beide Anredeformen auch „with best/kind regards" korrekt, wirkt aber etwas salopper. Ein Anschreiben in die USA dürfen Sie auch mit „respectfully yours" abschließen. Gelingt es Ihnen trotz aller Bemühungen nicht, den Namen Ihres Ansprechpartners herauszufinden, schreiben Sie in der Anrede lieber „Dear Hiring Manager" oder „Dear Recruiter" statt „Dear Sir or Madam". Vermeiden Sie das platte „to

whom it may concern". Beim Leser entsteht in beiden Fällen das Gefühl, dass Ihnen der Job nicht wichtig genug ist.
In den USA setzt man nach dem Namen einen Doppelpunkt („Dear Mr. Mayers:"), in Großbritannien ein Komma oder kein Satzzeichen. Vergessen Sie nicht, neben oder unter Ihrer Unterschrift – Sie haben selbstverständlich Ihren Namen in Druckbuchstaben daruntergesetzt – die Anlagen zu erwähnen. Sie müssen nicht einzeln aufgezählt werden, doch das Wort „enclosures" oder kurz „encl." sollte am Schluss des Briefes nicht vergessen werden.

Checkliste Anschreiben	**ja**	**nein**
Sind Firmenname und Firmierung richtig?	✓	
Haben Sie den Namen des Ansprechpartners überprüft und richtig geschrieben? Hat er einen Titel? Wenn ja, ist er richtig geschrieben?		
Sind Ihre eigenen Kontaktdaten aktuell und richtig? Ist die private E-Mail-Adresse angegeben? Telefonnummer eventuell mit internationaler Vorwahl?		
Datumsformat britisch oder amerikanisch?		
Gibt es eine Betreffzeile nach der Anrede?		
Ist die Position genau genannt, auf die Sie sich bewerben (Fundstelle, Referenz, Stellenbezeichnung)?		
Beginnt der erste Absatz mit Großbuchstaben?		
Haben Sie nicht mehr als drei bis fünf Absätze formuliert?		
Haben Sie die KISS-Regel (keep it short and simple) beachtet? Kurze Sätze?		
Haben Sie sprachliche und stilistische Fehler vermieden? Kommt „I" am Satzanfang nicht zu häufig vor?		
Vermittelt die Schlussformel Aktion („looking forward to speaking ...")?		
Haben Sie mit Vor- und Nachnamen unterschrieben?		
Sind die Anlagen (enclosures) erwähnt (ohne Auflistung)?		
Ist der Schrifttyp gut lesbar, nicht zu klein? Haben Sie ein übersichtliches Layout gewählt?		
Ist das Anschreiben auf die Stelle ausgerichtet?		
Erfüllen die einzelnen Absätze ihren Zweck? Wird Aufmerksamkeit erregt? Wird Interesse an Ihrer Person geweckt?		
Haben Sie um eine Einladung zum Gespräch gebeten?		
Ist Ihr Anschreiben leicht lesbar und verständlich? Ist es überfrachtet, wollen Sie zu viel „hineinquetschen"? Oder haben Sie wichtige Informationen vergessen?		
Haben Sie Ihre Stärken und Erfolge mit Beispielen belegt?		
Haben Sie den Nutzen für die Firma klar herausgestellt?		
Wurde nach einem Gehaltswunsch gefragt? Haben Sie ihn angegeben?		
Haben Sie selbst Korrektur gelesen? Haben Sie noch jemand anderen Korrektur lesen lassen? Sind die Vorschläge eingearbeitet worden?		
Haben Sie eine Kopie abgelegt und im PC gespeichert?		

Lebenslauf – CV – Résumé

In Deutschland heißt er Lebenslauf, in den USA „Résumé“ und in Großbritannien „Curriculum Vitae“ oder kurz „CV“. Er beschreibt Ihre Karriere, Ihre Ausbildung und Sie als Person im Detail. Dabei sind ein überzeugender Aufbau und die sorgfältige Auswahl der Inhalte wesentlich. Beachten Sie dabei einige länderspezifische Besonderheiten. Verstehen Sie unsere Tipps als Spielregeln, die Sie umsetzen müssen, wenn Sie gewinnen wollen.

Ein CV oder ein Résumé können Sie unterschiedlich aufbauen. Am häufigsten findet man den gegenchronologischen Lebenslauf. Er orientiert sich am zeitlichen Ablauf, beginnt jedoch mit der jüngsten Vergangenheit. Sie eignet sich besonders gut, um Kontinuität und einen stetigen Aufstieg auf der Karriereleiter zu betonen.

Problematisch erscheint diese Form bei Lücken im Lebenslauf, (zu) häufigem Arbeitsplatzwechsel und beruflicher Neuorientierung oder wenn man nur wenig Berufserfahrung hat. Besser geeignet ist dann der funktionale oder „skills-based“ CV. Darin werden unterschiedliche Kategorien wie Berufserfahrung, Ausbildung oder besondere Fähigkeiten sinnvoll und überzeugend angeordnet. Dieser Ansatz eignet sich besonders gut für Wiedereinsteiger, z. B. nach einer Familienpause oder einer Umorientierung in einen ganz anderen Job.

Als weitere Möglichkeit bietet sich eine Mischung aus beiden an, der so genannte Hybrid-CV. Einen CV können Sie auch je nach Zielsetzung mit unterschiedlichen Schwerpunkten verfassen, indem Sie die einzelnen Elemente unterschiedlich anordnen und ausführen.

Der folgende Überblick soll Ihnen als Richtlinie dienen, welche Elemente in den einzelnen Ländern üblich sind bzw. nicht fehlen dürfen. Manchmal weichen sie von den deutschen Standards ab.

Grundsätzlich empfiehlt sich für Großbritannien folgende Reihenfolge:	**In den USA sieht man es gerne so:**
■ Kontaktdaten (Name, Anschrift, Telefonnummer) ■ Career Statement (nicht zwingend) ■ Beruflicher Werdegang, umgekehrt chronologisch ■ Berufliche Qualifikationen und Ausbildung ■ Universitäre Ausbildung und Schulbildung ■ Interessen ■ Persönliche Daten	■ Kontaktdaten ■ Career Summary (nicht zwingend) ■ Job Objective (nicht zwingend) ■ Beruflicher Werdegang, umgekehrt chronologisch ■ Bildung und Ausbildung ■ Besondere Leistungen, Ehrungen etc. ■ Mitgliedschaft in Berufsorganisationen (nicht zwingend) ■ Keine persönlichen Daten oder Interessen, kein Foto!

Name und Kontaktdaten

Diese beiden Elemente sollten oben auf jeder Seite erscheinen. Geben Sie die Daten möglichst vollständig an und treffen Sie eine sinnvolle Auswahl. Das bedeutet auch, dass Sie lieber keine Handynummer angeben sollten, wenn Sie wegen Meetings oder Geschäftsreisen häufig nicht erreichbar sind. Eine E-Mail-Adresse ist nur dann sinnvoll, wenn Sie mindestens einmal täglich den Posteingang prüfen. Achten Sie auch darauf, Ihre private E-Mail-Adresse zu nennen, nicht die bei Ihrem derzeitigen Arbeitgeber. Kleiner Trick, wenn Sie sich aus dem Ausland bewerben: Schreiben Sie nur den Namen in die Kopfzeile und geben Sie die volle Anschrift erst am Ende unter Persönliches an. Dann legt der Recruiter Ihren Lebenslauf nicht gleich weg, weil er erst später bemerkt, dass mit dem Vorstellungsgespräch eine weitere Anreise verbunden ist.

Career Statement oder Career Summary

Dieser Bestandteil ist kein Muss, er schadet aber nicht, wenn es sorgfältig durchdacht und gemacht wurde. Haben Sie weder Muße noch Geduld, um ein Career Statement zu erstellen, lassen Sie es lieber weg. Einzelheiten dazu finden Sie ab Seite 96.

Career Objective

Ob Sie ein Career Objective in Ihren Lebenslauf aufnehmen wollen, bleibt ebenfalls Ihnen überlassen. Auf den meisten amerikanischen Résumés fehlt dieser Bestandteil nicht. Sie können sich dabei ganz kurz fassen, der Text muss nicht besonders lang sein.

Beruflicher Werdegang – Professional Experience

Den Ausführungen zu Ihrem derzeitigen oder letzten Arbeitgeber können Sie durchaus am meisten Raum geben. Wichtig ist, dass Sie Ihren Job Title, den Namen der Firma, den Standort sowie die Dauer der Beschäftigung erwähnen. Beschreiben Sie Ihre Tätigkeiten mit Action Words und belegen Sie Ihre persönlichen Erfolge und Erreichtes mit Beispielen. Berufserfahrung, die länger als zehn Jahre zurückliegt, und Praktika vor oder während des Studiums sollten Sie für einen Lebenslauf in die USA weglassen, genauso Berufserfahrung, die für den angestrebten Job nicht relevant ist. Damit keine Lücken entstehen, können Sie an geeigneten Stellen auch zusammenfassen und kürzen. Ebenso ist es möglich, Tätigkeiten während des Studiums zusammenzufassen, wenn Sie über weniger als zehn Jahre Berufserfahrung verfügen. Wie Sie mit Lücken im Lebenslauf umgehen erfahren Sie ab S. 56.

Berufsausbildung und schulische Bildung – Education

Als Faustregel gilt, dass die Ausführungen zu Education bei weniger als fünf Jahren Berufserfahrung an erster Stelle stehen dürfen. Wirklich interessant ist aber eigentlich nur Ihr Schulabschluss. Haben Sie in Ihrer Jugend verschiedene Schulen besucht, brauchen Sie diese genauso wenig zu erwähnen wie Ihre Grundschule. Am geschicktesten ist es, Sie benutzen für Schularten und Abschlüsse die deutschen Begriffe in Ihrem Lebenslauf und erklären diese in Klammern. Das duale Ausbildungssystem, das sich aus einer betrieblichen Lehre und ergänzendem Berufsschulunterricht zusammensetzt, gibt es im angloamerikanischen Raum nicht. Sie können den Begriff „Ausbildung" mit „apprenticeship" übersetzen und eventuell noch „accompanied by vocational school" hinzufügen.
Geben Sie Schulnoten im Lebenslauf nur an, wenn sie gut sind. In den USA gibt man nur sehr gute Noten an, oft in Form einer Gesamtnote, dem „GPA (Grade Point Average)", einem Notendurchschnitt. Im amerikanischen Notensystem entspricht das einem „A", hier ist die beste Note „A", die schlechteste „D". In Großbritannien reicht

die Skala bis „E", womit die schlechteste Note benannt wird. Ebenfalls in diesen Block gehören Ihre Fortbildungen, entweder als eigener Punkt oder im Zusammenhang mit weiteren Qualifikationen aufgeführt.

Besondere Leistungen, Ehrungen – Personal Achievements, Honors, Accomplishments

Halten Sie mit Ihren Verdiensten nicht hinter dem Berg! Gerade in den USA wäre das ein Fehler. Lassen Sie Ihr Gegenüber ruhig wissen, dass Sie sportliche Erfolge (ob aktiv, als Coach oder Manager) oder Auszeichnungen für geistige Leistungen errungen haben, Lebensretter sind oder Schulsprecher waren. Das hat nichts mit Angeben zu tun. Vielmehr weist dies auf Ihren Einsatz und überdurchschnittliche Erfolge hin. Bei Wissenschaftlern könnte hier ein extra Block mit Forschungsergebnissen und Publikationen stehen. Erwähnen Sie auch Vorträge oder Lesungen und geben Sie Titel, Ort und Datum der Veranstaltung an.

Experten-Tipp

Erstellen Sie eine starke erste Seite

Das Interesse und die Aufmerksamkeit des Recruiters konzentrieren sich vor allem auf die erste Seite des Lebenslaufs. Auf der zweiten Seite flaut es ein wenig ab, dann geht die Konzentrationsspanne rapide nach unten. Denken Sie scharf nach, welcher Punkt Sie von der Konkurrenz abhebt und den Ausschlag geben wird. Er muss sofort ins Auge stechen. Bemühen Sie sich deshalb um eine besonders ansprechende und aussagekräftige erste Seite!

Interessen und Hobbys – Activities and Interests

Durch die Angabe von Hobbys und Interessen wird Ihre Person schillernder und greifbarer. Beschränken Sie sich aber auf drei bis vier Hobbys. Sonst könnte man sich fragen, wann Sie überhaupt arbeiten wollen. Auch sollten Sie vorsichtig mit ehrenamtlichem Engagement oder einem Nebenerwerb sein, sei es aus weltanschaulichen oder zeitlichen Gründen. Allerweltshobbys wie „Fernsehen" oder „Handwerken" nennen Sie lieber nicht, sondern nutzen den Platz besser. Achtung: In den USA gibt man normalerweise keine Hobbys an! Sie gehören zur sakrosankten Privatsphäre.

Besondere Kenntnisse – Special Skills

Wenn Sie nicht in einem Skills Summary auf Ihre besonderen Kenntnisse hingewiesen haben, tun Sie es an dieser Stelle. Hier können Sie Computerkenntnisse, Fremdsprachen (am besten mit Bewertung wie „gut"), Führerscheine, Ausbilderbefähigung und Ähnliches unterbringen.

Persönliche Daten – Personal Data, Personal Details

In den USA müssen bzw. dürfen Sie nichts Persönliches preisgeben – weder Geburtsort noch Geburtsdatum, Ihren Familienstand oder die Zahl Ihrer Kinder. Zum einen ist es dort nicht üblich, zum anderen gelten strenge Gesetze, welche Information Ihr künftiger Arbeitgeber über Sie erhalten darf. In Großbritannien hingegen können Sie mit dem Geburtsdatum spielen: Ist es für den angestrebten Job wesentlich, gehört es auf die erste Seite. Wenn nicht, listen Sie es besser in dem Block „Personal Details" am Ende des CV auf. Weglassen ist keine gute Lösung, da man Ihr Alter aufgrund aller

anderen angegebenen Daten zu Ausbildung und Berufserfahrung einfach zurückrechnen kann. Ihren Geburtsort müssen Sie nicht, können Sie aber mit dazuschreiben. Auch Ihren Familienstand brauchen Sie nicht zu erwähnen. Sie sollten aber bedenken, ob er Ihrer Bewerbung förderlich ist und welche Rückschlüsse er zulässt. Es könnte sein, dass für eine Tätigkeit mit häufigen Geschäftsreisen Singles vorgezogen werden. Verheirateten Vätern schreibt man dagegen mehr Umsicht und Beständigkeit zu.
Die Zahl der Kinder kann, muss aber nicht im Lebenslauf genannt werden. Über das Alter Ihrer Kinder sollten Sie sogar erst im Vorstellungsgespräch reden. Denn in gewissen Zeiten, in denen Veränderungen, beispielsweise die Einschulung, anstehen, können Probleme auftreten, die den Eltern mehr Aufmerksamkeit abverlangen.
Ihre Nationalität müssen Sie ebenfalls nicht angeben. Tun Sie dies nur dann, wenn es keine Probleme mit einer Aufenthalts- oder Arbeitserlaubnis gibt. Besitzen Sie z. B. eine Green Card für die USA, sollten Sie das deutlich machen.

Mitgliedschaften in Berufsverbänden – Affiliations

Für einen CV, den Sie nach Großbritannien schicken wollen, können Sie Mitgliedschaften in Berufsverbänden auch unter „Special Skills“ anführen. In den USA wird es durchaus als wichtig angesehen, sich zu organisieren. Eine Mitgliedschaft in politischen Parteien oder in Verbänden, die eventuell Interessen vertreten, die sich gegen Ihren künftigen Arbeitgeber richten, lässt man lieber weg.

Referenzen

Im angelsächsischen Raum ist es nicht üblich, Arbeitszeugnisse zu schreiben. Folglich können einer Bewerbung auch keine beigelegt werden. Anstelle dieser Nachweise über Tätigkeiten und Charakter treten die „Referees“. Sie sollten aus jedem Abschnitt Ihres Ausbildungs- und Berufslebens eine Person haben, die positive Auskünfte über Sie erteilen kann. Üblicherweise sind dies ehemalige Chefs, Vorgesetzte, Professoren, Ausbildungsleiter etc. Normalerweise gibt man eine Liste seiner Referenzpersonen erst heraus, wenn echtes Interesse seitens eines Unternehmens besteht. Die meisten sind zufrieden, wenn Sie „References on request“ schreiben.

Das Bewerbungsfoto

Um Missverständnissen vorzubeugen: Bewerben Sie sich in Deutschland, ist ein Foto Pflicht. In England sollte man ein Bewerbungsfoto nur auf Anfrage senden, was oft im Interviewstadium geschieht, um einen Kandidaten besser einordnen und im Gedächtnis behalten zu können. Im Gastgewerbe oder der Modebranche sind Fotos dagegen nicht unüblich. Für die USA gilt: kein Foto, außer Sie bewerben sich als Model.

Was Sie hinzufügen können, aber nicht müssen

Einige für Deutschland ungewöhnliche Bemerkungen sind im angloamerikanischen Raum durchaus üblich. Wenn Sie geografisch mobil sind und dies Ihrem Jobziel nützt, fügen Sie am Ende des Lebenslaufs ruhig hinzu „willing to relocate (within Europe, to the USA)“. Eine eher heikle Sache, wie auch beim deutschen Lebenslauf, ist die Frage nach der Gehaltsangabe. Es bleibt Ihrem Fingerspitzengefühl überlassen, ob Sie einen

Gehaltswunsch angeben wollen oder nicht. Wenn Sie glauben, Ihre Bewerbung wird ohne diese Angabe aussortiert, lassen Sie sie nicht weg. Bleiben Sie dabei aber so vage wie möglich und fügen Sie sie im Anschreiben ein, nicht in den CV, z. B.: „My target salary would be around $ 50,000." Mit „around" oder „about" lassen Sie einen Spielraum offen und haben die Möglichkeit, über so genannte Perks (zusätzliche Leistungen) wie Firmenwagen, private Krankenversicherung oder Handy zu verhandeln.

Checkliste Lebenslauf	**ja**	**nein**
Entscheidung: umgekehrt chronologisch, funktional oder hybrid?	✓	
Wohin geht der CV? (Wichtig wegen Foto und persönlichen Details: bei Adressat in den USA diese weglassen.)		
Sind die einzelnen Blöcke logisch? Stehen sie an der richtigen Stelle?		
Haben Sie Ihre private E-Mail-Adresse angegeben? Ist die Telefonnummer mit einer internationalen Vorwahl versehen? Sind Name, Anschrift, Telefonnummern, Faxnummer und E-Mail-Adresse aktuell?		
Sind die Firmenbezeichnungen korrekt (Name, Rechtsform, Ort)?		
Haben Sie Ihre Position richtig bezeichnet?		
Haben Sie Ihre Aufgaben mit positiven Action-Verben beschrieben? Haben Sie Erfolge mit Zahlen belegt?		
Passt der CV auf die ausgeschriebene Stelle?		
Haben Sie ein Skills Summary oder ein Résumé Capsule erstellt? Umfasst es höchstens 30 Worte? Ist es treffend und positiv formuliert?		
Haben Sie ein Job Objective formuliert?		
Haben Sie ausreichend Key Words verwendet?		
Sind der Branchenjargon und die Abkürzungen für den jeweiligen Empfänger verständlich?		
Haben Sie relevante Fortbildungen erwähnt?		
Sind die Zeitangaben durchgängig mit Monat und Jahr versehen? Haben Sie die Zeitangaben auf das Format hin überprüft (zum Beispiel Monat immer ausgeschrieben)?		
Gibt es zeitliche Lücken? Haben Sie diese begründet?		
Sind Schulen, Ausbildungsstätten, Universitäten für den ausländischen Leser verständlich?		
Ist das Layout sorgfältig und übersichtlich gestaltet?		
Ist Ihr Lebenslauf länger als zwei Seiten? Wenn ja, warum?		
Erwartet eine „starke" erste Seite den Empfänger?		
Ist das Papierformat okay? „Letter" einstellen bei E-Mail-Attachment nach USA.		
Haben Sie auf Kontinuität bei den Formatierungen geachtet? Sind alle Überschriften in der gleichen Schriftgröße? Mittig? Fett?		
Ist die Papierqualität okay und wie die des Cover Letters?		
Gibt es genug „weiße Flächen", so dass ein „open look" entsteht?		
Steht Ihr Name auf jeder Seite?		

Checkliste Lebenslauf	ja	nein
Ist der Lebenslauf überfrachtet, wollen Sie zu viel „hineinquetschen"? Oder haben Sie wichtige Informationen vergessen?		
Haben Sie selbst Korrektur gelesen?		
Haben Sie eine Kopie abgelegt? Und im PC gespeichert?		
Für USA und GB: Ist der Lebenslauf auch nicht unterschrieben und haben Sie kein Datum daruntergesetzt?		
Sind Sie mit dem Ergebnis zufrieden?		

Scannable Résumé

Soll Ihr Lebenslauf in eine Datenbank eingescannt werden, gilt es, einige Details zu beachten. Eine Zeile sollte nicht aus mehr als 70 bis 80 Anschlägen bestehen, damit das Programm nichts abschneiden kann und keine Informationen verloren gehen. Wählen Sie eine gut lesbare Schrifttype und verzichten Sie auf durchgehende Linien als Abgrenzung zwischen den einzelnen Blöcken. Auch Unterstreichungen, Tabulatoren, graues/farbiges Unterlegen einzelner Begriffe, Klammern, Symbole oder Abkürzungen sollten Sie vermeiden. Schreiben Sie Telefonnummern auf eigene, separate Zeilen, damit die einzelnen Ziffern gut lesbar sind.

Wertvolle Tipps zu Wortschatz und Stil

Mit den folgenden Tipps wollen wir Ihnen helfen, nicht in Fallen zu tappen, die sich bei der Übertragung vom Deutschen ins Englische häufig ergeben.

Sentence starters

Beginnen Sie Ihre Sätze abwechslungsreich mit:

moreover	in addition	then	also	as
therefore	in fact	until	after	however

Ihr Text wird runder und gefälliger klingen, wenn Sie die einzelnen Sätze und Absätze mit „sequencers" verbinden. Einige Beispiele für zeitliche Verbindungselemente sind:

So far, I have worked as …
During the last three years I …
At the moment I …
Currently, I …

Sie können Ihre Sätze auch mit „Ergänzern" beginnen:

Also among my strengths are …
Furthermore, …
However, …
In addition, …
As a qualified …

Oder Sie fangen Sätze mit Verben an, um abwechslungsreich zu formulieren:

Being a trained engineer, …
Having worked as a nurse for five years …
Combined with my dependability …
Based on my experience …

Ein Vorteil dieser Satzkonstruktionen ist, dass Sie den drögen Satzanfang „I ... and then I ...“ vermeiden, wenn Sie gründlich über alternative Satzanfänge nachdenken.

Höflichkeit – Politeness

Deutsche werden im Ausland oft als zu direkt und forsch empfunden. Dabei lassen sich Sätze auf einfache Weise an das englische Empfinden anpassen. Vermeiden Sie etwa „I want“. „I would like to“ ist höflicher, weniger direkt und wirkt nicht arrogant. Andere Softener sind „should“, „may“, „might“ oder „could“. Weitere Beispiele:

quite	I am quite busy at the moment.
a bit	Monday would be a bit early for me.
only	Can I only talk to you for a minute?
perhaps	Perhaps it's a good idea to ...
just	I have just got one more question.

Feststellungen wie „My qualifications meet your requirements“ klingen auch angenehmer, wenn Sie „I feel“ oder „I think“ vorausschicken.

American or British English?

Stellen Sie Ihr Textverarbeitungsprogramm auf britisches oder amerikanisches Englisch ein („Extras/Sprache/Sprache bestimmen“), je nachdem, wohin Ihre Bewerbung gehen soll. Falsche Schreibweisen werden dann auf dem Bildschirm unterringelt und Sie können „Rechtschreibfehler“, die sich durch die Sprachunterschiede ergeben, vermeiden.

Präpositionen

Der Umgang mit dieser Wortart ist nicht leicht. Sind Sie unsicher, leisten Sie sich ein gutes Lexikon. Darin finden Sie Beispiele für die richtige Verwendung von Präpositionen.

Wordiness

Vermeiden Sie Doppelungen und Wiederholungen, wenn Sie damit keinen bestimmten Zweck verfolgen. Vergleichen Sie selbst:

In the year 2002 I passed my examination.
In 2002 I passed my examination.

Die zweite Möglichkeit ist knapper und vollkommen ausreichend. Beachten Sie immer die KISS-Regel. Weitere Beispiele:

first and foremost	first
full and complete	nur full oder complete, eines von beiden genügt
in my personal opinion	in my opinion
repeat again	repeat
visible to the eye	visible

Wenn Sie auf eine Eigenschaft gesondert hinweisen wollen, können Dopplungen verstärkend wirken, z. B. „willing and eager to work hard“. Vermeiden Sie auch langatmige Satzverbindungen, denn sie empfehlen den Schreibenden nicht als Mitarbeiter, der rasch und präzise Entscheidungen treffen kann. Beispiele:

We used the equipment in order to speed up processes.	We used the equipment to speed up ...
at a later date	later
despite the fact that	although
in the event of	if
without further delay	immediately
would you please be so kind as to	please

Experten-Tipp

Halten Sie sich an das KISS-Prinzip

Versuchen Sie nicht, mit ausgefallenen oder besonders eleganten Formulierungen zu beeindrucken. Halten Sie sich an das KISS-Prinzip: Keep it short and simple. Ihre Kommunikation wird so klar und erfolgreich.

Action Words

Action Words können Sie in jedem Teil des Bewerbungsprozesses einsetzen: im Anschreiben, im Lebenslauf zur Beschreibung Ihrer Tätigkeiten, im Career Summary oder später im Bewerbungsgespräch. Mit Action Words erklären Sie abwechslungsreich, wie Sie Situationen im Griff haben, Probleme lösen, Initiative zeigen oder Ziele erreichen. Im Abschnitt „Textbausteine“ finden Sie eine ausführliche Liste von Action Words.

Key Words

Unter den Key Words finden sich allgemeine und auf eine bestimmte Branche oder ein bestimmtes Berufsbild zugeschnittene Begriffe. In den Überschriften der einzelnen Blöcke kommen z. B. diese allgemeinen Schlüsselwörter vor:

experience	education	qualifications
work history	positions held	affiliations

Häufig wird auch nach gewissen Soft Skills gesucht, die in einem Career Summary gut untergebracht werden können:

leader, leadership	communicator	dynamic	energetic
excellent	outstanding	skilled	intelligent
team player	team-focused	outgoing	persuasive
dependable	reliable		

Kollokationen

Kollokationen sind Wörter, die in einer bestimmten Kombination häufig verwendet werden. Sie werden auch Word Partners genannt. Sammeln Sie diese in einer Datei. Einerseits sprechen Sie damit besseres und flüssigeres Englisch, weil Sie Kombinationen schneller parat haben. Andererseits hilft Ihnen ein Blick auf Ihre Sammlung beim Formulieren. Auch Präpositionen sind dann kein Problem mehr, weil Sie die gängigen Kombinationen kennen. Einige Beispiele:

to apologize for the delay	sich für die Verspätung entschuldigen
to meet a requirement/a deadline	den Anforderungen entsprechen, einen Abgabetermin einhalten
to live abroad	im Ausland leben

False Friends

Als False Friends bezeichnet man Wörter, die auf Englisch aussehen wie im Deutschen, aber eine andere Bedeutung haben. Das führt zu Missverständnissen. Muttersprachler können mit dem falsch verwendeten Wort nichts anfangen. Schlimmstenfalls ist es peinlich oder erheiternd, z. B. wenn Sie fragen „Can I become a beef steak?“, was übersetzt „Kann ich zu einem Beefsteak werden?“ bedeutet.

Deutsch	Englisch	
	richtige Übersetzung	false friend
Branche	industry: I work in the IT industry	branch: I work at the Marienplatz branch (= Zweigstelle) of the Deutsche Bank
absolvieren	to complete: He completed our trainee programme	to absolve: lossprechen, freisprechen
Direktion	management: The management of the company	direction: Which direction (= Richtung) is South?
engagiert	committed: I am very committed to my job	engaged: I am engaged to Jonathan (= verlobt), the line is engaged (= besetzt)
jobben, Job	to work: I worked as a temp.	„job" existiert im Englischen nicht als Verb. I love my job (= Arbeitsstelle).
handeln mit	to deal: We deal in textiles.	handle: Can you handle (= erledigen) that?
Mappe	folder: His presentation folder is still on the table.	map: Landkarte
familiär	personal: for personal reasons, for family reasons	I am familiar (= vertraut) with that system.
Noten	marks (GB), grades (US): I had good marks (BE)/grades (AE) in English.	note: Can you make a note (= Notiz, Geldschein in GB) of that?
Gymnasium	grammar school: I'm attending a grammar school.	gym: I go to the gym (= Fitnesstudio) every day.
bekommen	get: You can get your visa over there.	I want to become (= werden) a fire-fighter.
Hochschule	university: I studied at university.	high school: amerikanische Schulform
Meinung	opinion: in my opinion	meaning: What's the meaning (= Bedeutung) of "draft"?
Chef	boss: Who is your boss?	Jamie Oliver is a wonderful chef (= Küchenchef).
Aktion	campaign: How did your marketing campaign work?	She needs a lot of action (= Handeln, Taten).

Deutsch	Englisch	
	richtige Übersetzung	false friend
aktuell	current: What's your current phone number?	Actually (= tatsächlich), I'm very surprised.
Handy	mobile phone (GB), cellphone (US): My mobile number is ...	That letter might come in handy (= praktisch, nützlich).
Personal	personnel: She works in personnel.	This is a personal (= persönlicher) letter.

Textbausteine

Die nachfolgenden Musterformulierungen sollen Ihnen als Anregungen dienen. Passen Sie sie für Ihren Arbeitsbereich an. Gehen Sie vernünftig damit um – eine blinde Aneinanderreihung abgeschriebener Sätze kommt nicht gut an! Übernehmen Sie Teile, die Ihnen gut gefallen, und verknüpfen Sie sie mit Ihren Ideen. Sie sollten immer Eigenes mit einfließen lassen. Das wird positiv vermerkt und wirkt nicht künstlich.

Anschreiben

Wie im Kapitel „Anschreiben" genauer ausgeführt, sollten Sie Ihr Anschreiben klar in drei bis fünf Absätze gliedern:

- Bezugnahme
- sich dar- und vorstellen, Vorzüge und Passgenauigkeit für die Firma darstellen
- Aktion verlangen und verabschieden

Formulierungsvorschläge für Ihr Anschreiben	
Your company was recommended to me.	Ihre Firma ist mir empfohlen worden.
Your company enjoys an excellent reputation in Germany.	Ihre Firma genießt einen exzellenten Ruf in Deutschland.
Your advertisement in ...	Ihre Anzeige in ...
I refer to our conversation at the job forum ... and ...	Ich beziehe mich auf unsere Unterhaltung auf dem Jobforum ... und ...
I am currently a student at Princeton University and am looking for a position as an intern with the United Nations.	Ich studiere derzeit in Princeton und suche nach einer Praktikantenstelle bei den Vereinten Nationen.
I recently saw your contact information on xy website and am writing to express my interest in joining your training team at ACME.	Vor kurzem sah ich Ihre Kontaktdaten auf der xy-Webseite. Ich würde gerne Mitglied Ihres Teams bei ACME werden.
After reading information about ACME on the xy website, I am interested in speaking with you regarding employment as a ...	Nachdem ich mich auf der xy-Webseite über ACME informiert habe, interessiere ich mich für die Stelle als ... und würde mich über ein Gespräch mit Ihnen freuen.
... and I am currently looking for office work to supplement my studies.	... und ich bin derzeit auf der Suche nach einem Bürojob als Ergänzung zu meinem Studium.

Formulierungsvorschläge für Ihr Anschreiben	
As a qualified individual with international experience and strong motivation to work as a computer programmer, I am submitting my CV to be considered for any openings you may have.	Als qualifizierter Computerprogrammierer mit hoher Motivation, der international Erfahrung sammeln konnte, übersende ich Ihnen meinen Lebenslauf. Ich würde mich freuen, wenn Sie meine Unterlagen bei frei werdenden Stellen berücksichtigen könnten.
My strengths also include strong communication skills and excellent problem-solving abilities.	Zu meinen Stärken zählen auch eine starke Kommunikationsfähigkeit und ausgezeichnete Fähigkeiten bei Problemlösungen.
Combined with my dependability and dedication, these qualities enable me to make a valuable contribution to your organization.	Diese Fähigkeiten kombiniert mit meiner Verlässlichkeit und meinem Engagement sollten es mir ermöglichen, Ihrem Unternehmen wertvolle Dienste zu leisten.
In addition, I possess a number of characteristics that may align with your needs: (dann Stichwortaufzählung)	Darüber hinaus verfüge ich über eine Menge Charaktereigenschaften, die Ihren Anforderungen entsprechen könnten:

Verbinden können Sie das Ganze so:

Vorschläge, um Absätze miteinander zu verbinden	
I believe that all these factors combine to make me an ideal candidate for the post of interviewer.	Ich glaube, die Kombination dieser Faktoren macht mich zu einem idealen Kandidaten für die ausgeschriebene Stelle.
I am excited to learn more about ACME and believe I could be an asset to the company.	Ich würde gerne mehr über ACME erfahren und denke, dass ich ein Gewinn für Ihr Unternehmen sein könnte.
Previously, I ...	Zuvor (war) ich ...
Your organization has an enviable record in innovative management, which makes the position even more attractive.	Ihr Unternehmen ist für innovatives Management bekannt, was die Position noch attraktiver macht.

Sie können auf den Lebenslauf in der Anlage verweisen, Ihre Kontaktdaten nochmals nennen und betonen, dass Sie gerne zu einem Vorstellungsgespräch bereit sind:

Formulierungsvorschläge für abschließende Sätze	
I look forward to hearing from you in the near future.	Ich freue mich, in naher Zukunft von Ihnen zu hören.
I would sincerely welcome the chance to meet with you to discuss possible employment opportunities.	Ich würde mich sehr über eine Gelegenheit für ein Vorstellungsgespräch freuen, um über mögliche Jobs zu sprechen.
I would be delighted to have the opportunity to meet with you to discuss your needs.	Ich würde mich sehr über eine Gelegenheit freuen, mich mit Ihnen zu treffen, um den Bedarf Ihres Unternehmens zu besprechen.
I attach my CV for your interest and look forward to hearing from you, and I hope to meet you in the near future.	Anbei erhalten Sie meinen Lebenslauf. Ich würde mich freuen, bald von Ihnen zu hören und Sie in naher Zukunft auch persönlich kennen zu lernen.

Formulierungsvorschläge für abschließende Sätze	
I would gladly come in for an interview. I hope to hear from you soon.	Ich würde gerne für ein Bewerbungsgespräch zu Ihnen kommen. Ich hoffe, bald von Ihnen zu hören.
I look forward to speaking with you soon.	Ich freue mich darauf, bald mit Ihnen zu sprechen.
I appreciate your time in perusing my CV and hope that you will keep me in mind for any openings you may have. Thank you for your consideration.	Ich danke Ihnen für die Zeit, die Sie sich genommen haben, um meinen Lebenslauf durchzulesen, und hoffe, dass Sie mich für freie Stellen in Erwägung ziehen werden. Ich danke Ihnen vielmals für Ihre Mühe.
Enclosed please find my CV with details regarding my skills and qualifications	In der Anlage finden Sie meinen Lebenslauf mit Einzelheiten zu meinen Fertigkeiten und Qualifikationen.

Gut ist es auch, mit einem Hinweis auf die Kontaktierbarkeit zu schließen:

Formulierungsvorschläge: Hinweis auf Kontaktierbarkeit	
I can be reached at your convenience via e-mail (...) or phone (...).	Sie können mich jederzeit per E-Mail oder telefonisch erreichen.
Please do not hesitate to call me at ... or e-mail me at ... for an interview at your convenience.	Bitte rufen Sie mich unter ... an oder senden Sie mir eine E-Mail an ..., um ein Vorstellungsgespräch zu einem für Sie günstigen Termin zu vereinbaren

CV – Résumé

Hier finden Sie einige Listen mit Begriffen, mit denen Sie sich gut beschreiben können.

Action Words

Action Words oder Aktionsverben können Sie, wie erwähnt, in jedem Teil Ihrer Bewerbungsunterlagen einsetzen. Zur leichteren Verwendung und zur Vermeidung von unnötigen Fehlern sind diese bereits in die Vergangenheit gesetzt.

Ziele erreichen

accomplished	achieved	completed	conducted	delivered	demonstrated
exceeded	improved	increased	obtained	produced	promoted
secured	selected	deployed			

Situationen im Griff haben

appointed	appraised	approved	controlled	developed	coordinated
directed	drove	employed	guided	headed	organised
inspired	led	managed	ran	supervised	

Probleme lösen

advised	analyzed	combined	cut	examined
identified	investigated	reduced	reorganized	resolved
revised	solved	streamlined	trimmed	

Initiative zeigen

bought	built	created	designed	engineered
forecast	formed	generated	improvised	initiated
instigated	launched	originated	pioneered	devised

Verwalten und beschreiben

acted as	administered*	assisted in*	edited	encouraged
utilized	extracted (data)	hired	liaised with	maintained*
operated*	provided*	recruited	scheduled	served as*
supported*	trained	exercised (complete autonomy)		

* Diese Wörter klingen nicht allzu aktiv, verwenden Sie daher nur wenige davon.

Adverbien

Die folgenden Adverbien verleihen Ihrer Aussage noch mehr Nachdruck, z. B. „I competently managed the international development team":

enthusiastically	resourcefully	consistently	cooperatively	creatively	positively
decisively	energetically	capably	flexibly	quickly	rapidly

Career Summary

Wie bezeichnet man sich selbst im Career Summary? Als „individual"? Hier einige Vorschläge dazu:

achiever	communicator	coordinator	decision-maker	instructor
manager	marketer	problem-solver	published author	researcher
specialist	teamworker	thinker	trainer	leader

Vielleicht helfen auch konkrete Adjektive, um Ihre Fähigkeiten zu verdeutlichen:

accurate	dedicated	experienced	hard working
highly motivated	professional	proficient in (ing-Form)	profitmotivated
rapid	results oriented	highly skilled	well educated
totally sales oriented	strong in (ing-Form)		

Beispiele für Career Summaries	
More than nine years of work experience in a post-secondary institution. Skilled in areas such as customer service, office administration, finance, reception, student counseling.	Über neun Jahre Erfahrung in einer Universität. Erfahren in Bereichen wie Kundenservice, Büroverwaltung, Finanzen, Kundenempfang, Beratung Studierender.
Possess excellent computer skills with proven performance in completing tasks involving spreadsheets, databases, charts and general word processing.	Verfüge über exzellente Computerkenntnisse mit nachweislich guten Kenntnissen über Tabellenkalkulation, Datenbanken, Grafiken und allgemeine Datenverarbeitung.
A people-oriented individual with the ability to develop excellent work relationships and collaborate with various internal and external personnel to accomplish tasks.	Eine kontaktfreudige Person, die außergewöhnlich gute Geschäftsbeziehungen mit internen und externen Mitarbeitern zur Erfüllung ihrer Aufgaben unterhält.

Highly responsible, conscientious, creative and self-motivated individual with strong people skills.	Äußerst verantwortungsbewusst, gewissenhaft, kreativ und hoch motiviert, kann gut mit Menschen umgehen.
Self-starter with proven ability to integrate into and build successful teams. Excellent communication and organizational skills.	Hohe Eigenmotivation, kann sich nachweislich in Teams integrieren und erfolgreich Teams aufbauen. Exzellente kommunikative und organisatorische Fähigkeiten.
Five years of involvement with HTML and Java for website design. Programming both for internal requirements and external clients. Thoroughly experienced in graphic design, content management, layout and implementation.	Fünfjährige Tätigkeit mit HTML und Java im Webdesign. Programmierer für interne Anforderungen und externe Kunden. Große Erfahrung im Grafikdesign, Content Management, Layout und der Umsetzung.
Highly skilled, results-oriented analytical thinker and excellent communicator with a proven track record of exceeding targets.	Hochqualifizierter, ergebnisorientierter analytischer Denker und herausragender Kommunikator mit Ergebnissen, die nachweislich die Ziele übertreffen.

Thank-you-Note

Wichtig und üblich ist es, sich nach Vorstellungsgesprächen innerhalb von 48 Stunden zu bedanken. Viele Personalverantwortliche gehen davon aus, dass Sie nicht ausreichend motiviert sind, wenn Sie nach einem Gesprächstermin nicht noch einmal im Unternehmen nachhaken. Im Folgenden finden Sie einige Formulierungsbeispiele für derartige Nachfragen:

Formulierungsvorschläge für Thank-you-Note	
I just wanted to write to tell you how pleased I was to meet with you last Thursday.	Ich wollte Ihnen nur sagen, wie sehr es mich gefreut hat, dass wir uns am vergangenen Donnerstag getroffen haben.
Thank you for considering me for the position of Sales Agent at ACME.	Vielen Dank, dass Sie mich für die Stelle als Handelsvertreter bei ACME in Betracht ziehen.
I am looking forward to the results of the interviews.	Ich freue mich auf die Ergebnisse der Vorstellungsgespräche.
It was a pleasure meeting your staff and getting to know ACME.	Es hat mich sehr gefreut, Ihr Team und ACME kennen zu lernen.

Bitte, als Referenzperson zu agieren

Bevor Sie eine Person auf Ihre Liste möglicher Referees setzen, müssen Sie sie um Erlaubnis bitten. Tun Sie dies mit einem Brief, in dem Sie ein Telefonat ankündigen.

Formulierungsvorschläge für Bitte um Referenzen	
With your approval, I will authorize representatives of firms with which I am in the final stages of the selection process to contact you.	Mit Ihrer Erlaubnis gestatte ich Vertretern von Firmen, bei denen ich in der Endphase des Auswahlprozesses stehe, Sie zu kontaktieren.
With your permission, I will have the following people contact you:	Mit Ihrer Erlaubnis werden die folgenden Personen mit Ihnen in Kontakt treten:
I will call you shortly to see whether you might be willing to assist me.	Ich werde Sie bald anrufen, um nachzufragen, ob Sie mich unterstützen möchten.

If so, I will provide you in advance with the names of those who might be in touch with you.	Gegebenenfalls werde ich Ihnen die Namen der Personen zukommen lassen, die mit Ihnen in Kontakt treten werden.
Thank you in advance for your time and assistance.	Ich danke Ihnen im Voraus für Ihre Zeit und Ihre Unterstützung.

Absage/Zusage

Sie haben das Interview hinter sich, die Firma will Sie haben. Auch wenn Sie den Job nicht annehmen, „ordentlich" absagen sollten Sie auf jeden Fall.

Formulierungsvorschläge für Zu- und Absagen	
I regret that your job offer came a day too late.	Ich bedauere, Ihnen mitteilen zu müssen, dass Ihr Angebot einen Tag zu spät eingetroffen ist.
I am really sorry because I was impressed with your institution and probably would have fit in very well.	Es tut mir wirklich sehr Leid, denn ich war von Ihrem Institut beeindruckt und hätte wahrscheinlich sehr gut hineingepasst.
Thank you for your offer, and again, I am sorry I have to refuse it.	Vielen Dank für Ihr Angebot, und noch einmal, es tut mir Leid, es ablehnen zu müssen.
It is with great pleasure that I accept your offer to serve as a nurse for your geriatric ward.	Ihr Angebot, als Krankenschwester in der geriatrischen Abteilung zu arbeiten, nehme ich gern an.
I am delighted to confirm my acceptance of the job as Senior Marketing Analyst.	Ich freue mich sehr, bestätigen zu dürfen, dass ich die Stelle als leitender Marketinganalyst annehmen werde.

Bewerbungsmuster

CD-ROM

Auf den folgenden Seiten finden Sie ein Beispiel, wie eine Bewerbung in englischer Sprache aussehen kann. Weitere Muster finden Sie auf Ihrer CD-ROM.

Bewerbung als

Customer Service Area Manager (englisch)

Kurzes Profil des Bewerbers

- Operations Manager (34 Jahre)
- Studium der Statistik und Betriebswirtschaft
- Neun Jahre Berufserfahrung (Mitsubishi, Apple Computers, Siemens Nixdorf)
- Praktika im englischsprachigen Ausland
- Fremdsprachenkenntnisse: Englisch fließend

Wunsch: Berufliche Neuorientierung
Idee: Bewerbung auf eine Stellenanzeige bei www.stepstone.de

- Herr Vogel fand in einer Online-Stellenbörse folgende Anzeige:

Challenging and exciting opportunity
in the emerging field of mobile telecommunication –
one of the world's largest mobile telecommunications companies

Customer Service Area Manager

We are one of the world's largest companies in mobile telecommunications and electronic entertainment. We offer mobile multimedia consumer products for people who appreciate the possibilities of powerful technology. Our areas of responsibility include product research, design and development, as well as marketing, sales, distribution and customer services. We have approximately 4.000 employees in 50 countries and the Headquarter for Europe, the Middle East and Africa is based in Munich, Germany. By creating an enticing brand and taking the lead in bringing new ways of using multimedia mobile communications, we can create compelling business opportunities for our operator customers.
We need to strengthen our customer service organisation in Munich, and are looking for a highly motivated individual to join us – the global player in mobile multimedia communication.
You will manage a geographic area of responsibility consisting of approximately six markets from a customer services perspective, ensuring the optimum service levels in balance with cost.
You will also be responsible for supporting market units in the development, implementation and follow-up of customer service business plans and related targets. In addition, you will participate in customer negotiation, agreement and bid management processes and provide market and customer feedback on service concepts and customer satisfaction. The coordination of market input as well as support are part of your day to day tasks. The position will assume financial responsibility for the given area and will require regular travel in the region. You will report directly to the Director Customer Services EMEA.

For this role we are seeking exceptionally talented and "result driven" individuals with five to ten years experience in customer services related activities within IT or Telecom, experience of country management/account management within an international corporation and previous budget responsibility. You have a Degree in Business Administration or Engineering and can communicate fluently in English. On top of these features you have drive for results, the willingness to make decisions, energy and enthusiasm.
We are looking for a creative individual, who is willing to take responsibility and has fun working on international tasks in an inspiring, dynamic company culture. Candidates willing to relocate and form part of an international team will be most welcome.

Please write your application in English, including your earliest start date as well as your salary requirements and send it to our recruitment consultancy quoting the reference 0970012.

Auf die hervorgehobenen Fakten sollte Herr Vogel in seinem Anschreiben eingehen.

For this role we are seeking exceptionally talented and "result driven" individuals with five *to ten years experience in customer services related activities within IT or Telecom, experience of country management/account management within an international corporation and previous budget responsibility.* You have a Degree in Business Administration or Engineering and can communicate fluently in English. On top of these features you have *drive for results, the willingness to make decisions, energy and enthusiasm.*

We are looking for a creative individual, who is willing to *take responsibility* and has fun working on *international tasks in an inspiring, dynamic company culture.* Candidates willing to relocate and form part of an international team will be most welcome.

Please write your application in English, including your *earliest start date* as well as your *salary requirements* and send it to our recruitment consultancy quoting the reference 0970012.

Experten-Tipp

Muss Ihr Englisch perfekt sein?

Niemand verlangt von Ihnen, dass Sie einen perfekten englischen Text zu Papier bringen, außer Sie bewerben sich als Übersetzer oder Englischlehrer. Dennoch sollte Ihr künftiger Arbeitgeber erkennen, dass Sie die Grundregeln der englischen Korrespondenz beherrschen und Sie sich grammatikalisch einigermaßen korrekt ausdrücken können. Die meisten Firmen tolerieren (wenige) Grammatikfehler und ungeschickte Formulierungen. Natürlich können Sie Ihr Anschreiben und Ihren Lebenslauf auch von einem Muttersprachler erstellen oder übersetzen lassen. Nicht, dass Sie keine fremde Hilfe in Anspruch nehmen sollten, doch seien Sie sich über die Folgen im Klaren. Besteht eine zu große Diskrepanz zwischen Ihren tatsächlichen Sprachkenntnissen und dem, was Sie schriftlich vorlegen, fliegen Sie spätestens im Vorstellungsgespräch auf – und damit im schlimmsten Fall aus der engeren Wahl. Vertreten Sie allerdings die Philosophie, „I'll cross that bridge when I come to it" oder blühen Sie im direkten Gespräch auf, dann ist auch das für Sie ein gangbarer Weg.

Ernst Vogel
Promenadenweg 37, 81676 München

Telefon: (0 89) 81 95 97 77
Fax: (0 89) 81 95 97 33
Ernst.Vogel@epost.de

Mr. Steve Slavene
Kienbaum Executive Consultants GmbH
Am Graben 4
40635 Düsseldorf

February 14, 2006

Dear Mr. Slavene,

Reference 0970012 (Customer Service Area Manager) at stepstone.de

① I read your job advertisement for a "Customer Service Area Manager" at www.stepstone.de and I am really enthusiastic about the position described.

② I consider Customer Service a key to success in the communications and IT world, where even sophisticated hardware is becoming increasingly similar. Still, innovative services and high quality services make a competitive difference and lead to success in the market.

With all my professional experience and understanding of the market I can build this success together with you, while meeting a new challenge in a flexible, dynamic and international environment.

③ As Operations Manager in the European Sales Organisation of a Japanese high-tech company I work alongside our Customer Service, Account Managers and Segment Marketing for best results in customer satisfaction. From my daily experience I will bring in my know-how in customer negotiation, in setting and following-up on business and account plans and the responsibility for both – financial and qualitative – budget achievement.

④ I feel that my background in logistics, my broad understanding of sales processes, my experience in project management or marketing support and multicultural understanding will add creative ideas to the team and to the job itself. I am used to working hard to reach both external and self-set targets and to achieve them in a timely and cost-effective manner.

⑤ It would be a pleasure for me to work and grow with your company in an open and inspiring culture, to communicate and travel to customers and colleagues on a regular basis to create a powerful Customer Service team.

⑥ My personal interest in new information and communication technology, which was a main subject during my business studies and which continues to be a main focus for me, is a further motivating point.

⑦ Please find attached my CV. I could start work with your client on July 1, 2006, although an earlier starting date could be negotiated.
Please do not hesitate to contact me for any further questions and to arrange a meeting.
I can be reached on my mobile: +49 171 6386204.

Yours sincerely
Ernst Vogel

Kommentar zum Anschreiben von Ernst Vogel

① **Wiederholung!**

Eine erneute Bezugnahme auf die Anzeige ist nicht nötig. Herr Vogel hat bereits im Betreff deutlich gemacht, worauf er sich bezieht. Er könnte auch direkt mit seinem Statement zur Wichtigkeit des Kundenservices beginnen. Es bringt seine Begeisterung und den Enthusiasmus ausreichend zur Geltung.

② **Holprige Formulierungen**

Einige Formulierungen in diesem Anschreiben klingen recht holprig. Vergleichen Sie diese Version mit der optimierten auf der CD-ROM.

③ **Zu wörtlich übersetzt**

Generell versucht Herr Vogel, Begriffe aus dem Deutschen eins zu eins ins Englische zu übertragen. Gerade hier wird es für einen Leser, der nicht Deutsch spricht, unverständlich. Er könnte sich so ausdrücken: „... and knowledge of how to meet both financial and quality targets.“

④ **Sehr gut: Nutzen für die Firma**

Dieser Absatz ist sehr gelungen. Er stellt den Nutzen für das Unternehmen deutlich heraus und betont außerdem, dass gerade er die nötigen Voraussetzungen erfüllt.

⑤ **Mobilität?**

Wenig Bezug nimmt Herr Vogel auf die geforderte Mobilität. Seine Reisebereitschaft gibt er an, doch es wird weder deutlich, ob er zu einem Umzug bereit wäre, noch, dass er bereits vor Ort wohnt. Ebenso wird die Personalberatung die geforderte Gehaltsangabe vermissen. Herr Vogel sollte zumindest eine vage Aussage machen: „I am looking forward to discussing salary at a personal meeting.“

⑥ **Zu viel!**

Derartige Motivationsbekenntnisse gehören in ein Career Summary am Anfang des Lebenslaufs.

⑦ **Gut für eine Bewerbung in Deutschland**

Das früheste Eintrittsdatum ist für eine Bewerbung in Deutschland gut. In den USA würde man automatisch davon ausgehen, dass der Kandidat rasch verfügbar ist, eine längere Kündigungsfrist wäre nicht empfehlenswert. Auch der Hinweis auf den beigefügten CV mit „encl.“ nach der Unterschrift fehlt. Zwar hat Herr Vogel im Text darauf hingewiesen, doch dürfen die „enclosures“ nicht fehlen.

Ernst Vogel
Promenadenweg 37, 81676 München

Telefon: (0 89) 81 95 97 77
Fax: (0 89) 81 95 97 33
Ernst.Vogel@epost.de

① (Foto)

Curriculum Vitae

② **Personal Details**

Place and date of birth	2nd January 1972 in Cologne, Germany
Marital Status	married, three children
Nationality	German

Professional Experience

since 04/02 Mitsubishi Europe GmbH/Sasere Technology Europe GmbH
(Merger of Mitsubishi and Mitsubishi Semiconductor as of 1st April 2003)
Operations Manager – Automotive Business Group (since 01/03)
③ Planning Manager – Product Group Memories (04/99 to 12/02)

Tasks

- defined, implemented and continuously improved and performed the operations processes within ABG
- negotiated customer contracts
- developed logistics processes with customers and internal departments, responsible for using the e-commerce platform SupplyOn.com
- escalated critical supply issues and achieved zero "line-stop"
- selected as company key user for Mitsubishi CRM-System
- ④ organised regular European group and sales meetings management of ABG operations team

04/00 to 03/01 Apple Computer GmbH, Munich
Business Support and Planning

04/97 to 03/00 Siemens-Nixdorf Informationssysteme AG, Munich
Organisation and Logistics departments
Analysis, project, presentation and introduction of organisational and logistical processes during university
International (USA, IRL) and several national internships
Siemens Trainee-Program

Education

11/91 to 07/96 Statistics and Business Adminstration at the Ludwig-Maximilians-University Munich
⑤ Degree (Diploma): 07/93 Grade: 2.0 (B grade)

07/90 to 09/91 Military Service: Army Communication School

09/81 to 06/90 Santa-Maria-Gymnasium, Munich
Degree (Abitur): 06/87 Grade: 2.1

Other qualifications

- English (fluent)
- PC Skills, MS Office, Data-Processing, Internet, HTML, SAP/R3

⑥ **Interests**

Sport, Family & Friends, Voluntary Work at Parish, Travel

Kommentar zum Lebenslauf von Ernst Vogel

① Foto

Für eine Bewerbung in Deutschland ist das Foto unbedingt notwendig. International sollte man den Platz lieber für ein Career Summary nutzen, das mit Schlüsselwörtern gespickt ist.

② Persönliche Daten

Die persönlichen Daten sind hier an der richtigen Stelle, könnten aber auch im letzten Drittel untergebracht sein. Für die ausgeschriebene Stelle ist es sicher förderlich, den Familienstand und die Zahl der Kinder zu erwähnen. Wie bereits erwähnt: Für eine Bewerbung in die USA müsste dieser Block ganz entfernt werden, ebenso das Foto.

③ Interne Karriereleiter

Herr Vogel weist durch die einzelnen Jobtitel auf seinen Aufstieg innerhalb des Unternehmens hin. Sehr wichtig, um persönliche Dynamik und Ehrgeiz zu betonen. Leider vergisst er, bei der höchsten Sprosse auf der internen Karriereleiter seinen Job Title anzugeben – oder ist er immer noch Operations Manager?

④ Sehr schön: Past Tense

Tätigkeiten bei der aktuellen Firma beschreibt man besser im Präsens, frühere hingegen im Past Tense. Dadurch werden sie ausdrucksstärker. Herr Vogel hat an diesen Trick gedacht, doch bei seinen aktuellen Aufgaben hätte er lieber darauf verzichten sollen.

⑤ Noten und Abschlüsse

Bildungsabschlüsse und Noten: Herr Vogel ist hier inkonsequent. Seinen Universitätsabschluss gibt er in Englisch an und verzichtet auf den deutschen Begriff. „Gymnasium" lässt er ohne Erklärung stehen. Zuerst sollte der deutsche Begriff angeführt und dann in Klammern in Englisch erklärt werden: „Abitur (equivalent to A-levels)". Achtung bei Kommanoten: Es heißt 2.0 und nicht 2,0. Komma und Punkt werden im angelsächsischen Raum umgekehrt benutzt wie in Deutschland.

⑥ Interessen noch einmal überdenken

Die Interessen sind zu ungenau. „Family & Friends" sind selbstverständlich und sollten nicht extra erwähnt werden. Bei „Sport" würden wir gerne mehr erfahren. Vorsicht ist bei ehrenamtlichem Engagement angebracht. Die Mitarbeit in der Pfarrgemeinde ist zwar an sich gut, Sie müssen sich aber auch im Klaren sein, dass man Sie in eine Schublade stecken könnte. Auch auf die Großschreibung sollte Herr Vogel bei den Interessen verzichten.

Professional Experience

since 04/01 **Mitsubishi Europe GmbH/Sasere Technology Europe GmbH**
(1) **(JV of Mitsubishi and Mitsubishi Semiconductor as of 1 April 2003)**

(2) Current Job Operations Manager – Automotive Business Group (ABG)

04 to 12/05 Planning Manager – Memory Products

Tasks:

- built up the planning team and continuously improved the relevant business processes
- improved forecasting and negotiation of delivery plans with Mitsubishi internal suppliers in Japan and Germany
- co-ordinated with sales and product marketing
- responsible for inventory management with dead stock always below company target
- developed PC tools and standard reports in Excel and Access for reporting to all company levels
- key user during SAP implementation for one year
- current state analysis/definition of new processes – testing
- (3) successful introduction of SAP ERP processes within own department
- management of multi-cultural planning team in Germany and UK

04/00 to 03/02 Apple Computer GmbH
(4) Business Support and Planning

Tasks:

- supported logistics operations
- maintained inventory levels and secured supply availability together with European Distribution Center (Holland)
- provided support for German Partner Care Centre (order processing team)
- conducted revenue maximisation activities
- life cycle management support for product marketing
- monthly planning
- co-ordination with product marketing
- co-ordination with HQ operations
- preparation of and presentation in MRP meeting
- daily, weekly, monthly and ad-hoc reporting to management and product marketing
- "owner" of planning tools, developed of internal PC tools and standard reports

Neben seinem CV über eine Seite legt Herr Vogel noch zwei Seiten mit einer genaueren Aufstellung zu seinem beruflichen Werdegang bei. In Deutschland ist das legitim und empfehlenswert!
Gut und richtig ist, dass Herr Vogel seinem derzeitigen bzw. letzten Job auf der ersten Seite des Lebenslaufs den wichtigsten Platz einräumt. Die Aufteilung mit Bullet Points bringt mehr Übersicht, auch wenn die Ansicht hier hart an der Grenze liegt. Zu viele Aufzählungszeichen, Unterpunkte etc. wirken eher kontraproduktiv, vor allem bei Jobs, die schon lange Geschichte sind.

Kommentar zur Darstellung des beruflichen Werdegangs von Ernst Vogel

(1) **Abkürzungen**

Vorsicht mit Abkürzungen, die für einen Laien oder Außenstehenden nicht verständlich sind. „JV" kann man nur erraten. Wahrscheinlich handelt es sich um ein Joint Venture. Unbedingt ausschreiben! Bei „ABG" ist das Abkürzen beim zweiten Mal in Ordnung, aber nicht nötig und unschön. Was ein „CRM"-System ist, wird auch der Personalreferent nicht wissen, genauso wenig, was „MRP"-Meeting oder das auf der nächsten Seite angeführte „SW" development bedeutet. Solche Abkürzungen sollten Sie unbedingt erklären oder ausschreiben!

(2) **Zu umgangssprachlich**

„Job" ist zu umgangssprachlich. Verwenden Sie im Lebenslauf lieber „position".

(3) **Tasks mit Erfolgen belegen**

Die reine Aufzählung der einzelnen Tätigkeiten könnte viel besser wirken, wenn man die erreichten Leistungen dabei stärker herausstellt. Viele wichtige Tätigkeiten sind prinzipiell in Ordnung, belegte Leistungen wirken jedoch besser, z. B. „dead stock always below company target". Das ist eine wichtige Leistungsinformation für einen künftigen Arbeitgeber. Der möchte nicht nur wissen, was der Kandidat getan hat, sondern auch, wie gut er dabei war. Bei „budgeting" würden wir auch gerne erfahren, wie hoch das Budget war. Greifbare Zahlen fehlen jedoch bei den „budget achievements".

(4) **Job Title immer angeben**

Hier fehlen die genauen Job Titles. War Herr Vogel Projektleiter? Oder Mädchen für alles?

5 04/97 to 03/00 Siemens Nixdorf Informationssysteme AG, Munich
Organisation and Logistics departments

Tasks:

- project manager and team member responsibility
- performed process and problem analysis
- proposed solutions and improvement concepts and developed business requirements document
- co-ordination with management, users and IT development from requirements document to acceptance test
- presentation of results and user training
- promotion and moderation during process introduction

Projects delivered:

- as project manager
  - international and integrated sales forecasting for manufacturing use
  - software distribution on CD-ROM
  - spares logistics and warehousing
- as team member
  - order processing in a logistics centre
  - software order processing

6 **International Experience**

10/96 to 02/97

- Siemens USA, FL
  - development and implementation of charts of accounts for project accounting and for cost center reporting
  - development and implementation of financial reporting
  - development, implementation and performance of PC SW audit
  - computer support

08/96 to 19/96 Siemens Ireland
Assistant to the commerical manager

7 **Internships during university**

- Siemens Trainee Program (over two years)
- administration
  - accounting
  - SW development
- 8 Industry, Banking, Insurance

Kommentar zur Darstellung des beruflichen Werdegangs von Ernst Vogel

⑤ **Fehlende Aktionsverben**

Es sieht aus, als hätte Herr Vogel bei der Beschreibung seiner Tätigkeiten Korrekturen vorgenommen und einiges übersehen. Die Aufzählungen wirken hölzern und statisch, hinzu kommen Formulierungsprobleme.

⑥ **Wichtig, aber zu alt**

Internationale Erfahrung ist wichtig. Deshalb sollte Herr Vogel auch genauer sein, „FL“ für Florida reicht nicht aus. „Siemens USA, Miami, Florida“ wäre besser. Ein kurzer und prägnanter Jobtitel ist ebenfalls hilfreicher als die Auflistung der damaligen Tätigkeiten. Herr Vogel ist hier inkonsequent, da er dem Aufenthalt in USA weit mehr Gewicht gibt und bei seinem Aufenthalt in Irland auch noch beim Datum einen Flüchtigkeitsfehler macht („19“).

⑦ **Zu alte Informationen**

Praktika muss Herr Vogel bei seiner Berufserfahrung nicht mehr erwähnen. Es ist beinahe 15 Jahre her, dass er sie absolviert hat.

⑧ **Hinweis auf Referenzen**

Bitte einen Hinweis auf Referenzen anfügen: „References available on request.“

Gesamteindruck

Herr Vogel hat ein äußerst motiviertes Anschreiben verfasst, das einen sehr guten Bezug zur Anzeige herstellt. Allerdings ist es zu lang, da er versucht zu viele Informationen unterzubringen. Übersichtlichkeit und Passgenauigkeit des Bewerbers leiden darunter. Einige Teile des Anschreibens sollte er besser für andere Dokumente in seiner Bewerbung nutzen. Der Lebenslauf stellt eine aussagekräftige Übersicht dar, die ausgezeichnet auf die Stellenanzeige passt. Herr Vogel hat diese Variante gewählt, um schon auf der ersten Seite die lange Berufserfahrung im richtigen Sektor (IT) und seinen Universitätsabschluss, der ebenfalls passgenau ist, unterzubringen.

Erfolgsaussichten

Insgesamt eine sehr starke Bewerbung. Allerdings könnte man auf die letzten beiden Seiten verzichten oder sie auf eine Seite kürzen. Besonders das Fehlen greifbarer Zahlen als Leistungsnachweise lässt den Lebenslauf im Vergleich zum Anschreiben abfallen. Auf der ersten Seite des CV gibt es überflüssige Informationen (Schulbildung). Herr Vogel könnte seinen Lebenslauf straffen und ihm damit mehr Spannung verleihen. Fort- und Weiterbildung vermisst man ebenfalls.

Optimierte Bewerbung auf CD

CD-ROM

Diese Bewerbung – Anschreiben und Lebenslauf – haben wir für Sie optimiert. Sie finden sie auf Ihrer CD-ROM, direkt zum Übernehmen in Ihre Textverarbeitung.

Der Europäische Lebenslauf

Im Grunde ist diese Art des Lebenslaufs nichts anderes als die bisher bei internationalen Organisationen für eine Bewerbung verlangten Formulare. Er besteht aus einer Auflistung der Themen, die auch in einem individuell gestalteten Lebenslauf erwähnt werden, und gibt Aufschluss über persönliche Daten, Berufserfahrung, Aus- und Weiterbildung, Sprachkenntnisse sowie weitere Fähig- und Fertigkeiten.
Diese sind jedoch in einer bestimmten Reihenfolge angeordnet und in 25 europäischen Sprachen verfügbar. Der Europäische Lebenslauf entstand im Rahmen der Initiativen des Europäischen Forums mit dem Ziel einer größeren Transparenz und besseren Vergleichbarkeit von Bildungsabschlüssen in Europa.

Vorteile des Europäischen Lebenslaufs

Der Vorteil auf Bewerberseite liegt darin, dass Musterformulare auch in Fremdsprachen zur Verfügung stehen. Wer sie ausfüllt und verschickt, nutzt die Chance, dass er weniger von Personalverantwortlichen als negativ empfundene Fehler machen wird. Andererseits bietet der Europäische Lebenslauf wenig Spielraum, sich durch individuelle Gestaltung von den anderen Bewerbern abzuheben.
Für den künftigen Arbeitgeber liegt der Vorteil auf der Hand: Er kann nun auf einen Blick erkennen, ob der Bewerber die verlangten Kriterien erfüllt. Eine bessere Vergleichbarkeit wird tatsächlich erreicht. Andererseits ist auch dieses Formular geduldig und bietet Raum, die eigenen Leistungen hervorzuheben – allerdings kürzer und prägnanter als in der „freien“ Form.
Als Fazit könnte man sagen, dass eine solche sehr vereinfachte Form des Lebenslaufs bei einem umfangreichen Profil des Bewerbers denkbar ungeeignet ist: Je mehr Text der Bewerber selbst verfasst, desto weniger einfach ist der Lebenslauf mit anderen zu vergleichen, da für das Lesen und Verstehen Zeit benötigt wird.
In der Praxis scheint sich außerhalb der Institutionen der Europäischen Union diese Form des Lebenslaufs (noch) nicht durchzusetzen. Das bestätigte sich auch bei einigen Testanrufen, die wir bei den Personalabteilungen von größeren und kleineren Unternehmen tätigten. Wir erkundigten uns dort, ob wir bei unserer Bewerbung auf eine ausgeschriebene Stelle einen „normalen“ oder einen Europäischen Lebenslauf schicken sollten. Zumindest alle die Unternehmen, die wir befragten, wünschten ein übliches Format.
Den Europäischen Lebenslauf findet man am einfachsten im Internet bei der CEDEFOP (http://europass.cedefop.eu.int/). Bei diesem Gremium handelt es sich um eine der EU angeschlossene Agentur mit Sitz in Thessaloniki, die sich mit der Entwicklung der beruflichen Bildung in Europa befasst. Hier gibt es noch weitere Formulare im Rahmen eines „Europäischen Portfolios“ (mehr Informationen dazu auf der Seite des Europarats unter www.coe.int/portfolio), z. B. den Europäischen Sprachenpass, der dem Europäischen Lebenslauf hinzugefügt werden kann.

Kommentierte Beispielbewerbungen

Bewerbung eines Hauptschülers für einen Ausbildungsplatz als Kfz-Mechatroniker

E-Mail-Bewerbung eines Realschülers für einen Ausbildungsplatz als Informations- und Telekommunikationssystemelektroniker

Bewerbung einer Gymnasiastin für einen Ausbildungsplatz als Werbekauffrau

Bewerbung einer Hochschulabsolventin – Berufseinstieg als Consultant über eine Fachmesse

Bewerbung eines Chemikers nach Studium und Promotion

E-Mail-Bewerbung – Berufseinstieg als Seiteneinsteigerin

Bewerbung einer Hochschulabsolventin als PR-Assistentin über eine Internet-Stellenanzeige

Bewerbung einer Hochschulabsolventin als Personalreferentin – Direkteinstieg in die Industrie

Bewerbung eines TU-Absolventen – Stellensuche über eine Initiativbewerbung

Bewerbung einer Hochschulabsolventin – Initiativbewerbung über ein Bewerber-Management-System

Bewerbung auf eine Internet-Stellenanzeige

Berufliche Weiterentwicklung als Bereichsleiter Personal

Bewerbung eines Hauptschülers für einen

Ausbildungsplatz als Kfz-Mechatroniker

Kurzprofil

- Bewerber mit Hauptschulabschluss (17 Jahre)
- Praktika in einem Baumarkt und einem Autohaus
- Erste Berufserfahrung als Aushilfe in einem Autohaus und einem Lebensmittel-discounter
- Bastelt gerne an alten Autos
- Übungsleiter der Fußball-E-Jugendmannschaft

Wunsch: Ausbildung zum Kfz-Mechatroniker
Idee: Schriftliche Initiativbewerbung bei einem örtlichen Autohaus

① Christian Deis
Herzogstraße 54
60123 Frankfurt am Main
Tel: 0171/ 333 33 45

Frankfurt 6.2.2006

② Autohaus Klausner GmbH
Herrn Klausner
Leopoldstraße 157
60456 Frankfurt am Main

③ **Bewerbung für einen Ausbildungsplatz in Ihrem Betrieb als Kfz-Mechatroniker**

④ Sehr geehrte Damen und Herren,

⑤ gern möchte ich in diesem Jahr eine Ausbildung zum Kfz-Mechatroniker bei Ihnen beginnen. Während meiner Schulzeit und in der Freizeit habe ich mich schon immer für Technik und Werken interessiert und im letzten Schuljahr nebenbei im Autohaus Meyer in der Werkstatt gearbeitet, mit dem Ziel, dort eine Ausbildung zu machen. Leider verstarb der Inhaber und die Firma wurde geschlossen. Da leider alle Ausbildungsplätze im letzten Jahr vergeben waren, besuche ich aktuell zur Überbrückung ein Berufsvorbereitungsjahr an der Carl-Drais-Berufsschule. Auch hier wurde noch einmal meine Eignung für eine Tätigkeit im Beruf des Kfz-Mechatronikers festgestellt.

⑥ Dies deckt sich mit meinen Interessen. In der Schule hat mir Metall immer besonders Spaß gemacht und in meiner Freizeit bastle ich an einem Auto. Mein Vater besitzt ein 20 Jahre altes Auto. An diesem habe ich den Motor aus- und nach einiger Zeit wieder zusammengebaut, inkl. Verkabelung der Elektronik, und er sprang beim ersten Versuch an.

⑦ Als Übungsleiter der E-Fußball-Jugend habe ich gelernt, meine acht bis zehn Jahre alten Spieler zu motivieren und bei Problemen in der Mannschaft zu vermitteln. Ich organisierte zusammen mit einem anderen Übungsleiter auch die Fahrten zu Turnieren und die Trainingspläne. Meine Stärken sind Zuverlässigkeit, Geduld und handwerkliches Geschick. Ich kann mich gut auf neue Aufgaben einstellen.

⑧ Über die Einladung zu einem persönlichen Gespräch freue ich mich daher sehr.

Mit freundlichen Grüßen

Unterschrift (handschriftlich)

Kommentar zum Anschreiben von Christian Deis

① Absender

Christian hat alle Daten korrekt und vollständig mit Namen, Anschrift und Telefonnummer aufgeführt.

② Empfänger

Die Reihenfolge hat Christian gut eingehalten, also: kompletter Firmenname, Name seines direkten Ansprechpartners (Herr Klausner), Straße mit Hausnummer, eine Leerzeile, PLZ und Ort. Diese Form entspricht genau den aktuellen Anforderungen.

③ Betreffzeile

Die Betreffzeile ist fett gedruckt. Auch das ist gut und entspricht den aktuellen Gepflogenheiten. Wichtig ist hier, dass Christian kurz den Grund des Schreibens nennt. So weiß sein Ansprechpartner sofort, worum es geht.

④ Ansprache

Hier ist Christian ungenau. Er schreibt an Herrn Klausner – warum nennt er ihn nicht? Bitte genau aufpassen und – wenn bekannt – den Adressaten direkt ansprechen in der Form „Sehr geehrter Herr Klausner“.

⑤ Einleitung

Das ist eine sehr gute und sinnvolle Einleitung im ersten Absatz. Christian schreibt, was er konkret möchte (sich bewerben). Er begründet seine Situation (Besuch des BVJ) sehr stichhaltig und persönlich. Das ist eine gute Antwort auf die Frage „Was muss der Empfänger, also Herr Klausner, über mich wissen?“

⑥ Interessen und Eignung

Christian schildert genau, warum er Kfz-Mechatroniker werden will. Er beantwortet die Frage „Warum bin ich für diesen Beruf geeignet?“ sehr gut anhand seines privaten Hobbys „an einem alten Auto basteln“.

⑦ Besondere Stärken und Erfahrungen

Christian hat als Übungsleiter im Umgang mit anderen Menschen sehr viel gelernt. Das braucht er bestimmt auch in seinem Beruf: mit Kunden und Kollegen kommunizieren können, Teamfähigkeit, Geduld, wenn mal etwas nicht läuft, und auch Umgang mit Misserfolg. Das macht ihn zu einem besonders geeigneten Bewerber und hebt ihn von seinen Konkurrenten ab.

⑧ Abschlusssatz

Christian beendet das Anschreiben richtig.

① LEBENSLAUF

Persönliche Daten

Christian Deis
Herzogstraße 54
② 60123 Frankfurt am Main

20.06.1989	geboren in Darmstadt

Vater: Hermann Deis
③ Mutter: Ursula Deis
④ Geschwister: 2 Brüder, 1 Schwester

Schulausbildung

⑤ 1995-1999	Grundschule in Frankfurt am Main
1999-2005	Hauptschule in Frankfurt am Main
⑥ 2005	Hauptschulabschluss
Seit 1.12.2005	Berufsvorbereitende Bildungsmaßnahme in der Carl-Drais-Berufsschule, Frankfurt am Main Vorbereitung für technische Berufe

Praktika

⑦ 2002	Toom-Baumarkt in Frankfurt am Main
2003	Autohaus Meyer in Frankfurt am Main
2004	Toom-Baumarkt in Frankfurt am Main

Berufspraxis

2004	Aushilfstätigkeit bei Autohaus Meyer in Frankfurt am Main
Seit Dezember 2005	Aushilfstätigkeit (samstags) bei Lidl in Frankfurt am Main

Besondere Kenntnisse und Interessen

2002-2004	Sportfreunde Rödelheim, Abteilung Fußball, Übungsleiter der E-Jugendmannschaft in Frankfurt am Main
⑧ EDV-Kenntnisse	Textverarbeitung, Excel Grundkenntnisse
Hobbys	Reparatur alter Autos

Frankfurt, den 06.02.2006 (Unterschrift)

Kommentar zum Lebenslauf von Christian Deis

(1) Optische Gestaltung

Positiv: ein klarer, gut lesbarer Lebenslauf mit einer guten Unterteilung in die richtigen Oberbegriffe. Der Leser hat kein Problem, sich einen Überblick über Christians Leben zu verschaffen. Die von Christian gewählte Tabellenfunktion mit ausgeblendeten Gitternetzlinien ist für die Gestaltung eines Lebenslaufs gut geeignet.

(2) Telefonnummer/E-Mail-Adresse

Leider hat Christian keine Angaben zu Telefonnummer und E-Mail-Adresse gemacht. Das ist aber notwendig, damit das Unternehmen zügig mit ihm in Kontakt treten kann. Bitte auf Vollständigkeit aller wichtigen Daten achten!

(3) Eltern

Die Nennung der Eltern mit Vor- und Nachnamen ist gut, allerdings fehlen die Berufe. Das Unternehmen möchte über diese Angaben wissen, ob Christian über Vater oder Mutter bereits einen Bezug zu seinem Wunschberuf hat.

(4) Geschwister

Die Angabe der Geschwister ist nicht notwendig.

(5) Zeitangaben/Jahreszahlen

Christian hat nur Jahreszahlen genannt. Das reicht nicht aus. Er muss hier präzise Angaben zu Monat und Jahr machen. Gut ist folgende Form: 09/1995 – 07/1999.

(6) Schwerpunkt-/Lieblingsfächer in der Schulzeit

Um dem Unternehmen einen schnellen Einblick in seine Qualifikation zu geben, sollte Christian seine Schwerpunkt- oder Lieblingsfächer in der Schulzeit nennen, vor allem die Fächer, die einen direkten Bezug zu seinem Berufswunsch haben, nämlich Mathematik oder Physik. Allerdings muss er daran denken, dass gerade für den Beruf des Kfz-Mechatronikers gute Noten in Mathematik förderlich sind. Sollte er in Mathematik eine durchschnittliche oder unterdurchschnittliche Endnote haben, dann darf er dieses Fach nicht als Schwerpunktfach nennen.

(7) Praktika

Bei den einzelnen Praktikumsstationen fehlen die genauen Angaben zu den Tätigkeiten, die Christian dort ausgeübt hat. Mit diesen Angaben könnte Christian bei Herrn Klausner punkten. Die Ausbildungsbetriebe sehen erste Berufserfahrungen sehr gern. Sie gehen davon aus, dass der Azubi schon weiß, auf was es im Berufsleben ankommt. Diese Angaben fehlen auch bei den Berufstätigkeiten.

(8) Besondere Kenntnisse

Textverarbeitung – Was bedeutet das? Wie gut sind dort seine Kenntnisse? Diese Frage sollte Christian beantworten. Besser ist hier: gute Kenntnisse in MS Word.

Gesamteindruck

Anschreiben

Das Anschreiben ist gut gelungen. Christian kann sehr gut begründen, warum er eine Ausbildung zum Kfz-Mechatroniker machen möchte. Der Leser erkennt sofort, dass Christian sich auch in seiner Freizeit mit dem Thema Auto beschäftigt. Er weiß, welche Anforderungen in diesem Ausbildungsberuf gewünscht sind. Darauf geht er gut ein. Seine persönlichen Stärken sind gut beschrieben und passen auch zu dem, was er als Übungsleiter gelernt hat. Damit zeigt er sein persönliches Engagement. Christian hat sich intensiv mit seiner Bewerbung auseinander gesetzt. Das wird besonders im Anschreiben deutlich.

Lebenslauf

Insgesamt macht Christians Lebenslauf auf den ersten Blick einen klaren und übersichtlichen Eindruck. Insbesondere die optische Gestaltung ist ihm gut gelungen. Er hat eine einfache Schrifttype (Arial) gewählt und für Lebenslauf und Anschreiben benutzt. Er hat auf die Rechtschreibung geachtet und seinen bisherigen Werdegang sehr gut in alle wichtigen Oberbegriffe gegliedert. Das ist ein guter Anfang und eine erste gute Arbeitsprobe, die er abliefert.
An einigen inhaltlichen Punkten muss Christian noch feilen, um das Bild über sich abzurunden. Er bewirbt sich als Kfz-Mechatroniker. Hier ist es ganz wichtig, die Noten in Mathematik und anderen naturwissenschaftlichen Fächern, die er in seinem letzten Zeugnis erzielte, anzugeben. Sehr gut ist die Angabe seines Hobbys „Reparatur alter Autos“.
Christian war über einen längeren Zeitraum als Übungsleiter einer E-Jugend-Fußballmannschaft in einem Verein tätig. Hier kann er noch genauer darstellen, was er in dieser Funktion gemacht hat, zum Beispiel Training und Organisation von Turnieren. Damit kann er zeigen, was er in dieser Zeit gelernt hat und was ihn als Person individuell von den anderen Bewerbern unterscheidet.

Erfolgsaussichten von Christians Bewerbung

Er ist ein ernst zu nehmender Bewerber und hat gute Chancen, von Herrn Klausner eingeladen zu werden.

CD-ROM

Optimierte Bewerbungen auf CD

Optimierte Musterbewerbungen für Ausbildungsplätze finden Sie auf Ihrer CD-ROM, direkt zum Übernehmen in Ihre Textverarbeitung.

E-Mail-Bewerbung eines Realschülers für einen

Ausbildungsplatz als Informations- und Telekommunikationssystemelektroniker

Kurzprofil

- Bewerber mit Realschulabschluss (19 Jahre)
- Zwei Schülerpraktika bei Elkotronik
- Baut gerne elektronische Schaltungen und bastelt an Computern

Wunsch: Ausbildung zum Informations- und Telekommunikationssystemelektroniker

Idee: Bewerbung per E-Mail nach einem Telefongespräch mit dem Geschäftsführer von Elekronik Components

Anschreiben per E-Mail

Datum: 11.12.2005

Von: „Sven Reismann“ sven-reismann@spyder.de

An: ausbildung@electronik-components.de

① **Betreff:** Bewerbung für einen Ausbildungsplatz/Unser Telefonat vom 11.12.2005

Text-Mail

② Sehr geehrter Herr Malz,

ich möchte mich noch einmal bei Ihnen für das interessante und ausführliche Telefongespräch bedanken. Wie mit Ihnen besprochen, erhalten Sie per E-Mail meine Bewerbung für einen Ausbildungsplatz zum Informations- und Telekommunikationssystemelektroniker.

Wie ich Ihnen bereits sagte, leiste ich zurzeit meinen Wehrdienst in Braunschweig ab. Dieser wird im Juni 2006 beendet sein, so dass ich ab 1. August 2006 bei Ihnen starten kann. Für diesen Ausbildungsberuf habe ich mich entschieden, da ich mich schon länger mit dem Thema PC beschäftige. In meinen Praktika bei Elkotronik konnte ich schon selbstständig bei Privatkunden Hardware wie PC, Drucker und Scanner installieren. Auch privat helfe ich meinen Freunden oft, neue Software aufzuspielen oder neue PCs einzurichten. Mit zwölf habe ich mit meinem Vater schon kleine elektronische Schaltungen zusammengebaut.

③ Da mein Chef bei Elkotronik keine Ausbildung anbietet, Sie aber sehr empfohlen hat, würde ich mich sehr freuen, mich in einem Vorstellungsgespräch persönlich bei Ihnen vorzustellen.

Mit freundlichen Grüßen

④ Sven Reismann

---

⑤ Sven Reismann
Gerhard-Hauptmann-Straße 89
39108 Magdeburg
Telefon 0391/33 45 66
Mobiltelefon 0154/34 56 78 9
E-Mail sven-reismann@spyder.de

⑥ **Anlage:** **Lebenslauf Sven Reismann .doc**

Kommentar zum Anschreiben von Sven Reismann

① Betreffzeile

Sven schreibt in die Betreffzeile detailliert, worum es ihm geht. Bei einem E-Mail-Anschreiben gelten die gleichen Regeln wie in einem normalen Anschreiben. Der Leser muss sofort wissen, was ihn erwartet. Stellen Sie sich vor, Herr Malz erhält am Tag bis zu 80 Mails. Definitiv hat er keine Zeit, alle Mails erst zu öffnen und dann zu lesen. Daher wichtig für Sie: Ihr Anliegen so präzise wie möglich in die Betreffzeile schreiben. Denn der Empfänger sieht erst mal nur den Betreff und die Adresse des Absenders.

② Text und Anschreiben bei E-Mail-Anschreiben

Auch hier hat sich Sven an die Regeln gehalten. Die Adresse des Empfängers wird bei E-Mails nicht ausformuliert. Aber das Anschreiben selbst hat die gleiche Form wie übliche Bewerbungsanschreiben. Sven geht richtig vor: Er erklärt seine aktuelle Situation, er schreibt, warum er sich für diesen Beruf interessiert und er beschreibt auch seine Eignung für diesen Beruf. Das ist in sich schlüssig und lässt keine Fragen offen.

③ Wortwiederholung

Negativ wirken in diesem Absatz die Wortwiederholungen: zweimal „sehr“, in einem „Vorstellungsgespräch“ „vorstellen“.

④ Unterschrift

Sven kann eine E-Mail nicht handschriftlich unterschreiben. Daher ist diese Version richtig: einfach den Namen darunter setzen.

⑤ Absenderdaten

In einer Bewerbungs-E-Mail werden die Daten des Absenders vollständig im Fuß wiedergegeben. Sven macht das richtig.

⑥ Anhang/Attachments

Der Lebenslauf wird bei elektronischen Bewerbungen in einem bekannten Dateiformat wie Word (.doc) als Anhang verschickt. Eingescannte Zeugnisse oder andere Dokumente müssen in der Regel nicht angehängt werden. Denken Sie daran, dass viele Unternehmen eine Firewall eingebaut haben, die Dokumente mit einer Dateigröße von über einem Megabyte abwehrt. Daher im ersten Schritt nur Anschreiben und Lebenslauf senden.

LEBENSLAUF

① **SVEN REISMANN**

Gerhard-Hauptmann-Straße 89
39108 Magdeburg
Telefon 0391/33 45 66
Mobiltelefon 0154/3 45 67 89
Email sven-reismann@spyder.de

Geboren am 06.09.1986 in Magdeburg
Mutter Helga Reismann, Erzieherin
Vater Martin Reismann, Metzger

Schulbildung

08/1995 bis 07/1999	Hermann-Kleyer-Grundschule, Magdeburg
09/1999 bis 07/2005	Benjamin-Britten-Realschule, Magdeburg Abschluss in 07/2003 mit Gesamtnote 2,3 Schwerpunktfächer Mathematik, Physik, Informatik

Praktikum

04/2001 bis 04/2001	Elkotronik GmbH, Magdeburg (Unternehmen mit 50 Mitarbeitern) Schülerbetriebspraktikum • PCs für Privatkunden formatieren (Software, Internet) • Einrichten der IT bei Privatkunden (PC, Drucker, Scanner, ISDN)
06/2002 bis 06/2002	Elkotronik GmbH, Magdeburg Schülerbetriebspraktikum • LANs installieren • Einarbeitung in Netzwerktechnik und Routerkonfiguration

② **Wehrdienst**

08/2005 bis 06/2006	5. Fernmeldebataillon 522 (5./FmBtl 522), Braunschweig: Funker

Zusatzqualifikationen

IT	MS Office gute Kenntnisse, Windows 2000/NT/XP gute Kenntnisse, UNIX Grundkenntnisse
Fremdsprachen	Englisch gute Schulkenntnisse
③ Hobbys	Zusammenbau von elektronischen Schaltungen, Einrichten von PCs/Installation von Software bei Freunden und Familie

Magdeburg, 11.12.2005 (Unterschrift)

Kommentar zum Lebenslauf von Sven Reismann

① Optische Gestaltung

Sven hat sich sichtbar Mühe gegeben, einen ansprechenden Lebenslauf aufzubauen.

② Wehrdienst

Für den Wehr- oder Zivildienst gelten die gleichen Regeln wie für Schule oder Praktika. Je genauer, desto besser. Schreiben Sie also nicht einfach nur Wehrdienst, sondern nennen Sie auch die genaue Truppenbezeichnung und Ihre Aufgaben oder Position, die Sie dort innehatten.

③ Hobbys

Man kann es nicht oft genug sagen. Gerade bei Sven machen die Hobbys seinen Lebenslauf aussagekräftig. Das ergibt ein rundes Bild beim Leser, auch die einfachen Begriffe, die Sven wählt, machen ihn sympathisch und lassen die Bewerbung authentisch erscheinen.

Passende Hobbys auswählen

Experten-Tipp

Überlegen Sie sich, welche Hobbys Sie haben. Dazu kann auch gehören, alte Radios zu reparieren oder Freunden bei der Installation neuer Software oder Hardware zu helfen. Diese Punkte gehören kurz und knapp in Ihren Lebenslauf.

Gesamteindruck

Anschreiben

Sven berücksichtigt alle Regeln für eine Online-Bewerbung. Das Anschreiben ist aussagekräftig. Besser geht es nicht.

Lebenslauf

Sven bewirbt sich für seinen Wunschberuf. Das zeigt er auch mit seinen Unterlagen. Der Lebenslauf ist gut und sorgfältig aufgemacht, optisch und inhaltlich.

Erfolgsaussichten von Svens Bewerbung

Sehr gut: Sven hat sehr gute Chancen, zu einem Vorstellungsgespräch eingeladen zu werden.

Experten-Tipp

Tipps für Ihre Online-Bewerbung

Sie wollen und/oder sollen sich online per E-Mail oder mittels eines Online-Formulars direkt über die Homepage des Unternehmens bewerben? Beachten Sie bitte, dass Sie auch in diesem Fall genau arbeiten. Genau heißt: Die Ihnen bekannten Regeln für die schriftliche Bewerbung gelten genauso für die elektronische.

- Schicken Sie nur eine Online-Bewerbung, wenn dies ausdrücklich in einer Stellenanzeige gewünscht wird.
- Ihre eigene private E-Mail-Adresse sollte neutral sein und Ihren Namen enthalten, keine Fantasienamen.
- Die genaue E-Mail-Adresse des Empfängers sollte Ihnen bekannt sein.
- In der Betreffzeile schreiben Sie genau, worum es Ihnen geht (zum Beispiel Bewerbung für einen Ausbildungsplatz als ..., Kennziffer 4444 oder die in der Anzeige genannte Position, auf die Sie sich bewerben).
- Das Anschreiben geben Sie nach den bekannten Regeln in das Textfeld ein oder versenden es als eigene Datei. In diesem Fall verweisen Sie nur kurz auf Ihre Bewerbung für eine Position. Lassen Sie alle Dateien auf Fehler Korrektur lesen!
- Das Anschreiben schicken Sie als E-Mail und Ihre Unterlagen wie Lebenslauf und – wenn gewünscht – Ihre eingescannten Zeugnisse als Anhang im Word-Format oder als PDF-Dokument (Dateigröße idealerweise nicht mehr als 1 MB).
- Bitte schicken Sie maximal zwei Dateien im Anhang.
- Diese Dateien bezeichnen Sie so, dass der Empfänger sofort weiß, was er im betreffenden Dokument findet (zum Beispiel: Lebenslauf Sven Reismann.doc).

Zunehmend setzen Unternehmen standardisierte Online-Bewerbungsformulare ein. Auch hier gilt für Sie: Erst überlegen und dann genau und vollständig ausfüllen!

CD-ROM

Optimierte Bewerbungen auf CD

Optimierte Musterbewerbungen für Ausbildungsplätze finden Sie auf Ihrer CD-ROM, direkt zum Übernehmen in Ihre Textverarbeitung.

Bewerbung einer Gymnasiastin für einen

Ausbildungsplatz als Werbekauffrau

Kurzprofil

- Gymnasiastin kurz vor dem Abitur (19 Jahre)
- Praktikum in einer Werbeagentur
- Halbjährige Auslandserfahrung: Austauschhülerin in Frankreich
- Fremdsprachenkenntnisse: Englisch und Französisch
- Bereits gute Kenntnisse in gängigen Grafikprogrammen

Wunsch: Nach ersten Einblicken während eines Praktikums Ausbildung zur Werbekauffrau

Idee: Bewerbung auf eine Online-Anzeige bei Horizont, einem Fachmedium für Marketing, Werbung und Medien

① **Jenni Thon**
Siebengebirgsstraße 97
53228 Bonn
Telefon 0228/4 65 11 99
Mobil 0150/990 48 19
Mailto engel24@hotmail.com

Frankfurt Media Solutions GmbH
Frau Sabine Mertens
Wöhlergasse 5
60313 Frankfurt am Main

► **Ausbildung als Werbekauffrau Schwerpunkt Media**

Sehr geehrte Damen und Herren,

② auf der Internetseite von Horizont (www.horizont.net/jobs) fand ich soeben Ihre Stellenanzeige **Wanted! Azubi zur Werbekauffrau**. Das Abitur habe ich zwar noch nicht frisch in der Tasche, stehe aber kurz davor.

③ Über den Beruf der Werbekauffrau habe ich in meinem Schülerbetriebspraktikum bei Blaupause in Bonn sehr viel erfahren. Seitdem habe ich beschlossen, nach der Schule zuerst eine Ausbildung als Werbekauffrau zu machen.

④ Und zwar bei Ihnen! Ich freue mich auf ein Erstgespräch mit Ihnen.

Mit freundlichen Grüßen

Bonn, 10. Mai 2006 (Unterschrift)

Kommentar zum Anschreiben von Jenni Thon

① Optische Gestaltung/Corporate Design

Jenni legt ein kurzes und auch gut gestaltetes Anschreiben vor. Sie verwendet im Anschreiben wie auch im Lebenslauf optische Details wie Großbuchstaben und Dreiecke. Das ergibt ein in sich geschlossenes Bild. In der Marketingsprache heißt das Corporate Design, ein einheitliches Design für alle Unternehmensbereiche.

② Einstiegssatz

Jenni zeigt für Insider der Werbeszene, dass sie weiß, wo sie nach Stellen suchen muss. Horizont ist ein Medium, das die Agenturwelt liest und das gleichzeitig die entsprechenden Informationen anbietet. Sie steigt direkt in das Thema ein, indem sie auf ihr bevorstehendes Abitur verweist, das als Muss-Kriterium in der Anzeige zu finden war.

③ Muss-Kriterium: Eignung

Zugegeben, der Text ist kurz. Aber fehlt etwas? Aus meiner Sicht nicht. Man kann es auch ausformulieren, klar. Aber in der schnellen Werbewelt wird auch ein Augenmerk auf die Fähigkeit gelegt, in wenigen Sätzen das Wichtigste zu sagen, kurz und prägnant.

④ Ausstiegssatz

Sehr kurz, oder? Und ganz schon forsch. Trotzdem soll Jenni diesen Satz genau in dieser Form stehen lassen.

Kreative Bewerbungen bei kreativen Berufen

Experten-Tipp

In kreativen Branchen können Sie kreative Bewerbungen einreichen. Aber: Auch hier müssen Sie glasklare Informationen liefern!

① ► **Lebenslauf**

Jenni Thon

Siebengebirgsstraße 97
53228 Bonn
Telefon 0228/4 65 11 99
Mobil 0150/990 48 19
② Mailto engel24@hotmail.com

Geboren am 29. April 1987
in Bonn
deutsch

③ **Kurzprofil**

- ► Abiturientin, 19 Jahre
- ► Kreativ, kommunikativ, offen, fröhlich

Schulischer Werdegang

08/1993 bis 07/1997	Grundschule op'm Berg, Holzlar
09/1997 bis 07/2006	Privatgymnasium Ernst-Kalkuhl-Schule, Bonn Schulabschluss: Allgemeine Hochschulreife Erwartete Gesamtnote: 2.4 Lieblingsfächer: Kunst (LK), Französisch (LK)
07/2002 bis 12/2002	Lycée Marie-Dupié, Lyon, Frankreich ► Austauschschülerin

④ **Betriebspraktika**

03/2003 bis 04/2003	Blaupause GmbH, Bonn (Werbeagentur) Praktikum mit folgenden Schwerpunkten: ► Mitarbeit bei Produktion von Radiowerbung für eine Einzelhandelskette ► Mitarbeit an Anzeigenkampagne für Deoroller ► Gestaltung von Werbemitteln ► Text und Redaktion

Zusätzliches

Fremdsprachen	Französisch sehr gut Englisch gut
IT	Word/Excel/PowerPoint gut Photoshop, Freehand gut
Hobbys	Tennis (aktive Spielerin TC Holzlar)

► **Bonn, 10. Mai 2006** (Unterschrift)

Kommentar zum Lebenslauf von Jenni Thon

(1) Optische Gestaltung

Jenni verwendet einen neuen Schrifttyp, Century Gothic. Das ist eine gute Idee, denn dieser Typ ist klar und modern. Insgesamt wirkt das Layout dieses Lebenslaufs proportional ausgewogen und gelungen. Alle wichtigen Themen sind aufgeführt, alle Punkte werden korrekt mit den zeitlichen Angaben versehen. Professionell gemacht. Die Dreiecke sind ebenso wie die größeren Anfangsbuchstaben bei den Oberbegriffen ein gelungener Blickfang.

(2) E-Mail-Adresse

Diese E-Mail-Adresse ist zwar nett, aber nicht professionell und zu persönlich. Bitte legen Sie sich eine E-Mail-Adresse zu, die dem unverfänglichen Muster vorname.name@provider.de entspricht.

(3) Kurzprofil

Es stehen zwar nicht viele Dinge in Jennis Kurzprofil, trotzdem ist es eine gute Idee, den Lebenslauf so aufzulockern. Zumal sich Jenni für eine Ausbildung als Werbekauffrau interessiert, für die sie bestimmte persönliche Kompetenzen mitbringen muss. Kontaktfreudigkeit und Kreativität sind in dieser Branche überlebenswichtig.

(4) Betriebspraktika

Jenni weiß, wovon sie spricht, wenn sie sich für diesen Ausbildungsberuf interessiert. Damit zeigt sie eine klare Linie auf, wie sie ihren Berufsweg gestalten möchte.

Gesamteindruck

Anschreiben

Das Anschreiben ist gut. Kurz und prägnant bringt Jenni die Details der Anzeige in Fettdruck („Wanted“) ein. Das ist eine erste sehr gute Arbeitsprobe.

Lebenslauf

Jenni bewirbt sich in einer Medienagentur in Frankfurt, einer der „Hauptstädte der Werberszene“. In dieser Szene muss sie kreativ sein. Und Durchsetzungsvermögen haben. Denn auch in dieser Branche ist der Wettbewerb hart. Der Lebenslauf trägt zumindest dem kreativen Teil Rechnung, er ist gut aufgebaut, enthält die richtigen und geforderten Informationen.

Erfolgsaussichten von Jennis Bewerbung

Gut: Die Bewerbung ist in sich geschlossen und ästhetisch und inhaltlich gut gestaltet.

CD-ROM

Optimierte Bewerbungen auf CD

Optimierte Musterbewerbungen für Ausbildungsplätze finden Sie auf Ihrer CD-ROM, direkt zum Übernehmen in Ihre Textverarbeitung.

Bewerbung einer Hochschulabsolventin

Berufseinstieg als Consultant über eine Fachmesse

Kurzes Profil der Bewerberin

- Sechs Monate erste berufliche Tätigkeit nach Studium
- Absolventin einer Universität (31 Jahre) mit Zweitem Staatsexamen
- Abschluss Juristin
- Studiendauer zügig
- Auslandssemester an einer Universität in Italien
- Vor Studium Ausbildung als Rechtsanwaltsfachangestellte
- Aufbaustudium Arbeitswissenschaften
- Gute Fremdsprachenkenntnisse (Englisch und Italienisch)
- Aktive Jobsuche

Wunsch: Langfristiger beruflicher Einstieg in Unternehmensberatung mit dem Schwerpunkt Human Resources

Idee: Bewerbung über Rekrutierungsveranstaltung oder auch Fachmesse

Tipps für Ihren Besuch einer Rekrutierungsveranstaltung

Frau Mühlbeck hat den Bewerbungsweg Rekrutierungsveranstaltung gewählt, da sie direkt Kontakt mit bestimmten für sie interessanten Unternehmen aufnehmen möchte. Dafür sollte sie folgende Punkte berücksichtigen:

Gute Vorbereitung

Die meisten Unternehmen schätzen es, wenn Bewerber mit gezielten Fragen an die Stände kommen. Als Standbesucher sollten Sie eine Vorstellung davon haben, was Sie in Zukunft beruflich machen möchten und welche Ihre persönlichen, beruflichen und fachlichen Qualifikationen sind. In Grundzügen sollten Sie die ausgewählten Unternehmen sowie deren Tätigkeitsfelder kennen und über aktuelle Branchentrends auf dem Laufenden sein.

Vereinbarung von Vorstellungsgesprächen

Vereinbaren Sie über die Webseiten der Veranstalter einen Gesprächstermin während der Veranstaltung.

Kurzprofil: Ich über mich

Ich bin, ich kann, ich will – diese drei Elemente sind die Grundlage für eine Kurzvorstellung auf dem Messestand. „Ich bin“ heißt: Vorstellung mit vollem Namen, Ihren „Aufhänger“ und Ihre aktuelle Situation beschreiben. „Ich kann“: Bisher von Ihnen gelöste Aufgaben, Ihre Qualifikationen, Ihre wesentlichen Kenntnisse und interessante Leistungsbeispiele nennen. „Ich will“: Ihre Ziele und Wünsche in Bezug auf das Unternehmen und natürlich die Frage nach Möglichkeiten im Unternehmen.

Beispiel Tanja Mühlbeck:

Ich bin seit Juni 2005 als juristische Beraterin für das Unternehmen XYZ tätig. Meine Beratungsschwerpunkte sind die Themen Vergütungsberatung, vorzugsweise für mittelständische Unternehmen. Ich habe an der FU Berlin Jura studiert und seit 2004 die Zulassung zur Rechtsanwältin mit der Spezialisierung auf Arbeitsrecht. Leider konnte sich das Unternehmen nicht erfolgreich positionieren, so dass mein Vertrag aus betriebsbedingten Gründen nach dem Ende der Probezeit nicht verlängert wird.

Standortbestimmung

Grundlage dafür sind die Leistungsbeispiele, die Frau Mühlbeck mithilfe ihres Lebenslaufs und ihres Kompetenzprofils erarbeitet hat, insbesondere Projekte aus ihrer aktuellen Position und Schwerpunkte aus Studium und Referendariat.

Beispiel Tanja Mühlbeck:

Hier kann sie Leistungsbeispiele aus der Beratung aus der jetzigen Position nennen. Am Beispiel eines Projekts kann sie ihre Rolle und den Prozess vom Anfang des Explorationsgesprächs über die Konzeption bis hin zur Implementierung genau beschreiben.

Mut

Direktansprache erfordert Mut, zahlt sich aber aus. Wichtig ist, dass Sie aktiv auf die Firmen zugehen und nicht darauf warten, dass Sie angesprochen werden. Die Unternehmensvertreter sind in der Regel mit der Messesituation vertraut und werden Ihnen den Gesprächseinstieg leicht machen.

Weitere Hinweise

Um für eine spätere Bewerbung alle wichtigen Daten parat zu haben, lassen Sie sich am Ende des Gesprächs immer eine Visitenkarte Ihres Gesprächspartners geben und notieren Sie Zeitpunkt und Ergebnis des Gesprächs. Eine Auswahl interessanter Veranstaltungen für unterschiedliche Zielgruppen (Ausbildung/Branchen/Berufseinsteiger/Fach- und Führungskräfte) finden Sie hier:

- www.absolventenkongress.de
- www.iqb.de – Jobcon Classic/JobDays – Engineering oder Consulting/Juracon/Meet@
- www.campuschances.de
- www.t5futures.de (für Healthcare und Engineering)
- www.talents2006.de
- www.access.de (accessfirst für Berufseinsteiger, accessnext für Menschen mit (erster) Berufserfahrung)
- www.connecticum.de

Ein Anschreiben ist für diesen Bewerbungsweg nicht notwendig. Umso wichtiger ist aber für den professionellen Erstkontakt ein aussagekräftiges eineinhalbseitiges Kurzprofil, das Frau Mühlebeck in der folgenden Form entwirft:

① **KURZPROFIL**

PERSÖNLICHE DATEN

Tanja Mühlbeck
Bastianstraße 22
13337 Berlin
Tel.: 030 - 121 1234 oder 0180 - 8604169
Geb. am 2.10.75 in Berlin, ledig

②

	Juristin/Rechtsanwältin (31 Jahre) Vertiefungen Arbeitsrecht und Europarecht Seit Juni 2004 tätig als juristische Beraterin Beratungsschwerpunkte: innovative Vergütungskonzepte Projektmanagement (Explorationsgespräch/Konzeption/ Implementierung) Aufbaustudium Arbeitswissenschaften

AUSBILDUNG

06/1994	Abitur an der Lessing-Oberschule, Berlin (Note gut)
08/1994 – 01/1996	Kanzlei Bechler und Partner, Berlin Ausbildung zur Rechtsanwaltsfachangestellten (Note gut)
04/1996 – 06/2002	Studium der Rechtswissenschaften an der Freien Universität Berlin (1. Juristisches Staatsexamen, Note befriedigend) Schwerpunkt Europarecht und Arbeitsrecht
③ 10/1999 – 07/2000	Auslandsstudium in Bologna, Italien an der Universitá degli Studi di Bologna, Prüfungen in Europarecht und Internationalem Privatrecht

REFERENDARIAT

④ 01/2003 – 02/2005	Juristischer Vorbereitungsdienst am Landgericht Potsdam (2. Juristisches Staatsexamen, Note ausreichend)
01/2003 – 06/2003	Amtsgericht Berlin (Note voll befriedigend)
07/2003 – 09/2003	Staatsanwaltschaft Brandenburg (Note voll befriedigend)
10/2003 – 01/2004	Senatsverwaltung Berlin, Personalamt (Note gut) Teilnahme an einer Fortbildungsveranstaltung zum Insolvenzrecht
02/2004 – 08/2004	Kanzlei Prof. Dr. Kohler & Partner, Berlin (Note voll befriedigend)
09/2004 – 12/2004	Durham, Mailer & Associates, Attorneys at Law, Seattle (Note gut)

Kommentar zum Kurzprofil von Tanja Mühlbeck

① Optische Gestaltung

Ein dezent gestaltetes Kurzprofil, für den Frau Mühlbeck den Schrifttyp Arial gewählt hat. Die Struktur ist chronologisch, Frau Mühlbeck startet zunächst mit dem Block Ausbildung und Referendariat, um dann noch auf der ersten Seite auch ihren Werdegang aufzuführen.
Inhaltlich ist dieser Aufbau in Ordnung, allerdings ist die gegenchronologische Form in diesem Beispiel für eine Strukturierung sinnvoller. Denn der Gesprächspartner auf einer Veranstaltung steht Ihnen nur für kurze Zeit zur Verfügung. Aus diesem Grund ist es vorteilhaft, wenn die wichtigen und interessanten Informationen sofort zu sehen sind.

② Kurzprofil vor den anderen Stationen

Frau Mühlbeck schreibt hier eine kurze Zusammenfassung ihres Werdegangs. Das bietet für den Anfang eine recht gute Übersicht.

③ Auslandsstudium

Frau Mühlbeck hat ein Auslandssemester in Italien absolviert. Das und auch die Wahlstation während des Zweiten Referendariats in den USA sind für Jura-Absolventen wichtige Nachweise für die Fähigkeit, auch im internationalen Rechts- und Wirtschaftsverkehr arbeiten zu konnen und entsprechende Fremdsprachenkenntnisse mitzubringen.

④ Noten

Die Angabe von Noten in Schule, Ausbildung oder Studium ist nur dann sinnvoll, wenn sie entweder besonders gut sind oder eine gewisse positive Entwicklung zu sehen ist. Auch in diesem Fall geht es darum, eine Entwicklung zu zeigen, zumal Noten gerade in einem Jura-Studium eine große Rolle spielen. Denn Juristen benötigen für den Einstieg in den öffentlichen Dienst, in Großkanzleien sowie in internationale Wirtschaftsunternehmen mindestens zwei Prädikatsexamina (voll befriedigend und besser). Da Frau Mühlbeck diese nicht vorweisen kann, hat sie den Weg in eine kleinere Unternehmensberatung gewählt.

	WERDEGANG	
5	06/2005 – heute	**Juristische Beraterin** bei der Thorndorf Pension Capital AG, Beratung und Management von Versorgung und Vergütung, Berlin Schwerpunkt Arbeitsrecht und Vertrieb 07/2004 Zulassung zur Rechtsanwältin Ausgewählte Beratungsprojekte in der Zielgruppe Mittelstand: Durchführungen von Funktionsbewertungen Interne/externe Vergütungsanalyse Konzeption von Grundvergütungssystemen Umsetzung von Verbandstarifverträgen Konzeption von Bonussystemen Beratung bei Mitarbeiterbeteiligungen Zielvereinbarungs- und Beurteilungssysteme
6	**SONSTIGE TÄTIGKEITEN/PRAKTIKA**	
	03/2001	DGB-Rechtsstelle Berlin, Praktikum
	01/2002 – 02/2002	Humanfaktor GmbH, Strategisches Personal Management, Berlin, Erstellung einer Arbeitshilfe zur Änderung des Arbeitsförderungsgesetzes unter dem Gesichtspunkt von Personalentwicklungsgesellschaften
	10/2002 – 12/2002	IG-Metall Regionalverwaltung, Abt. Bildung, Praktikantin bei der Erarbeitung einer Konzeption für regionale Personalentwicklung
	ZUSATZQUALIFIKATIONEN	
7	Fremdsprachen	Englisch (gut) Italienisch (gut)
	EDV	Windows 2000 (gut)
	03/1998 – 07/2000	Aufbaustudium Arbeitswissenschaft, Universität Kaiserslautern Weiterbildungsmodule „Personalmanagement in kleinen und mittleren Unternehmen“, „Unternehmensberatung“, „Change Management“ und „Wirtschaftlichkeitsrechnung“
8	Weitere Kompetenzen	Projektmanagement Juristische Begleitung von Projekten: Gutachterliche Tätigkeiten, Beratung in Fragen der Mitbestimmung des Betriebsrats, Unterstützung bei Tarifvertragsverhandlungen Erfahrung in Kundenkontakt
	FORTBILDUNG	
	10/2004 – 07/2005	Fachanwaltslehrgang Arbeitsrecht
	11/2003	Deutsche Anwalt Akademie Variable arbeitsvertragliche Vergütungssysteme

Berlin, Juli 2005 (Unterschrift)

5 Leistungsbeispiele/Aufgabenbereiche

Dies ist eine sehr gute Auflistung der Aufgabengebiete von Frau Mühlbeck. Ein potenzieller Arbeitgeber erkennt sofort, über welche fachlichen Kompetenzen sie verfügt, und kann diese Informationen verwerten.

6 Aufgabenbereiche

Warum nicht auch Leistungsbeispiele in den Praktika auflisten? Das kann Frau Mühlbeck noch etwas präzisieren.

7 Sprachkenntnisse

Diese Auflistung reicht aus, um die Sprachkenntnisse darzustellen.

8 Weitere Kompetenzen

Das macht das Profil von Frau Mühlbeck rund und soll auch für Sie als Vorschlag dienen. Wenn Sie zusätzliche Kenntnisse haben, z. B. aus beruflichen oder auch privaten bzw. außerberuflichen Projekten, führen Sie diese in einem gesonderten Punkt auf. Dafür kommen auch in Frage: Organisationsfähigkeit, am Beispiel von ..., Erfahrung in der Kontrolle von Mitgliedsbeiträgen oder ähnliche Tätigkeiten.

Fachmessen nutzen (Experten-Tipp)

Neben den bekannten Rekrutierungsveranstaltungen bieten auch viele (inter)nationale Fachmessen heute eine Plattform für Karriereberatung, Bewerbungs-Coaching, Erstkontakt und Bewerbungsgespräche im Unternehmen an.

Gesamteindruck

Insgesamt hat Frau Mühlbeck inhaltlich und optisch ansprechende Unterlagen gestaltet. Da sie erst auf ein Jahr Berufserfahrung verweisen kann, listet sie Aufgabenbereiche und Kompetenzen detailliert auf. Potenzielle Gesprächspartner erhalten in dieser Form einen guten Überblick über ihre fachlichen Kompetenzen/Schlüsselqualifikationen, die für ihre Tätigkeit als juristische Beraterin notwendig sind. Ihre persönlichen Kompetenzen lassen sich durch einen gut vorbereiteten Auftritt auf der Veranstaltung unterstreichen.

Erfolgsaussichten

Da Frau Mühlbeck bereits erste Berufserfahrung mitbringt und ihr Profil entsprechend vorbereitet hat, stehen die Aussichten gut, dass sie im Rahmen der Rekrutierungsveranstaltung interessante Gespräche führen wird.

Optimierte Bewerbungen auf CD (CD-ROM)

Optimierte Bewerbungen finden Sie auf Ihrer CD-ROM, direkt zum Übernehmen in Ihre Textverarbeitung.

Der folgenden Bewerbung liegt diese Stellenanzeige zugrunde

Treysapharm gehört weltweit zu den führenden Produzenten von Aminosäuren. Für unser Werk in Lörrach, wo wir unsere Produkte für die Lebensmittelindustrie, die pharmazeutische Industrie und für die technischen Anwendungsbereiche herstellen, suchen wir zum frühestmöglichen Eintrittstermin eine/n Chemielaboranten/in, Chemotechniker/in oder Chemiker/in.

Zu Ihrem Aufgabenbereich gehören die Durchführung eines breiten Spektrums von Laboranalysen. Sie führen im Rahmen unserer Qualitätskontrolle Titrationen, Siebanalysen, Bestimmungen mit AAS, HPLC und GC durch, pflegen die Geräte und erfassen die Daten mit Hilfe von PC-Programmen.
Wenn Sie bereits Erfahrung in der chemischen Analytik gesammelt haben, sicher sind in der Durchführung der genannten Analysemethoden, im Umgang mit MS-Office und GMP, freuen wir uns auf Ihre Bewerbung.

Wir bieten einen interessanten, abwechslungsreichen Arbeitsplatz in einem aufstrebenden Unternehmen zu den Bedingungen des Tarifvertrages der Chemischen Industrie in Baden- Württemberg. In unserem Qualitätssicherungslabor arbeiten wir in versetzter Arbeitszeit, d. h. auch an Wochenenden und Feiertagen, um unsere Produktion, die rund um die Uhr arbeitet, bestmöglich zu unterstützen. Nach intensiver Einarbeitung werden Sie bald selbstständig in unserem jungen Team mitarbeiten können und bei Eignung und Interesse besteht die Möglichkeit, die stellvertretende Leitung des Qualitätssicherungslabors zu übernehmen.
Wenn Sie interessiert sind, senden Sie bitte Ihre vollständigen Bewerbungsunterlagen unter Angabe Ihres Gehaltswunsches und des frühestmöglichen Eintrittstermins an

Treysapharm GmbH, Personalabteilung, Adalbert-Treysa-Str. 18, 78005 Lörrach
Mail: Petra.beilkamm@treysapharm.com – Homepage: www.treysapharm.com

Aus dieser Anzeige können Sie herauslesen:

Muss-Kriterien	Kann-Kriterien
■ Chemiker/in, Chemielaborant/in, Chemotechniker/in ■ Erfahrung in chemischer Analytik (keine Berufsanfänger) ■ Sicherheit in Anwendung der Analysemethoden Titration, Siebanalyse, AAS, HPLC, GC ■ Erfahrung im Umgang mit MS-Office und GMP	■ Keine **Versteckte Kriterien** ■ Soziale Kompetenzen – Teamfähigkeit (junges Team) ■ Persönliche Kompetenzen - Flexibilität (versetzte Arbeitszeiten, abwechslungsreicher Arbeitsplatz)/ Selbstständigkeit ■ Aufstrebendes Unternehmen - Einsatz und Arbeit gefragt!

Bewerbung nach Studium und Promotion

Kurzes Profil des Bewerbers

- Promovierter Chemiker und staatlich geprüfter Lebensmittelchemiker (30 Jahre)
- Studienschwerpunkte pharmazeutische Technologie/Analytik
- Studiendauer (5 Jahre)
- Promotion (2,5 Jahre)
- Keine direkte Industrieerfahrung außerhalb von Praktika und Institutsarbeit
- Drei Semester BWL-Studium
- Einige mehrmonatige Lücken im Lebenslauf, bedingt durch Suche nach neuer Promotionsstelle und Wartezeit auf Praktikumsstelle zum Zweiten Staatsexamen
- Gute Fremdsprachenkenntnisse (Englisch und Italienisch)

Wunsch: Beruflicher Einstieg in eine Position in Unternehmen der Chemie-/Pharmaindustrie

Idee: Bewerbung in klassischer Briefform an Unternehmen der Chemie-/Pharmaindustrie über Stellenanzeigen

(1)
Dr. Anselm Meyers
Wiener Straße 99
88621 Konstanz
Telefon 07554 / 388 908
Mobil 01908 / 44 597 23
Mail anselm-meyers@gmz.de

(2)
Treysapharm GmbH
z. Hd. Frau Petra Beilkamm
Adalbert-Treysa-Str. 18
78005 Lörrach

26. Januar 2006

(3) **Stellenausschreibung für eine/n Chemiker/in**

Sehr geehrte Frau Beilkamm,

nach meiner erfolgreich abgeschlossenen Promotion in physikalischer Chemie suche ich nun eine Aufgabe in der chemischen Industrie, die mich fordert und der ich mich mit großem Engagement widmen kann.

(4) In mir finden Sie einen Mitarbeiter, der sich gerne mit der Entwicklung und Optimierung von Arbeitsabläufen befasst, sich sehr gut in technische (5) Problemstellungen hineindenken kann und professionelle Übung in der Handhabung von Messinstrumenten hat. Wie Sie dem beigefügten Profil entnehmen können, habe ich mich intensiv mit gerätetechnischer Analytik befasst. Unverzichtbar dabei waren Fähigkeiten, die Geräte zu warten bzw. umzurüsten.

(6) In den unterschiedlichen akademischen und beruflichen Stationen habe ich gelernt, effektiv und lösungsorientiert innerhalb eines eng gesteckten Zeitrahmens zu arbeiten. Von Vorteil dabei war auch meine offene und freundliche Art der Kommunikation, die mir immer eine sehr gute kollegiale Zusammenarbeit ermöglicht hat. Diese Kompetenzen möchte ich gern in Ihrem Unternehmen einbringen und freue mich daher auf die (7) Gelegenheit zu einem persönlichen Vorstellungsgespräch.

(8) Dabei können wir sicher auch die Gehaltsfrage erörtern.

(9) Mit freundlichen Grüßen,

(Unterschrift)

Kommentar zum Anschreiben von Anselm Meyers

① Optische Gestaltung

Das Anschreiben sollte besser linksbündig gesetzt werden.

② Anschrift des Empfängers

Achten Sie bitte darauf, dass Sie die Adresse exakt aus der Stellenanzeige übernehmen (Personalabteilung). Das „z. Hd." ist nicht mehr üblich.

③ Betreff

Herr Meyers ist an dieser Stelle ungenau, denn er verrät nicht, in welchem Medium er die Anzeige entdeckt hat. Das muss er präzisieren: „Stellenausschreibung für eine/n Chemiker/in in der Bodenseezeitung vom 22. Januar 2006."

④ Erfahrungen in chemischer Analytik: „In mir finden Sie einen ..."

Beide Kriterien stehen gar nicht in der Anzeige. Tipp hier: Nicht auf Punkte eingehen, die überhaupt nicht in der Anzeige gefragt werden. Damit zeigen Sie keine Individualität, sondern hinterlassen den Eindruck des Massenanschreibens. Genauigkeit ist gefragt, z. B. der Hinweis auf die geforderten Analysemethoden.

⑤ „Wie Sie dem beigefügten Profil ..."

Erwarten Sie nie, dass sich der Personaler erst durch Ihre Unterlagen wühlt. Sie sind in der Pflicht, wichtige stellenrelevante Punkte selbst aufzuführen. Bitte also auf solche Aussagen verzichten und lieber konkrete Leistungsbeispiele aufführen.

⑥ Versteckte Kriterien: soziale Kompetenzen

Auch hier gelingt es Herrn Meyers nicht, die versteckten Kriterien in der Anzeige zu analysieren. Diese Kriterien wie das selbstständige Arbeiten in einem jungen Team greift er mit dem Verweis auf seine freundliche und offene Kommunikation nicht auf. Was er auch außer Acht lässt, ist das Angebot des Unternehmens, bei Eignung und Interesse die stellvertretende Leitung des QS-Labors zu übernehmen. Darin bietet sich eine Chance für den promovierten Chemiker.

⑦ Bezug zum Unternehmen

Dieser fehlt ganz. Herr Meyers muss die Gründe nennen, warum er das Unternehmen Treysapharm als potenziellen Arbeitgeber sieht (Homepage ansehen!).

⑧ Die Gehaltsfrage

Kurz und knapp: Wenn das Unternehmen eine Angabe zu Gehalt/Eintrittstermin fordert, dann müssen Sie dazu Angaben machen. Informieren Sie sich bei den entsprechenden Verbänden/Tarifpartnern. Das ist für das Unternehmen ein Auswahlkriterium. Geben Sie ein realistisches Jahres-Zieleinkommen (brutto) an.

⑨ Genauigkeit

Nach der Grußformel kommt kein Komma.

(1) **Persönliche Daten**

Dr. Anselm Meyers
Geboren am 15. März 1975 in Waldshut
Ledig
Wiener Straße 99
88621 Konstanz
Telefon 07554 / 388 908
Mobil 01908 / 44 597 23
Mail anselm-meyers@gmz.de

(2) **Expertenwissen in den Bereichen:**
Analytik: Lebensmittel, Pharma,
Kosmetik, Bedarfsgegenstände
Forschungserfahrung: Aromastoffe
Technische Anwendungserfahrung

Berufserfahrung

05/2003 - 12/2005	**Bodensee-Universität Konstanz** **Promotion im Arbeitskreis Prof. Thoma (Pharmazeutische Technologie, Physikalische Chemie)** Thema der Promotion: „Die Auswirkungen von hohem hydrostatischem Druck auf die Materialeigenschaften von Polymer-Folien"
13. Dez. 2004	**Abschlussprüfung zum Dr. rer. nat.** Note: Sehr gut „magna cum laude" Promotionsprüfung in pharmazeutischer Technologie, pharmazeutischer Chemie, pharmazeutischer Biologie und Pharmakologie
04/2002 - 03/2003	**Technische Universität Lindau** Institut für Chemische Technik Wissenschaftlicher Mitarbeiter Forschungsauftrag der Wiehlen AG, Basel „Bestimmung der Zersetzungsprodukte und des Zersetzungsverhaltens neu entwickelter Klebstoffe"

(3) **Praktika**

02/2001 - 07/2001	**Landesuntersuchungsamt für das Gesundheitswesen Region Südwest, Lörrach** **Praktikum zum zweiten Staatsexamen** Analyse und Beurteilung von Lebensmitteln, Kosmetika und Bedarfsgegenständen nach den Richtlinien des LMBG Gutachten und rechtliche Bewertung Abschluss: Zweites Staatsexamen

Kommentar zum Lebenslauf von Anselm Meyers

① Optische Gestaltung

Ein gut strukturierter Lebenslauf in gegenchronologischer Form. Die Schrift stimmt mit dem Anschreiben überein. Der Lebenslauf ist zwei Seiten lang und enthält alle wichtigen Punkte. Zur Hervorhebung der bisherigen Stationen des Werdegangs sind die Unternehmensnamen wie die Positionen fett geschrieben.

② Expertenwissen

Dies ist ein neuer Baustein in der Gestaltung Ihres Lebenslaufs. Grundlage dafür ist das Kompetenzprofil, das Sie bereits kennen. Herr Meyers bezieht sich hier auf die Anforderungen der Anzeige, die einerseits die Erfahrung in Analytik umfassen. Zum zweiten bezieht er auch die Anwendungsbereiche der Produkte der Treysapharm (Lebensmittel- und Pharmaindustrie) sowie die technische Anwendungserfahrung mit ein. Dieses Kurzprofil können Sie insbesondere in Ihren Lebenslauf einbauen, wenn Sie bereits über Berufserfahrung verfügen oder wenn für die ausgeschriebene Stelle besonderes (Experten-)Wissen gefragt ist. Sie können es wie eine Art „Eye-Catcher“ nutzen, um Anforderungen einer Anzeige deutlich herauszustellen oder auch in Kurzform Eckdaten Ihres Werdegangs zu präsentieren.

③ Lücken im Lebenslauf

Versuchen Sie auch jetzt wieder, Ihren Blick auf die Unternehmens- und somit Leserseite zu lenken. Zwischen Juli 2001 und April 2002 wissen wir nicht, was Herr Meyers gemacht hat. Dabei geht es immerhin um acht Monate. Ein zu langer Zeitraum, um ihn einfach unerwähnt zu lassen.

Experten-Tipp

Lücken im Lebenslauf ... und wie Sie diese füllen

Lückenlosigkeit und Genauigkeit sind wichtige Kriterien für Ihre Bewerbungsunterlagen. Was machen Sie, wenn Sie größere zeitliche Lücken (mehr als drei Monate) in Ihrem Werdegang haben? Sie füllen diese Lücken. Auch wenn es Ihnen im Moment nicht bewusst ist, etwas haben Sie bestimmt in diesen Zeiten gemacht. Überlegen Sie genau und stellen Sie sich diese Fragen, unabhängig vom zeitlichen Aufwand, den Sie betrieben haben: Auch wenn Sie nur drei Stunden pro Woche etwas gemacht haben, schreiben Sie es auf. Folgende Fragen helfen.

- Haben Sie in einem Freiwilligen-Projekt oder an Projekten bei Freunden etc. mitgearbeitet?
- Haben Sie selbstständig gearbeitet und vielleicht eine Geschäftsidee verfolgt?
- Haben Sie Weiterbildungen/Fortbildungen, Seminare oder berufsrelevante Kurse besucht?
- Haben Sie andere soziale Aufgaben wahrgenommen?
- Haben Sie sich intensiv mit einem fachlichen Thema beschäftigt?
- Haben Sie im privaten Umfeld andere Menschen betreut und/oder gepflegt?
- Haben Sie intensive Literaturrecherche zu einem Thema betrieben?
- Haben Sie sich intensiv mit Ihren Hobbys beschäftigt oder eine längere Reise unternommen?
- Waren Sie über einen längeren Zeitraum krank?
- Waren Sie arbeitslos oder - besser ausgedrückt – in einer Bewerbungsphase?

02/1998 - 07/1998	**Technische Universität Lörrach** **Praktikum als wissenschaftlicher Mitarbeiter** Forschungsauftrag der Fa. Kämper, Sigmaringen (Hersteller von Zusatzstoffen für Fertiggerichte) • Schwerpunkt Analytik von Aromastoffen • Erstellen von sensorischen Profilen • Erstellen von Zwischen- und Endbericht

(4)

Studium/Schule

09/2001	**Staatl. gepr. Lebensmittelchemiker**
09/1995 - 08/2000	**Universität Freiburg** **Studium der Lebensmittelchemie** Universitäre Forschungspraktika: • Einarbeitung in neuartige wissenschaftliche Themenbereiche, • Literaturrecherche, zusammenfassender Bericht und Vortrag Abschluss: Erstes Staatsexamen **Lebensmitteltechniker**
09/1994 - 08/1995	**Universität Lörrach** Studium der Betriebswirtschaftslehre
09/1985 - 07/1994	**Willand-Gymnasium Waldshut** Abschluss: Abitur

(5) **Zusatzqualifikation**

11/2003	**Universität Freiburg** Betriebswirtschaftliche Grundlagen
05/2004	**Universität Konstanz** Projektmanagement
01/2004	**Universität Konstanz** Präsentieren wissenschaftlicher Sachverhalte
IT-Kenntnisse	• Sehr gute Kenntnisse in MS Word, MS Excel, MS Powerpoint • Linux • Datenverarbeitung chemischer Messinstrumente • Computergestützte Berechnung von forschungs-relevanten Daten (Origin, Sigma Plot)
Fremdsprachen	Englisch sehr gute Kenntnisse

(6)

Lörrach, 26. Januar 2006 (Unterschrift)

④ **Aufgabenbereiche**

Hier hat Herr Meyers einige Aufgaben sehr gut herausgearbeitet, um den Bezug zum Thema Analytik und auch den Zielbereich Lebensmittelindustrie herzustellen. Eine strukturierte Auflistung dieser Art ist auch für die Promotionsstelle geeignet, allerdings streckt sich dann der Lebenslauf auf drei Seiten.

⑤ **Zusatzqualifikationen**

Die Auflistung von Weiterbildungsmaßnahmen und Seminaren ist dann sinnvoll, wenn diese einen Bezug zur ausgeschriebenen Stelle haben. Dies ist ein neuer Baustein in der Gestaltung Ihres Lebenslaufs.

⑥ **Muss-Kriterien Analysemethoden/MS-Office/PC-Programme**

Herr Meyers geht an dieser Stelle auf die Muss-Kriterien MS-Office-Erfahrung und andere PC-Programme ein; er nennt die spezifischen Programme mit dem entsprechenden Kenntnisstand. Es fehlen Hinweise zu den in der Anzeige genannten Analysemethoden HPLC und GC. Diese sollten sie durch Beispiele zusätzlich belegen.

Gesamteindruck

Insgesamt präsentiert Herr Meyers eine im Ansatz gute Bewerbung. Es gelingt ihm im Lebenslauf, wichtige Details aus der Anzeige in Form eines Kurzprofils darzustellen. Der weitere Werdegang weist einige Schwächen auf, die die Lücken betreffen. An diesen Stellen muss er dringend nachbessern. Dasselbe gilt für das Anschreiben, das einen konkreten Bezug zur ausgeschriebenen Stelle vermissen lässt. Auch an dieser Bewerbung zeigt sich, dass eine genaue Analyse der jeweiligen Stellenanzeige der erste wichtige Schritt für Ihre Bewerbung ist. Sie müssen systematisch vorgehen und einen ehrlichen Abgleich der geforderten mit den eigenen Qualifikationen machen.

Erfolgsaussichten der Bewerbung von Herrn Meyers

Die Erfolgsaussichten sehe ich mit Fragezeichen. Herr Meyers muss insbesondere das Anschreiben optimieren. Diese Anzeige spricht viele Bewerber mit ganz unterschiedlichen Qualifikationen an. Umso wichtiger ist die Betonung der eigenen Kompetenzen.

Optimierte Bewerbung auf CD

CD-ROM

Diese Bewerbung – Anschreiben und Lebenslauf – haben wir für Sie optimiert. Sie finden sie auf Ihrer CD-ROM, direkt zum Übernehmen in Ihre Textverarbeitung.

E-Mail-Bewerbung

Berufseinstieg als Seiteneinsteigerin

Kurzes Profil der Bewerberin

- Hochschulabsolventin (30 Jahre) mit „exotischen" Studienfächern der Geisteswissenschaften (Philosophie und Indologie)
- Lange Studiendauer (8,5 Jahre)
- Auslandssemester an einer Universität in Irland
- Mit Nebentätigkeiten selbst finanziertes Studium
- Erste berufliche Erfahrung als Assistentin eines Projektleiters einer Versicherung, als Callcenter Agentin sowie als wissenschaftliche Hilfskraft an der Universität
- Sehr gute Fremdsprachenkenntnisse
- Seit sechs Monaten erfolglos auf aktiver Arbeitssuche

Wunsch: Berufseinstieg in die Industrie (keine wissenschaftliche Tätigkeit an der Hochschule)

Idee: Quereinsteigerprogramme von Großunternehmen für Geisteswissenschaftler nutzen, Bewerbung über E-Mail

(1) **Kerstin Schneider**

Oberlinweg 20
41066 Essen
Telefon: 0611 - 20 522 20
Mobil: 0145 - 33 94 945
E-Mail: schneider.kerstin@web.de

(2) **Aviation AG**
Kruppstraße 426
44389 Dortmund

Essen, 3. Februar 2006

(3) **Bewerbung als Seiteneinsteigerin**

Sehr geehrte Frau Bauer,

(4) das Seiteneinsteiger-Programm trägt der Kompetenz von Geisteswissenschaftlern Rechnung, sich unbekannten Themen zu stellen und hierfür nach optimalen Lösungen und Sichtweisen zu suchen. Gerne möchte ich Ihnen daher meine Fähigkeiten als Geisteswissenschaftlerin beweisen. Da mich dieses Programm sehr interessiert, stelle ich mich Ihnen kurz vor.

(5) Im Mai 2004 habe ich mein Studium der Philosophie, Indologie und
indische Sprachen an der Universität Duisburg-Essen erfolgreich abge-
schlossen. Bis zum Vordiplom habe ich im Nebenfach auch BWL studiert,
(6) sodass ich bereits über einen ersten Einblick in betriebswirtschaftliche Zu-
sammenhänge verfüge. Um mein Studium zu finanzieren, habe ich wäh-
rend des Studiums unter anderem bei der ABC-Versicherung als Assistentin
(7) des Projektleiters für die Euro-Umstellung gearbeitet. In dieser Funktion
konnte ich bereits Projekte, z. B. die Organisation von Tagungen, in eige-
ner Verantwortung betreuen.

(8) In dieser und auch in meiner Tätigkeit als wissenschaftliche Hilfskraft habe ich gelernt, meine Arbeit zu strukturieren und professionell darzustellen. Zusätzlich habe ich auf Seminaren meine rhetorischen Fertigkeiten, Moderationsfähigkeiten und Kommunikationskenntnisse weitergebildet.

(9) Die Aviation AG ist für mich als internationales Unternehmen der Reisebranche sehr attraktiv, da ich hoffe, auch meine Kenntnisse in Englisch, Französisch und Italienisch einsetzen zu können.

Auf eine Einladung zum persönlichen Verstellungsgespräch freue ich mich.

Mit freundlichen Grüßen

(Unterschrift)

Anlagen

Kommentar zum Anschreiben von Kerstin Schneider

(1) Formale und inhaltliche Gestaltung

Das Anschreiben ist gut strukturiert und inhaltlich in den einzelnen Modulen richtig aufgebaut. In Verbindung mit dem Lebenslauf wirkt die optische Gestaltung sehr einheitlich. Verdana ist eine sehr moderne Schrift, die von vielen Unternehmen für die Korrespondenz genutzt wird.

(2) Adresse des Empfängers

Frau Schneider schickt diese Bewerbung zwar per E-Mail, dennoch müssen die Adresse und der Name der Ansprechpartnerin auch im Anschreiben aufgeführt werden, und zwar unterhalb des Unternehmensnamens.

(3) Betreff

Frau Schneider hebt die Betreff-Zeile durch Fettdruck und Unterstreichung hervor. Sehr schön ist auch ihre Idee, sich als Seiteneinsteigerin zu bezeichnen.

(4) Einstiegssatz

Dieser Einstiegssatz zeigt klar, warum Frau Schneider das Unternehmen anschreibt: Sie beschreibt das Programm und bezieht ihre Bewerbung darauf.

(5) Muss-Kriterium „überdurchschnittlicher Abschluss in Geisteswissenschaften"

Frau Schneider geht auf das erste Muss-Kriterium ein und beantwortet auch die Frage nach dem Studienende. Die Note muss sie nicht nennen, wenn sie im Lebenslauf aufgeführt wird.

(6) Muss-Kriterium „Interesse an betriebswirtschaftlichen Zusammenhängen"

Frau Schneider verweist auf die ersten Semester BWL und zeigt so, dass sie die Anzeige wirklich gelesen hat und sogar mehr als nur das geforderte Interesse mitbringt. Im Vorstellungsgespräch wird sie allerdings gefragt werden, warum sie dieses Fach nicht weiterstudiert hat.

(7) Muss-Kriterium „Erfahrung in der Leitung kleinerer Projekte"

Sehr gut gemacht, da es immer positiv ist, solche Kriterien anhand von Beispielen aus der eigenen Praxis zu belegen.

(8) Muss-Kriterium „methodische Kompetenzen"

Frau Schneider belegt auch diese Anforderung mit dem Hinweis auf unterschiedliche Tätigkeiten, die sie genutzt hat, um ihr Studium selbst zu finanzieren. Die persönlichen Kompetenzen beschreibt sie in einem gesonderten Satz.

(9) Bezug zum Unternehmen

Den Bezug zum Unternehmen stellt Frau Schneider gut her. Wichtig und ein Pluspunkt sind ihre guten Fremdsprachenkenntnisse, die sie in mehreren Sprachen aufweist. Das könnte für eine positive Entscheidung eine Rolle spielen.

1 **Kerstin Schneider**

Oberlinweg 20
41066 Essen
Telefon: 0611 - 20 522 20
Mobil: 0145 - 33 94 945
E-Mail: schneider.kerstin@web.de

Persönliche Daten

Geburtstag:	23. März 1975
Nationalität:	deutsch
Familienstand:	ledig

Schulischer Werdegang

2 **08/86 – 06/95** | **Kopernikus Gymnasium Bochum**

Schwerpunktfächer:	Biologie, Deutsch, Ethik, Geschichte
Abschluss:	Allgemeine Hochschulreife
Gesamtnote:	2,4

Hochschulausbildung

10/95 – 05/04 | **Universität Duisburg-Essen, Essen**
Studium der Philosophie, Islamkunde und Islamische Philologie

Philosophie (Hauptfach)

3
- Ethik
- Logik

4
- Erkenntnistheorie
- Rhetorik, Hermeneutik

Indologie (1. Nebenfach)
- Religion

Indische Sprachen (2. Nebenfach)
- Sanskrit (Note: 1)
- Hindi (Note: 1)

5 *BWL* (1. Nebenfach) im Grundstudium
- Grundlagen der BWL
- KLR
- Investitionsrechnung
- Buchführung

Abschluss: Magister der Philosophie (Note 2,2) mit einer Arbeit über „Die Philosophie des Meister Eckart"

6 **10/99 – 07/00** | **University of Dublin (Austauschprogramm ERASMUS)**
- Irische Philosophie
- Englische Literatur
- Sprachkurse u. a. Cambridge Proficiency Course (Grade C)

Kommentar zum Lebenslauf von Kerstin Schneider

(1) Optische Gestaltung

Frau Schneider hat die chronologische Variante für ihren Lebenslauf gewählt. Damit fällt der erste Blick der Leser/innen auf das erste Muss-Kriterium, den erfolgreichen Studienabschluss, der ein Jahr zurückliegt. Der Lebenslauf ist optisch sehr klar in die richtigen und wichtigen Oberbegriffe unterteilt, auch die Verteilung der einzelnen Punkte über zwei DIN-A4-Seiten ist gelungen.

(2) Schwerpunktfächer in der Schulbildung

Frau Schneider erarbeitet einen roten Faden in ihrem Lebenslauf. Sie benennt Ethik als eines ihrer Schwerpunktfächer und genau dieses Fach finden Sie auch in den Schwerpunkten des Philosophiestudiums wieder. Tipp: Bei Berufseinsteigern ist es erlaubt, die Schwerpunktfächer in der Schule zu nennen, wenn sie einen klaren Bezug zum gewählten Studiengang haben.

(3) Parallele Unterteilung

Frau Schneider hat die vier Schwerpunkte nebeneinander gesetzt. Das lässt sich schwer lesen, daher hier untereinander schreiben.

(4) Studienfächer und -schwerpunkte

Eine genaue Auflistung der Studienfächer und der persönlich gewählten Schwerpunkte ist immer empfehlenswert, gerade wenn Sie Hochschulabsolvent/in sind. In diesem Fall ist es etwas anders gelagert, da letztendlich die Schwerpunkte für das Seiteneinsteiger-Programm nicht relevant sind, sondern der erfolgreiche Abschluss eines geisteswissenschaftlichen Studiums. Hier kann Frau Schneider weniger ausführlich arbeiten.

(5) BWL als 1. Nebenfach

Frau Schneider bezieht die ersten Semester BWL mit in die Hochschulausbildung ein. Sehr gut, denn in der Stellenanzeige ist, wie Sie wissen, das Interesse an BWL Thema. Frau Schneider kann hier Pluspunkte sammeln, da sie sogar darüber hinausgehende Kenntnisse mitbringt.

(6) Auslandssemester

Dieser Punkt darf auf keinen Fall fehlen. Denn damit zeigt Frau Schneider, dass sie nicht im geisteswissenschaftlichen „Elfenbeinturm“ gesessen, sondern auch Eigeninitiative und Selbstständigkeit gelernt hat.

Berufliche Erfahrungen

04/96 – 07/01	**Universität Duisburg-Essen, Essen** **Philosophisches Seminar**
(7) 04/97 - 07/01	**Mitarbeiterin der Seminarbibliothek**
03/00 - 04/00	**Leiterin HTML-Seminar für Professoren und Mitarbeiter** Aufgaben: • Anleitung zur Internetseitenerstellung • Einführung in den Macromedia Dreamweaver
04/96 - 03/97	**Wissenschaftliche Hilfskraft bei Prof. Thalbach** Aufgaben: • literarische Dokumentation • wissenschaftliche Recherche
08/00 – 10/00	**IKK Rhein-Ruhr, Essen** **Callcenter Agent**
10/98 – 09/99	**ABC- Versicherungen AG, Bochum** **Assistentin des Projektleiters Einführung der Euro-Währung** Aufgaben: • Folienpräsentationserstellung • Rechnungsprüfung • Organisation von Tagungen • Budgetcontrolling
(8)	
02/94 – heute	**Kleine Meile 7, Bochum** **Kellnerin** Aufgaben: • Verkauf • Unterweisung neuer Aushilfen

Sonstige Kenntnisse

(9) IT:	• Windows 2000	sehr gute Kenntnisse
	• MS-Word	sehr gute Kenntnisse
	• MS-PowerPoint	sehr gute Kenntnisse
	• Macromedia Dreamweaver	sehr gute Kenntnisse
	• MS-Excel	gute Kenntnisse
Sprachen:	• Englisch:	sehr gut
	• Französisch, Italienisch:	gut
	• Hindi	sehr gut
	• Sanskrit	sehr gut
(10) Management-Skills:	Personal- (2004) und Konfliktmanagement (2003), Persönlichkeitstraining (2003), Kommunikation (2002), Moderation (2002), Rhetorik (2001), Seminare des Projekts Geist und Wirtschaft	
(11) Hobbys:	Reisen, Lesen, Tauchen, Reiten und Tanzen (Standard & Latein)	

(12) Essen, 2. Februar 2006

(7) Unterpunkt Aufgaben

Frau Schneider listet einige Aufgaben innerhalb ihrer universitären Tägigkeiten auf. Das ist insofern sinnvoll, als sie damit Arbeitsmotivation und Engagement zeigt wie auch Kompetenzen im Bereich Training (Seminar für Professoren und Mitarbeiter) und strukturiertes Arbeiten.

(8) Aufgaben im Projekt

Frau Schneider listet auch hier einzelne Aufgaben auf. Sehr gut. Aber sie kann noch stärker auf ihre eigenverantwortlichen Projektaktivitäten abzielen. Im Zeugnis stehen z. B. Aufgaben wie die Betreuung der 100-Euro-Beauftragten im Außendienst sowie Erstellung/Controlling des Budgets Euro und von Teilbudgets. Damit kann sie zeigen, dass sie fähig ist, komplexe Aufgabenstellungen zu bearbeiten, sich in neue Themen gut einzuarbeiten und Verantwortung zu übernehmen.

(9) IT-Kenntnisse

Sehr gut gelingt Frau Schneider hier die detaillierte Auflistung ihrer IT-Kenntnisse.

(10) Management-Skills

Ich empfehle, gerade im Seminarbereich, auch die Anbieter der Seminare zu nennen und wiederum die einzelnen Punkte untereinander zu schreiben.

(11) Hobbys

Wie halten es die Personalverantwortlichen mit den Hobbys? Auf diese Frage erhalten Sie keine einheitlichen Antworten. Meine Empfehlung ist die: Nennen Sie Hobbys nur dann, wenn Sie sie tatsächlich aktuell betreiben. Nennen Sie keine Hobbys, nur weil Sie denken, dass das so erwünscht ist. Denn spätestens im Vorstellungsgespräch werden Sie dann zu diesem Thema gefragt und können im Zweifelsfall nicht antworten. Das können Sie sich ersparen.

(12) Übereinstimmung der Daten in Anschreiben und Lebenslauf

Frau Schneider schreibt hier ein anderes Datum als in ihrem Anschreiben. Das ist zwar nur ein Detail, spricht aber für mangelnde Sorgfalt.

Gesamteindruck der Bewerbung von Kerstin Schneider

Eine professionell gemachte Bewerbung, die auch im Anschreiben überzeugt. Der Lebenslauf ist gut strukturiert und lenkt die potenziellen Leser/innen zu den wichtigen Themen. Die für das Programm geforderten Schlüsselqualifikationen belegt sie sehr gut mit Beispielen aus Studium und erster beruflicher Praxis.
Frau Schneider gelingt es, sich selbst nicht als „Exotin“ zu präsentieren, sondern als eine Kandidatin, die sehr viele fachliche und persönliche Kompetenzen mitbringt.

Erfolgsaussichten

Frau Schneiders Aussichten, zu einem Gespräch eingeladen zu werden, sind gut.

CD-ROM

Optimierte Bewerbung auf CD

Diese Bewerbung – Anschreiben und Lebenslauf – haben wir für Sie optimiert. Sie finden sie auf Ihrer CD-ROM, direkt zum Übernehmen in Ihre Textverarbeitung.

Bewerbung einer Hochschulabsolventin als

PR-Assistentin über eine Internet-Stellenanzeige

Kurzes Profil der Bewerberin

- Mehrere Praktika während des Studiums und danach
- Absolventin einer Universität (28 Jahre)
- Abschluss M. A. (Neuere Deutsche Literatur und Medien, Anglistik)
- Lange Studiendauer
- Auslandssemester an einer Universität in England
- Sehr gute Englischkenntnisse
- Seit einem halben Jahr aktive Bewerbungsphase

Wunsch: Beruflicher Einstieg als PR-Assistentin
Idee: Bewerbung über eine Stellenanzeige im Internet

Laura Weidner
Am Rosenkothen 28
40885 Ratingen
Mobil: 0165-920 89 16

Ratingen, 15.05.2006

ABSOLUTUM Deutschland GmbH
Elke Walter
Personalabteilung
Neusser Straße 11-13

40523 Düsseldorf

① **Ihre Stellenanzeige im Internet unter www.absolutum-deutschland.de**
PR-Assistentin

Sehr geehrte Frau Walter,

② ich interessiere mich sehr für die von Ihnen ausgeschriebene Stelle und möchte mich bei Ihnen als PR-Assistentin bewerben.

③ Ich habe im Sommer 2005 mein Studium der Medienwissenschaft und Anglistik erfolgreich abgeschlossen. Seither habe ich als freie Mitarbeiterin bei der Event-Agentur steilmacher GmbH und bei der Film- und MedienPark GmbH sowie als Assistentin zahlreiche wertvolle Erfahrungen sammeln können.

④ Für die Agentur steilmacher GmbH war ich für die komplette Projektabwicklung innerhalb der Organisation des „Internationalen Straßenmusikfestivals Baden" verantwortlich. Neben der Künstlerakquise und -betreuung gehörten sowohl die Budgetüberwachung als auch die Öffentlichkeitsarbeit zu meinen Aufgaben. Weiterhin habe ich auch das Projekt „nachtschicht" (Nachtbus der Region Tübingen) betreut. Hier war ich für Pressearbeit und PR-Aktionen zuständig und habe darüber hinaus auch Promotion-Tätigkeiten koordiniert. Bei der Film- und MedienPark GmbH Freiburg habe ich die Veranstaltungsleitung bei der Organisation des European Short Cuts Festivals unterstützt.

⑤ Hervorragende Englischkenntnisse habe ich mir bereits im Rahmen eines einjährigen Aufenthalts in Südafrika während meiner Schulzeit aneignen können. Diese Kenntnisse konnte ich durch mein Anglistik-Studium in Marburg und London noch vertiefen.

⑥ Kontaktfreudigkeit und Flexibilität gehören zu den Schlüsselqualifikationen, die ich selbstverständlich mitbringe. Zu meinen Stärken zählen Engagement, eine rasche Auffassungsgabe und zielgerichtetes, effektives Arbeiten. Durch meine aufgezeigten Qualifikationen halte ich mich für besonders geeignet, den von Ihnen beschriebenen Aufgabenbereich auszufüllen.

⑦ Ich habe großes Interesse an einer entwicklungsfähigen Tätigkeit in Ihrem Unternehmen, bei der ich meine Erfahrungen einsetzen sowie neue Aufgaben innerhalb eines Teams übernehmen kann.

Über ein persönliches Gespräch mit Ihnen würde ich mich sehr freuen.

Mit freundlichen Grüßen

(Unterschrift)

Kommentar zum Anschreiben von Laura Weidner

① Betreff-Zeile

Das ist der Trend: Recherche über das Internet und Stellenanzeigen aus dem Internet. Einer der erfolgreichsten Wege zu Unternehmen ist der über die Unternehmens-Webseiten. Nicht immer erscheinen alle Stelleanzeigen auch in den Jobbörsen. Also auch immer eine Liste von interessanten Unternehmen aufstellen und deren Karriere-Seiten regelmäßig überprüfen.

② Erster Satz

Als Kreative hat sich Frau Weidner nicht sehr viel einfallen lassen. Diese Einleitung ist zu schwach, zumal in der Stellenanzeige ausdrücklich hervorragende kommunikative Fähigkeiten erwünscht sind.

③ Muss-Kriterien Studium und erste Berufserfahrung oder „Was kann ich?"

Frau Weidner schreibt hier von Medienwissenschaften und im Lebenslauf von Neuerer Deutscher Literatur und Medien. Das muss einheitlich sein. Noch mal überprüfen.

④ Berufliche Qualifikationen

Die Vorgabe ist: zehn Sätze im Anschreiben. Frau Weidner wiederholt in diesem Absatz die Punkte, die sie schon im Lebenslauf skizziert hat. Sie muss kürzen und sich darauf konzentrieren, die entscheidenden Anforderungen aus der Anzeige herauszuarbeiten – auf diese nimmt sie keinen Bezug.

⑤ Sprachkenntnisse

Sprachkenntnisse sind unnötig. Diese ausführliche Angabe ist in der Anzeige gar nicht gefordert. Bitte keine Antworten auf nicht gestellte Fragen geben.

⑥ Muss-Kriterien Soft Skills

Dieser Absatz ist Frau Weidner nicht gelungen. Sie hat zwar die entsprechenden Punkte gut aus dem Anzeigentext herausgefiltert, aber sie einfach nur zu nennen reicht nicht aus. Sie muss genau begründen, warum sie sich für kontaktfreudig hält und wie sie diese Eigenschaften bereits unter Beweis stellen konnte. Ganz unglücklich ist der Satz „... halte ich mich für geeignet ...“, denn das ist – ohne dass sie das so beabsichtigt – eine Selbstüberschätzung. Solche Sätze nie schreiben. Alternativvorschläge dafür bitte den Anschreiben auf der CD-ROM entnehmen.

⑦ Abschlusssatz

Diesen Satz kann sie so stehen lassen.

(1) **Laura Weidner**

Am Rosenkothen 28
40885 Ratingen
Mobil: 0165-920 89 16
E-Mail: laura_weidner@hotmail.com

Persönliche Daten

Geboren am 16. Oktober 1977 in Berlin
Ledig

Praktika nach Studium

(2) 07/2005 - 12/2005 **Film- und MedienPark GmbH, Freiburg**
Assistentin der Leiterin Organisation

(3)
- Organisation des European Short Cuts Festivals
- Planung und Durchführung des Rahmen-programms
- PR- und Öffentlichkeitsarbeit

01/2005 - 06/2005 **steilmacher GmbH, Tübingen**
Freie Projektassistentin

- Komplette Projektabwicklung innerhalb der Organisation des „Internationalen Straßen-musikfestivals Baden" mit 40 teilnehmenden Bands aus aller Welt
- Budgetüberwachung
- Künstlerakquise und -betreuung

11/2004 - 01/2004 **ProSieben/Redaktion Welt der Wunder, München**

- Verfassen und Redigieren von Internet-Texten
- Erstellung eines TV-Beitrags
- Schreiben von Pressemitteilungen

Praktika neben Studium

07/2002 - 03/2003 **die astronauten GmbH, Köln**

- Online-Recherche, HTML-Programmierung
- Verfassen von Texten für das Internet

07/2001 - 10/2001 **Baden Fernsehen, Freiburg**

- Recherchieren, Verfassen und Schneiden von TV-Beiträgen

Kommentar zum Lebenslauf von Laura Weidner

(1) Optische Gestaltung

Dies ist eine weitere attraktive Variante, modern und klar gestaltet. Frau Weidner hat sich etwas einfallen lassen, um zu ihr passende Unterlagen zu präsentieren.

(2) Gegenchronologischer Werdegang

Frau Weidner wählt die gegenchronologische „amerikanische“ Variante, ihren Werdegang zu strukturieren. Das kann sie auch, denn sie hat bereits verschiedene Stationen beruflicher Art als Praktika durchlaufen und kann auf Erfahrung in vielen Themen verweisen. Gegenchronologisch bedeutet, dass die aktuellen Stationen als Erste aufgeführt werden. Anschließend folgen die Punkte Studium, Schulausbildung, Auslandsaufenthalte, Sprachkenntnisse und besondere Qualifikationen. Mit dieser Form erhält der Personalverantwortliche sofort relevante Informationen zu beruflichen Kriterien der Bewerberin.

(3) Auflistung einzelner Tätigkeiten

Frau Weidner listet jeweils drei Einzelaufgaben auf. Damit ist ein klare berufliche Linie zu erkennen. Frau Weidner bewirbt sich als PR-Assistentin. Sie verweist durch diese Auflistung gezielt auf ihre fachliche Kompetenz.

Experten-Tipp

Generation Praktika?

In vielen Studienfächern und Hochschulen sind externe Praktika längst integrale Bestandteile des Studiums. Sie sind dafür gedacht, Erfahrungen für den Berufseinstieg zu sammeln und dazu geeignet, erste Kontakte zu potenziellen Arbeitgebern zu knüpfen und nicht nur fachliche Kompetenzen zu erwerben. Das ist der Idealfall, der im Normalfall auch so eintrifft.

Anders ist die Situation nach dem Studium. Wenn jemand ein Praktikum nach Studienabschluss macht, bedeutet das letztlich, dass auf diese Art und Weise sein Marktwert mit jedem weiteren Praktikum sinkt. Denn mit jeder Annahme eines Praktikums signalisiert man, dass man keinen richtigen Job gefunden hat. Unter Umständen macht es für Absolventen mehr Sinn, den Zeitraum bis zum ersten Job mit anderen Dingen zu füllen, denn mehr als ein bis zwei Praktika kommen bei Personalern nicht unbedingt gut an. Wenn der erste Job auf sich warten lässt, kann eine Teilzeitbeschäftigung, ein Job bei einem Personaldienstleistungsunternehmen oder eine Weiterbildung für das Erreichen der Karriereziele eher in Frage kommen.

Rechtslage für Praktikanten: Ein Praktikum soll eigentlich nur Einblick in einen Beruf geben und erste Erfahrungen ermöglichen. Häufig ersetzen Praktikanten jedoch richtige Mitarbeiter. Das Bundesarbeitsgericht hat im März 2003 dazu entschieden: Überwiegt der Arbeitsanteil, hat man Anspruch auf vollen Lohn entsprechend der Beschäftigung.

Experten-Tipp

„fairwork" und „Fair Company"

Im Verein „fairwork" können sich Hochschulabsolventen kostenlos beraten lassen und Erfahrungen austauschen. Eine Datenbank bietet Informationen über Praktikumsbedingungen in einzelnen Unternehmen. Der Verein fordert Urlaubsanspruch und einen Lohn von mindestens 750 € netto im Monat. Die Initiative „Fair Company" wurde 2004 gegründet und verteilt Gütesiegel an Unternehmen, die Praktikanten zu fairen Konditionen einstellen. Zurzeit sind dies 225 Unternehmen.

Studium

10/1998 - 07/2005	**Philipps-Universität Marburg** Studium Neuere deutsche Literatur und Medien; Anglistik
(4) 07/2005	Abschluss: M. A. Neuere deutsche Literatur und Medien; Anglistik
02/2002 - 06/2002	**Thames Valley University London** Erasmus-Studienprogramm Media Studies/Popular Cultures/Gender Studies

Schulausbildung

08/1988 - 06/1997	**Alexander-von-Humboldt-Gymnasium, Ratingen**
06/1997	Abschluss: Allgemeine Hochschulreife
07/1994 - 07/1995	**Rustenburg High School, Kapstadt/Südafrika** Austauschschülerin über AFS American Field Service
08/1984 - 07/1988	**Heinrich-Mann-Grundschule, Ratingen**

Auslandsaufenthalt

(5) 08/1997 - 08/1998	selbst organisierter Work-and-travel-Aufenthalt in England, Australien, USA, Südafrika und Namibia

Sprachkenntnisse

Deutsch Muttersprache
Englisch fließend

Besondere Kenntnisse

(6) Exzellente Kenntnisse in Word 6.0, gute Kenntnisse in Excel, PowerPoint, Photoshop und HTML

Ratingen, 15.05.2006 (Unterschrift)

④ Thema der Magisterarbeit

Der geisteswissenschaftlich ausgelegte Studiengang Frau Weidners ist vielen Personen nicht bekannt. Sie muss daher das Thema ihrer Magisterarbeit angeben. Mit diesem Thema kann sie Schwerpunkte und Entwicklung in ihrem Studium transparent darstellen.

⑤ Auslandsaufenthalt

Frau Weidner hat nach Abschluss des Gymnasiums eine Weltreise gemacht. Das beschreibt sie sehr geschickt als Work-and-travel-Aufenthalt. Das ist ein klares Indiz für ihre Fähigkeit, für sich Neues zu entdecken und über den eigenen Tellerrand zu blicken.

⑥ Besondere Kenntnisse

Frau Weidner definiert ihre IT-Kenntnisse mit den Begriffen „exzellent“ und „gut“. Das finden wir gut.

Gesamteindruck

Lebenslauf

Insgesamt besticht Frau Weidners Lebenslauf optisch durch das klare, zeitgemäße Layout. Die gegenchronologische Variante ist in Großbritannien und den USA das gängige Modell und wird auch in Deutschland propagiert, um internationalen Standards zu genügen. Vorteil: Sie lenkt die Leser/innen schnell auf die entscheidenden Punkte.
Während und nach ihrem Studium hat Frau Weidner sehr qualifizierte und mit Verantwortung verbundene Praktika absolviert. Die aktuelle Arbeitsmarktsituation erfordert dies. Das spricht für Frau Weidner, sie ist wirklich flexibel und wartet nicht monatelang auf eine Festanstellung.
Der Lebenslauf „schwächelt“ in wenigen Punkten wie ihrem Studienabschluss. Sie präzisiert nicht, welche Schwerpunkte sie in diesem ohnehin sehr breit angelegten Studiengang gewählt hat. Das ist eine wichtige Information für den Empfänger – das betrifft auch das Thema ihrer Magisterarbeit sowie ihre Abschlussnoten.

Anschreiben

Dieses Anschreiben ist eindeutig zu lang. Nicht die Länge des Anschreibens ist das entscheidende Kriterium, sondern der Inhalt. Denn: Das Anschreiben ist der Appetizer. Erste Sätze und Abschlussformeln sind austauschbar. Aber das wichtigste Modul ist Ihre Argumentation zu der Frage: Warum bin ich für Sie eine Top-Bewerberin? Diese Frage beantwortet Frau Weidner verhalten. Der dritte Absatz ist eine Beschreibung ihrer Aktivitäten in den Praktika. Hinweise darauf, dass sie die Stellenanzeige analysiert und einen Abgleich mit ihren eigenen Qualifikationen gemacht hat, findet man nicht. Die Anforderungen heißen z. B. Talent zur Recherche. Das muss sie nachweisen. Denn Erfahrung hat sie in diesem Bereich. Sie soll Texte

verfassen und redigieren, ein leichtes Spiel für Frau Weidner. Hinweise zum Thema Freude am Reisen oder ein Beispiel für ihre Teamfähigkeit fehlen ebenfalls.
Fazit: Nacharbeiten und viel detaillierter auf die Anzeige eingehen. In dieser Form wirkt ihr Anschreiben wie eine Massenmail.

Erfolgsaussichten der Bewerbung von Laura Weidner

Fragezeichen: Frau Weidner liefert eine optisch gute Bewerbung ab. So erhält sie erste Aufmerksamkeit. Aber sie muss dringend das Anschreiben konkret auf die Anforderungen der Position ausrichten. Also Analyse der Anforderungen, Abgleich und dann das Anschreiben mit Leben füllen.

CD-ROM

Optimierte Bewerbung auf CD

Diese Bewerbung – Anschreiben und Lebenslauf – haben wir für Sie optimiert. Sie finden sie auf Ihrer CD-ROM, direkt zum Übernehmen in Ihre Textverarbeitung.

Bewerbung einer Hochschulabsolventin als

Personalreferentin – Direkteinstieg in die Industrie

Kurzes Profil der Bewerberin

- Absolventin einer Universität (26 Jahre)
- Abschluss Diplom-Kauffrau
- Schwerpunkte im Studium Personal und Organisation
- Studiendauer zügig
- Ein Semester an einer Universität im Ausland
- Viele berufsrelevante Praktika
- Sehr gute Fremdsprachenkenntnisse (Englisch, Französisch, Spanisch)
- Auslandsaufenthalt nach dem Abitur
- Außeruniversitäres Engagement
- Seit vier Monaten auf aktiver Jobsuche

Wunsch: Berufseinstieg in die Industrie über Direkteinstieg
Idee: Bewerbung auf eine Stellenanzeige (über den klassischen Postweg)

Sina Treves

Weinheimerstr. 3
41665 Mönchengladbach
Telefon: 02661-123 45 67
Mobil: 0123-111 23 45
E-Mail: sinatreves@gmx.net

① Mönchengladbach, 2. November 2005

Meyer & Partner GmbH
Sybille Reuter, Abt. PS
Siegener Straße 64
40556 Köln

② **Bewerbung als Personalreferentin**

③ Sehr geehrte Damen und Herren,

④ nach erfolgreichem Abschluss zur Diplom-Kauffrau mit dem Studienschwerpunkt Personal und Organisation suche ich nun den richtigen Berufseinstieg. In den von Ihnen beschriebenen Anforderungen an eine Personalreferentin bei Ihrem Auftraggeber sehe ich genau dies.

⑤ In meinem Studium der Betriebswirtschaftslehre habe ich bewusst den Schwerpunkt auf die Themen Personal und Organisation gelegt. Schon während der Schulzeit habe ich ehrenamtlich an Projekten mitgearbeitet, in denen ich viel mit Menschen unterschiedlicher Kulturen kommunizieren musste. Um meine Wahl zu überprüfen, habe ich parallel zum Studium unterschiedliche mehrmonatige Praktika – Personalberatung, Unternehmensberatung, Großkonzern – absolviert. Meine intensiven Kenntnisse im HR-Bereich reichen heute von der Personalbeschaffung über Mitarbeiterbefragung bis zur Personalentwicklung von Führungskräften. Da ich als studentische Hilfskraft im
⑥ Fachbereich Arbeitsrecht viel Freiraum in meinen Aufgabenstellungen hatte, kann ich auch in diesem Thema auf fundiertes Wissen zurückgreifen.
⑦ Meine Vorgesetzten in den Praktika bestätigen gern, dass ich über ausgeprägte Fähigkeiten in Diplomatie und Kommunikationsstärke verfüge. Auch in der ehrenamtlichen Projektarbeit im Umgang mit südafrikanischen Jugendlichen musste ich das lernen.

⑧ Ich würde mich sehr freuen, wenn ich den richtigen Berufseinstieg bei Ihnen wagen könnte.
⑨ Auf ein persönliches Gespräch in Ihrem Hause freue ich mich.

Mit freundlichen Grüßen

(Unterschrift)

Kommentar zum Anschreiben von Sina Treves

(1) Optische Gestaltung

Frau Treves hat die Faustregel acht bis zehn Sätze für das Anschreiben beherzigt. Sie hat die Schrift Arial in derselben Größe wie im Lebenslauf gewählt. Auch der Adresskopf ist genau gleich gestaltet. Sehr gut, denn so wirken die Unterlagen professionell und einheitlich.

(2) Vollständige Betreff-Zeile mit Kennziffer

Das ist nicht ganz vollständig. Denn achten Sie bitte noch einmal auf die Angaben in der Stellenanzeige: Es fehlt die Kennziffer. Diese Kennziffer dient dem Unternehmen zur besseren Zuordnung der eingehenden Bewerbungen.

(3) Persönliche Anrede

Da in der Anzeige eine Sybille Reuter als Ansprechpartnerin genannt wird, muss Frau Treves sie auch direkt in der Anrede ansprechen. „Sehr geehrte Damen und Herren“ bitte nur verwenden, falls keine Ansprechpartner aufgeführt werden.

(4) Muss-Kriterium Studium BWL mit Personalschwerpunkt

Sehr kurz und direkt geht Frau Treves auf das Muss-Kriterium Studium der BWL mit dem entsprechenden Schwerpunkt ein. Auch macht sie sofort klar, dass sie den Berufseinstieg sucht, was in der Anzeige ausdrücklich angesprochen wird.

(5) Muss-Kriterium Fachwissen im HR-Bereich durch Praktika

Frau Treves begründet im ersten Satz, warum Sie sich für den Schwerpunkt Personal entschieden hat. Gleich im nächsten Satz verweist sie auf die vielen Praktika. Diese sind ein Muss-Kriterium für die Berufseinsteiger aus der Stellenanzeige.

(6) Muss-Kriterium Wissen im Arbeitsrecht

Auch dies ist ein Muss-Kriterium, auf das Frau Treves sinnvollerweise eingeht. Arbeitsrecht gehört zum unverzichtbaren Handwerkszeug jedes Personalers.

(7) Muss-Kriterien Soft Skills

Ganz wichtig: Immer die Muss- und Kann-Kriterien aus einer Stellenanzeige herausarbeiten. Auf diese müssen Sie in Ihrem Anschreiben eingehen, und zwar mit kurzen Projektbeispielen oder so, wie es Frau Treves hier macht.

(8) Begründung – Warum zu Ihnen?

Eines darf nie fehlen: der Bezug zur Aufgabe/zum Unternehmen. Das hat Frau Treves etwas kurz gestaltet. Aber im ersten Absatz hat sie bereits eine Begründung geliefert, indem sie sich auf die Anforderungen an eine Personalreferentin bezieht.

(9) Einkommen und Verfügbarkeit

Diese Angaben werden in der Anzeige gefordert. Nur fehlen sie im Anschreiben. Bitte also nachbessern.

① # Lebenslauf

Persönliche Daten

Sina Treves

Weinheimerstr. 3
41665 Mönchengladbach
Telefon: 02661-123 45 67
Mobil: 0123-111 23 45
E-Mail: sinatreves@gmx.net
Geboren am 15.01.1979 in Korschenbroich
Staatsangehörigkeit: deutsch

Schulische Ausbildung

② 06/1985 - 06/1988 Grundschule in Korschenbroich
06/1988 - 07/1998 Bruckner-Gymnasium in Korschenbroich Abitur 07/1998 (Note 2,0)

Hochschulstudium

09/1999 - 10/2005 **Universität Köln**
Fachrichtung: Betriebswirtschaftslehre
Schwerpunkt: Personal und Organisation

③ Vordiplom 09/2002 (Note 1,5)
④ Diplomarbeit 09/2005 (Note 2,0)
· Titel: eLearning und Mitarbeiterzufriedenheit
Diplom 10/2005 (Note 1,5)

Berufserfahrung/ Praktika

⑤ 06/2001 - 09/2001 **Projektarbeit als wissenschaftliche Hilfskraft an der Universität Köln**
Schwerpunkt: Arbeitsrecht
· Literaturrecherche
· Entwicklung von Lernmaterial und Testaufgaben

04/2002 - 07/2002 **Praktikum bei BBP GmbH, Aachen**
Aufgabenschwerpunkt: Personalauswahl, Personalentwicklung
· Vorbereitung, Betreuung und Moderationsassistenz bei Assessment-Centern
· Teilkonzeption von Assessment-Centern
· Trainingsentwicklung: konzeptionelle Mitarbeit

08/2002 - 11/2002 **Praktikum bei Intersearch Managementberatung, Düsseldorf**
Aufgabenschwerpunkt: Executive Research
· Identifizierung und telefonische Erstansprache potenzieller Kandidaten
· Erstellen von Spezifikationen
· Teilnahme an Akquisegesprächen, Kandidateninterviews, Präsentationen und Feedbackgesprächen
· Datenauswertung und Berichterstellung

08/2004 - 11/2004 **Praktikum bei der Kryll AG, Ratingen**
Aufgabenschwerpunkt: Personalforschung
· Konzeptionelle Mitarbeit: Fragebögen für Mitarbeiterbefragungen
· Analyse von Befragungsergebnissen

Kommentar zum Lebenslauf von Sina Treves

(1) Optische Gestaltung und Aufbau

Dies ist ein gut strukturierter Lebenslauf in chronologischer Form. FrauTreves hat die Tabellenform gewählt mit ausgeblendeten Gitternetzlinien. Diese Variante empfiehlt sich besonders, da nichts verrutschen kann. Die Schrift Arial stimmt mit dem Anschreiben überein, ebenso der Briefkopf. Der Lebenslauf ist zwei Seiten lang und enthält alle wichtigen Punkte. Zur Hervorhebung der bisherigen Stationen des Werdegangs sind die Unternehmensnamen fett geschrieben, die Positionen von Frau Treves ebenso. So lenkt sie den Blick der Leser/innen direkt auf die zentralen Punkte und macht es ihnen wirklich einfach, diese Unterlagen zu bearbeiten. Kurz und knapp noch einmal für Sie: Wichtig sind Klarheit, Übersichtlichkeit, Struktur!

(2) Schulische Ausbildung

Die Angabe der Grundschule ist nicht notwendig, aber auch nicht falsch.

(3) Vordiplomnoten

Vordiplomnoten und auch Diplomnoten sollten Sie nur nennen, wenn – wie bei Frau Treves – diese auch gut sind und (gute) Noten aus Ihrer Sicht ein wichtiges Kriterium für die Personalauswahl sein könnten. Sehr ausführlich schreibt Frau Treves an dieser Stelle auch über zeitliche Eckdaten ihrer Diplomarbeit.

(4) Titel der Diplomarbcit

Sollte die Diplomarbeit einen klaren und eindeutigen Bezug zur zukünftigen Aufgabenstellung haben, empfehle ich Ihnen, den Titel – eventuell in Kurzform – in Ihren Lebenslauf einzubauen.

(5) Detaillierte Aufgabenbeschreibungen

Auch diese verleihen Ihren Unterlagen Aussagekraft. Gerade wenn wie im Fall von Frau Treves auch Berufseinsteiger mit Praktika eine Chance erhalten, ist es umso notwendiger, genau zu arbeiten. Im ersten Entwurf Ihres Lebenslaufs sollten Sie erst einmal alle Tätigkeiten aufzählen, die Sie in den entsprechenden Stationen bearbeitet haben. Überlegen Se genau, welches die Aufgabenschwerpunkte waren und versuchen Sie, drei zu nennen.

Ganz wichtig auch: vergessen Sie nie die Beschreibungen der Anzeige. Möglicherweise haben Sie in Praktika oder anderen Nebenjobs erste Erfahrungen mit vergleichbaren Aufgabenstellungen gesammelt.

Experten-Tipp

Aufgaben genau beschreiben

Sie benötigen keine ausgefallenen Mappen mit Hochglanz. Was Ihre professionelle Bewerbung auszeichnet, ist eine Beschreibung einzelner Aufgaben oder Themenschwerpunkte (maximal drei bis vier), die Sie in Praktikum oder anderen Jobs bereits bearbeitet haben. Die Leser/innen setzen dann erste berufliche Erfahrung und über das reine Studiumswissen hinausgehende Kenntnisse voraus. Das erhöht Ihre Chancen, in den engeren Bewerberkreis zu gelangen.

Auslandsaufenthalte

(6) 09/1998 - 07/1999 Auslandsaufenthalt in Reno, USA; TOEFL-Test
09/2003 - 07/2004 Auslandsstudium an der „Universidad de Barcelona“, Spanien

Praxisbezogene Fortbildungsseminare

(7)
Trainingsentwicklung
Führungskommunikation
Coaching
Gruppendynamik
Gesprächsführung in Organisationen
Psychodrama

Besondere Kenntnisse

(8)
Englisch: fließend in Wort und Schrift
Spanisch: fließend in Wort und Schrift
Französisch: gute Kenntnisse
Italienisch: solide Grundkenntnisse
PC-Kenntnisse: gängige Office-Anwendungen/SPSS

Hobbys und Interessen

Klassisches Ballett, Modern Dance, Jazz, Flamenco, Reisen

Außeruniversitäres Engagement

Mitarbeiterin bei Projekten in Südafrika
Projekt „Work and job for girls " in Kooperation mit Aktion Afrikabrücke
Juli bis August 2003 Summer School for Girls in Mahlonge, Natal, Südafrika
Schwerpunkte:
· Organisation von Informationsveranstaltungen zum Thema Jobs für Mädchen
· Durchführung von Trainings
· Präsentationen für Vorträge
· Akquisition von Spendengeldern
· Praktikantenvermittlung

Mönchengladbach, 2. November 2005 (Unterschrift)

Kommentar zum Lebenslauf von Sina Treves

(6) **Auslandsaufenthalte**

An dieser Stelle ist Frau Treves etwas ungenau: Besser ist es, die Art des Aufenthalts genau zu bezeichnen. Also z. B. mit „Au-pair-Tätigkeit“ oder Ähnlichem. Dasselbe gilt für das Auslandsstudium in Spanien. Auch hier kann sie z. B. schreiben, ob es sich um eine Partner-Universität handelte und/oder um ein Sokrates/Erasmus-Programm.

(7) **Fortbildung**

Auch hier ist Genauigkeit gefragt. Diese äußert sich unter anderem in der Auflistung der Organisationen, an denen Frau Treves Fortbildungsseminare besucht hat. Bitte die zeitlichen Daten ergänzen.

(8) **Besondere Kenntnisse**

Sehr gut listet Frau Treves ihre Fremdsprachenkenntnisse auf. Immer darauf achten, dass Sie eine Bewertung Ihrer Sprachkenntnisse einfügen.

Gesamteindruck

Lebenslauf

Frau Treves präsentiert sich professionell und aussagekräftig. Bis auf Details ist der Lebenslauf in sich stimmig. Frau Treves hat auf alle Vorgaben geachtet und nimmt ganz klar auch in der Gestaltung ihres Lebenslaufs auf die Anforderungen der zu besetzenden Position Bezug.

Anschreiben

Das Anschreiben ist das erste Dokument, das Personaler in die Hand nehmen. Auch hier kann Frau Treves punkten. Sie geht auf die Anforderungen der Anzeige ein und belegt erste Erfahrungen mit Beispielen aus ihrer Praxis. Einige kleine Feinheiten muss sie nachbessern.

Erfolgsaussichten der Bewerbung von Sina Treves

Gut: Frau Treves hat die Muss- und Kann-Kriterien aus der Anzeige genau analysiert und auch ihre Unterlagen darauf abgestimmt. Sie erfüllt fast alle Anforderungen der Stellenanzeige, die Chancen sind daher gut, zu einem Vorstellungsgespräch eingeladen zu werden.

Optimierte Bewerbung auf CD

CD-ROM

Diese Bewerbung – Anschreiben und Lebenslauf – haben wir für Sie optimiert. Sie finden sie auf Ihrer CD-ROM, direkt zum Übernehmen in Ihre Textverarbeitung.

Bewerbung eines TU-Absolventen

Stellensuche über eine Initiativbewerbung

Kurzes Profil des Bewerbers

- Absolvent einer Technischen Universität (27 Jahre)
- Abschluss Diplom-Ingenieur Maschinenbau (gut)
- Studiendauer normal
- Erster Berufseinstieg über Personaldienstleistungsunternehmen
- Erste berufliche Erfahrung als studentische Hilfskraft an der Hochschule
- Diplomarbeit im Unternehmen, darüber erstes Fachwissen im Thema
- Ausbildung als Maschinenschlosser
- Sehr gute Fremdsprachenkenntnisse (Englisch) über Austauschschuljahr
- Seit einem Monat auf aktiver Jobsuche

Wunsch: Berufseinstieg in die Industrie über den Direkteinstieg
Idee: Initiativbewerbung bei Unternehmen der Diplomarbeit

Philipp Maurer
Justus-Liebig-Weg 53
35396 Gießen
Telefon 0641 / 342 80
Mobil 0174 / 770 81 99

Vera Enkirch
Energy Control AG
Heerstraße 228
13593 Berlin

① **Bewerbung als Diplom-Ingenieur**
Unser Telefonat vom 12. Mai 2006

Sehr geehrte Frau Enkirch,

② wie telefonisch mit Ihnen heute vereinbart, sende ich Ihnen meine Bewerbungsunterlagen für eine Ingenieursstelle in Ihrem Geschäftsbereich zu.

③ Kurz einige Details zu meiner Person:

- Ich bin 27 Jahre alt und habe im Februar dieses Jahres mein Maschinenbaustudium mit der Vertiefungsrichtung Strömungsmaschinen an der TU Darmstadt abgeschlossen.
- Im Studium habe ich Kenntnisse in der Produktionstechnik, dem Qualitätswesen und der Gasturbinentechnik erworben.
- Als Studentische Hilfskraft im Institut für Maschinenkonstruktion der TU Darmstadt und auch im Rahmen meiner Diplomarbeit in der Forschungsabteilung der Energy Control AG habe ich Einblicke in die Fertigung und Konstruktion von Kreiselpumpen und in die Lasertechnik erhalten.
- Mir liegen besonders die analytische Arbeit, das Erkennen von Problemen und die Erarbeitung von Lösungen.

④ Ich freue mich auf Ihre Einladung zum persönlichen Gespräch.

Mit freundlichen Grüßen

(Unterschrift)

⑤ **Anlagen**
Tabellarischer Lebenslauf
Zeugnisse

Kommentar zum Anschreiben von Philipp Maurer

① Betreffzeile

Herr Maurer zeigt Initiative und ruft im Unternehmen selbst an. Sehr gut. Das ist das Wesen einer Initiativbewerbung: Sie sprechen gezielt ein Unternehmen an, obwohl dieses keine Stellenanzeigen veröffentlicht hat. Vorteil für Herrn Maurer: Er kennt das Unternehmen über seine Diplomarbeit.

② Erster Satz

Aus o. g. Grund reicht dieser Einstiegssatz völlig aus. Herr Maurer bezieht sich auf ein Telefonat und tut das, was besprochen wurde.

③ Angaben zur Person

Gut auch diese Auflistung, in der er kurz und prägnant das Wesentliche seiner Person und seines fachlichen Hintergrunds hervorhebt. Achtung: Diese Form nur wählen, wenn Sie das Unternehmen bereits kennen und in einem Vorgespräch erste Punkte schon geklärt wurden.

④ Ausstiegssatz

Das zeigt Selbstsicherheit. Er geht fest von einem persönlichen Gespräch aus.

⑤ Anlagen

Nicht falsch, aber auch nicht notwendig ist die genaue Auflistung der einzelnen Anlagen.

Die Initiativbewerbung

Die Zahl der Initiativbewerbungen ist in den letzten Jahren gestiegen. Dieser Form einer Bewerbung geht keine Stellenausschreibung voraus. Im Gegenteil: Sie ergreifen die Initiative und bewerben sich gezielt für eine Position bei Unternehmen Ihrer Wahl – mit einer auf das Unternehmen zugeschnittenen Bewerbungsmappe. Folgende Kriterien sollten Sie daher beachten:

- Gezielte Auswahl von für Sie interessanten Unternehmen
- Systematische Analyse der Unternehmensorganisation (Welche Bereiche sind für Sie interessant? Welche Stellenanzeigen schaltet das Unternehmen?)
- Systematische Entwicklung Ihrer eigenen Wunschposition – es reicht nicht, nur Ihre Bewerbung für irgendeine Stelle an das Unternehmen zu schicken!
- Erstellen eines individuellen Anschreibens für das jeweilige Unternehmen

Bitte verwechseln Sie die Initiativbewerbung nicht mit einer Blindbewerbung. Unternehmen wie Lufthansa erhalten heute bereits 57 Prozent aller Bewerbungen unaufgefordert als Initiativbewerbung. Ihre Chance liegt auch hier in einer professionell aufgebauten Bewerbung mit klarer Information und auf das Unternehmen zugeschnittenem Anschreiben.

(1) **Philipp Maurer**
Justus-Liebig-Weg 53
35396 Gießen
Telefon 0641/342 80
Mobil 0174/770 81 99

Persönliche Daten

Geburtsdatum	18. Februar 1978
Nationalität	deutsch
Familienstand	verheiratet

Berufliche Erfahrungen

03/05 – 04/05	**Sachbearbeiter** ***Gießener Wasserbetriebe, Gießen (über DIS AG)*** ▪ Projektierung für Rohrleitungen
08/03 – 02/05	**Studentische Hilfskraft** ***Technische Universität Darmstadt*** ***Institut für Maschinenkonstruktion IMK*** ▪ Mitarbeit im interdisziplinären Forschungsprojekt „Instationäre Gitterströmung“

(2) Hochschulausbildung

04/00 – 02/05	Studium des **Maschinenbaus** an der ***Technischen Universität Darmstadt*** Fachrichtung: **Strömungsmaschinen** ▪ Hydraulische Strömungsmaschinen ▪ Thermische Strömungsmaschinen Thema der Diplomarbeit (in Kooperation mit Energy Control AG): „Laseroptische Untersuchung der turbulenten Relativströmung im Laufrad einer axialen Kreiselpumpe" Note: sehr gut Abschluss: Diplom-Ingenieur (TU) Note: gut

Kommentar zum Lebenslauf von Philipp Maurer

(1) Optische Gestaltung und Aufbau

Dieser Lebenslauf von Herrn Maurer ist eindeutig als sehr gut zu bewerten. Er ist gegenchronologisch aufgebaut. Herr Maurer hat alle Informationen, die notwendig sind, eingebaut. Er erwähnt seine ersten beruflichen Erfahrungen. Er hat gerade über ein Zeitarbeitsunternehmen zwei Monate bei den Gießener Wasserbetrieben gearbeitet. Gute Idee, um mögliche Wartezeiten zu überbrücken.

Und auch das durch klare Unterteilung, unterstützt durch grafische Elemente (horizontale und vertikale Linien und Fettdruck), erstellte Bild ist gut. Der Leser wird direkt zu den wichtigen Informationen geführt.

(2) Hochschulausbildung

Herr Maurer listet alle notwendigen Details auf: Hochschule, Studiengang und Schwerpunkte. Das Thema der Diplomarbeit ist ebenso wie die Noten aufgeführt.

Projektmanagement – Chance für Ingenieure

Nach wie vor sind Ingenieure auf dem Arbeitsmarkt eine gefragte Berufsgruppe. Selbst in konjunkturschwachen Phasen haben Unternehmen nach Auskunft des VDI Schwierigkeiten, offene Positionen für Ingenieure zu besetzen. Dafür sind einerseits die gesunkenen Absolventenzahlen verantwortlich, andererseits legen die Unternehmen aber auch zunehmend Wert auf außerfachliche Qualifikationen. Nicht nur Ihre Abschlussnoten und Fächerkombination sind ausschlaggebend. Eine herausragende Rolle spielt das Thema Projektmanagement.

Ein Blick in die Stellenanzeigen beweist: Projektarbeit ist mittlerweile eine geforderte Grundvoraussetzung für Ingenieure. Häufig fungieren Ingenieure schon sehr früh als Projektleiter bzw. -manager. Soziale Kompetenzen wie Kommunikationsstärke, Moderationstechnik, Fähigkeit zu vernetztem Denken und Teamfähigkeit werden aus diesem Grund vorausgesetzt. Auch sollten Ingenieure Methodenkompetenz mitbringen. Wie läuft ein Projekt ab? Wie plant man den Projektverlauf? Auf diese Fragen sollten sich angehende Ingenieure vorbereiten.

Wichtige Verbände für Ingenieure

Nicht nur als Informationsquelle, sondern auch als Plattform für persönliche und berufliche Netzwerke bieten sich viele Verbände an. Für Ingenieure besonders interessant sind

- der Verein Deutscher Ingenieure VDI e. V. (www.vdi.de),
- der Verband deutscher Wirtschaftsingenieure VWI e. V. (www.vwi.org),
- der Verband Elektrotechnik Elektronik Informationstechnik VDE e. V. (www.vde.de),
- der Verband beratender Ingenieure VBI e. V. (www.vbi.de)

sowie die branchenspezifischen Verbände der Automobil-, Chemie- und Bauindustrie und des Maschinen- und Anlagenbaus, um nur einige zu nennen.

Ausbildung

08/97 – 07/99	**Ausbildung als Maschinenschlosser** ***Müller KG, Gießen***

Schulischer Werdegang

08/88 – 07/97	***Technisches Gymnasium Gießen*** Abschluss: Fachgebundene Hochschulreife Gesamtnote: 2,5
08/95 – 01/96	***L.P. Miller Comprehensive School, Kitchener (Ontario), Kanada*** Austauschschüler
08/84 – 07/88	***Theodor-Heuss-Grundschule, Gießen***

IT-Kenntnisse

(3) Software:	Sehr gute Kenntnisse ▪ Windows 2000 ▪ MS-Office ▪ MS-Project Anwenderkenntnisse ▪ Solid Edge (3D CAD) ▪ Autodesk Inventor Basiskenntnisse ▪ Unix ▪ JAVA ▪ C ▪ SAP

Sonstige Informationen:

(4) Sprachen:	▪ Englisch sehr gut ▪ Französisch Grundkenntnisse
Hobbys:	▪ Segeln ▪ Reisen

Gießen, 13. März 2006 (Unterschrift)

(3) **Software**

Positiv: Diese Auflistung schafft ein klares Bild von Herrn Maurers IT-Wissen. Genauer geht es nicht.

(4) **Englische Sprachkenntnisse**

Herr Maurer spricht von sehr guten Englischkenntnissen. Das darf er auch, da er als Austauschschüler ein halbes Jahr in Kanada war. Information für Sie: Wenn Sie Ihre Sprachkenntnisse mit „sehr gut“ bezeichnen, bitte auch den Beweis dafür erbringen: über Sprachaufenthalte im Ausland, Austauschschulzeiten, Studienprogramme, Kurse.

Gesamteindruck

Anschreiben

Dieses Anschreiben ist knapp, aber präzise. Herr Maurer bewirbt sich initiativ. Er ruft bei der Personalreferentin an und schickt nach diesem Telefonat seine Unterlagen. Für diese Methode ist das Anschreiben richtig aufgebaut. Er erschlägt nicht mit Informationen, sondern bleibt klar und bringt die Dinge auf den Punkt.

Lebenslauf

Herr Maurer zeigt einen sehr guten Lebenslauf, der keine Lücken hat, vollständig ist und einen klaren Bezug zum Unternehmen aufweist. Inhaltlich ist sein Werdegang stringent und gut aufgebaut.

Erfolgsaussichten der Bewerbung von Philipp Maurer

Gut: Herr Maurer kennt das Unternehmen und hat dort auch schon im Rahmen seiner Diplomarbeit gearbeitet. Trotzdem erarbeitet er qualitativ hochwertige Unterlagen, sowohl inhaltlich als auch optisch. Er hat sehr gute Chancen auf die von ihm angestrebte Position.

Optimierte Bewerbung auf CD

CD-ROM

Diese Bewerbung – Anschreiben und Lebenslauf – haben wir für Sie optimiert. Sie finden sie auf Ihrer CD-ROM, direkt zum Übernehmen in Ihre Textverarbeitung.

Standardformular des Unternehmens - so füllen Sie es aus!

Gewünschte Position

Jobs	Marketing	Frankfurt am Main
Berufsgruppe	Funktionsbereich	Standort

Brand Management/ Produktmanagement Friseurprodukte
Gewünschte Tätigkeit

Persönliche Daten

Frau	Jana	Neller
Anrede	Vorname	Nachname
1.12.1975	Coburg	deutsch
Geburtsdatum	Geburtsort	Staatsangehörigkeit
ledig	keine	
Familienstand	Anzahl der Kinder	
Bleuelstraße 9a	71200	Karlsruhe
Straße und Nr.	PLZ	Ort
Deutschland		0180 / 554 35 46
Land	Telefon	Mobil
jana.neller@tel-online.de		
E-Mail		

WS 95/96 – SS 2000	**Universität Passau,** Passau Studium der Betriebswirtschaftslehre mit Abschluss Diplomkauffrau Schwerpunkte: Marketing und Organisation/Managementlehre
10/1998 – 06/1999	**Lehrstuhl BWL VI**, Organisation/ Managementlehre, Prof. Dr. Riemann, Tätigkeit als studentische Mitarbeiterin
1986 – 1995	**Gymnasium „Am Wall“**, Coburg, Abschluss Abitur

Schulbildung/ Ausbildung/ Studium

Seit 01/2003	**Bionda AG**, Karlsruhe, Brand Manager im Regionalmanagement Osteuropa Marketingverantwortung für die Tochtergesellschaften der Vadia GmbH in Osteuropa
01/2002 – 12/2002	**Bionda AG,** Karlsruhe, Junior Projekt Manager im Corporate E-Business
12/2000 – 12/2001	**PulsTime.com (Germany) GmbH,** Mannheim Produktmanagerin

Bisherige berufliche Stationen

€ 65.000,00	1. Dezember 2005
Gewünschtes Jahreseinkommen	Gewünschter Starttermin

Bewerbung einer Hochschulabsolventin

Initiativbewerbung über ein Bewerber-Management-System

Kurzes Profil der Bewerberin

- Brandmanagerin Regionalmanagement Osteuropa (29 Jahre)
- Diplom-Kauffrau
- Studienschwerpunkte Marketing und Organisation
- Normale Studiendauer (4,5 Jahre)
- Ein Auslandspraktikum
- Zwei Jahre Berufserfahrung im Bereich E-Business (Agentur/Corporate)
- Zweieinhalb Jahre Berufserfahrung im Brandmanagement von Konsumgütern
- Gute Fremdsprachenkenntnisse (Englisch und Französisch)

Wunsch: Beruflicher Wechsel in ein anderes Unternehmen, da der Unternehmenssitz ins europäische Ausland verlegt und ihre Stelle von einer anderen Person besetzt wird

Idee: Initiativbewerbung bei einem Wettbewerbsunternehmen im Rhein-Main-Gebiet, das Unternehmen bietet dafür ein Standardformular an.

Links finden Sie das ausgefüllte Standardformular. Sie haben dann noch die Möglichkeit, Anhänge zu schicken, und zwar Bild, Lebenslauf und Anschreiben. Anschreiben und Lebenslauf schicken Sie als Word-Dokument.

1 **Jana Neller**
Bleuelstraße 9
71200 Karlsruhe
Mobil 0180/554 35 46
jana.neller@tel-online.de

Haut und Haar AG
Mühlenring 445

60316 Frankfurt am Main

2 **Initiativbewerbung – Product Marketing/Brand Management/Kosmetik- und Friseurprodukte**

3 Sehr geehrte Damen und Herren,

4 wie Sie wissen, wird die Unternehmenszentrale der Bionda AG im Nachgang zu der Fusion mit der französischen Valoise & Cie. nach Frankreich verlegt. Valoise hat sich entschieden, den bisherigen französischen Stelleninhaber für das dortige Osteuropa-Geschäft mit der zusätzlichen Aufgabe des Managements der Vadia-Aktivitäten in Osteuropa zu betrauen. Meine eigene Position wird damit obsolet, sodass ich ab Dezember 2005 eine neue Aufgabe suche.

5 Ich glaube, dass ich eine Aufgabe im Product Marketing oder Brand Management in Ihrem Hause sehr gut ausfüllen könnte. Bei Bionda habe ich zunächst im Corporate
6 E-Business gearbeitet und nach einem Jahr die Verantwortung für das Osteuropa-Geschäft im Bereich Friseurprodukte übernommen.

7 Ich suche nun eine Position, in der ich mich ähnlich wie bei dem jetzigen Arbeitgeber entwickeln kann. Aus diesem Grund würde ich mich sehr freuen, wenn Sie mein Profil auf
8 interessante Einsatzmöglichkeiten in Ihrem Hause prüfen.

Mit freundlichen Grüßen

Jana Neller
10. Juli 2005

Kommentar zum Anschreiben von Jana Neller

(1) Optische Gestaltung

Ein eher dezent gestaltetes Anschreiben mit dem Schrifttyp Garamond. Frau Neller hat für Anschreiben und Lebenslauf einen eigenen zentrierten Briefkopf entwickelt. Der Text selbst ist mit sieben Sätzen sehr kurz.

(2) Betreff

Frau Neller wählt die richtige Methode, die Betreff-Zeile hervorzuheben: Fettdruck und kurze Beschreibung ihres Anliegens.

(3) Anrede

Versuchen Sie in einem solchen Fall nicht krampfhaft, per Telefon einen Ansprechpartner herauszufinden. Im Unternehmen wird in der Regel die Bewerbung zunächst im Hinblick auf eine frei werdende Stelle geprüft. Gibt es eine solche nicht und ist die Bewerbung aber interessant, wird sie an die Fachabteilungen weitergeleitet. Wichtig ist, dass Sie den Prozess korrekt einhalten, sich über das Standardformular bewerben und Anschreiben und Lebenslauf anhängen.

(4) Einstiegssatz

Dieser Absatz beleuchtet die Situation zwar so, wie sie ist. Trotzdem halte ich es für geschickter, diesen Fakt nicht so offen zu kommunizieren. Er wird ohnehin im Gespräch ein Thema sein. Man wird Ihnen immer fehlende Mobilität unterstellen und die Frage stellen, warum Sie denn nicht nach Frankreich wechseln wollen.

(5) Welche Position strebe ich an?

Dieser Satz ist völlig falsch formuliert. „Ich glaube“ ist gleichbedeutend mit „Ich weiß nicht, ob“. Damit stellt Frau Neller ihre eigene Qualifikation und fachliche Kompetenz in Frage. Sie hat 3,5 Jahre Erfahrung in einem Konkurrenzunternehmen gesammelt und bereits nach einem Jahr Firmenzugehörigkeit eine verantwortungsvolle Marketingposition erhalten. Das muss sie klar herausarbeiten.

(6) Mein Kompetenzprofil

Auch in der Beschreibung ihres Werdegangs bei Bionda bleibt Frau Neller blass. An dieser Stelle lassen sich gut zwei bis drei Leistungsbeispiele und der konkrete qualitative und/oder quantitative Nutzen und ihr Anteil daran einbauen, den sie im Lebenslauf bereits aufgelistet hat.

(7) Was will ich im neuen Unternehmen?

Dieser Satz zeigt, dass Frau Neller noch um ihren jetzigen Arbeitgeber trauert. Ist sie ernsthaft an einer Position im neuen Unternehmen interessiert, muss sie sich gerade in einer Initiativbewerbung ganz auf dieses Unternehmen einstellen.

(8) Abschlusssatz

Ein guter Abschlusssatz, der sich für diesen Bewerbungsweg eignet.

① **Jana Neller**
Bleuelstraße 9
71200 Karlsruhe
Mobil 0180/ 554 35 46
jana.neller@t-online.de

Persönliche Daten

Geburtsdatum/-ort	1. Dezember 1975, Coburg
Familienstand	ledig
Staatsangehörigkeit	deutsch

② **Berufserfahrung und Praktika**

Seit 01/2003 — **Bionda AG**, Karlsruhe: *Brand Manager im Regionalmanagement Osteuropa*

③
- Marketingverantwortung für die Tochtergesellschaften der Vadia GmbH in Osteuropa
- Entwicklung der regionalen Marketing- und lokalen Go-to-Market-Strategien vor dem Hintergrund der Konzernstrategie
- Planung der Sortimente sowie Steuerung und Kontrolle der Marketingaktivitäten in den Ländern
- Produkt- und Kommunikationsentwicklung in Zusammenarbeit mit dem strategischen Marketing
- Konzeption und Planung von Friseurevents, -messen und -shows

01/2002 – 12/2002 — **Bionda AG,** Karlsruhe: *Junior Projekt Manager im Corporate E-Business:*

- Leitung der Konzeption, Pflichtenhefterstellung und Umsetzung mehrerer Teilprojekte eines weltweiten Intranets
- Teilprojektleitung für Konzeption und Einführung einer weltweiten, intranetbasierten Innovationsplattform
- Begleitung und Konzeption der Einführung eines CRM-Moduls

12/2000 – 12/2001 — **PulsTime.com (Germany) GmbH,** Mannheim: *Produktmanagerin*:

- Planung und Optimierung des Online-Auftritts als Schnittstelle zwischen Marketing, Vertrieb und Technik
- Koordination des Kundenservices
- Planung, Durchführung und Analyse von Usability-Tests
- Implementierung des Reporting

Kommentar zum Lebenslauf von Jana Neller

(1) Optische Gestaltung

Ein gut strukturierter Lebenslauf in gegenchronologischer Form. Der Schrifttyp stimmt mit dem Anschreiben überein, ebenso der Briefkopf, der auch hier zentriert zu finden ist. Der Lebenslauf ist zwei Seiten lang und enthält alle wichtigen Punkte. Zur Hervorhebung der bisherigen Stationen des Werdegangs sind die Unternehmensnamen fett geschrieben, Frau Nellers Positionen kursiv. Zur stärkeren Betonung ihrer beruflichen Entwicklung kann sie die Positionen zusätzlich fett drucken.
Inhaltlich ist der Aufbau auch deshalb sinnvoll, da das Unternehmen sofort sieht, in welcher Position Frau Neller heute bei dem Konkurrenzunternehmen tätig ist. Ebenso wichtig ist, dass Frau Neller einen roten Faden erkennen lässt, der ihre Erfahrung in Marketingthemen zeigt.

(2) Berufserfahrung und Praktika

Frau Neller fasst beide Punkte in einen Oberbegriff zusammen. Das ist nicht falsch, aber auch die Praktika können unter einer gesonderten Überschrift aufgeführt werden.

(3) Aufzählung von Aufgabenbereichen

Anders als im Anschreiben gelingt es Frau Neller mit der Auflistung ihrer Aufgabenbereiche, ihre Leistungen herauszuarbeiten. Sehr gut sind hier die Begriffe „Leitung“, „Entwicklung“ und „Planung“, die ihre Verantwortung widerspiegeln. Gerade bei einer Initiativbewerbung müssen Sie die Schwerpunkte Ihrer beruflichen Tätigkeiten genau bezeichnen, um dem Unternehmen eine Zuordnung zu den Fachabteilungen und möglichen Stellen zu vereinfachen.

Alle Leistungen aufführen

Experten-Tipp

Ihre Leistungsbeispiele (PAR-Liste) können Sie für jede berufliche Station erarbeiten, auch für Ihre Praktika oder Nebenjobs. Tragen Sie diese immer in Kurzform in Ihren Lebenslauf ein.

Nach dem richtigen Bewerbungsweg erkundigen

Experten-Tipp

Für Ihre Intitiativbewerbung bitte immer genau überprüfen, ob das betreffende Unternehmen dafür auf der Website ein eigenes Formular anbietet (zu finden unter: Karriere/Jobs/Personal oder ähnlichen Unterpunkten). Bei Großunternehmen ist dies mittlerweile Standard. Ihre Daten werden dann automatisch in ein Bewerber-Management-System geleitet, auf das Personalverantwortliche wie auch Fachabteilungen zugreifen können. Bearbeiten Sie dieses Formular ebenso wie die Unterlagen sehr genau und achten Sie auf Rechtschreibung und die korrekten zeitlichen Daten. Je genauer Ihre Angaben, desto besser können die Fachbereiche Möglichkeiten prüfen. Auch Angaben wie gewünschtes Jahreseinkommen und der gewünschte Starttermin müssen ausgefüllt werden.

Wenn es kein eigenes Formular gibt, schauen Sie in den Stellenanzeigen, welchen Bewerbungsweg das Unternehmen generell bevorzugt, oder rufen Sie an, um Ansprechpartner und den gewünschten Bewerbungsweg herauszufinden.

02/1999-04/1999	**Promotio GmbH,** Passau: *Projektarbeit im Agenturgeschäft:* • Selbstständige Planung von Promotionaktivitäten • Kundenakquise und -betreuung • Planung und Durchführung von Mitarbeiterschulungen • Eigenverantwortliche Betreuung des Tagesgeschäfts
(4) 04/1998-10/1998	**Coca-Cola Konzessionär Main-Donau Getränke GmbH:** *Praktikum im zentralen Marketing* • Erarbeitung einer Erfolgsanalyse in unabhängiger Projektarbeit
08/1997-01/1998	**I.G.A. Italia,** Trieste, Italien: *Praktikum Vertrieb/Administration:* • Kundenbetreuung • Koordination von Kundenaufträgen • Erstellung von Unterlagen für das Mutterhaus
03/1996-05/1996	**Industrieform GmbH,** Passau: *Praktikum im Bereich Export:* • Kundenbetreuung • Abstimmung von Kundenaufträgen mit der Produktion • Eigenständige Erstellung einer Marktanalyse

Ausbildung

(5) WS 95/96 - SS 2000	**Universität Passau,** Passau: Studium der Betriebswirtschaftslehre mit Abschluss Diplomkauffrau (Examensnote: 2,2) Schwerpunkte: Marketing und Organisation/Managementlehre
10/1998-06/1999	**Lehrstuhl BWL VI**, Organisation/Managementlehre, Prof. Dr. Riemann, Tätigkeit als studentische Mitarbeiterin
08/1982 - 06/1995	**Gymnasium „Am Wall“**, Coburg, mit Abschluss Abitur (Abiturnote: 2,5)

Sonstige Kenntnisse und Fertigkeiten

(6) Sprachen	Englisch fließend in Wort und Schrift Italienisch fließend in Wort und Schrift Französisch ausbaufähige Grundkenntnisse
(7) EDV	Windows, MS Word, Excel, PowerPoint, Access, Internet, html-Grundkenntnisse

Karlsruhe, 10. Juli 2005

④ **Praktika**

Frau Neller hat drei Praktika, eines davon sogar im Ausland, absolviert. Auch hier arbeitet Frau Neller gut heraus, welche Aufgaben zu diesen Praktika gehören. Noch einmal zur Wiederholung: Auch wenn Ihre Praktikumszeiten nur vier Wochen betragen, bitte machen Sie sich die Mühe und fügen Sie kurze, stichwortartige Angaben zu den Praktikumsaufgaben in Ihren Lebenslauf ein.

⑤ **Thema der Diplomarbeit**

Wenn das Thema der Diplomarbeit einen Bezug zum Thema Marketing hat, sollte Frau Neller es auch an dieser Stelle einbauen. Möglicherweise hat sie die Arbeit als empirische Untersuchung geschrieben oder eine Innovation beschrieben. Auch das ist immer für ein Unternehmen interessant, es sei denn, Sie sind schon lange im Beruf (mehr als sieben Jahre).

⑥ **Sprachen/Fremdsprachen**

Unter „Sprachen“ müssen Sie theoretisch auch Deutsch als Muttersprache einfügen. Schreiben Sie aus diesem Grund besser Fremdsprachen.

⑦ **EDV-Kenntnisse**

Diese Angaben geben keinen Aufschluss über Frau Nellers Kenntnisstand. Bitte hier – ähnlich wie bei den Fremdsprachen – von sehr guten, guten oder Grundkenntnissen sprechen.

Gesamteindruck

Dieser Eindruck gestaltet sich zwiespältig. Frau Neller hat einerseits eine geradlinige Entwicklung im Thema Marketing vorzuweisen. Diesen roten Faden zeigt sie deutlich in ihrem Lebenslauf. Das Anschreiben ist im Vergleich zu dem detaillierten Lebenslauf eher schwach, da es ihr dort nicht gelingt, ihre Qualitäten genau zu beschreiben. In einer Initiativbewerbung an ein Unternehmen, das nicht zum Wettbewerb gehört, muss sie ihre Kompetenzen im Anschreiben klarer herausarbeiten.

Erfolgsaussichten

Frau Neller verfügt über fünf Jahre Berufserfahrung. Sie hat keine Lücken in ihrem Lebenslauf und bietet keine offenen Flanken. Dies und ihre aktuelle Position in einem Konkurrenzunternehmen erhöhen ihre Chancen, ein erstes Gespräch zu führen.

Optimierte Bewerbung auf CD

CD-ROM

Diese Bewerbung – Anschreiben und Lebenslauf – haben wir für Sie optimiert. Sie finden sie auf Ihrer CD-ROM, direkt zum Übernehmen in Ihre Textverarbeitung.

Bewerbung auf eine Internet-Stellenanzeige

Berufliche Weiterentwicklung als Bereichsleiter Personal

Kurzprofil des Bewerbers

- Bereichsleiter Kundenservice (31 Jahre)
- Vier Jahre Berufserfahrung
- Studium der Betriebswirtschaftslehre
- Studiendauer: zügig
- Praktikum im Ausland
- Fremdsprachenkenntnisse: Englisch, Spanisch

Wunsch: Berufliche Weiterentwicklung in einem international tätigen Unternehmen
Idee: Bewerbung auf eine Stellenausschreibung im Internet.

Jörg Schwenker, Mittelstr. 23, 34127 Kassel,
Tel.: 0561/967721
E-Mail: j.schwenker@luv.de

Griffig AG
Personalabteilung
(1) Frau Daniela Kunze
34127 Kassel

12. Juli 2005

Ihre Stellenanzeige im Internet - Bereichsleiter international

Sehr geehrte Frau Kurze,

(2) die Stellenausschreibung auf der Homepage Ihres Unternehmens hat bei mir großes Interesse geweckt, weshalb ich gerne die Möglichkeit nutze und Ihnen meine Bewerbungsunterlagen zusende.

Ihre Anzeige hat mich angesprochen, weil ich auf der Suche nach einer neuen Aufgabe für meine berufliche Weiterentwicklung bin und ich gerne im internationalen Raum eines großen und erfolgreichen Unternehmens tätig sein möchte.

(3) Zurzeit bin ich als Bereichsleiter im Kundenservice beschäftigt, wo ich personale Verantwortung für ein Team von 90 Mitarbeitern trage. Dies beinhaltet u. a. Personalauswahl und -einstellung, das Erstellen von Arbeitsplänen, Planen und Durchführen von Personalentwicklungsmaßnahmen, Mitarbeitermotivation und Qualitätssicherung.

Aufgrund meiner Kenntnisse und Erfahrungen im Personalbereich bin ich davon überzeugt, Ihren Erwartungen und den Anforderungen der Tätigkeit voll und ganz gerecht zu werden.

Bei meinen bisherigen Aufgabenbereichen konnte ich meine Stärken, zu denen vor allem der Umgang mit Menschen, meine Kommunikationsfähigkeit und mein Organisationstalent zählen, regelmäßig unter Beweis stellen. Mein Arbeitsstil ist gekennzeichnet durch selbstständiges und zielorientiertes Denken und Handeln sowie Flexibilität und Mobilität. Ich möchte mich sehr gerne mit viel Engagement und Motivation in Ihrem Unternehmen einsetzen.

Da ich zurzeit in ungekündigter Stellung tätig bin, bitte ich Sie, meine Unterlagen vertraulich zu behandeln. Meine Kündigungsfrist beträgt drei Monate.

Für Rückfragen stehe ich Ihnen gerne zur Verfügung. Über eine Einladung zu einem persönlichen Gespräch freue ich mich sehr und verbleibe bis dahin

mit freundlichen Grüßen

Jörg Schwenker

Kommentar zum Anschreiben von Jörg Schwenker

(1) Fehler

Hier hat der Bewerber schlampig gearbeitet. Die Personalverantwortliche wird nicht erfreut sein, ihren Namen falsch geschrieben zu lesen. Jetzt wird Frau Kurze vermehrt auf die Rechtschreibung achten und wohl noch mehr Fehler entdecken.

(2) Einleitungssatz

Dies ist ein typischer Einleitungssatz, der nichts aussagt. Die Information, dass sich der Bewerber um eine Position in dem Unternehmen bewirbt, erhält der Leser bereits im Betreff. Werden Sie kreativ! Der Einleitungssatz gibt Ihnen die Chance, Interesse beim Personalverantwortlichen auszulösen. Vermeiden Sie Doppelungen und Informationen, die letztendlich keine sind, und sagen Sie dem Entscheider nicht mehrmals, was er ohnehin schon weiß (s. Absätze 1 und 2 im Anschreiben).

(3) Sprachstil und Wortwahl

In seiner Sprache ist der Bewerber eher defensiv und vorsichtig. Als Bereichsleiter müssen Sie einen großen Unternehmensbereich repräsentieren: Zeigen Sie Selbstbewusstsein und machen Sie sich nicht zu klein! Leider erfahren wir nicht, auf welche Position sich der Bewerber bewirbt. Fachkompetenzen spielen in seinem Anschreiben keine Rolle.

Liste von Fragen erstellen

Experten-Tipp

Wenn Sie im Unternehmen anrufen, bevor Sie Ihre Bewerbung schreiben, erstellen Sie eine Liste mit den Fragen, zu denen Sie Informationen gewinnen wollen. So können Sie strukturiert vorgehen, wirken selbstbewusst und kompetent und vergessen zudem nichts.

Lebenslauf

Persönliche Daten

(1)	Geb.-Datum: Familienstand:	14.03.1975 verheiratet, zwei Söhne 6 und 2 J.

Berufserfahrung

(2)	01/2005 –	**ROMM GmbH, Kassel** **Bereichsleiter**
	seit 12/2004	**Bereichsleiter Kundenservice** - Personalauswahl und Einsatzplanung - Personalentwicklung und -motivation - Qualitätsmanagement
(3)	07 – 11/2004	**Stellvertretender Bereichsleiter**
	12/2003 – 08/2004	**Trainee als Nachwuchsführungskraft**
	05/2002 – 11/2003	**Karriere GmbH, Personaldienstleister, Kassel** ***Marketingabteilung*** - Planung und Koordination von internationalen Rekrutierungsveranstaltungen - Erarbeitung von Konzepten zur Mitarbeiterbindung
	10/1997 – 08/1998	**Hotel am Main, Frankfurt** *Mitarbeiter in der Verwaltung*

Studium:

(4)	09/1998 – 01/2002	**Gesamthochschule Wiesbaden**

Kommentar zum Lebenslauf von Jörg Schwenker

(1) Vollständigkeit

Was hat sich der Bewerber dabei gedacht, seinen Lebenslauf ohne persönliche Daten zu versehen? Er gibt keinerlei Informationen zu seinem Namen, seiner Adresse und seinem Geburtsort. Diese Informationen gehören in einen guten und vollständigen Lebenslauf unter dem Stichpunkt „Persönliche Daten" zusammengefasst.

(2) Aufgabengebiete

Der Bewerber war bereits Bereichsleiter, scheint es hier aber nicht für nötig zu halten, seine dortigen Aufgabengebiete niederzulegen (dieser Fehler ist auch unter anderen Stichpunkten wieder zu finden). Gehen Sie bitte nicht davon aus, dass Ihr potenzieller neuer Arbeitgeber über Ihre exakten Aufgabengebiete Bescheid weiß. Und lassen Sie niemals zu, dass er sich fragen muss, warum Sie Ihre Aufgabengebiete nicht erläutert oder zumindest beschrieben haben.

(3) Die Frage nach dem Zahlendreher

Ob es sich hier um einen Zahlendreher handelt oder ob der Bewerber in seiner Traineezeit wirklich schon nebenbei als stellvertretender Bereichsleiter gearbeitet hat, können wir Ihnen nicht sagen. Besser wäre es gewesen, wenn der Kandidat seine Datenangaben wirklich genau überprüft und dem Leser gegebenenfalls weiter führende Informationen zu dieser Überschneidung gegeben hätte.

(4) Seitenumbruch

An dieser Stelle des Lebenslaufs hätte der Bewerber ein wenig mehr auf die Übersichtlichkeit achten können. So sind die Angaben zum Studium auf beiden Seiten unvollständig. Fassen Sie wichtige Informationen immer so zusammen, dass Sie sie nicht voneinander trennen müssen.

(5) **Betriebswirtschaftslehre** Schwerpunkte:
- Personalmanagement
- Marketing

(6) **Praktikum/Tätigkeiten neben dem Studium**

01/2002 – 04/2002 **Car and Bikes AG, München**

Diplomarbeit Thema: Reklamationsmanagement im Qualitätssystem
(Note: 1,9)

(7) 12/2001 – 09/2001 **Cool Drinks, USA**

Praktikum im Marketing

- Benchmarking: Interne Analysen; Kundenbefragungen
- Aufbau eines Marketing-Berichtssystems

09/1998 – 10/2000 **Kommunikationstechnik GmbH, Wiesbaden**

Hilfskraft im Vertrieb/Telefonagent

- Kaltakquise, Kundenbetreuung, Reklamationsmanagement, Marktbefragung

Berufliche Ausbildung

09/1994 – 09/1997 **Hotel am Main, Frankfurt**

Ausbildung zum Hotelkaufmann

07/1993 – 08/1994 **Zivildienst bei der Feuerwehr Göttingen, Rettungsdienst**

Schulbildung

(8) 08/1985 – 05/1993 **St. Leonard Gymnasium, Göttingen**
Abitur

Sonstiges:

Fremdsprachen Englisch fließend in Wort und Schrift
Spanisch fundierte Grundkenntnisse

(9) PC MS-Office (Word, Excel, Power Point)
Internet, SPSS

(10) **Interessen:** Fahrradfahren, Joggen, Reisen

(5) Gesamte Formatierung

Die gesamte Gestaltung dieser zweiten Seite des Lebenslaufs lässt zu wünschen übrig. Sie ist sehr unübersichtlich und schlecht formatiert. Es entsteht keine Einheitlichkeit, die einen besseren Überblick über die Daten und Fakten geben könnte. Hier hätte der Bewerber besser eine „normale Tabelle" ohne sichtbare Seitenränder verwendet, um sich die Ungenauigkeiten und Tabstops zu ersparen und dem Leser ein besseres Dokument zu liefern.

(6) Differenzierung

Hier hätte der Bewerber ein wenig besser differenzieren können zwischen den Tätigkeiten neben dem Studium (bessere Formulierung: studienbegleitende Tätigkeiten) und dem Praktikum. Es ist für den Leser sehr schwer nachzuvollziehen, welche Tätigkeiten zu welchem Gebiet gehören. Vermeiden Sie bitte solche Fehler und wählen Sie besser noch einen zusätzlich markierten Unterpunkt.

(7) Fehler

Ein Zahlendreher der besonderen Art: Der Bewerber hat seine Datenangaben verwechselt. Ein Flüchtigkeitsfehler, der nicht vorkommen darf. Auch wenn es dem Leser vielleicht gar nicht auffällt – achten Sie sehr präzise und genau darauf, *was* und *wie* Sie datieren.

(8) Noten

Der Bewerber nennt seine Abiturnote nicht. Ein paar Zeilen vorher gibt er jedoch seine gute Diplomarbeitsnote an. Hier hätte er besser eine einheitliche Form gewählt. Es gilt die Regel: Wenn Sie einmal eine Note (oder einen Notendurchschnitt) erwähnt haben, dann tun Sie es durchgängig.

(9) Kenntnisse

An dieser Stelle, leider nur unter dem Unterpunkt „Sonstiges", gibt der Bewerber an, dass er irgendetwas mit „PC" zu tun hat. Dies ist eine denkbar schlechte Formulierung. Führen Sie in dem Bereich „Computerkenntnisse" immer auf, wie gut Sie ein Programm oder ein System beherrschen.

(10) Datum

Ein Lebenslauf ist ein Dokument. Der Bewerber hat hier nicht bedacht, dass ein Dokument mit einem Datum versehen werden sollte.

E-Mail-Bewerbung

Experten-Tipp

Wenn Sie Ihre Bewerbung als E-Mail versenden vermeiden Sie folgende Fehler:

- Mails haben oft einen zu großen Anhang! Dies ist für eine erste Kontaktaufnahme nicht nötig!
- Oft sind die Anschreiben auch im Anhang und in der Mail steht nichts außer dem Hinweis auf den Anhang. Sinnvoll wäre ein kurzes Anschreiben und den Rest im Anhang in Form eines CV.
- Kandidaten schicken die Mails oft in nicht lesbaren Formaten, am besten ist ein Word-Dokument oder ein PDF.

Nie zu sehr angeben

Protzen Sie nie zu sehr mit Ihren Kompetenzen, wenn Sie diese nicht belegen können. Spätestens im Vorstellungsgespräch könnten Defizite aufgedeckt werden. Ersparen Sie sich diese Peinlichkeit!

Gesamteindruck

Das Anschreiben wirkt übersichtlich und ansprechend. Über kleine Kürzungen hätte der Bewerber sich auf eine Seite beschränken können. Die Kopfzeile ist angenehm gestaltet. Alle wesentlichen Informationen zu den Daten (Adressen) des Bewerbers sind in ihr zusammengefasst.
Die zweispaltige Aufteilung des Lebenslaufs erzeugt für den Leser eine gute Übersichtlichkeit (der ersten Seite). Der Bewerber hat wichtige Informationen für den Leser fett gesetzt. Die einzelnen Themengebiete sind gut zu erkennen. Doch ein Punkt fällt dem aufmerksamen Leser sehr schnell auf: Von wem ist eigentlich dieser Lebenslauf?

Optimierte Bewerbung auf CD

Diese Bewerbung – Anschreiben und Lebenslauf – haben wir für Sie optimiert. Sie finden sie auf Ihrer CD-ROM, direkt zum Übernehmen in Ihre Textverarbeitung.

Wie geht es für Sie weiter? Auswahlverfahren in Unternehmen

Welche Arten von Tests gibt es?

Testverfahren gibt es eine ganze Menge. Wir können testen, wie schnell Sie 100 Meter laufen oder wie treu Sie Ihrer Freundin oder Ihrem Freund sind. Diese Fragestellungen sind im Zusammenhang mit der Auswahl von Bewerbern wohl nicht relevant. Schließlich geht das Ihren zukünftigen Arbeitgeber nichts an. Hier meinen wir immer psychologisch orientierte Testverfahren, die sich auf die Anforderungen in unterschiedlichen Berufen beziehen. Nachfolgend finden Sie eine Übersicht über die gängigsten psychologischen Testverfahren, die bei der Bewerberauswahl verwendet werden.

Übersicht: Die gängigsten Testverfahren

Berufs- und Leistungstests	Intelligenztests	Persönlichkeitstests	Assessmentcenter
■ Konzentrationstests ■ Wissenstests	■ Sprachliche Intelligenz ■ Zahlenlogische Intelligenz ■ Räumliche Intelligenz ■ Kombinationsfähigkeit	■ Fragebogentests ■ Projektive Tests ■ Verhaltenstests	

Innerhalb der verschiedenen Testarten, z. B. den Konzentrationstests, gibt es wiederum sehr viele Einzeltests und Übungen. Wenn Sie zu einem Einstellungstest eingeladen werden, hat das Unternehmen oder ein von ihm beauftragter Berater zu entscheiden, welche Aufgabenstellungen konkret eingesetzt werden sollen. Der Aussagewert, bezogen auf die konkrete Stelle oder den Ausbildungsplatz, ist natürlich höher, wenn den Bewerbern unterschiedliche Übungen vorgelegt werden. Genau hier setzen so genannte Testbatterien an. Sie stellen eine Kombination aus unterschiedlichen Übungen dar, mit denen ein breites Spektrum an zu prüfenden Fähigkeiten abgedeckt werden soll. Die folgende Tabelle bietet Ihnen eine Übersicht über mögliche Bestandteile einer Testbatterie.

Übersicht: Mögliche Bestandteile einer Testbatterie

Berufs- und Leistungstest	Test, der zusammengestellt wurde, um die Eignung eines Bewerbers für ein Berufsfeld zu testen.
Intelligenztest	Test, der die Stärken/Schwächen des Getesteten in Bezug auf einzelne Intelligenzfaktoren darstellt und mit dem Anforderungsprofil des Berufs abgleicht, z. B. Intelligenz-Struktur-Test.
■ Konzentrationstest	Test, der unter hohem Zeitdruck durchgeführt wird und die Konzentrationsfähigkeit bzw. das Leistungsvermögen misst, z. B. d2-Test.
■ Wissenstest	Test, der die Allgemeinbildung bzw. fachspezifisches Wissen hinterfragt.
Persönlichkeitstest	Test, mit dem das Persönlichkeitsbild eines Bewerbers mit seinen Stärken und Schwächen dargestellt werden soll.
■ Fragebogentest	Test, der anhand von Fragen, meist mit Multiple-Choice-Antwortmöglichkeiten, ein Bild der Persönlichkeit des Getesteten abbildet, z. B. 16-PF-Test.
■ Projektive Testverfahren	Test, bei dem der Getestete Darstellungen interpretieren soll, z. B. Rorschach-Test.
Testbatterie	Kombination aus mehreren psychologischen Tests (meist Intelligenztests, Konzentrationstests).
Assessmentcenter	Verfahren zur Ermittlung von Eignungspotenzialen durch Beobachtung der Teilnehmer in Übungen, wird häufig bei Hochschulabsolventen angewendet.

Intelligenztests

Wie der Name schon sagt, soll über Intelligenztests eine Aussage dazu gemacht werden, wie intelligent ein Mensch ist. Doch bereits hier beginnt das Problem: Zuerst sollte einmal geklärt werden, was Intelligenz eigentlich ist. Selbst Fachleute sind sich nicht darüber einig, was unter diesem Begriff zu verstehen ist. Eine häufig gebrauchte Definition lautet etwa: Intelligenz ist die Fähigkeit, unter Einsatz des Denkens neue Situationen ohne Zuhilfenahme bisheriger Erfahrungen erfolgreich zu bewältigen.
Das klingt kompliziert und ziemlich theoretisch, verdeutlich aber, dass Intelligenz etwas mit bestimmten Verhaltensweisen zu tun hat. Ein Begriff, der in diesem Zusammenhang auch häufig benutzt wird, ist der des „Intelligenzquotienten“ (IQ). Der Quotient besagt, wie intelligent eine Person im Vergleich zur Gesamtbevölkerung ist: Ein IQ von 90 bis 110 gilt als Durchschnittswert, wer einen IQ von über 130 hat, gilt als hoch begabt.
Bekannte Vertreter aus der Gruppe der Intelligenztests sind die folgenden:

- Intelligenz-Struktur-Test (IST) von Amthauer
- Leistungsprüfsystem (LPS)
- Grundintelligenztest (CFT 3)
- Wilde-Intelligenztest

Intelligenztests gliedern sich in Untergruppen, die jeweils einen Intelligenzbereich abdecken. Die Aufgaben müssen unter Zeitdruck gelöst werden. Zum größten Teil handelt es sich dabei um so genannte Multiple-Choice-Aufgaben, bei denen Sie aus verschiedenen vorgegebenen Antwortalternativen die richtige herausfinden und ankreuzen sollen. Dabei werden nur die richtigen Antworten gezählt.

Wenn nur richtige Antworten gelten

Experten-Tipp

Wenn bei einem Multiple-Choice-Test nur die richtigen Antworten zählen, falsche Antworten also nicht zu einem Punktabzug führen, sollten Sie auf jeden Fall eine Antwortalternative ankreuzen, auch wenn Sie nicht ganz sicher sind, ob es sich um die richtige handelt. So besteht zumindest eine Chance, dass Sie einen Punkt bekommen.

Intelligenztests bei der Bewerberauswahl

Wenn Intelligenztests im Rahmen der Bewerberauswahl zum Einsatz kommen, so steht nicht der IQ im Mittelpunkt, sondern die Intelligenzstruktur. Darunter ist das Stärken-Schwächen-Profil des Getesteten hinsichtlich einzelner Intelligenzfaktoren zu verstehen, z. B. in Bezug auf räumliches Vorstellungsvermögen, Kombinationsfähigkeit oder zahlenlogisches Verständnis. Dieses Bewerberprofil kann wiederum dem Anforderungsprofil der Stelle gegenübergestellt werden. Je besser sich die beiden Profile decken, desto eher ist zu erwarten, dass der Bewerber mit den gestellten Anforderungen zurechtkommt.
Zwei Bewerber können den gleichen IQ haben und dennoch aufgrund ihres Intelligenzprofils sehr unterschiedlich für eine Stelle geeignet sein. Dies veranschaulicht das folgende Beispiel:

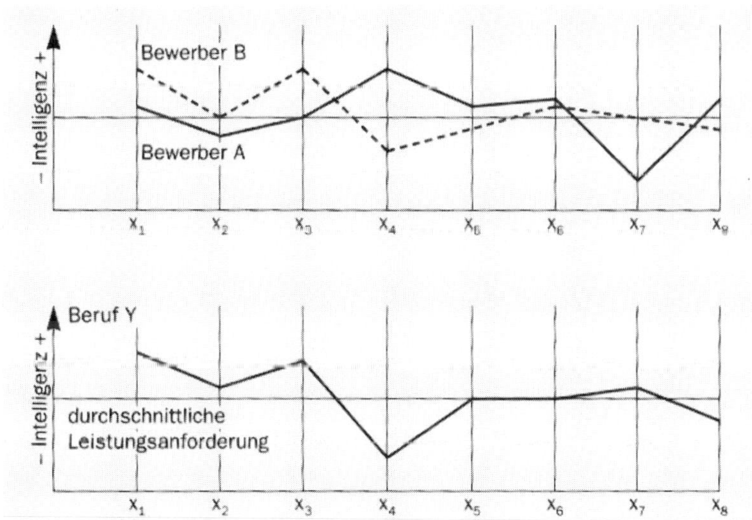

In Bezug auf das Anforderungsprofil ist Bewerber B insgesamt wesentlich besser für die ausgeschriebene Stelle geeignet, was sich besonders stark bei Kriterium 4 zeigt.

Berufs- und Leistungstests

Bei den Berufs- und Leistungstests stehen das fachliche Wissen und die Belastbarkeit bei der Ausübung von Aufgaben im Mittelpunkt der Betrachtung.

Wissens- und Berufstests

Wissenstests, wie man sie – allerdings häufig ohne wissenschaftliche Konzeption – in Zeitschriften findet, sollen Auskunft darüber geben, über welche Allgemeinbildung bzw. welches spezifische Fachwissen ein Bewerber verfügt. Je nach Berufsfeld können auch spezielle Schwerpunkte im Bereich Wirtschaft, Technik oder Informationstechnologie (IT) abgefragt werden. Tests, die berufs- oder fachspezifische Kenntnisse prüfen sollen, werden auch als „Berufstests" bezeichnet. Berufstests orientieren sich immer sehr eng an den jeweiligen Aufgaben, die der Bewerber zukünftig bewältigen können soll.

- Möchte z. B. jemand im Bereich IT als Netzwerkadministrator arbeiten, sollte er über ein entsprechendes Fachwissen verfügen. Hierzu zählt beispielsweise die Kenntnis, wie ein PC aufgebaut ist, welche Betriebssysteme es gibt und welche Netzwerkkonstellationen möglich sind.
- Auch Fremdsprachenkenntnisse lassen sich mittels eines Wissenstests, bei dem Wortschatz, Sprachgefühl und Grammatikkenntnisse getestet werden, besser einschätzen. Denn jeder versteht unter „guten Englischkenntnissen" etwas anderes. Ein solcher Test bietet die Möglichkeit, eine vergleichbare Einordnung mehrerer Kandidaten auf einer einheitlichen Skala vorzunehmen.

Experten-Tipp

Tests auch bei Zeitarbeitsunternehmen

Oft lassen auch Personaldienstleistungsunternehmen – besser unter der Bezeichnung „Zeitarbeitsunternehmen" bekannt – ihre Bewerber Berufs- oder Wissenstests durchführen, um deren Kenntnisstand zu prüfen. Beliebt sind z. B. PC- und Rechtschreibtests, wenn es um kaufmännische Positionen geht.

Die Allgemeinbildung lässt sich in der Regel auf die Schnelle nicht deutlich steigern. Bei den Tests, die dieses Wissen prüfen sollen, gibt es aber eine ganze Reihe von klassischen Fragen, insbesondere in den Bereichen Geografie, Geschichte und Politik, die in vielen Tests abgefragt werden und die man daher „draufhaben" sollte.
Neben dem Abfragen von Wissen werden bei Berufstests auch praktische Übungen durchgeführt, die z. B. das handwerkliche Geschick und die Fingerfertigkeit belegen sollen. Die Drahtbiegeprobe ist hier ein bekannter Vertreter. Dabei sollen die Kandidaten aus einem Stück Draht beispielsweise eine Büroklammer oder eine Zange formen.

Leistungs- und Konzentrationstests

Bei Leistungs- und Konzentrationstests kommt man in der Regel am stärksten ins Schwitzen. Sie werden sehr oft bei der Auswahl von Auszubildenden eingesetzt und sollen Rückschlüsse auf das zukünftige Arbeitsverhalten erlauben. Arbeitsgeschwindigkeit, Sorgfalt, Ausdauer, Ordnung, Arbeitsorganisation und Belastbarkeit sind dabei die Kriterien. Wie sicher noch aus dem Physikunterricht bekannt, wird Leistung als Arbeit pro Zeiteinheit definiert. Daher sind Leistungstests immer unter Zeitbegrenzung zu bearbeiten, der Zeitdruck stellt erfahrungsgemäß die größte Belastung dar.
Die Aufgabenstellungen sind an sich recht einfach. Sie sollen beispielsweise eine Originalrechnung mit einer Abschrift auf Fehler vergleichen, eine ganze Seite voll einstelli-

ger Zahlen addieren oder bestimmte Buchstaben in einem Text ankreuzen. Da es sich aber um eine große Anzahl von Aufgaben handelt und die Uhr tickt, fällt es den meisten nach einer gewissen Zeit schwer, die Zahlen 2 und 3 richtig zu addieren. Wichtige Fragestellungen sind hier:

- Kann sich ein Bewerber auch unter Zeitdruck konzentrieren?
- Wie ist die Qualität der Bearbeitung im Zeitverlauf?
- Welche Mengenleistung ist ein Bewerber in der Lage zu bewältigen?
- Wie hoch ist die Fehlerquote insgesamt?

Bekannte Leistungstests sind:

- Aufmerksamkeits-Belastungstest (d2)
- Konzentrations-Verlaufs-Test (KVT)
- Konzentrations-Leistungs-Test (KLT)
- Pauli-Test (PT) von Arnold

Persönlichkeitstests

Wie der Name schon sagt, dienen diese Tests dazu, das Persönlichkeitsbild eines Kandidaten für die Entscheider transparent zu machen. Was ist das für ein Mensch? Welche Charakterzüge hat er? – So lauten die Fragen, die hinter diesen Tests stehen. Den Arbeitgeber interessiert in diesem Zusammenhang insbesondere, wie es um die emotionale Stabilität (z. B. Ausgeglichenheit, Selbstbewusstsein, Gelassenheit oder Aggressivität) und die soziale Intelligenz (z. B. Kontaktfähigkeit, Durchsetzungsvermögen oder Anpassungsfähigkeit) und um das Leistungsverhalten (z. B. Pflichtbewusstsein, Ehrgeiz, Wille zum Erfolg oder Arbeitseinstellung) der Kandidaten bestellt ist.
Die Tests, mit denen derartige Fragen beantwortet werden sollen, lassen sich in zwei Gruppen unterteilen.

Projektive Testverfahren

Eine Gruppe umfasst die so genannten projektiven Testverfahren. Aus dieser Gruppe ist vor allem der Rorschach-Test bekannt, bei dem man aufgefordert wird, Tintenkleckse zu deuten. Aus der Interpretation der Kleckse werden anschließend Rückschlüsse auf die Persönlichkeit des Bewerbers gezogen. Beispielsweise soll festgestellt werden, ob er eher ängstlich ist oder gar psychische Krankheiten aufweist.

Eine weitere Variante der projektiven Testverfahren stellen Situationszeichnungen dar, bei denen der Testkandidat das Verhalten einer Person in einer vorgegebenen Situation festlegen soll. Wenn z. B. ein Autofahrer bei starkem Regen durch eine Pfütze fährt und einen Fußgänger total nass spritzt, gibt es verschiedene Sprechblasen mit Aussagen, die der Kandidat dem Fußgänger in den Mund legen kann. Durch die Auswahl einer Aussage gibt er zu erkennen, was er in einer solchen Situation wohl selbst sagen würde. Daraus werden wiederum Rückschlüsse auf seine Persönlichkeit gezogen.

Fragebogentests

Bei den „Fragebogentests“ werden dem Kandidaten mehrere hundert Aussagen vorgelegt, die er mit „stimmt“, „stimmt nicht“ oder „zweifelhaft“ bewerten muss. Die Fragen sind oft sehr persönlich wie z. B.: „Ich fühle mich oft sehr niedergeschlagen“. Die Tests enthalten durchweg Kontrollfragen, damit es schwieriger ist, bewusst zu manipulieren. Hier ein Beispiel aus einem Persönlichkeitstest:

„Ich bezweifle die Aufrichtigkeit von Menschen, die freundlicher sind, als ich es erwarten würde.“

a) stimmt b) unentschieden c) nein

„Oft ärgere ich mich zu schnell über andere.“

a) stimmt b) unentschieden c) nein

Ein gebräuchlicher Fragebogentest ist der 16-Persönlichkeits-Faktoren-Test, kurz 16PF genannt. Er enthält 192 Fragen, die in einer Zeit von 30 bis 45 Minuten zu beantworten sind. Mittlerweile gibt es ihn auch in einer revidierten Fassung (16PF-R) mit 184 Fragen.

Weitere Persönlichkeitstests

Weitere Tests, die im Rahmen der Personalauswahl und -entwicklung häufig zum Einsatz kommen, sind

- der Differentielle Interessentest (DIT),
- das Eysenck-Persönlichkeits-Inventar (EPI),
- das Freiburger Persönlichkeitsinventar (FPI) und
- das Bochumer Inventar zur berufsbezogenen Persönlichkeitsbeschreibung (BIP).

Weniger offensichtlich als klassische Persönlichkeitstests zu erkennen sind die so genannten Satzergänzungstests. Hier werden die Testteilnehmer dazu aufgefordert, einen Satzanfang nach ihren Vorstellungen weiterzuführen. Beispiele:

- Mein sehnlichster Wunsch besteht darin, ______________________.
- Mit einer Gruppe von Menschen zu arbeiten ist ______________________.
- Thomas ist besorgt, dass ______________________.

Das Prinzip ist das gleiche wie bei den bereits vorgestellten Fragestellungen: Man möchte etwas über Ihre Einstellung und Ihre Persönlichkeit in Erfahrung bringen.

Experten-Tipp

Persönlichkeitstest vorwiegend bei Führungskräften

Persönlichkeitstests kommen bei der Auswahl von Auszubildenden und Berufsstartern eher selten zum Einsatz. Sie sind vorwiegend bei Führungskräften Bestandteil des Auswahlprozesses und daher kein klassischer Bestandteil von Einstellungstests.

Persönlichkeitstests sind insgesamt recht umstritten. Immer wieder wird die Frage gestellt, ob ein Arbeitgeber das Recht hat, gezielt Einblick in die Persönlichkeitsstruktur eines Bewerbers zu nehmen. Formal haben Sie natürlich immer die Möglichkeit, die Bearbeitung des Tests zu verweigern. Dass sich dadurch die Chancen, den zu besetzenden Arbeitsplatz zu erhalten, verschlechtern, ist aber nicht von der Hand zu weisen. Generell dürfen psychologische Testverfahren nur von Psychologen durchgeführt und ausgewertet werden. Damit soll sichergestellt werden, dass die Ergebnisse nicht von Laien falsch interpretiert werden und dass kein Unfug mit den Tests gemacht wird.

Was erwartet mich in einem Assessmentcenter?

Rauchende Köpfe, zwei bis drei Tage volle Konzentration und jede Menge praktische Übungen, bei denen Kandidaten zeigen sollen, wie sie sich in berufsrelevanten Situationen verhalten – so sieht es in einem Assessmentcenter (AC) aus. Das alles dient dem Ziel der Unternehmen, die Trefferwahrscheinlichkeit bei der Besetzung von Stellen zu erhöhen.
Lassen Sie uns zunächst den Begriff „Assessmentcenter" etwas näher beleuchten. Er stammt aus dem Englischen und setzt sich aus dem Wort „to assess", das heißt übersetzt „feststellen", „bewerten" oder „einschätzen", und dem Wort „center", das „Zentrum" oder „Mitte" bedeutet, zusammen. Im Mittelpunkt des Assessmentcenters stehen Kandidaten, deren Verhalten mittels einzelner Übungen von so genannten Assessoren beobachtet und bewertet werden soll. Unternehmen, die ACs einsetzen, verlassen sich also nicht ausschließlich auf Bewerbungsunterlagen, psychologische Tests oder die Aussagen eines Kandidaten im Vorstellungsgespräch. Sie wollen zusätzliche Sicherheit, um das Risiko einer Fehlbesetzung zu reduzieren. Nach dem Motto „Ich will es mit meinen eigenen Augen sehen" verschaffen sich Unternehmen mittels des AC einen direkten Eindruck vom Verhalten des Kandidaten in konkreten Praxissituationen. Im AC steht weniger das fachliche Wissen im Vordergrund als vielmehr die Persönlichkeit, das Kommunikationsverhalten und die Motivation eines Kandidaten.
Wie aussagefähig das AC tatsächlich ist, hängt nicht zuletzt davon ab, wie es gelingt, realistische Situationen aus dem Berufsalltag in Übungen umzusetzen. Je individueller das AC bezogen auf die zu besetzende Stelle entwickelt wurde, desto höher ist dieser Realitätsbezug. Dies ist auch für Kandidaten ein wichtiges Kriterium, wenn es um die Akzeptanz des Verfahrens geht. Schließlich wollen Sie ja keine „Spielchen" machen, bei denen Sie sich immer wieder die Frage stellen, was das Ganze mit der Tätigkeit zu tun hat, die Sie anstreben.
ACs werden in der Regel als Gruppenverfahren mit acht bis zwölf Teilnehmern in einem Zeitrahmen von zwei bis drei Tagen durchgeführt. Es gibt auch Mini-ACs, die einen halben oder ganzen Tag dauern, sowie Einzel-ACs mit einem Kandidaten, die vorwiegend im Führungskräftebereich eingesetzt werden. Das Verhältnis zwischen Kandidaten und Assessoren ist in der Regel zwei zu eins, für zwölf Kandidaten werden also sechs Assessoren benötigt. Die Gruppe der Assessoren setzt sich aus Vertretern der Fachbereiche – oft ist der zukünftige Vorgesetzte der neuen Arbeitskraft darunter –, des Personalwesens und externen Beratern zusammen.
Wenn Sie sich als Hochschulabsolvent um eine Erstanstellung in einem größeren Unternehmen bewerben, ist die Wahrscheinlichkeit sehr hoch, dass Sie ein Assessment-

center als Auswahlstufe durchlaufen müssen. Aber selbst wenn Sie beim Berufseinstieg keine AC-Erfahrung sammeln konnten, wird Ihnen das Assessmentcenter im weiteren Berufsleben sicherlich noch begegnen.
Doch das AC wird nicht nur als Auswahlinstrument für Bewerber mit Hochschulabschluss eingesetzt, es findet in ebenso großem Umfang im Rahmen der Personalentwicklung Anwendung. In diesem Fall geht es darum, bereits eingestellte Mitarbeiter, denen eventuell mehr Verantwortung übertragen werden soll, nochmals gezielt „unter die Lupe" zu nehmen.

Aufgaben im Assessmentcenter

Assessmentcenter setzen sich aus verschiedenen Aufgabentypen zusammen. Die folgende Tabelle bietet einen Überblick.

Übersicht: Aufgabentypen im Assessmentcenter

Einzelübungen	Partnerübungen	Gruppenübungen
■ Postkorb ■ Präsentation/Einzelvortrag ■ Organisationsaufgabe ■ Berufs- und Leistungstests* ■ Intelligenztests* ■ Persönlichkeitstests* ■ Einzelinterview*	■ Konfliktgespräch ■ Pro-und-Kontra-Diskussion	■ Gruppendiskussion ■ Gruppenarbeit, Fallstudie ■ Rollenspiel
* ergänzende Elemente in Assessmentcentern		

Einzelübungen

Bei der Lösung dieser Aufgaben ist jeder Kandidat auf sich allein gestellt. Hierzu gehören beispielsweise die folgenden Übungen:

Postkorbübung

Stellen Sie sich vor, dass Sie eine Vielzahl von Informationen in Ihrem Posteingang oder in Ihrem Briefkasten finden. Die Aufgabe besteht darin, innerhalb einer vorgegebenen Zeit alle Vorgänge zu bearbeiten. In der Regel heißt das, Entscheidungen zu treffen,

1. was Sie selbst erledigen müssen,
2. was Sie delegieren können und
3. was Sie beruhigt in die Mülltonne werfen können.

Experten-Tipp

Erstellen Sie zuerst einen Terminplan

Achten Sie besonders auf terminliche Überschneidungen. Es ist sinnvoll, zunächst einen Terminplan zu erstellen und die Termine einzutragen, damit Sie einen Überblick haben, was wann zu tun ist.

Einzelpräsentationen/Vorträge

Sie sollen zu einem frei wählbaren oder vorgegebenen Thema einen Vortrag halten. Dabei werden der Inhalt, jedoch vor allem die Art und Weise, wie Sie präsentieren, bewertet.

Nutzen Sie jede Gelegenheit, um Feedback einzuholen

Experten-Tipp

Diese Aufgabe kann man sehr gut üben. Nutzen Sie jede Gelegenheit, um Präsentationserfahrung zu sammeln, und lassen Sie sich ein Feedback geben, wie Ihr Vortragsverhalten auf andere wirkt.

Organisationsaufgaben

Im Mittelpunkt dieser Aufgabengruppe stehen Problemerkennung und -lösung. Sie sollen z. B. eine Routenplanung für einen Vertriebsmitarbeiter ausarbeiten oder einen Umzug organisieren. Wichtig: Es muss zu erkennen sein, nach welcher Struktur Sie vorgehen und dass die Lösung praxistauglich ist.

Beschäftigen Sie sich mit Projektmanagement

Experten-Tipp

Beschäftigen Sie sich mit den Grundlagen des Projektmanagements. Buchtipp: Ute Dorau: Karrierefaktor Projektmanagement, Haufe Verlag 2004.

Weitere mögliche Einzelübungen

Ferner werden ACs häufig durch psychologische Testverfahren (Intelligenz- und Leistungstests sowie Persönlichkeitstests) ergänzt. Diese Übungen eignen sich besonders gut als zeitlicher „Lückenfüller" zwischen den einzelnen Übungen, da jeder Bewerber sie eigenständig durchführen kann.
Außerdem können Einzelgespräche stattfinden, die zur Abrundung des Kandidatenbildes beitragen sollen. Sie sind vom Wesen her vergleichbar mit den klassischen Vorstellungsgesprächen, allerdings in der Regel kürzer. Häufig werden die Teilnehmer auch danach gefragt, wie sie die anderen Kandidaten einschätzen.

Partnerübungen

Im Vordergrund des Assessmentcenters steht das Kommunikationsverhalten im Vieraugengespräch. Klassische Übungen in diesem Bereich sind:

Konfliktgespräche

Bei diesen Aufgaben ist häufig die Konstellation Führungskraft-Mitarbeiter vorgegeben. Sie sollen in der Rolle des Vorgesetzten ein Gespräch führen und dabei ein Problem, das unmittelbar mit dem Verhalten des Mitarbeiters zu tun hat, lösen.

Experten-Tipp

Wer fragt, der führt

Lassen Sie zunächst den Mitarbeiter zu Wort kommen und die Situation aus seiner Sicht schildern. Vermeiden Sie Vorwürfe und das Androhen von Konsequenzen, versuchen Sie besser, den Mitarbeiter zu aktivieren, dass er selbst Lösungen vorschlägt. Wer fragt, der führt.

Pro-und-Kontra-Diskussionen

Bei diesen Aufgaben sollen Sie zeigen, dass Sie Ihren eigenen Standpunkt klar vertreten können, ohne Ihren „Kontrahenten" persönlich anzugreifen. Die Themenstellungen sind meist sehr allgemein gewählt, z. B. Autobahnbenutzungsgebühren für Pkw, damit jeder die Möglichkeit hat, Argumente zu finden.

Experten-Tipp

Nehmen Sie die Argumente Ihres Gegenübers auf

Versuchen Sie, die Argumente Ihres Gegenübers in Ihrem Statement aufzugreifen und dann zu entkräften, oder entwickeln Sie Lösungsansätze, die einen Konsens möglich machen.

Gruppenübungen

Das Verhalten im Team und die Fähigkeit, in komplexen Arbeitssituationen als einer unter mehreren zu bestehen, stehen im Mittelpunkt dieser Aufgaben. Häufig eingesetzte Übungen sind die folgenden:

Gruppenarbeiten

Hier sind Sie als Team gefordert, eine Aufgabe zu lösen. Dies kann beispielsweise die Konstruktion eines Brückenmodells sein. Im Zentrum stehen Kommunikationsverhalten und Teamfähigkeit.

Experten-Tipp

Akzeptanz erreichen und Aufgaben koordinieren

Wenn es Ihnen gelingt, von den anderen Gruppenmitgliedern akzeptiert zu werden und die Aufgabenstellung unter den Teammitgliedern zu koordinieren, können Sie Pluspunkte sammeln.

Rollenspiele

Ähnlich wie bei der Partnerübung „Konfliktgespräch" sollen Sie in eine Rolle schlüpfen. Diesmal sind jedoch mehrere Personen mit unterschiedlichen Interessen beteiligt. Im Vorfeld der Übung erhalten die Kandidaten Rollenanweisungen. Jeder kennt nur seine Aufgabe, nicht die der Mitspieler.

Experten-Tipp

Gehen Sie nützliche Allianzen ein

Versuchen Sie gleich zu Beginn, die Interessen der anderen Kandidaten in Erfahrung zu bringen, und schließen Sie dann Allianzen, die für Ihre Zielerreichung günstig sind.

Fallstudien

Hier wird Ihnen in der Regel eine Aufgabenstellung präsentiert, wie sie sich im Berufsalltag tatsächlich stellt. Wenn Sie sich beispielsweise auf eine Marketingposition bewerben, kann es durchaus vorkommen, dass Sie auf der Grundlage der vorgegebenen Informationen ein Marketingkonzept entwerfen sollen. Beschäftigen Sie sich daher im Vorfeld des AC mit den Produkten und Tätigkeiten, die Sie bei der zu besetzenden Stelle erwarten.

Gruppendiskussionen

Die Gruppendiskussion ist ein Klassiker unter den AC-Übungen. Dabei sollen Sie mit mehreren Kandidaten (in der Regel in einer Gruppe von vier bis sechs Personen) ein vorgegebenes oder frei gewähltes Thema diskutieren. Die meisten Gruppendiskussionen verlaufen „führerlos", es wird also im Vorfeld kein Diskussionsleiter bestimmt. Die Themen sind wie bei der Pro-und-Kontra-Diskussion sehr allgemein gehalten.

Beziehen Sie stillere Teilnehmer ein

Experten-Tipp

Beziehen Sie Teilnehmer, die sich kaum zu Wort melden, aktiv in die Diskussion ein und fassen Sie den Stand der Dinge zwischendurch und am Ende zusammen.

Die Beobachter halten den Ablauf jeder Übung auf einem Auswertungsbogen fest. Am Ende des Assessmentcenters findet eine Assessorenkonferenz statt, bei der die Eindrücke aller zusammengetragen und bereits Entscheidungen getroffen werden.

Achten Sie auf Ihr Verhalten zwischen den Übungen

Experten-Tipp

Nicht nur während der Übungen stehen Sie unter Beobachtung. Seien Sie sich im Klaren darüber, dass Ihr Verhalten auch in den Pausen oder beim gemeinsamen Essen sehr bewusst wahrgenommen wird und letztendlich die Entscheidung mit beeinflusst.

Das Assessmentcenter als Chance

Zu jedem guten AC gehört ein ausführliches Feedback für die Kandidaten, ganz gleich, ob sie für die zu besetzende Position ausgewählt werden oder nicht. Deshalb stellt das AC für Sie als Teilnehmer auch immer eine Chance dar, mehr über sich zu erfahren und eine Rückmeldung zu erhalten, wie Ihr Verhalten von anderen wahrgenommen wird. So lassen sich Defizite erkennen und geeignete Maßnahmen ergreifen. Deshalb sollten Sie unbedingt auf ein Feedbackgespräch bestehen.

Auf einen Blick: Was für das AC spricht

- Die Bewertung der Teilnehmer erfolgt aufgrund ihrer Leistungen in verschiedenen Übungen. Damit ist sie für Sie als Kandidat wesentlich besser nachvollziehbar, als wenn sie ausschließlich auf den Eindrücken aus einem Interview basiert.

- Die Übungen im Assessmentcenter haben einen Bezug zur späteren beruflichen Tätigkeit. Daraus können Sie für sich selbst die Frage beantworten, ob eine diesbezügliche Aufgabenstellung Ihren Interessen und Neigungen entspricht.
- Aufgrund der Methodenvielfalt haben Sie die Möglichkeit, sich in verschiedenen Situationen umfassend und realitätsnah zu präsentieren.
- Da Ihr Abschneiden von mehreren Assessoren bewertet wird, erhöht sich die Objektivität des Entscheidungsprozesses. Sie unterliegen damit nicht der alleinigen Entscheidungskompetenz eines Einzelnen, vielmehr werden die Eindrücke in der Beobachterkonferenz diskutiert, relativiert und zu einem Gesamtbild zusammengefügt.

Tricks und Kniffe zum Knacken von Einstellungstests

CD-ROM

In diesem Kapitel erhalten Sie gezielt Tipps dafür, wie Sie die einzelnen Übungen in Einstellungstests am besten lösen können. Jetzt brauchen Sie noch einen Stift, eine Stoppuhr (oder wenigstens eine Uhr mit Sekundenzeiger) und zu bestimmten Übungen einen Freund oder Bekannten, der Ihnen assistiert. Alle Übungen finden Sie auch auf der beigefügten CD-ROM, die Multiple-Choice-Aufgaben können Sie direkt am PC bearbeiten.

Für jeden Aufgabentypus finden Sie Beispielaufgaben. Anhand dieser stellen wir Ihnen verschiedene Bearbeitungsmethoden und Lösungshilfen vor. Der Weg zur Lösung der einzelnen Aufgabe wird Schritt für Schritt beschrieben und ist für Sie gut nachvollziehbar. Wenn Sie das jeweilige Bearbeitungsprinzip verstanden haben, dienen Ihnen die nachfolgenden Aufgaben zur weiteren Übung und Verinnerlichung.

Zahlenreihen

In dieser Aufgabengruppe finden Sie eine Folge von Zahlen, die nach einer bestimmten Gesetzmäßigkeit aufgebaut ist. Ersetzen Sie das Fragezeichen durch die Zahl, die die Zahlenreihe logisch fortsetzt.

a)	3	9	15	21	27	?	
b)	4	6	9	13	18	24	?
c)	3	6	18	72	360	?	
d)	1	2	7	20	61	?	
e)	2	4	25	75	95	380	?
f)	56	112	110	55	57	114	?
g)	523	477	430	382	?		

Um die Lösung zu finden, sollten Sie zunächst die Differenz- oder die Multiplikationsmethode anwenden.

Wenden Sie die vier Grundrechenarten an

Gehen Sie davon aus, dass nahezu alle Ergebnisse mithilfe der vier Grundrechenarten im Kopf berechnet werden können. Differenz-, Multiplikations- und Divisionsmethode können natürlich auch kombiniert werden.

Die Differenzmethode

Die ersten Reihen in einer solchen Aufgabe sind meist sehr einfach zu ergänzen, indem man immer die Differenz der nebeneinander liegenden Zahlen verfolgt.

a) + 6 + 6 + 6 + 6 + 6

3 9 15 21 27 ?

Die Differenz der nebeneinander liegenden Zahlen ist jeweils 6, somit muss die gesuchte Zahl 33 sein (27 + 6 = 33). Bei dieser Methode sowie bei der später beschriebenen Multiplikationsmethode ist es zweckmäßig, die verbindenden Zahlen und die zugehörigen Rechenoperationen zu vermerken, um auf die Gesetzmäßigkeit schließen zu können (wie in unserem Beispiel die Differenz + 6).

b) + 2 + 3 + 4 + 5 + 6 + 7

4 6 9 13 18 24 ?

Im vorliegenden Fall steigert sich die Differenz jeweils um 1. Die Differenz zwischen der zuletzt vorgegebenen Zahl 24 und der gesuchten Zahl muss 7 betragen. Damit ist die Lösung 31.

Die Multiplikationsmethode

Führt die Anwendung der Differenzmethode zu keiner Lösung und steigert sich der Wert der aufeinander folgenden Zahlen schnell, so liegt in der Regel eine Multiplikation vor.

Die Divisionsmethode

Verringert sich der Wert der aufeinander folgenden Zahlen schnell, so wird die Divisionsmethode analog angewandt.

c) × 2 × 3 × 4 × 5 × 6

3 6 18 72 360 ?

Die gesuchte Zahl ist 2160.

Kombinationen der vier Grundrechenarten

Aufgabe d) bietet ein Beispiel für die Kombination von Multiplikation und Addition:

d) × 3 – 1 × 3 + 1 × 3 – 1 × 3 + 1 × 3 – 1

1 2 7 20 61 ?

Das Ergebnis hier lautet 182.

Ein Schwierigkeitsgrad bei Zahlenreihen dürfte wohl sein, wenn in einer Aufgabe zwei Zahlenreihen miteinander verknüpft sind. Die Aufgaben b), c) und d) haben dafür schon Beispiele geliefert, die allerdings noch recht einfach gelagert waren. Bei den Aufgaben b) und c) haben sich Summand bzw. Multiplikator von einem zum nächsten Schritt jeweils um 1 erhöht, bei Aufgabe d) wurde alternierend das Dreifache der vorherigen Zahl entweder um 1 erhöht oder um 1 vermindert.
Richtig schwierig wird es dann, wenn es abwechselnd verschiedene Rechenvorschriften gibt, die zur nächsten Zahl führen und von denen jede für sich bezüglich der Summanden bzw. Multiplikatoren eine Zahlenreihe bildet. Die Aufgaben e) und f) sind Beispiele dieser Kategorie.

e)

	× 2		+ 21		× 3		+ 20		× 4		+ 19	
2		4		25		75		95		380		?

Die Lösung dieser Aufgabe lautet 399.

f)

	× 2		- 2		: 2		+ 2		× 2		- 2	
56		112		110		55		57		114		?

Die Lösung dieser Aufgabe lautet 112.

g)

	- 46		- 47		- 48		- 49	
523		477		430		382		?

Die Lösung dieser Aufgabe lautet 333.

Hier nun einige Übungsaufgaben für Sie:

Übungsaufgaben

Für die Bearbeitung der folgenden Aufgaben haben Sie insgesamt 10 Minuten zur Verfügung. Beginnen Sie jetzt.

1.	5	7	4	6	3	?		
2.	72	61	48	?				
3.	7	14	12	24	?			
4.	75	15	25	5	15	?		
5.	5	35	28	4	11	77	70	?
6.	8	5	15	18	6	3	9	?
7.	3	8	5	14	9	22	15	?
8.	1	2	4	2	4	8	6	?
9.	64	48	40	36	34	?		
10.	3	6	18	36	108	216	?	
11.	15	6	18	10	30	23	69	?
12.	6	7	9	13	21	?		
13.	71	68	77	50	?			
14.	256	16	25	5	16	4	?	

15.	3	7	13	27	53	?	
16.	72	56	48	44	42	?	
17.	-56	-33	-21,5	-15,75	?		
18.	523	477	430	382	?		
19.	56	112	110	55	57	114	?
20.	8,5	4,25	6,25	12,5	10,5	5,25	?
21.	16	$13\frac{1}{2}$	$\frac{22}{2}$	$8\frac{1}{2}$	6	?	
22.	$\frac{3}{2}$	2,2	3,1	$4\frac{1}{5}$	$5\frac{1}{2}$	?	
23.	0,025	$\frac{1}{20}$	0,15	$\frac{6}{10}$	?		
24.	6561	81	9	3	?		
25.	312	78	26	13	?		
26.	52	69	88	109	?		
27.	44	55	64	71	?		
28.	37	52	68	85	?		
29.	1000	980	1020	960	?		
30.	82	97	114	133	?		
31.	0	2	8	18	?		
32.	243	81	27	9	?		
33.	256	64	192	96	?		
34.	7	4	12	9	?		
35.	11	13	17	25	?		
36.	8	12	24	60	168	?	

Lösungen

1. 5	2. 33	3. 22	4. 3	5. 10	6. 12
7. 32	8. 12	9. 33	10. 648	11. 63	12. 37
13. 131	14. 17	15. 107	16. 41	17. – 12,875	18. 333
19. 112	20. 7,25	21. 3,5	22. 7	23. 3	24. $\sqrt{3}$
25. 13	26. 132	27. 76	28. 103	29. 1040	30. 154
31. 32	32. 3	33. 96	34. 27	35. 41	36. 492

Zahlenreihen in Figuren

Nicht immer müssen die Zahlenreihen in einer Linie aufgestellt sein. Sie können auch in Figuren untergebracht werden.

In diesem Beispiel beginnt die Zahlenreihe an dem dicken Balken:

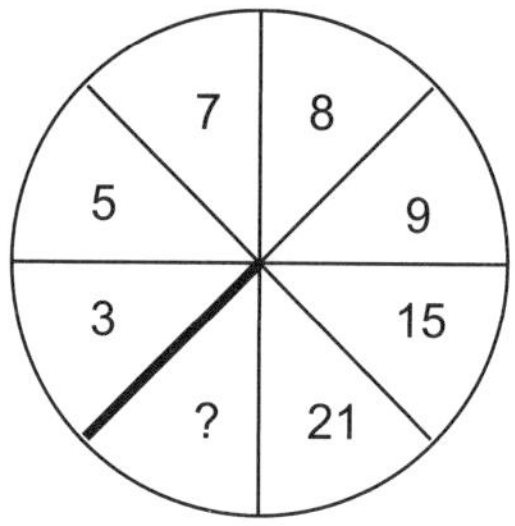

Die Zahlen multipliziert mit 3 ergeben jeweils die gegenüberliegenden Zahl, die Lösung ist 24.

Nun folgen weitere Aufgaben: Führen Sie die nachfolgenden Zahlenreihen sinnvoll weiter. Beginnen Sie links unten am dicken Strich und gehen Sie im Uhrzeigersinn vor. Tragen Sie die gesuchte Zahl in die Aufgabe ein.

Übungsaufgaben

Für die Bearbeitung der folgenden Aufgaben haben Sie insgesamt 4 Minuten zur Verfügung. Beginnen Sie jetzt.

a)

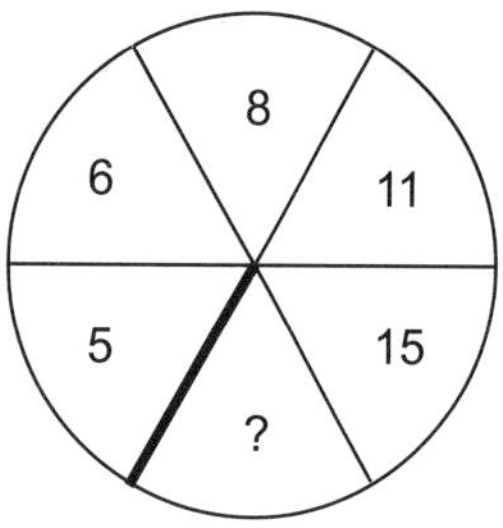

b)

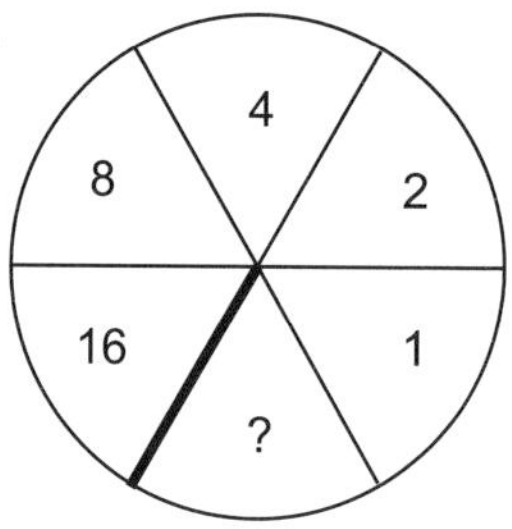

c)

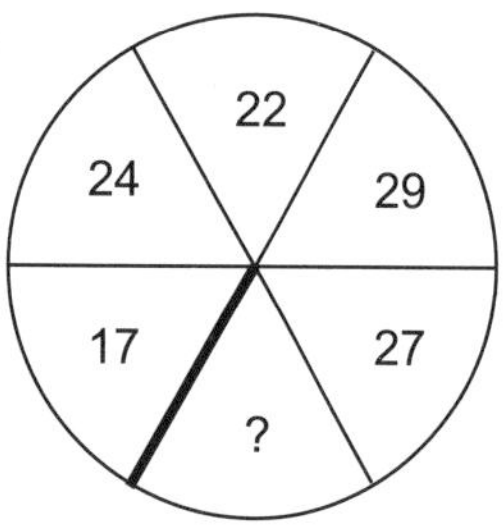

d)

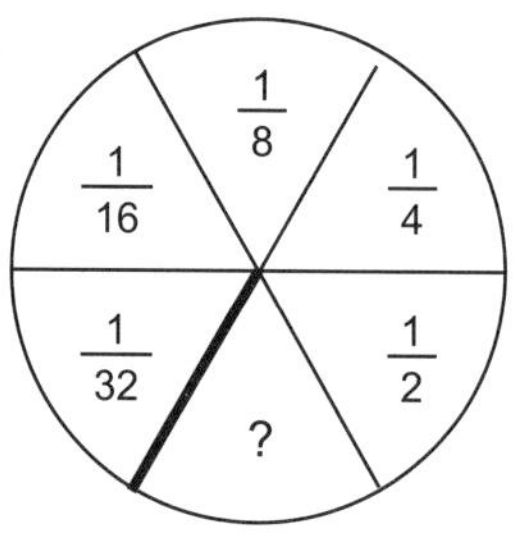

e)

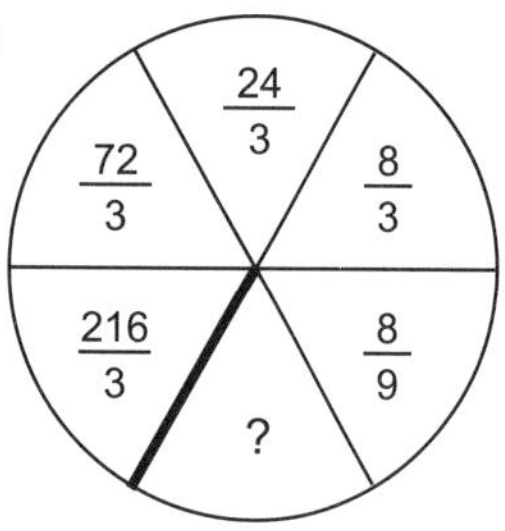

f)

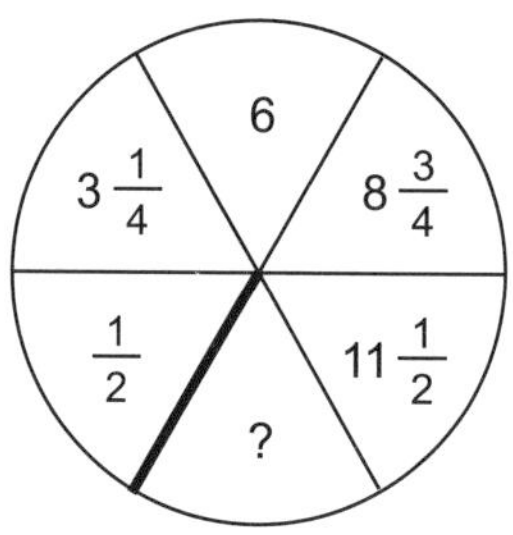

g)

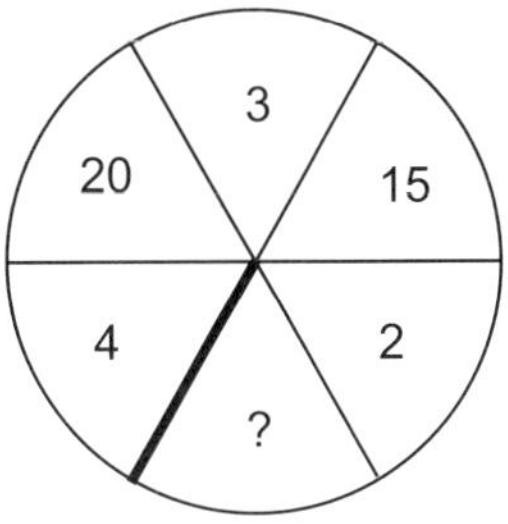

h)

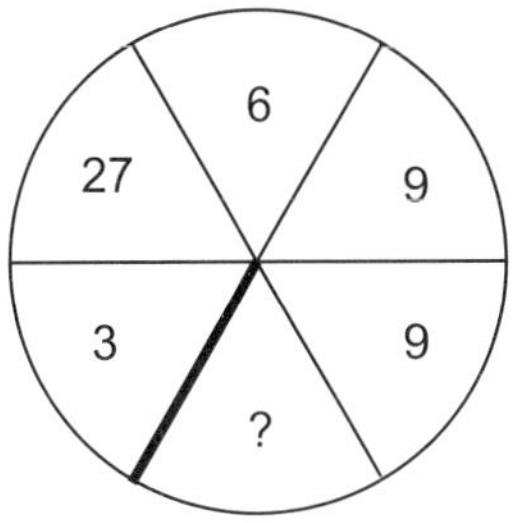

i)

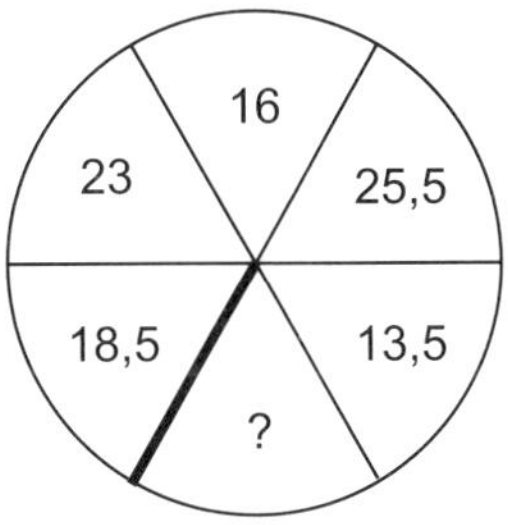

Lösungen

a) 20 b) 0,5 c) 34 d) 1 e) $\frac{8}{27}$ f) $14\frac{1}{4}$ g) 10 h) 3 i) 28

Welche Zahl passt nicht?

Eine andere Variante stellt die folgende Aufgabe dar: Welche Zahl passt nicht?

22 19 14 11 7 6

Bei dieser Aufgabe muss die Zahlenreihe nicht logisch fortgesetzt werden. Vielmehr sollen Sie die Zahl herausfinden, die in die Zahlenreihe eingeschoben wurde und nicht passt. Um diese Zahl zu erkennen, müssen Sie zuerst den Aufbau der Zahlenreihe durchschaut haben. Hierzu dienen Ihnen die beschriebenen Methoden. In dem oben aufgeführten Beispiel ist die Differenz der nebeneinander liegenden Zahlen 3 und 5. Somit passt die 7 nicht in die Reihe.

Übungsaufgaben

a)	$\frac{14}{8}$	$\frac{13}{8}$	$\frac{10}{8}$	$\frac{7}{8}$	$\frac{5}{8}$	$\frac{1}{2}$
b)	22	19	14	11	7	6
c)	$\frac{10}{2}$	2,5	$\frac{5}{4}$	0,625	$\frac{1}{4}$	$\frac{5}{16}$
d)	100	125	75	150	175	50

Lösungen

a) $\frac{13}{8}$ b) 7 c) $\frac{1}{4}$ d) 175

Figuren ergänzen

Bei diesem Aufgabentyp sollen, wie bei den Zahlenreihen, logische Zusammenhänge und Entwicklungen erkannt und fortgeführt werden.

Bei den folgenden Figuren soll die Reihe der drei Figuren sinnvoll fortgeführt werden. Wählen Sie dazu aus den vier Möglichkeiten die richtige Figur aus.

Beispiel 1:

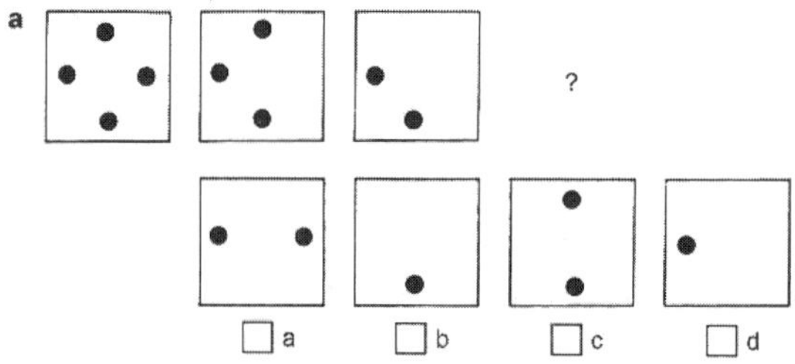

Die Figuren verändern sich, indem sie um Bestandteile erweitert oder verringert werden. Da von Figur zu Figur ein Punkt wegfällt (bitte beachten Sie, dass dies gegen den Uhrzeigersinn erfolgt), ist die Figurenvorgabe b die richtige Lösung.
Bei schwierigen Aufgaben dieses Typs kann auch eine Kombination verschiedener Entwicklungen vorkommen.

Beispiel 2:

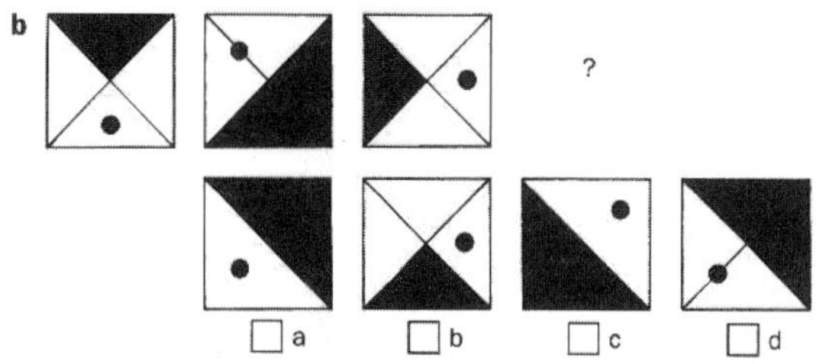

Von den vier gleich großen Dreiecken in jeder Figur werden abwechselnd ein Dreieck oder zwei Dreiecke schwarz gefärbt. Die ausgemalten Dreiecke schließen im Uhrzeigersinn aneinander. Daher müssen in der gesuchten Figur das obere und das rechte Dreieck ausgemalt sein. Die Lösungen a und d kommen in die nähere Auswahl. Jeweils gegenüber dem ausgemalten Dreieck befindet sich der schwarze Punkt. Auch dies wurde bei den Lösungen a und d berücksichtigt. Aber die Aufteilung der Figur in jeweils vier gleich große Dreiecke wurde bei Lösung a missachtet. Damit ist d als die richtige Lösung anzukreuzen.

Übungsaufgaben

c

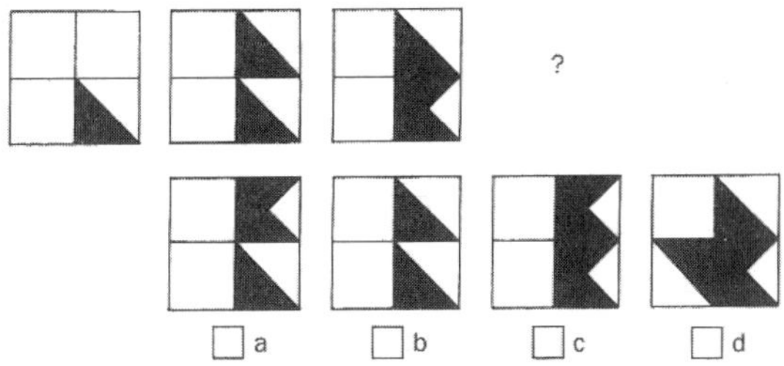

d

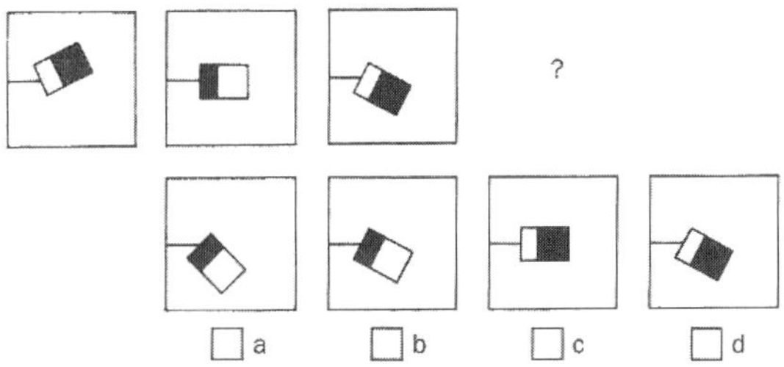

e

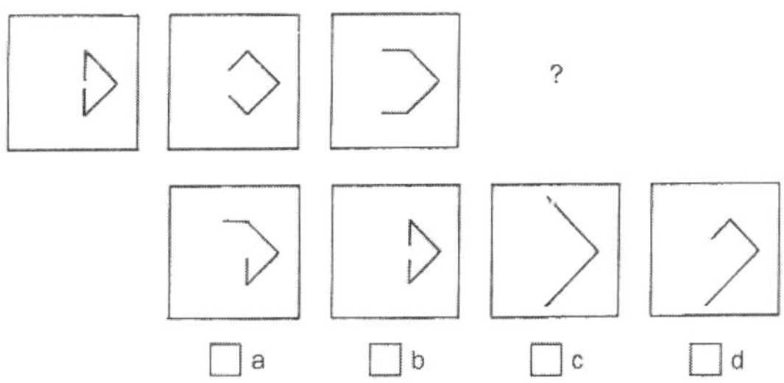

Lösungen

c Die Lösung heißt c.

d Die Figuren behalten ihre Bestandteile bei. Die Veränderung kann sowohl auf Drehungen als auch auf Verschiebungen beruhen. In vielen Fällen handelt es sich um eine Kombination der beiden Veränderungen. Die Figur dreht sich von oben nach unten. Die Fläche, die sich am Stiel anschließt, ist abwechselnd weiß oder schwarz. Damit ist a die Lösung.

e Hier ist c die richtige Lösung.

Figurengruppen

Bei den folgenden Figuren passen jeweils eine oder mehrere nicht zu den anderen. Finden Sie diese Figur(en) heraus. Meist geht es bei diesen Aufgaben darum, eine seitenverkehrte Darstellung der Figur zu erkennen. Hier ein Beispiel:

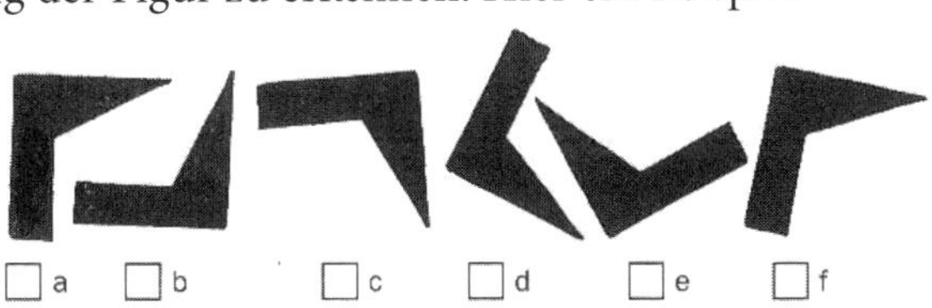

Hier sind die Figuren a, c, e und f deckungsgleich, was sich leicht durch entsprechende Drehung feststellen lässt. Die Figuren b und d hingegen sind spiegelbildlich zu den anderen.

Übungsaufgaben

Finden Sie die nicht passenden Figuren heraus und kreuzen Sie die entsprechenden Buchstaben an. Beachten Sie, dass die Figuren untereinander gedreht, jedoch nicht gekippt werden dürfen.
Beginnen Sie jetzt, Sie haben 5 Minuten Zeit.

1.

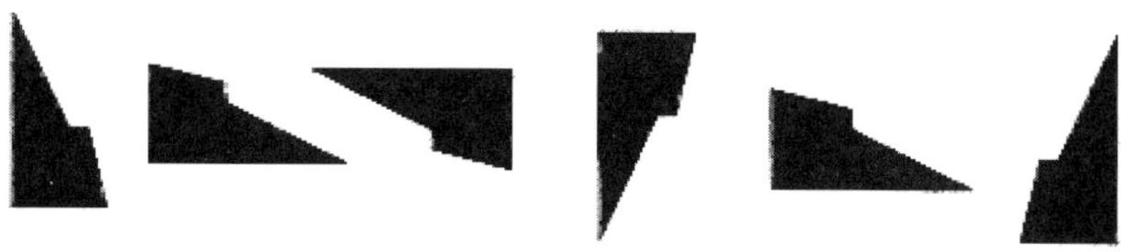

☐ a ☐ b ☐ c ☐ d ☐ e ☐ f

2.

☐ a ☐ b ☐ c ☐ d ☐ e ☐ f ☐ g

3.

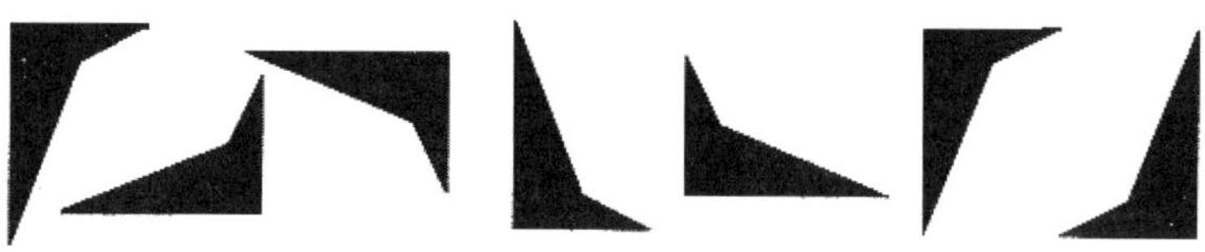

☐ a ☐ b ☐ c ☐ d ☐ e ☐ f ☐ g

4.

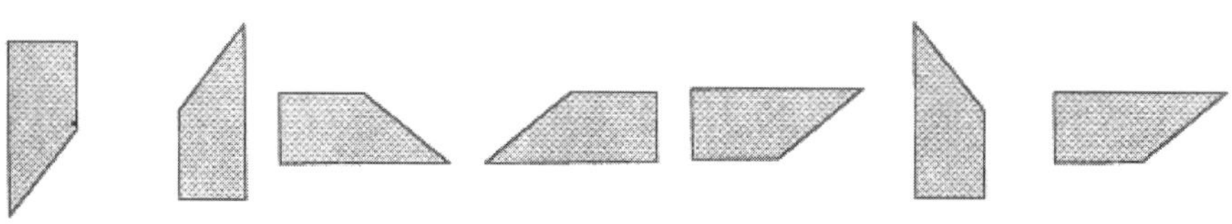

☐ a ☐ b ☐ c ☐ d ☐ e ☐ f ☐ g

5.

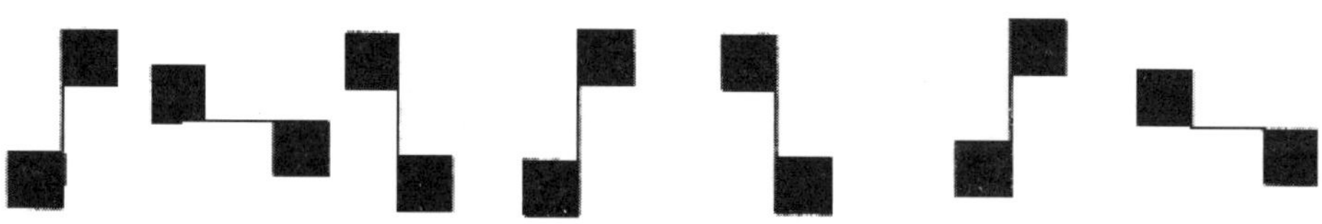

☐ a ☐ b ☐ c ☐ d ☐ e ☐ f ☐ g

6.

☐ a ☐ b ☐ c ☐ d ☐ e ☐ f

7.

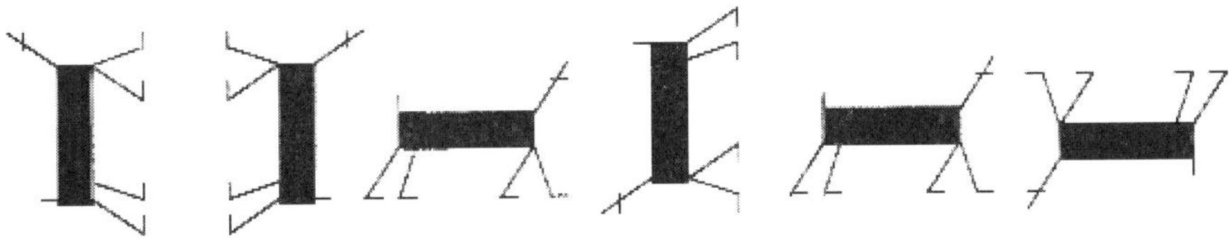

☐ a ☐ b ☐ c ☐ d ☐ e ☐ f

8.

☐ a ☐ b ☐ c ☐ d ☐ e ☐ f ☐ g

9.

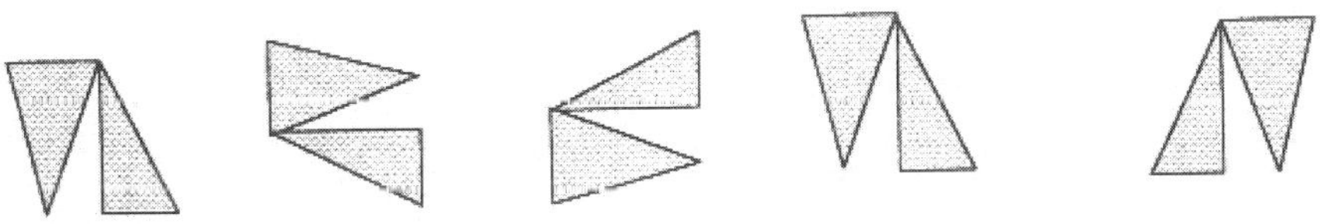

☐ a ☐ b ☐ c ☐ d ☐ e

10.

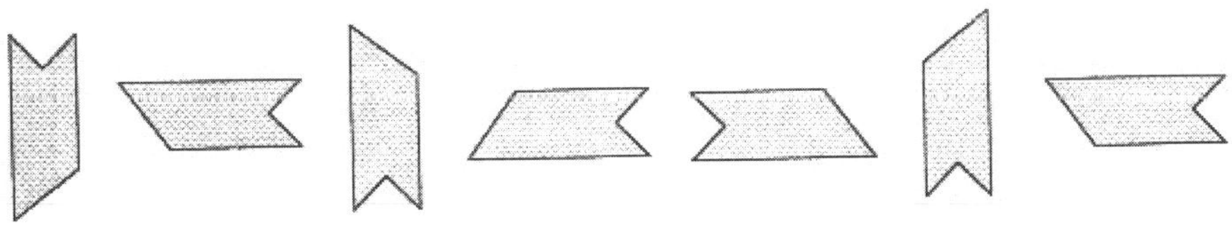

☐ a ☐ b ☐ c ☐ d ☐ e ☐ f ☐ g

11.

☐ a ☐ b ☐ c ☐ d ☐ e ☐ f ☐ g

12.

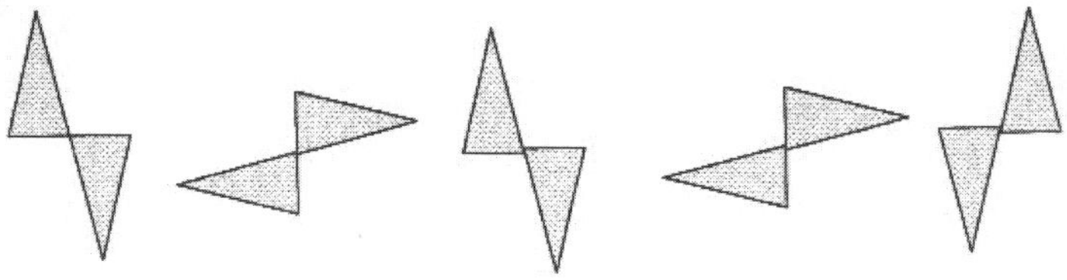

☐ a ☐ b ☐ c ☐ d ☐ e

13.

☐ a ☐ b ☐ c ☐ d ☐ e ☐ f ☐ g

14.

☐ a ☐ b ☐ c ☐ d ☐ e ☐ f ☐ g

15.

☐ a ☐ b ☐ c ☐ d ☐ e ☐ f ☐ g

16.

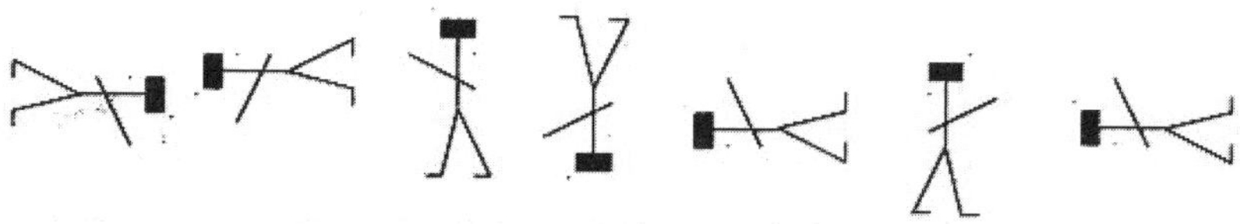

☐ a ☐ b ☐ c ☐ d ☐ e ☐ f ☐ g

17.

☐ a ☐ b ☐ c ☐ d ☐ e ☐ f ☐ g

18.

☐ a ☐ b ☐ c ☐ d ☐ e ☐ f ☐ g

19.

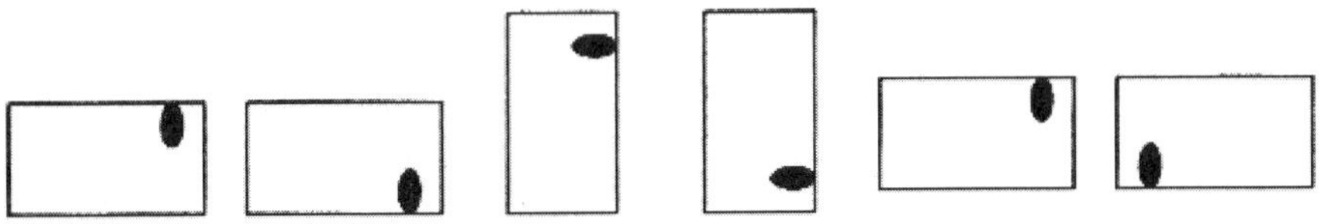

☐ a ☐ b ☐ c ☐ d ☐ e ☐ f

20.

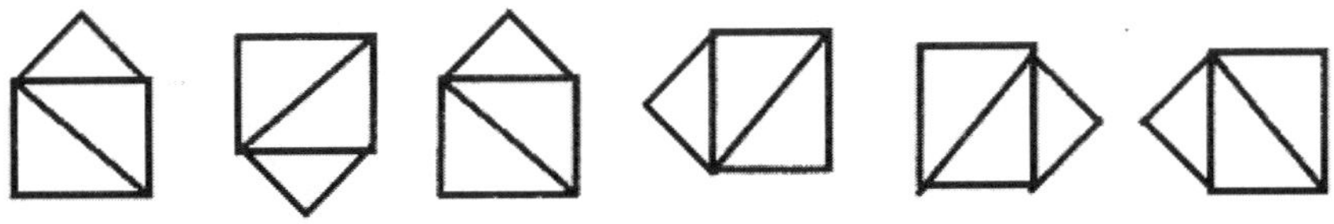

☐ a ☐ b ☐ c ☐ d ☐ e ☐ f

21.

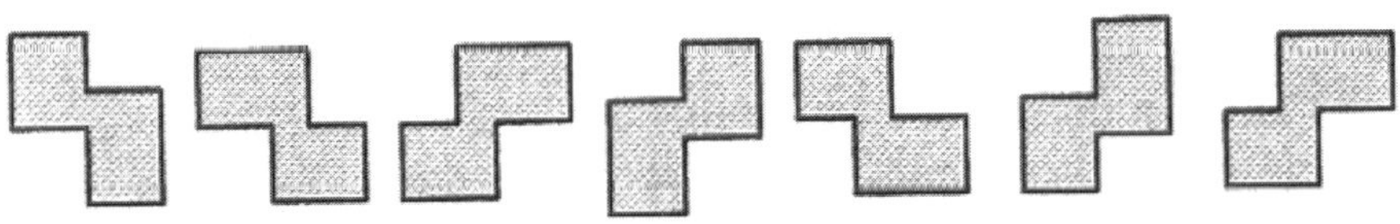

☐ a ☐ b ☐ c ☐ d ☐ e ☐ f ☐ g

22.

☐ a ☐ b ☐ c ☐ d ☐ e ☐ f ☐ g

Lösungen

1. a, g	2. e, g	3. b, d	4. a, b, c	5. c, e	6. f	7. b, d	8. e, g	9. b, e
10. c, d	11. c, f	12. e	13. f, g	14. a, b, d	15. b, d, f	16. b, c	17. b, d, e	18. a, c, f
19. b, c	20. b, f	21. a, c, g	22. a, b, g					

Räumliches Denken

Aufgaben, bei denen die Seiten eines auf dem Papier dargestellten Körpers gezählt oder Körper den entsprechenden Grundrissen zugeordnet werden müssen, fehlen in kaum einem Einstellungstest. Geprüft wird damit, ob sich der Bewerber einen zweidimensional dargestellten Körper im dreidimensionalen Raum vorstellen kann. Dies ist speziell für Berufe wie Architekt, Formenbauer, CAD-Konstrukteur, Fluglotse oder Maschinenbauer erforderlich. Vergessen Sie bei diesen Übungen nicht, die Rückseiten der Figuren, die nicht sichtbar sind, mitzuzählen. Hier ein Beispiel:

Stellen Sie sich den abgebildeten Raumkörper, hier Würfel, in Ihrer Hand vor und zählen Sie die Seiten.

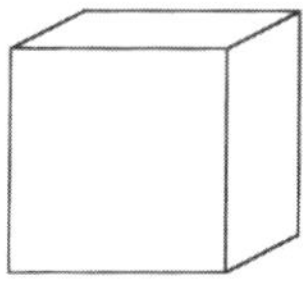

Zur Bearbeitung der Aufgabe stellen wir Ihnen zwei Lösungstechniken vor.

1. Zählen der Seiten bei der Umrundung des Körpers: Dabei zählen Sie die jeweils aneinander liegenden Seiten des Körpers, die Oberseite 1, die vorn liegende Seite 2, die rechts nach hinten führende Seite 3, die nicht zu erkennende Rückseite 4, die links nach vorn führende Seite 5 und die Unterseite 6.
2. Zählen der jeweils gegenüberliegenden Seiten: Bei der zweiten Lösungstechnik beginnen Sie mit einer Fläche und zählen sofort die nicht sichtbare gegenüberliegende Fläche (soweit vorhanden) hinzu. Bei unserem Würfel: Vorderseite und nicht sichtbare Seite: 2; rechtes und nicht sichtbares linkes Seitenteil: 2; Decke und nicht sichtbarer Boden: 2; ergibt 6 Seiten.

Übungsaufgaben

Zählen Sie bei den folgenden Körpern jeweils die Seiten.

a)

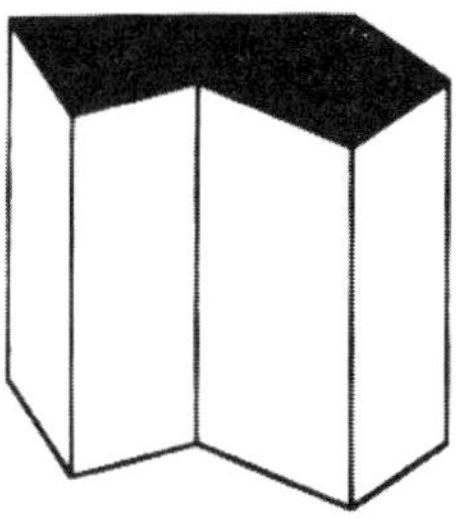

b)

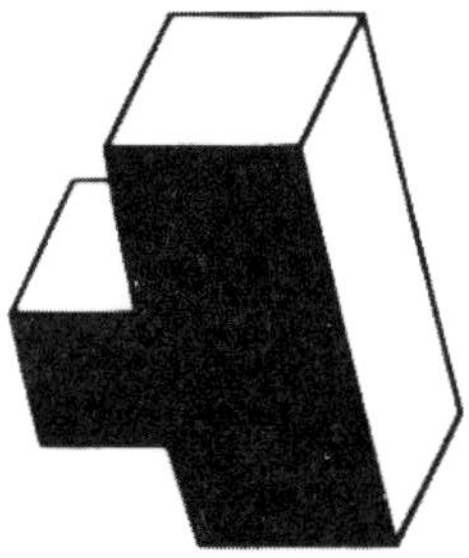

c)

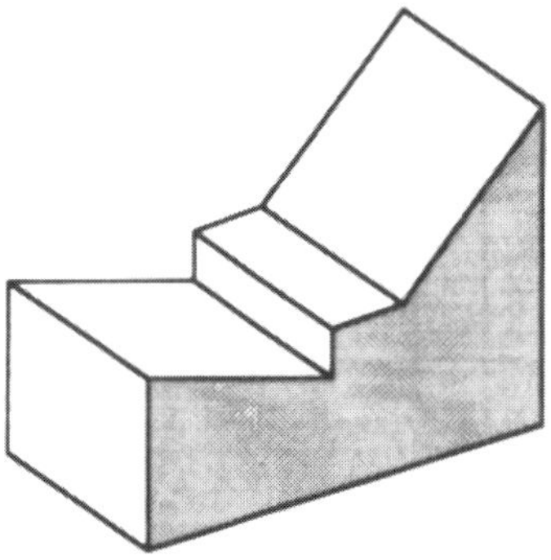

d)

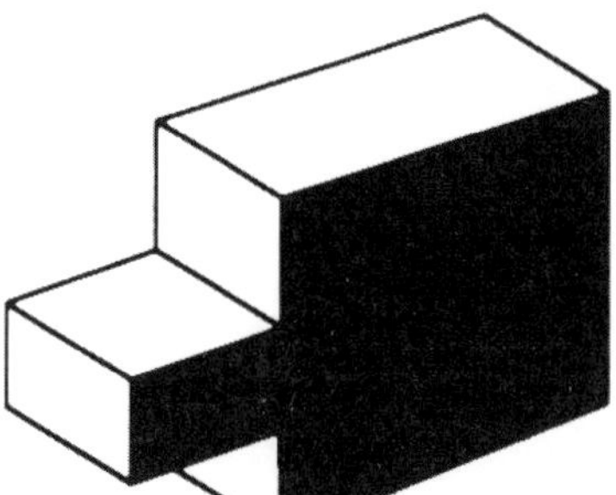

e)

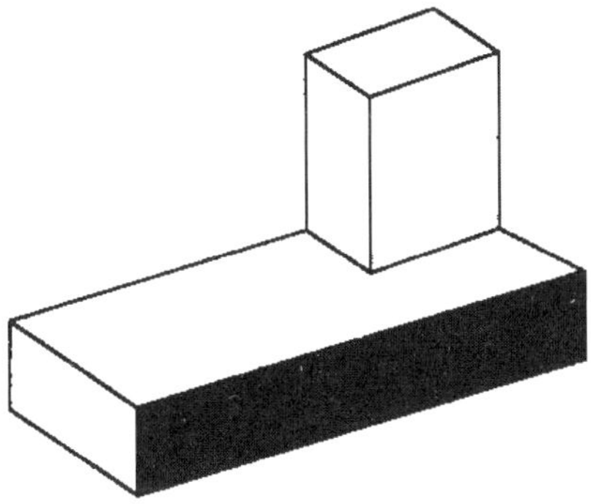

f)

g)

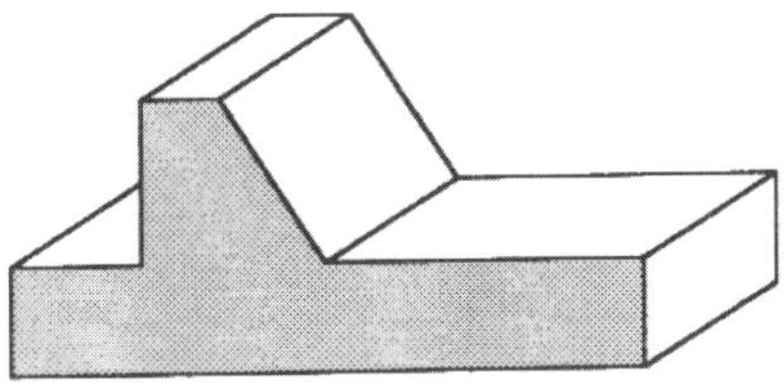

h)

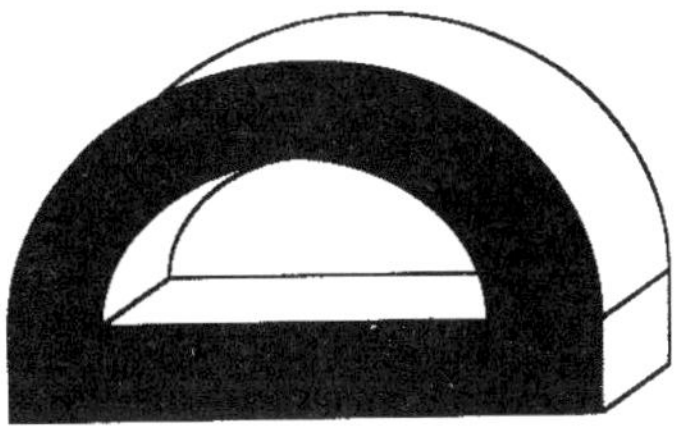

i)

j)

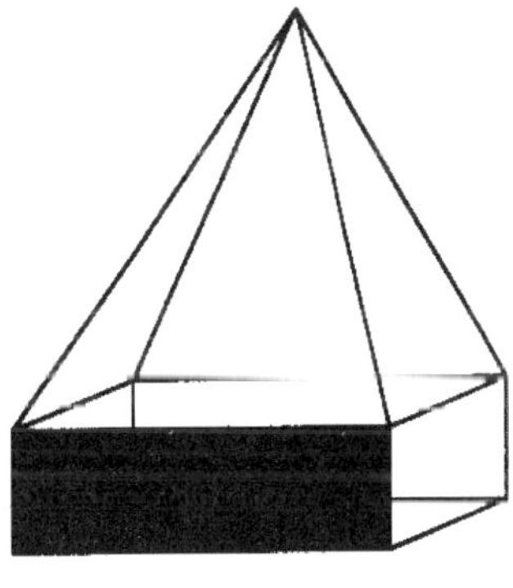

k)

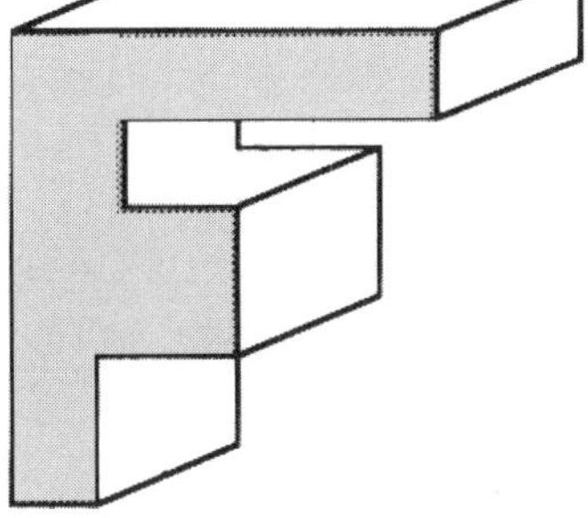

l)

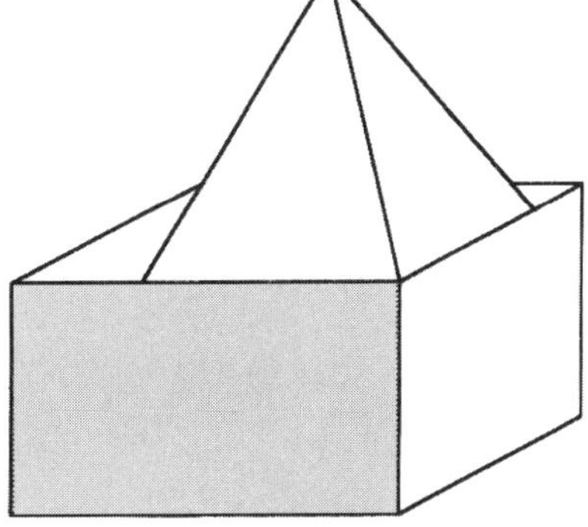

m)

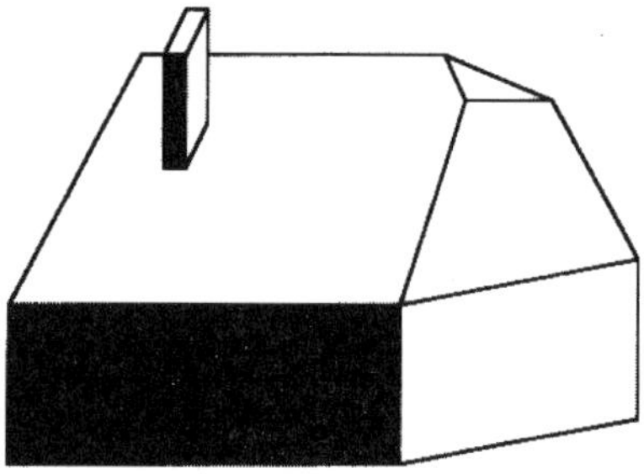

n)

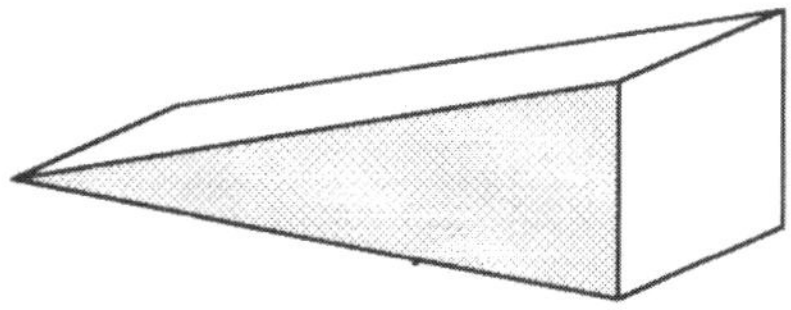

Lösungen

a) 8	b) 10	c) 9	d) 10	e) 9	f) 10	g) 10
h) 8	i) 12	j) 9	k) 12	l) 10	m) 15	n) 5

Wortgruppen

Bei den folgenden Wortgruppen passt jeweils einer der Begriffe nicht zu den anderen. Bei diesem Aufgabentyp kommt es darauf an, einen möglichst eng gefassten Oberbegriff zu finden, unter den sich lediglich drei der vier vorgegebenen Begriffe bringen lassen. Stellen Sie sich hier immer die Frage: Was haben die Begriffe gemeinsam, worin unterscheiden sie sich?
Zunächst zwei Beispiele:

Wortgruppe 1

a) Quadrat b) Würfel c) Dreieck d) Rechteck

Alle vier Begriffen stammen aus der Geometrie. Jedoch nur Quadrat, Dreieck und Rechteck sind (zweidimensionale) Flächen. Der Würfel (Antwort b) fällt als dreidimensionaler Körper aus der Reihe heraus.

Wortgruppe 2

a) Fluss b) Bach c) Strom d) See

Alle vier Begriffe bezeichnen Gewässer, jedoch nur drei lassen sich unter dem Oberbegriff „Fließgewässer“ zusammenfassen. Somit fällt „See“ aus der Reihe heraus.

Übungsaufgaben

Finden Sie jeweils das Wort, das nicht zu den anderen Begriffen passt. Sie haben 2 Minuten Zeit.

1. a) einkaufen b) verkaufen c) annektieren d) stehlen e) in Verwahrung nehmen
2. a) Zuckerrüben b) Zwiebeln c) Mohrrüben d) Radieschen e) Erbsen
3. a) Zigarren b) Opium c) Alkohol d) Marihuana e) Zigarillo

4. a) Koffer	b) Tasche	c) Eimer	d) Truhe	e) Rucksack
5. a) Leber	b) Niere	c) Lunge	d) Herz	e) Hals
6. a) Schnee	b) Regen	c) Hagel	d) Graupel	e) Schnee-schauer
7. a) Seeteufel	b) Delfin	c) Hai	d) Barsch	e) Forelle
8. a) Habicht	b) Adler	c) Geier	d) Drossel	e) Bussard
9. a) Tinte	b) Bote	c) Federhalter	d) Briefpapier	e) Umschlag
10. a) alarmierend	b) informierend	c) bestürzend	d) erschreckend	e) aufrüttelnd

Lösungen

1. b) 2. e) 3. c) 4. d) 5. e) 6. b) 7. b) 8. d) 9. b) 10. b)

Begriffspaare

Bei diesem Aufgabentyp stehen zwei vorgegebene Begriffe in einem bestimmten Verhältnis zueinander, sie bilden ein Begriffspaar (Wortpaar). Ihre Aufgabe ist es nun, zu einem weiteren Begriff den entsprechenden „Partner" zu finden, so dass ein zweites Wortpaar entsteht, das das gleiche Verhältnis ausdrückt.
Hier zwei Beispiele:

1. Blume – Veilchen
   ? – Löwe

   a) Tier b) Fleisch c) Löwenzahn d) Zirkus

2. Jahr – Monat
   Kilometer – ?

   a) Meter b) Tag c) Straße d) Einheit

Fragen Sie sich immer: Welche Beziehung besteht zwischen den beiden Begriffen des ersten Wortpaares? Ist der eine ein Oberbegriff zum anderen, wie z. B. Blume zu Veilchen? Sind es Gegensätze, wie z. B. bei heiß und kalt?
Haben Sie das richtige Kriterium gefunden, ist es nicht schwer, ein neues Wortpaar zu bilden. Eine der vorgegebenen Multiple-Choice-Lösungen muss natürlich passen.
Im ersten Beispiel ist „Blume" der Ober-, „Veilchen" der Unterbegriff. Daher ist Lösung a) richtig. Im zweiten Beispiel ist „Jahr" die größere, „Monat" die kleinere Einheit. Also ist Antwort a) richtig.

Übungsaufgaben

Suchen Sie bei den folgenden Begriffen jeweils das passende Wort. Sie haben 7 Minuten Zeit.

1. Fußboden – Decke
   Erde – ?

   a) Zimmer b) Stein c) Gras d) Himmel

2. lieben – Freunde
   hassen – ?

   a) verachten b) Freunde c) Bekannte d) Feinde

3. Arbeit – Reichtum
   Müßiggang – ?

   a) Armut b) Faulheit c) Laster d) Gold

4. Eiche – Blatt
   Tanne – ?

   a) Baum b) Fichte c) Nadel d) Weihnachten

5. weiß – schwarz
   gut – ?

   a) besser b) schlecht c) grau d) Farbe

6. Rohöl – Benzin
   ? – Aluminium

   a) Stahl b) Eisenerz c) Bauxit d) Wolfram

7. Vorwort – Buch
   ? – Vertrag

   a) Einleitung b) Präambel c) Legende d) Prämisse

8. Bern – Schweiz
   ? – USA

   a) New York b) Las Vegas c) Washington d) Chicago

9. Geschirr – Teller
   ? – Limonade

   a) Apfelsaft b) Zitrone c) Wasser d) Getränk

10. dunkel – hell
    ? – nass

    a) Regen b) feucht c) Wind d) trocken

11. Dackel – Windhund
Verbrennung – ?

a) Feuerwehr b) Explosion c) Streichholz d) Waldbrand

12. Zorn – Affekt
Trauer – ?

a) Stimmung b) Wut c) Wehmut d) Freude

13. Zisterne – Wasser
? – Wertsachen

a) Schmuck b) Safe c) Millionär d) Schlüssel

14. Meteorologie – Wetterkunde
Quantität – ?

a) Menge b) Volumen c) Güte d) Preis

15. Krücke – Fortbewegung
? – Sicht

a) Nebel b) Blende c) Licht d) Brille

16. mischen – panschen
berichten – ?

a) erzählen b) verleumden c) sagen d) tun

17. Papier – schneiden
Knoten – ?

a) lösen b) zerschneiden c) zerreißen d) zerschlagen

18. Tulpe – Rose
Schrank – ?

a) Einrichtung b) Stuhl c) Gardine d) Möbel

19. Leben – Jugend
Jahr – ?

a) April b) Zeit c) Frühling d) Schaltjahr

20. Gras – Wiese
Blatt – ?

a) Laub b) Baum c) Busch d) Laus

21. Schiff – Leuchtturm
Flugzeug – ?

a) Flughafen b) Lotse c) Kompass d) Funkfeuer

22. Chirurg – Skalpell
? – Kelle

a) Kellner b) Maurer c) Schlosser d) Installateur

23. Konto – Bilanz
Temperatur – ?

a) Klima b) Atmosphäre c) Hitze d) Eis

24. Diskette – Computer
Kassette – ?

a) Recorder b) Fernseher c) CD d) Festplatte

Lösungen

1. d)	2. d)	3. a)	4. c)	5. b)	6. c)	7. b)	8. c)	9. d)	10. d)	11. b)	12. a)
13. b)	14. a)	15. d)	16. b)	17. a)	18. b)	19. c)	20. a)	21. d)	22. b)	23. a)	24. a)

Logisches Denken

Bei dieser Aufgabengruppe geht es um das logische Denken und die Kombinationsfähigkeit.
Bei den nachfolgenden kurzen Beispielaufgaben kann die Lösungsmenge aus einem oder auch aus keinem Namen bestehen. Keine Lösung ergibt sich, wenn die Aufgabe in sich widersprüchlich ist.

Beispielaufgabe 1:

Wer ist der oder die Größte?
- Heinz ist größer als Marion.
- Marion ist kleiner als Dietmar.
- Dietmar ist kleiner als Heinz.

Für diesen Aufgabentyp gibt es zwei Lösungswege. Welchen von beiden Sie bevorzugen, probieren Sie am besten selbst aus:

1. Die **Buchstabenmethode**: Ordnen Sie die drei Aussagen wie folgt in eine Buchstabenreihe, die – der Übersichtlichkeit wegen – nur aus den Anfangsbuchstaben der Namen besteht:

	H M	Aussage 1: Heinz ist größer als Marion. Sie schreiben das H von Heinz über das M von Marion.
H D M	D M	Aussage 2: Marion ist kleiner als Dietmar. Das D wird über das M gesetzt.
	H D	Aussage 3: Dietmar ist kleiner als Heinz. Heinz ist der Größte, was sich aus der Buchstabenreihe leicht ablesen lässt.

2. Die **Gleichungsmethode**: Bei der zweiten Methode wird versucht, die Aufgabe mathematisch über Gleichungen bzw. Ungleichungen zu lösen:

Aussage 1:	Heinz ist größer als Marion:	$H > M$
Aussage 2:	Marion ist kleiner als Dietmar, also ist Dietmar größer als Marion:	$D > M$
Aussage 3:	Dietmar ist kleiner als Heinz, also ist Heinz größer als Dietmar:	$H > D$

Hintereinander geschrieben ergibt sich: $H > D > M$. Heinz ist also der Größte von den dreien.

Vielleicht kommen Ihnen die Buchstaben- bzw. die Gleichungsmethode für eine einfache Aufgabe zu aufwändig vor, aber in schwierigeren Fällen helfen sie, die einzelnen Beziehungen überschaubarer zu machen.

Buchstabenreihen ergänzen

Um Zeit zu sparen, werden Sie bei der Buchstabenmethode nicht für jede Aussage eine neue Buchstabenreihe aufstellen. Vielmehr werden Sie die mit Aussage 1 angefangene Buchstabenreihe durch die folgenden Aussagen ergänzen, um am Ende eine Lösung zu erhalten.

Vielfach haben zwei Aussagen einer Aufgabe zunächst nichts miteinander zu tun:

Beispielaufgabe 2:

Wer ist der oder die Klügste?

- Gabi ist klüger als Michael.
- Doris ist dümmer als Rainer.
- Doris ist klüger als Gabi.

Hier empfiehlt es sich, zwei parallele Buchstabenreihen aufzustellen, wobei jeweils der oder die Klügere oben steht. Die ersten beiden Aussagen ergeben dabei die folgenden Buchstabenreihen:

G R
M D

In Aussage 3 klärt sich die Beziehung auf, die Buchstabenreihe sieht dann so aus:

R
D
G
M

Somit ist Rainer der Klügste.

Manche dieser Aufgaben lassen sich, wie bereits erwähnt, nicht lösen, da sie in sich widersprüchlich sind:

Beispielaufgabe 3:

Wer ist der oder die Älteste?

- Jürgen ist älter als Klaus.
- Beate ist jünger als Klaus.
- Jürgen ist jünger als Beate.

Diesmal arbeiten wir mit der Gleichungsmethode. Die Buchstabenmethode würde zum gleichen Ergebnis führen.

Aussage 1:	Jürgen ist älter als Klaus:	J > K
Aussage 2:	Beate ist jünger als Klaus, also ist Klaus älter als Beate:	K > B
Aussage 3:	Jürgen ist jünger als Beate, also ist Beate älter als Jürgen:	B > J

Aus den ersten beiden Aussagen – also J > K und K > B – ergibt sich aber, dass J > B. Dies steht offensichtlich in Widerspruch zu Aussage 3. Die Aufgabe hat also keine Lösung.

Übungsaufgaben

Tragen Sie in den nachfolgenden Aufgaben den Lösungsnamen ein oder machen Sie, falls die Aufgabe nicht lösbar ist (sei sie nun in sich widersprüchlich oder lassen die Aussagen insgesamt keine entsprechenden Rückschlüsse zu), einen Strich. Sie haben 4 Minuten Zeit.

a) Wer ist der Größte? ________________

- Charly ist größer als Alfred.
- Alfred ist kleiner als Bibo.
- Charly ist kleiner als Bibo.

b) Wer ist die Dickste? ________________

- Nine ist dicker als Claudia.
- Karin ist dünner als Stephanie.
- Stephanie ist genauso dick wie Nine.
- Rose ist dicker als Stephanie.

c) Wer ist der Ärmste? ________________

- Albert ist ärmer als Bert.
- Jürgen ist reicher als Albert.
- Bert ist genauso reich wie Jürgen.

d) Wer ist der Stärkste? ________________

- Jochen ist stärker als Christian.
- Fritz ist schwächer als Reiner.
- Reiner ist schwächer als Christian.

e) Wer hat das kleinste Auto? ____________________

- Christophers Auto ist größer als Alberts Auto.
- Tinas Auto ist kleiner als Konrads Auto.
- Alberts Auto ist kleiner als Tinas Auto.

f) Welche ist die hellste Farbe? ____________________

- Weiß ist heller als Gelb.
- Blau ist dunkler als Schwarz.
- Schwarz ist heller als Gelb.
- Weiß ist dunkler als Gelb.

g) Wer ist der Kleinste? ____________________

- Oliver ist so groß wie Otto.
- Bert ist kleiner als Bernhard.
- Bernhard ist größer als Otto.
- Oliver ist kleiner als Bert.

h) Wer ist der Schwerste? ____________________

- Achim ist leichter als Fabienne.
- Norbert ist schwerer als Achim.
- Ulrich ist schwerer als Fabienne.
- Norbert ist schwerer als Ulrich.

i) Wer ist der Schwächste? ____________________

Jochen ist so stark wie Joachim.
Christoph ist schwächer als Ludwig.
Joachim ist stärker als Christoph.
Jochen ist schwächer als Herbert.

j) Wer ist der oder die Klügste? ____________________

- Doris ist klüger als Achim.
- Dietmar ist dümmer als Adelheid.
- Dieter ist klüger als Edeltraud.
- Frank ist dümmer als Adelheid.

Lösungen

a) Bibo	b) Rose	c) Albert	d) Jochen	e) Albert
f) –	g) –	h) Norbert	i) Christoph	j) –

Lückentext

Beim Lückentest haben Sie die Aufgabe, die fehlenden Wörter einzufügen. Da Sie hier in der Regel genügend Zeit haben, empfiehlt es sich, den Text erst einmal insgesamt durchzulesen. Viele gesuchte Begriffe werden im weiteren Verlauf erläutert und lassen sich dann leichter ergänzen. Hier ein Beispiel:

Beispielaufgabe:

> Der _ _ _ _ dreht sich um die Erde. Er braucht dafür ca. 28 _ _ _ _ . Seine Einwirkung auf die Erde macht sich in _ _ _ _ und Flut bemerkbar.

Die Lösungswörter lauten der Reihenfolge nach: Mond, Tage, Ebbe.

Erleichtert werden solche Lückentests meist dadurch, dass für jeden Buchstaben ein Strich oder Punkt gesetzt wird. Im obigen Beispiel bestehen die gesuchten Wörter also jeweils aus vier Buchstaben.
Die Themenschwerpunkte der Lückentexte entspringen häufig den angestrebten Berufen oder Branchen.

Übungsaufgaben

Ergänzen Sie die nachfolgenden Texte sinngemäß. Umlaute (ä, ö oder ü) sowie ß werden als solche geschrieben und zählen als ein Buchstabe. Sie haben 10 Minuten Zeit.

> **Das Prinzip eines Motors**
>
> Am Beispiel eines Viertaktverbrennungsmotors, auch _ _ _ _ _ _ _ _ _ _ genannt, der mit Benzin betrieben wird, wollen wir das Prinzip eines Motors erklären. Der _ _ _ _ _ _ _ _ ist ein geschlossenes Metallgehäuse. In ihm bewegt sich ein _ _ _ _ _ _ auf und ab. Diese Auf- und Abbewegung wird an die Pleuelstange, an die ein Schwunggewicht angegliedert ist, weitergegeben. Das _ _ _ _ _ _ _ _ überträgt diese Bewegungen an die Räder. Das Einlassventil des Zylinders ist für ein Luft-Gas-Gemisch bestimmt, während die verbrannten _ _ _ _ über ein _ _ _ _ _ _ _ _ _ _ _ _ _ abgegeben werden. Als ersten Takt bezeichnet man den Ansaugtakt. In den durch die Abwärtsbewegung des Kolbens entstehenden leeren Raum strömt ein Gas-Luft-Gemisch ein. Im zweiten Takt, dem Verdichtungstakt, sind beide _ _ _ _ _ _ _ geschlossen. Der Kolben steigt aufwärts, dadurch wird die Luft im Zylinder zusammengepresst, sie _ _ _ _ _ _ _ _ _ _ sich. Im dritten Takt, auch Arbeitstakt genannt, entzün-

det sich das _______ an einer Zündkerze, die einen Funken abgibt. Die durch die Explosion entstehenden Gase weiten sich aus und treiben den Kolben _______. Im Auspufftakt entweichen die Gase durch das Auslassventil. Dann beginnt der Prozess von neuem. Um bei der sehr schnellen Abfolge der Prozesse keine Ungleichmäßigkeiten aufkommen zu lassen, werden die vier Zylinder ______________ geschaltet. Diese Schaltung wird so vorgenommen, dass in jedem Zylinder zu einem ganz bestimmten Zeitpunkt ein anderer ____ stattfindet. Im Gegensatz zum Ottomotor wird beim ____________ Öl in die im Zylinder befindliche erhitzte Luft gespritzt. Eine __________ wird nicht benötigt.

Warum ein Flugzeug fliegt

Ein Flugzeug ist schwerer als ____. Es wirken die Erdanziehungskräfte. Es wird in der Luft gehalten durch den dynamischen ________. Dieser wird durch die Luft, die über und unter den Tragflächen vorbeiströmt, _______. Der Vortrieb wird durch einen Motor erzeugt, sei es ein Düsen-, Propeller- oder Raketen-__________. Der Vortrieb muss den natürlichen ______________ überwinden, damit sich das Luftfahrzeug horizontal vorwärts bewegen kann. Die Größe des Auftriebs hängt ab von der Geschwindigkeit und Dichte der anströmenden Luft sowie von dem ______________ der angeströmten Tragflächen. Luftfahrzeuge dürfen nur mit einer ganz bestimmten ________________ landen. Um diese zu verringern, wird der Widerstand der Tragflächen __________. Dies geschieht durch das zusätzliche Ausfahren von Landeklappen und Luftbremsen. Um ein Flugzeug in der Luft zu halten, wird ein Drittel des benötigten Auftriebs durch Überdruck unter den Tragflächen und zwei Drittel durch __________ oberhalb der __________ erzeugt. Flugzeuge starten und landen _____ den Wind. Gelenkt werden sie mit Höhenruder, Seitenruder und Querruder. Das Höhenruder bestimmt die Bewegungen des Flugzeugs um die __________. Um eine Kurve zu fliegen, werden __________ und Querruder betätigt.

Lösungen

- Text 1: Ottomotor – Zylinder – Kolben – Getriebe – Gase – Auslassventil – Ventile – verdichtet – Gemisch – abwärts – hintereinander – Takt – Dieselmotor – Zündkerze
- Text 2: Luft – Auftrieb – erzeugt – Triebwerk – Luftwiderstand – Anstellwinkel – Geschwindigkeit – vergrößert – Unterdruck – Tragflächen – gegen – Querachse – Seitenruder

Textvergleich

Bei der folgenden Übung sollen Sie den Originaltext mit der Abschrift vergleichen und sämtliche Unterschiede in der Abschrift kennzeichnen. Diese sollen nicht ausgebessert, sondern lediglich unterstrichen werden. Es kann sich hierbei um Schreibfehler, Zeichenfehler, anderen Satzbau, Lücken, Einfügungen, Verdrehungen usw. handeln.

Originaltext	Abschrift
Der Rigi-Kulm ist ein 1800 Meter hohes imposantes Alpenmassiv, das für sich allein steht und eine mächtige Aussicht auf blaue Seen, grüne Täler und schneebedeckte Berge bietet.	Der Riggi-Kulm ist ein 1800 m hohes imposante Alpenmassiv, daß für mich allein steht, und einen mächtigen Blick auf blaue Seen, grüne Täler und schnee-bedeckte Berge bitet.

Experten-Tipp

Vergleichen Sie Buchstaben und Satzzeichen

Bei dieser Aufgabe, die eine sehr hohe Konzentration fordert, wird oft ein großer Fehler begangen: Viele Prüflinge konzentrieren sich zu sehr auf den Inhalt des Textes, anstatt sich ausschließlich auf die Schreibunterschiede zwischen Original und Abschrift zu beschränken. Gehen Sie daher ganz mechanisch an den Text heran und vergleichen Sie einfach die geschriebenen Buchstaben und Satzzeichen.

Übungsaufgabe

Nun folgt der vollständige Text zur Durchsicht. Sie haben 5 Minuten Zeit.

Originaltext

Der Rigi-Kulm ist ein 1800 Meter hohes imposantes Alpenmassiv, das für sich allein steht und eine mächtige Aussicht auf blaue Seen, grüne Täler und schneebedeckte Berge bietet – ein voll gestopftes, großartiges Bild von 500 Kilometer Umfang.
Man erklimmt ihn je nach Wunsch und Vorliebe entweder auf dem Schienenweg oder zu Pferde oder aber auch zu Fuß. Ich und mein Reisebegleiter warfen uns an einem sonnigen Morgen in unsere Wandertracht und überquerten den See mit einem Dampfer; in dem Dorf Wäggis, dreiviertel Stunden von Luzern entfernt, gingen wir an Land. Dieses Dorf liegt am Fuß des Berges.
Schon bald stapften wir gemächlich den laubüberwölbten Maultierpfad hinan, und dann begann auch, wie gewöhnlich, die Unterhaltung zu fließen.
Es war 12 Uhr Mittag und ein wolkenloser Tag mit leichter Brise; der Hang stieg nur allmählich, und die Blicke, die wir durch den Vorhang der Äste auf das blaue Wasser und winzige Segelboote und überhängende Felsenklippen werfen konnten, waren so bezaubernd wie Blicke ins Traumland. Die Umstände waren vollkommen und unsere Erwartungen freudig gespannt, denn bald schon würden wir uns ja zum ersten Mal an jenem wundervollen Schauspiel ergötzen, einem Sonnenaufgang in den Alpen – dem Zweck unserer Wanderung.

(Aus: Mark Twain: „Zu Fuß durch Europa“)

Abschrift

Der Riggi Kulm ist ein 1800 m hohes imposante Alpenmassiv, dass für mich allein steht und einen mächtigen Blick auf blaue Seen, grüne Täler und schneebedeckte Berge bitet – ein vollgestopftes, grosartiges Bild von 5000 Kilometer Umfang.
Je nach Wunsch und Vorliebe erklimmt man ihn entweder auf dem Schienenweg oder zu Pferde oder aber auch zufuß. Mein Reisebegleiterund ich und warfen uns an einem sonnigen Morgen in unsere Wandertrackt und überquerten den See mit jenem Dampfer. In dem Dorf Wäggis, drei Viertel Stunden von Luzern entfernt, gingen wir an Land. Dieses Dorf liegt am Fuß des Berges.
Bald schon stapften wir gemächlich den laubüberwölbten Maultirpfad hinauf, und dann begann auch wie gewöhnlich die Unterhaltung zu fließen.
Es war 12 Uhr mittags und ein wolkenloser, herrlicher Tag mit leichter Brise; Der Hang stieg allmälich nur, und die Blicke, die wir durch den Vorhang der Zweige auf dass blaue Wasser, und winzig kleine Segelboote und überhängende Felsenglippen werfen konnten, waren so bezaubernd, wie Blicke ins Traumland. Die Umstände wurden vollkommen und unsere Erwartungen freundlich gespannt, denn bald schon werden wir ja zum erstenmal uns an jenem wundervollen Schauspiel ergötzen, einem Sonnenaufgang in den Alpen – dem Zweck unserer Wanderung.

Lösung

Der Riggi Kulm ist ein 1800 m hohes imposante Alpenmassiv, dass für mich allein steht und einen mächtigen Blick auf blaue Seen, grüne Täler und schneebedeckte Berge bitet – ein vollgestopftes, grosartiges Bild von 5000 Kilometer Umfang.
Je nach Wunsch und Vorliebe erklimmt man ihn entweder auf dem Schienenweg oder zu Pferde oder aber auch zufuß. Mein Reisebegleiterund ich und warfen uns an einem sonnigen Morgen in unsere Wandertrackt und überquerten den See mit jenem Dampfer. In dem Dorf Wäggis, drei Viertel Stunden von Luzern entfernt, gingen wir an Land. Dieses Dorf liegt am Fuß des Berges.
Bald schon stapften wir gemächlich den laubüberwölbten Maultirpfad hinauf, und dann begann auch wie gewöhnlich die Unterhaltung zu fließen.
Es war 12 Uhr mittags und ein wolkenloser, herrlicher Tag mit leichter Brise; Der Hang stieg allmälich nur, und die Blicke, die wir durch den Vorhang der Zweige auf dass blaue Wasser, und winzig kleine Segelboote und überhängende Felsenglippen werfen konnten, waren so bezaubernd, wie Blicke ins Traumland. Die Umstände wurden vollkommen und unsere Erwartungen freundlich gespannt, denn bald schon werden wir ja zum erstenmal uns an jenem wundervollen Schauspiel ergötzen, einem Sonnenaufgang in den Alpen – dem Zweck unserer Wanderung.

Merkfähigkeit

Bei den folgenden Aufgaben wird Ihr Kurzzeitgedächtnis geprüft. Die Fragen können auf Bilder, Zahlen, Figuren oder Fakten abzielen.

Bildergeschichten

In vielen Einstellungstests kommt eine Bildergeschichte vor. Diese ist mit den Porträts der beschriebenen Personen illustriert. Sie lesen sich die Geschichte in einer vorgegebenen Zeit durch, später werden Ihnen zur Geschichte Fragen gestellt; auch sollen Sie die Personen auf Porträtaufnahmen wiedererkennen. Geprüft wird Ihr Kurzzeitgedächtnis für Zahlen und Fakten sowie Ihr Erinnerungsvermögen in Bezug auf Bilder bzw. Gesichter.

Experten-Tipp

Merken Sie sich auffällige Details

Versuchen Sie immer, sich das Foto in Verbindung mit dem Namen der Person einzuprägen. Hilfreich kann es auch sein, sich eine kleine Besonderheit oder ein Detail zu merken, das Ihnen bei der Person auffällt. Das könnten z. B. bei Frau Schmitz die Perlenohrringe sein. Das hilft dem Gedächtnis auf die Sprünge, wenn Sie aus einer Auswahl von mehreren Bildern die richtige Person erkennen sollen.

Flächenaufgaben

Bei diesem Aufgabentyp wird überprüft, wie gut Sie grafische Einzelheiten und Details aufnehmen, sich merken und später wiedergeben können. Es geht darum, dass Sie sich bei den Ihnen gezeigten Zeichnungen die grauen Flächen einprägen. Später sollen Sie angeben, welche Flächen grau hinterlegt waren.

Beispiel:

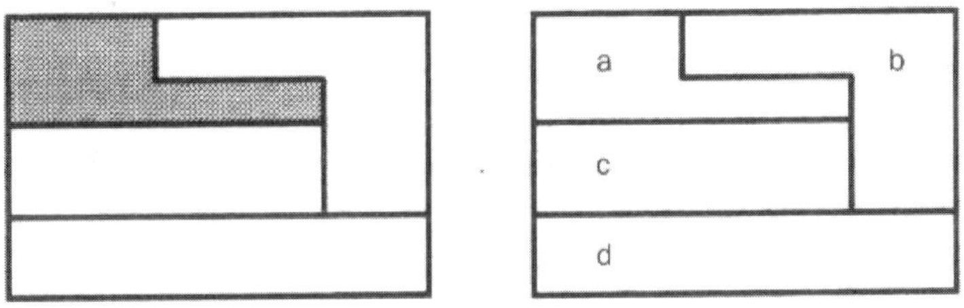

Bei dieser Aufgabe sollen Sie sich später daran erinnern, dass Feld a grau hinterlegt war.

Nutzen Sie die Ihnen zur Verfügung stehende Zeit, um sich die Form der gestrichelten Flächen sowie ihre Lage innerhalb des Bildes einzuprägen. Welche markanten Merkmale weist die hinterlegte Fläche auf? Ist es die kleinste oder die größte Fläche im Bild? Ist es der einzige Kreis, das einzige Rechteck? Grenzt die Fläche an den Rand des Bildes? Wenn ja, an welcher Seite? Prägen Sie sich jede Zeichnung getrennt ein; versuchen Sie nicht, Beziehungen herzustellen, die auf der Anordnung der einzelnen Bilder beruhen. Dies würde Sie später eher verwirren, da die Anordnung der Zeichnungen nicht beibehalten wird.

Übungsaufgaben

Prägen Sie sich bei den folgenden Zeichnungen jeweils die Lage des grau hinterlegten Feldes ein. Sie sollen später bestimmen, welches Feld der Zeichnung grau eingefärbt war. Für die Durchsicht der Zeichnungen haben Sie 2 Minuten zur Verfügung.

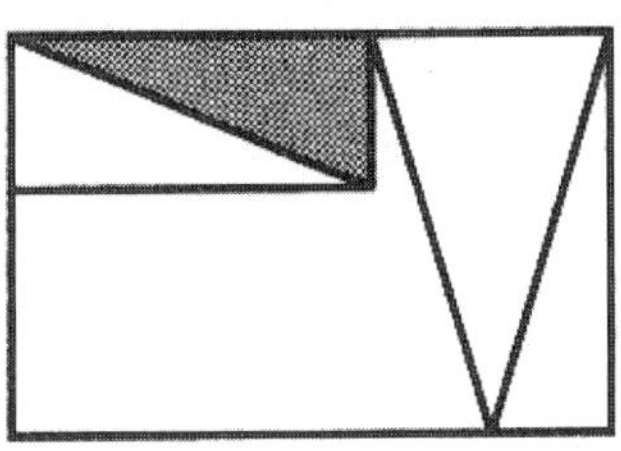

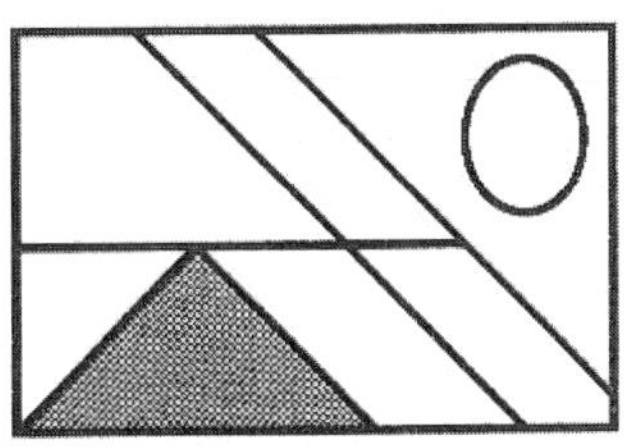

Legen Sie nun das Buch 5 Minuten zur Seite und beantworten Sie dann die folgenden Fragen: Ihnen wurden sechs Zeichnungen mit jeweils einem grauen Feld vorgestellt. Kreuzen Sie auf der folgenden Seite an, welches Feld dies jeweils war. Beginnen Sie jetzt, Sie haben 5 Minuten zur Verfügung.

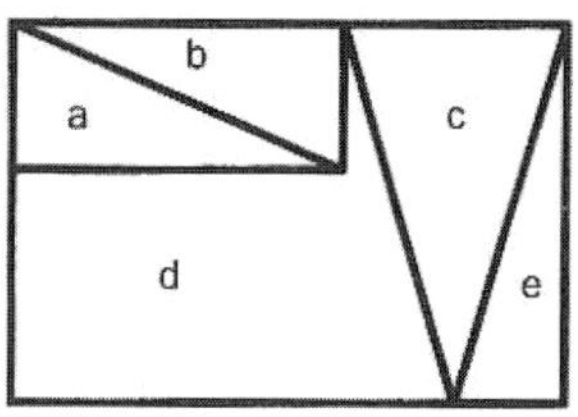

1 ☐ **a** ☐ **b** ☐ **c** ☐ **d** ☐ **e**

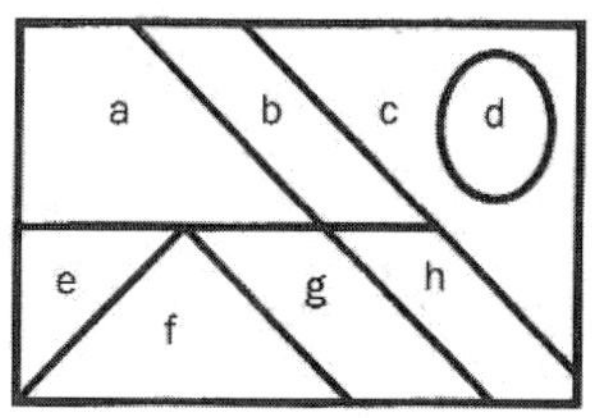

2 ☐ **a** ☐ **b** ☐ **c** ☐ **d** ☐ **e** ☐ **f** ☐ **g** ☐ **h**

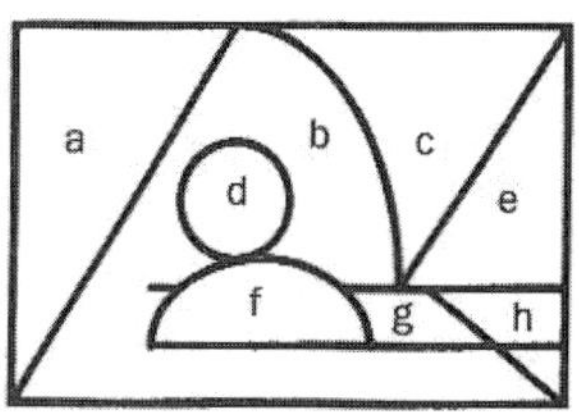

3 ☐ **a** ☐ **b** ☐ **c** ☐ **d** ☐ **e** ☐ **f** ☐ **g** ☐ **h**

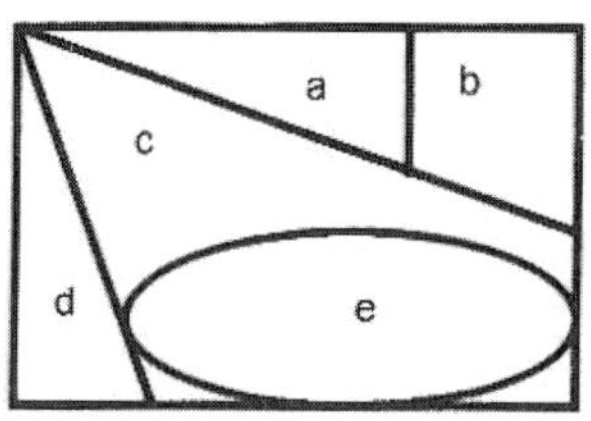

4 ☐ **a** ☐ **b** ☐ **c** ☐ **d** ☐ **e**

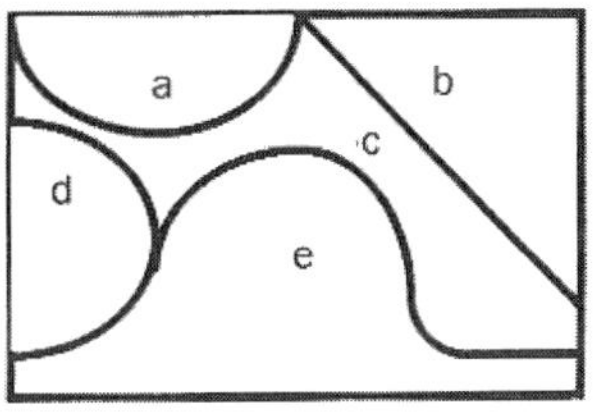

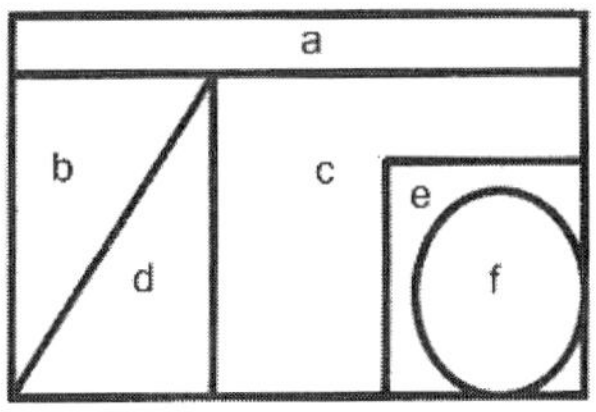

5 ☐ a ☐ b ☐ c ☐ d ☐ e

6 ☐ a ☐ b ☐ c ☐ d ☐ e ☐ f

Konzentrationsfähigkeit

Diese Aufgaben sollen Ihre Konzentrationsfähigkeit unter Zeitdruck bewerten. Sie sollten sich darüber im Klaren sein, dass bei diesem Test sowohl die Geschwindigkeit als auch die Genauigkeit der Bearbeitung beurteilt werden.

Beispiel:

In einer langen Zahlenreihe sollen Sie sämtliche Neunen durchstreichen, die genau zwei Striche aufweisen. Dabei zählen alle Striche, sowohl die über als auch die unter der 9.

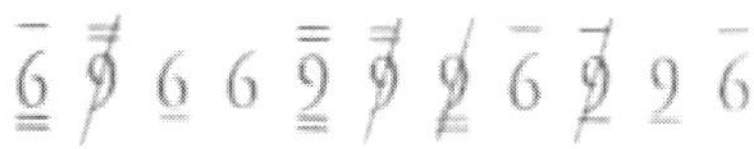

Übungsaufgabe

Für diese Aufgabe benötigen Sie von einer anderen Person Unterstützung.
Lesen Sie sich zunächst diese Anweisung zweimal durch und blättern Sie auf keinen Fall um, bevor Sie mit der Übung beginnen.
Auf der folgenden Seite finden Sie 15 Reihen mit Sechsen und Neunen. Bitten Sie Ihre Bekannte bzw. Ihren Bekannten, Ihnen während der Prüfung nach jeweils 10 Sekunden ein Zeichen zu geben, dass Sie mit der Bearbeitung einer neuen Reihe beginnen sollen – auch dann, wenn Sie mit der vorhergehenden noch nicht ganz fertig sind.
Arbeiten Sie genau, aber zügig, und achten Sie auf die 10-Sekunden-Zeichen. Benutzen Sie die nachfolgende Zeile als Übungszeile, bevor Sie umblättern und mit der Übung beginnen.

Übungszeile:

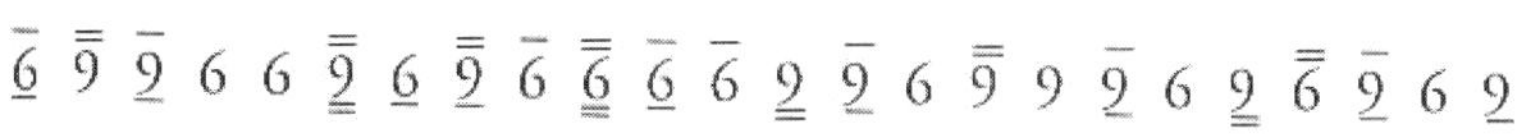

Experten-Tipp

Arbeiten Sie zügig und konzentriert

Gehen Sie gelassen an die Arbeit und schließen Sie die Augen zwischendurch ganz kurz zur Entspannung, falls die Zahlen im Verlauf der Übung mehr und mehr verschwimmen. Benutzen Sie die schnellste Form der Kennzeichnung; es ist zu umständlich, die zu markierenden Zahlen anzukreuzen oder durch einen Kreis zu kennzeichnen. Ein leichter, aus dem Handgelenk kommender Strich in Leserichtung hält Sie am wenigsten auf.

Sind Sie startbereit? Dann blättern Sie nun um!

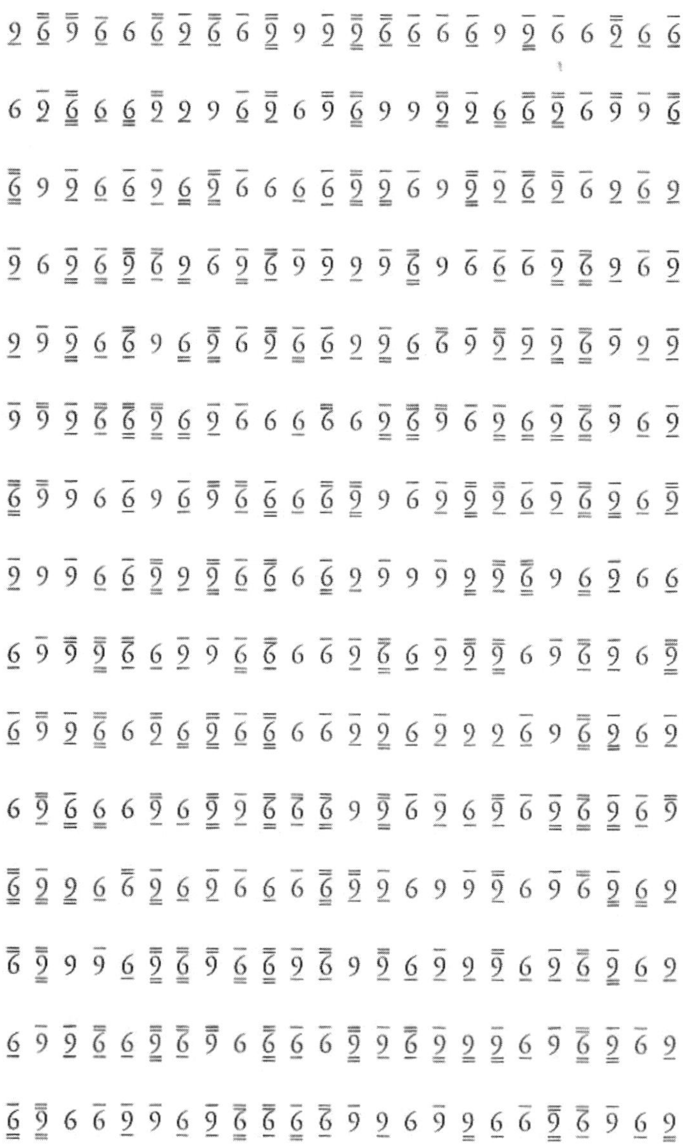

Persönlichkeitstests

Das Wesen und die Zielsetzung von Persönlichkeitstests haben wir Ihnen bereits vorgestellt. Die folgenden Tipps erleichtern Ihnen den Umgang mit diesen Übungen.

Satzergänzungstest

Weniger offensichtlich als klassische Persönlichkeitstests sind die so genannten Satzergänzungstests. Hier werden Sie gebeten, einen Satzanfang bzw. ein Satzende nach Ihren Vorstellungen zu ergänzen.

- Mein sehnlichster Wunsch ist …
- Mit einer Gruppe von Menschen zu arbeiten ist …
- Peter ist besorgt, dass …
- Wenn ich einen Fehler gemacht habe, …

Ganz gleich, ob es sich um einen Satz in der Ich-Form handelt oder ob er eine scheinbar neutrale Person betrifft, immer geht es darum, Ihre Einstellung und Meinung zu erfahren und daraus Rückschlüsse auf Ihre Persönlichkeit zu ziehen. Hier empfiehlt es sich, knappe und an einer positiven Grundhaltung orientierte Ergänzungen aufzuschreiben. Das könnte z. B. so aussehen:

- Mein sehnlichster Wunsch ist, weiterhin mit meinem Leben zufrieden sein zu können.
- Mit einer Gruppe von Menschen zu arbeiten ist eine Chance, gemeinsam erfolgreich zu sein.
- Peter ist besorgt, wenn eines seiner Kinder ernsthaft erkrankt ist.
- Wenn ich einen Fehler gemacht habe, dann versuche ich, ihn wieder zu beheben.

Experten-Tipp

Machen Sie sich bewusst, was wichtig und erwünscht ist

Versuchen Sie sich anhand des Anforderungsprofils der angestrebten Position klar zu machen, welche Charaktereigenschaften seitens des Arbeitgebers besonders wichtig und erwünscht sind. Diese geben Ihnen eine wichtige Orientierungsleitschnur für Antworten, die eine positive Beurteilung finden werden. Machen Sie sich außerdem die Aspekte in der Checkliste bewusst.

Checkliste

Vorbereitung auf den Persönlichkeitstest	ja	nein
Ich bin mir über die Zielsetzung von Persönlichkeitstests im Klaren.	✓	
Mir ist bewusst, dass insbesondere emotionale Stabilität, soziale Intelligenz und das Leistungsverhalten im Mittelpunkt der Betrachtungen stehen.		
Ich versuche, insgesamt eine positive Lebenseinstellung zu vermitteln.		
Ich vermeide bei Satzergänzungstests Extremantworten und bevorzuge sozial unverfängliche und möglichst konfliktfreie Alternativen.		
Ich halte mir das Anforderungsprofil der angestrebten Position vor Augen.		
Ich versuche, mir selbst über meine persönlichen Stärken und Schwächen klar zu werden.		
Ich versuche, ruhig und gelassen an den Test zu gehen.		

Soft Skills

Zunehmend werden bei Einstellungstestverfahren auch Übungen eingesetzt, die im verhaltensbezogenen Bereich angesiedelt sind. Es geht also um die so genannten Soft Skills wie Kommunikations- und Teamfähigkeit. Arbeitgeber möchten wissen, wie Sie sich im Umgang mit anderen Menschen verhalten. Diese Fähigkeiten gewinnen zunehmend an Bedeutung, da die meisten Tätigkeiten im Team erfolgen oder einen direkten Kundenkontakt mit sich bringen.
Die Aufgaben hier ähneln jenen aus dem Assessmentcenter. Am häufigsten wird die Gruppendiskussion eingesetzt.

Gruppendiskussion

Es diskutieren mehrere Kandidaten (in der Regel vier bis sechs) ein vorgegebenes oder frei zu wählendes Thema. Für die meisten Gruppendiskussionen wird im Vorfeld kein Diskussionsleiter bestimmt. Die Themen sind in der Regel sehr allgemein gehalten. Bei der Gruppendiskussion ist nicht in erster Linie entscheidend, welche inhaltlichen Argumente Sie liefern. Wichtig ist, wie Sie sich innerhalb der Gruppe verhalten. Daher ist es hilfreich, wenn Sie alle sich bietenden Gelegenheiten nutzen, um derartige Diskussionen zu üben. Die folgende Checkliste hilft Ihnen, sich vorzubereiten.

Checkliste

Vorbereitung auf die Gruppendiskussion	ja	nein
Ich weiß, dass es positiv gesehen wird, wenn ich in der Gruppendiskussion den ersten Beitrag liefere und damit das Eis breche.	✓	
Ich spreche die anderen Teilnehmer in der Diskussion mit Namen an.		
Ich fasse Zwischenergebnisse in gewissen Zeitabständen zusammen.		
Ich achte darauf, dass wir in der Diskussion nicht vom Thema abweichen. Sollte das der Fall sein, versuche ich, wieder zum eigentlichen Thema zurückzukommen.		
Ich bleibe stets sachlich und greife andere Teilnehmer nicht persönlich an.		
Ich versuche, auf die Argumente anderer einzugehen und sie in meinem eigenen Statement aufzugreifen.		
Ich halte keine endlosen Monologe und beziehe Diskussionsteilnehmer, die besonders zurückhaltend sind, in die Diskussion mit ein.		
Ich lasse andere Teilnehmer aussprechen und falle ihnen nicht ins Wort.		

Präsentation

Eine zweite Übung, die ebenfalls oft in Verbindung mit Einstellungstests vorkommt, ist die Präsentation. Dabei handelt es sich meist um die so genannte Selbstpräsentation. Dabei geht es darum, dass Sie sich den Unternehmensvertretern und anderen Testteilnehmern vorstellen. In der Regel haben Sie dafür drei bis fünf Minuten Zeit, die Vorbereitungszeit ist eher kurz.

Experten-Tipp

Überlegen Sie schon vorab, wie Sie sich selbst präsentieren

Machen Sie sich im Vorfeld des Tests bereits Gedanken, wie Sie eine kurze Selbstpräsentation gestalten würden.

Wichtig ist, dass Sie sowohl die wichtigsten Etappen Ihres bisherigen Lebens beschreiben als auch erläutern, warum Sie bestimmte Entscheidungen (Wahl der Leistungsfächer, Schulpraktika, Ausbildung ...) getroffen haben. Zeigen Sie, wofür Sie sich begeistern, und nennen Sie konkrete Beispiele für persönliche Stärken und bisher erzielte Erfolge.
Neben der Selbstpräsentation kann die Aufgabenstellung auch so lauten, dass Sie über ein bestimmtes Thema einen kurzen Vortrag halten sollen. Dieses Thema kann vorgegeben oder frei wählbar sein. Auch hier zählen sowohl der Inhalt als auch die Art und Weise, wie es Ihnen gelingt, die Aufmerksamkeit der Zuhörer zu gewinnen.
Die folgende Checkliste zeigt Ihnen, was Sie im Hinblick auf Ihr Vortrags- und Präsentationsverhalten beachten sollten:

Vorbereitung auf Vorträge und Präsentationen	**ja**	**nein**
Ich stelle mich zunächst den Zuhörern vor.	✓	
Ich halte Blickkontakt mit den Zuhörern.		
Ich spreche klar und deutlich.		
Ich stehe ruhig auf beiden Beinen und habe die Hände nicht in den Hosentaschen.		
Ich lese meinen Text nicht ab, sondern benutze kleine Karten, auf denen ich Stichwörter notiert habe, die mir als roter Faden dienen.		
Ich halte die zur Verfügung stehende Zeit ein.		
Ich setze Medien wie z. B. Flipchart oder Tafel zur Veranschaulichung meiner Präsentation ein.		
Ich bedanke mich am Schluss für die Aufmerksamkeit und frage, ob seitens der Zuhörer noch Fragen bestehen.		

Weitere Aufgabentypen

Außer den bisher erläuterten Aufgabentypen werden Sie auch Wissensfragen und Aufgaben finden, die die Rechtschreibung, das Grundwissen aus der Mathematik sowie die Allgemeinbildung betreffen. Konkrete Bearbeitungshinweise und Tipps gibt es hierzu leider nicht. In jedem Fall sollten Sie im Vorfeld eines Einstellungstests nochmals Mathematikbücher oder -hefte ansehen, in denen

- der Dreisatz,
- das Prozentrechnen und
- Flächenberechnungen (Rechteck, Dreieck ...)

erklärt werden.
Es ist außerdem sinnvoll, sich über die aktuellen politischen und wirtschaftlichen Entwicklungen auf dem Laufenden zu halten, indem Sie die Tageszeitung lesen oder Nachrichtensendungen schauen.

Zur praktischen Übung: eine Testbatterie

Im Folgenden finden Sie eine Testbatterie als Beispiel. Sie brauchen einen Stift, eine Stoppuhr und bei einigen Übungen die Unterstützung einer weiteren Person, die Ihnen die Zeitzeichen während der Bearbeitung gibt.

Übung 1

Bei den abgebildeten Figurenfolgen soll die Reihe der drei Figuren sinnvoll fortgesetzt werden. Wählen Sie aus den vier Möglichkeiten die richtige heraus und kreuzen Sie die Lösung an.

Beispiel

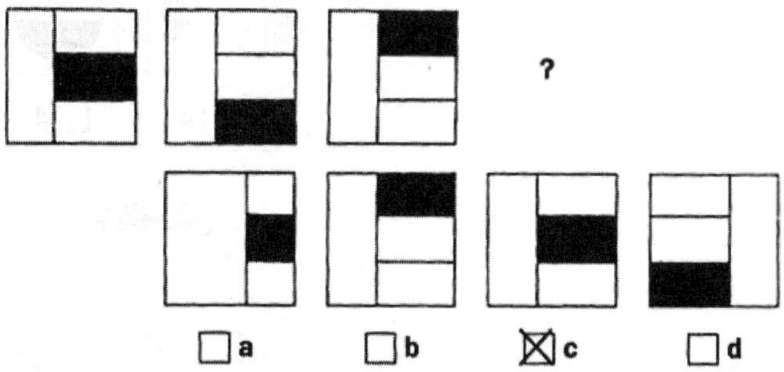

Die Lösung der Beispielaufgabe lautet c.

Aufgaben

Für die Bearbeitung der folgenden Aufgaben haben Sie insgesamt 5 Minuten Zeit.

1.

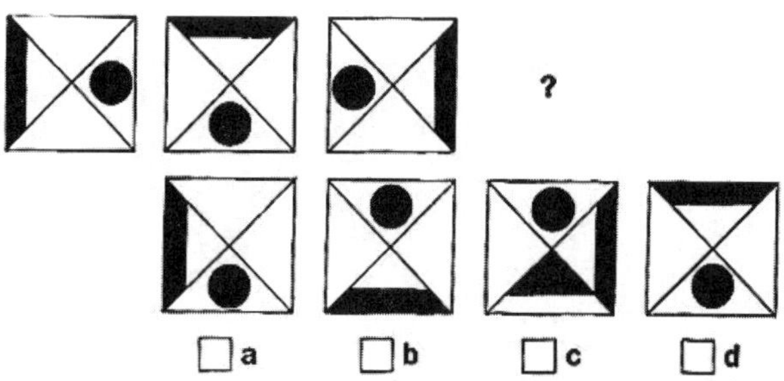

2.

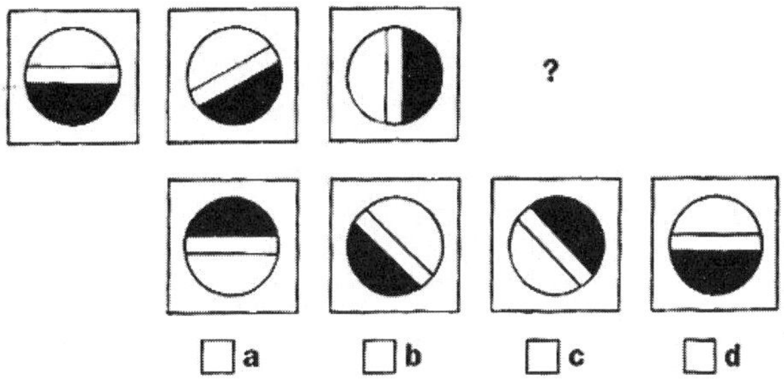

3.

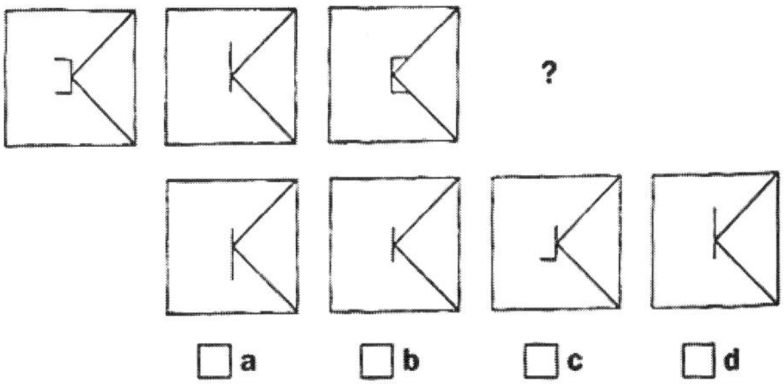

4.

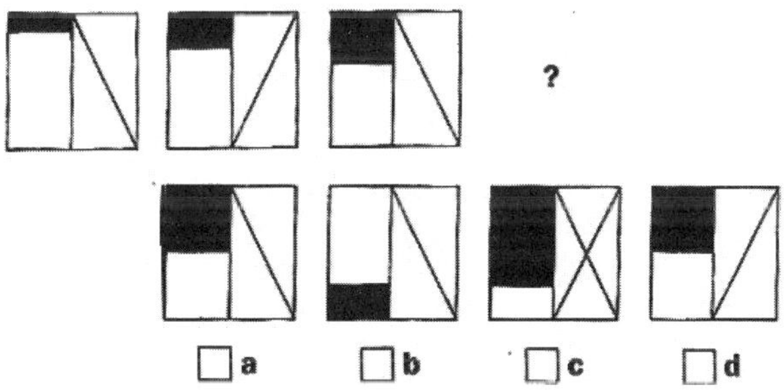

5.

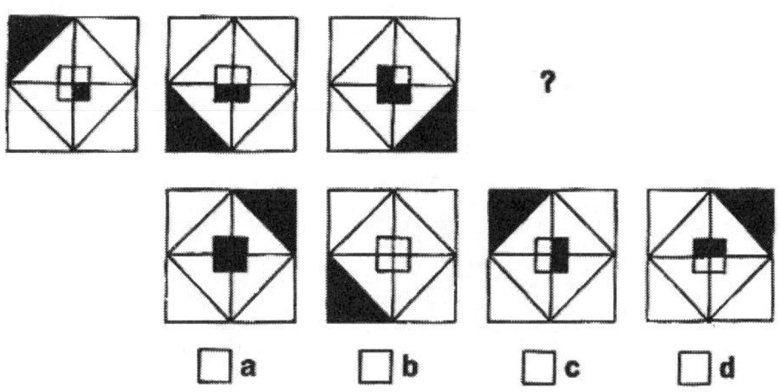

6.

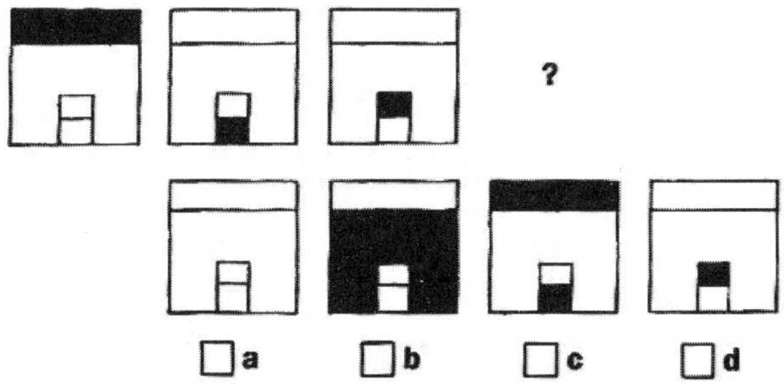

7.

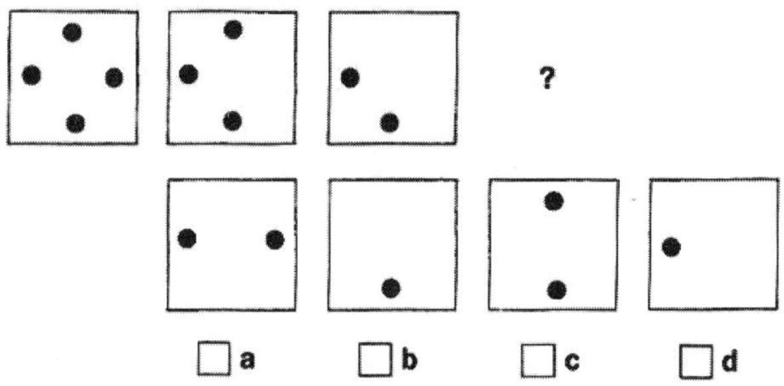

8.

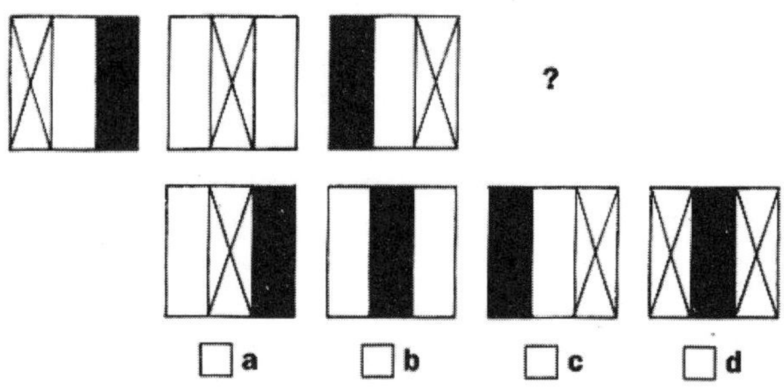

9.

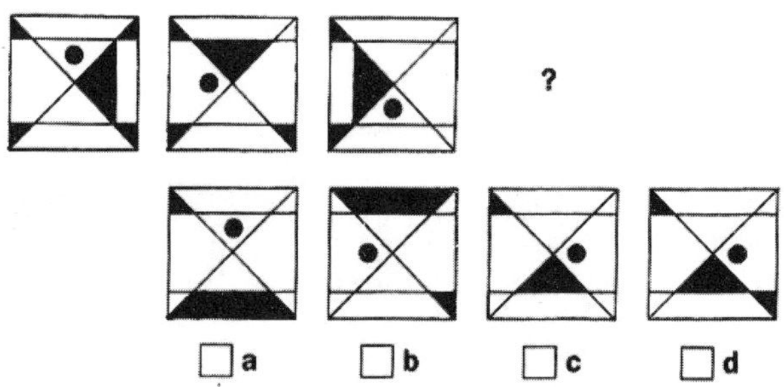

10.

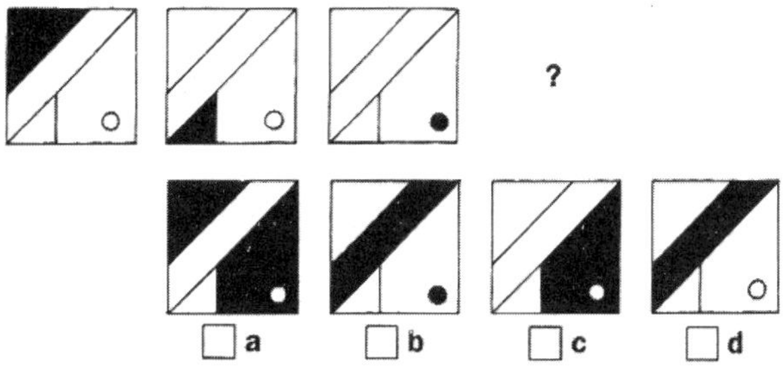

11.

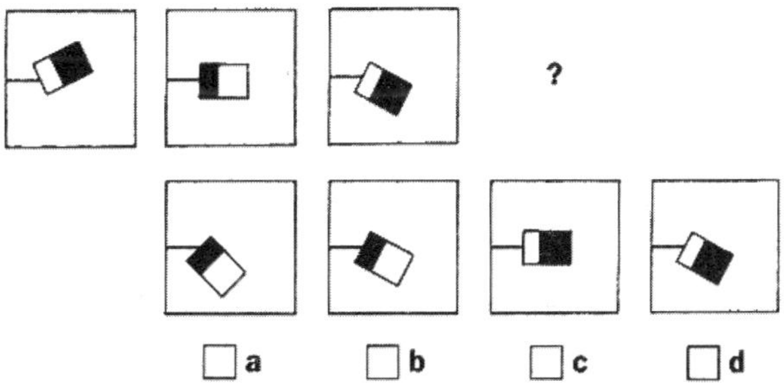

12.

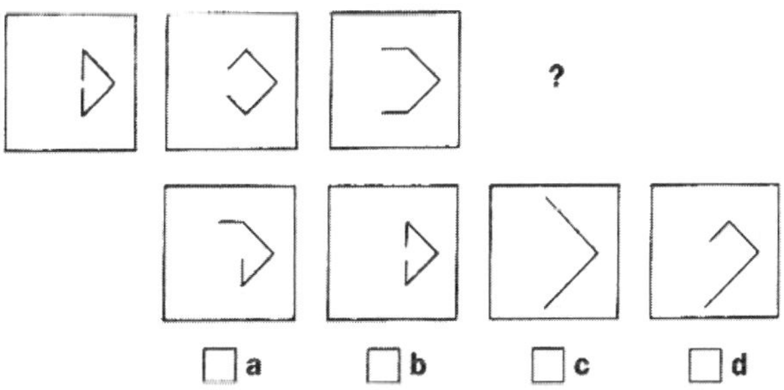

13.

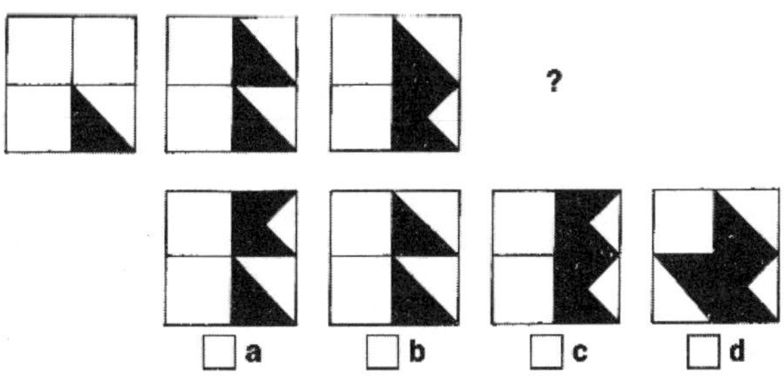

14.

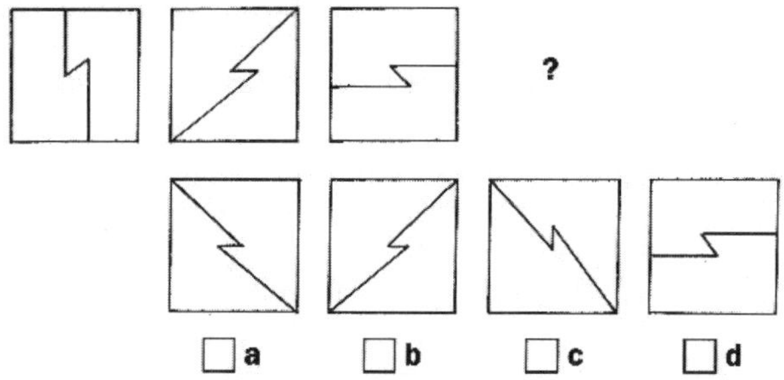

15.

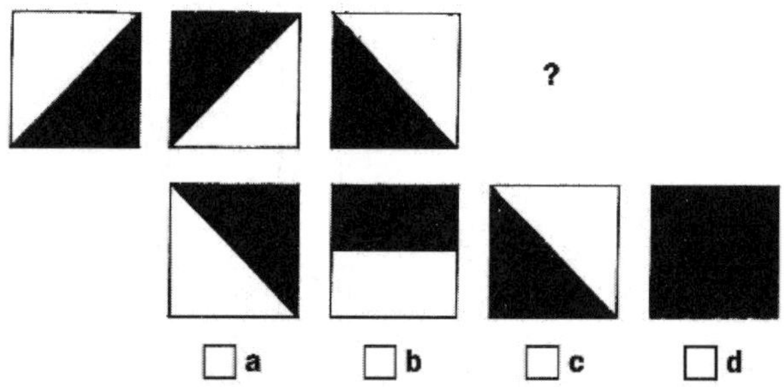

16.

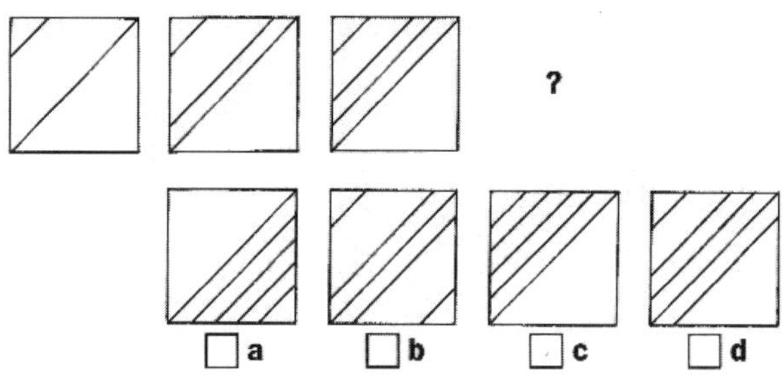

17.

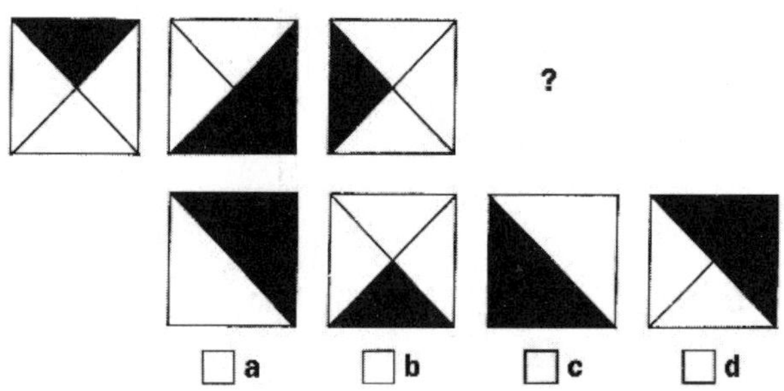

Übung 2

Bei den folgenden Zahlenreihen wird jeweils eine Zahl in die Reihe geschoben, die nicht passt. Suchen Sie diese Zahl und streichen Sie sie durch.

Beispiel

1	3	~~4~~	5	7	9

Lösung: 4; es wurde nicht – wie sonst – 2 addiert.

Aufgaben

Für die Bearbeitung der folgenden Aufgaben haben Sie insgesamt 10 Minuten Zeit.

a)	3	5	7	8	9	11
b)	2	4	8	16	32	48
c)	56	28	14	7	3,5	1,9
d)	23	19	16	14	13	12
e)	15,5	12,0	8,5	6,75	5,0	1,5
f)	1,5	3	6	9	12	24
g)	30	29	27	24	20	17
h)	31	48	65	72	82	99
i)	1,3	2,1	2,9	3,7	4,5	5,2
j)	$\frac{1}{2}$	$\frac{1}{4}$	$\frac{1}{8}$	$\frac{1}{12}$	$\frac{1}{16}$	$\frac{1}{32}$
k)	5.050	4.890	4.730	4.570	4.490	4.410
l)	0,8	1,5	1,85	2,2	2,9	3,8
m)	17	14	10	5	0	–1
n)	30	22,5	15	7,5	3,75	1,875
o)	17,5	16,9	16,3	15,1	13,9	12,7
p)	1	3	5	6	10	15
q)	19	18	15	12	10	9

r)	625	125	50	25	5	1
s)	18	13	9	6	4	4
t)	$\frac{1}{4}$	$3\frac{1}{4}$	$6\frac{1}{4}$	$9\frac{1}{4}$	10,25	$\frac{49}{4}$
u)	0,5	$\frac{3}{2}$	4,5	$\frac{27}{2}$	$8\frac{1}{2}$	$\frac{81}{2}$

Übung 3

Rechnen Sie die angegebenen Größen in die gewünschte Maßeinheit um.

Beispiel
1 m = 100 cm

Aufgaben
Für die Bearbeitung der folgenden Aufgaben haben Sie insgesamt 3 Minuten Zeit.

a)	12 dm	=	________ m
b)	0,01 km	=	________ m
c)	1 cm^3	=	________ m^3
d)	1 cm^2	=	________ m^2
e)	10 kg	=	________ Tonnen
f)	25 Min.	=	________ Sekunden
g)	2,5 Tonnen	=	________ g
h)	12 m^2	=	________ cm^2
i)	5 Ztr.	=	________ g
j)	26.005 mm	=	________ km
k)	12 Sek.	=	________ h
l)	12 Liter	=	________ hl
m)	0,074 cm^2	=	________ mm^2

Übung 4

Ergänzen Sie den nachfolgenden Lückentext sinngemäß. Beachten Sie dabei, dass die Anzahl der Striche der Anzahl der Buchstaben entspricht. Umlaute (ä, ö, ü) sowie ß zählen als ein Buchstabe.

Beispiel

Der _ _ _ _ dreht sich um die Erde.

Lösung

Das einzusetzende Wort mit vier Buchstaben heißt Mond.

Aufgabe

Für die Bearbeitung der folgenden Aufgabe haben Sie fünf Minuten Zeit.

Die Evolution

Erstes Leben auf unserer Erde entstand vor mehr als 3 _ _ _ _ _ _ _ _ _ _ Jahren. Auf dem Grund des _ _ _ _ _ _ bildeten sich die ersten Einzeller, vielleicht waren sie ähnlich den heutigen Blau- und Kugelalgen, auf jeden Fall winzig klein. Im Lauf der Zeit _ _ _ _ _ _ _ _ _ _ _ _ _ sich Schwämme und Hohltiere. Diese Tiere hatten weder einen Kopf noch Knochen. In der weiteren Entwicklung entstanden die ersten Würmer, fast ausschließlich mit sehr einfachen inneren _ _ _ _ _ _ _ . Nicht alle Tierarten entwickelten sich weiter, viele starben aus. Bei manchen anderen Tierarten bildeten sich in der Weiterentwicklung harte _ _ _ _ _ _ _, die eine Schutzfunktion für die weichen Körper erfüllten. In dieser Zeit entstanden die _ _ _ _ _ _ _ _, Schnecken und Tintenfische, auch Letztere hatten ursprünglich ein Gehäuse. Bis den Tieren die ersten Gliedmaßen aus den stummeligen Füßchen und Borstenkränzen wuchsen, dauerte es viele _ _ _ _ _ _ _ _ _ _ Jahre. Auch die allerersten _ _ _ _ _ _ _ _ waren im Wasser entstanden. Bei ihrer Ansiedlung auf dem Land, vor ungefähr 500 Millionen Jahren, kamen die ersten Tierarten mit auf das Land, wie Skorpione, Spinnen und Krebse.

Wiederum im Wasser entwickelten sich später die ersten Wirbeltiere. Ein langer Knorpel bildete das im _ _ _ _ _ _ _ des Körpers verborgene Stützkorsett. Er war ein Vorläufer der _ _ _ _ _ _ _ _ _ _ _ _ . Falsch war die Vorstellung, dass nun alle Wirbeltiere mit der Zeit immer ausgereifter und besser wurden. Bei jedem Schritt der ____________ veränderten sich verschiedene Arten nicht weiter. Dies war dann der Fall, wenn sich der ___________ der Tiere nicht in dem Maße veränderte, dass er eine weitere Anpassung verlangte.

Übung 5

Bei dieser Übung stimmt jeweils eine der zur Auswahl stehenden Abbildungen nicht mit dem Original auf der linken Seite überein. Finden Sie diese Abbildung heraus und kreuzen Sie den entsprechenden Buchstaben an.

Beispiel:

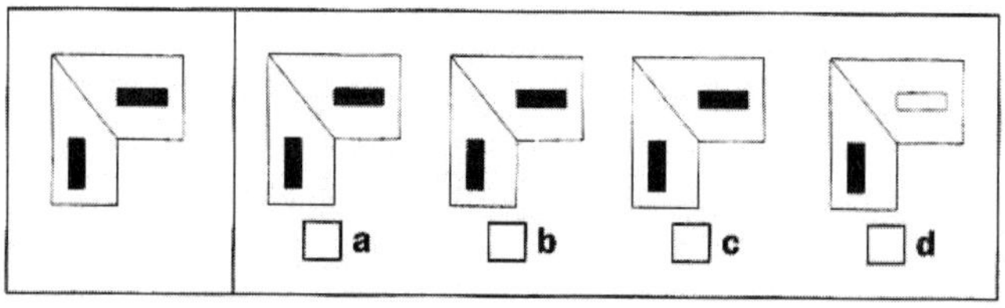

Lösung: Bild d unterscheidet sich vom Original.

Aufgaben

Für die Bearbeitung der folgenden Aufgaben haben Sie insgesamt 4 Minuten Zeit.

1.

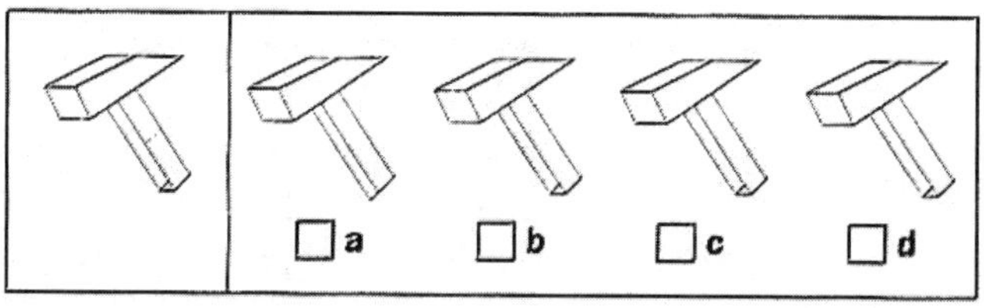

2.

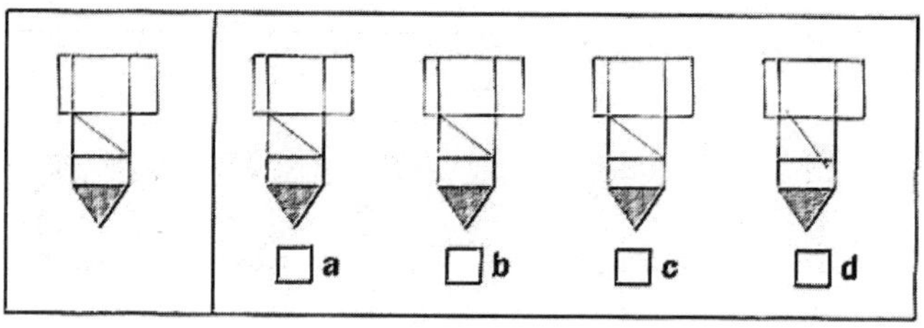

3.

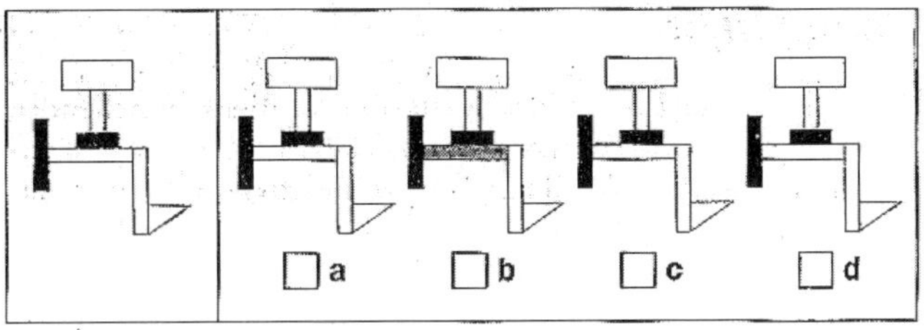

4.

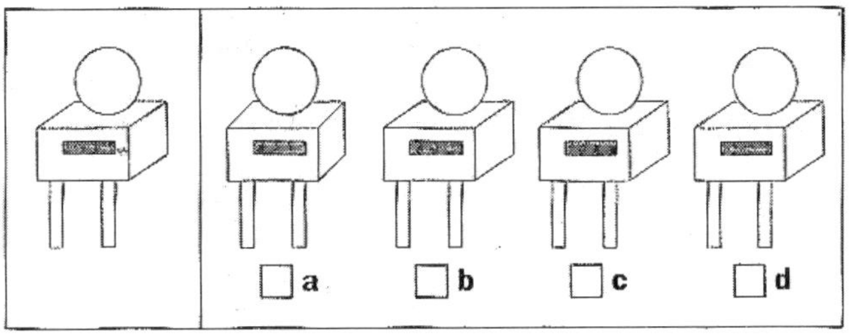

5.

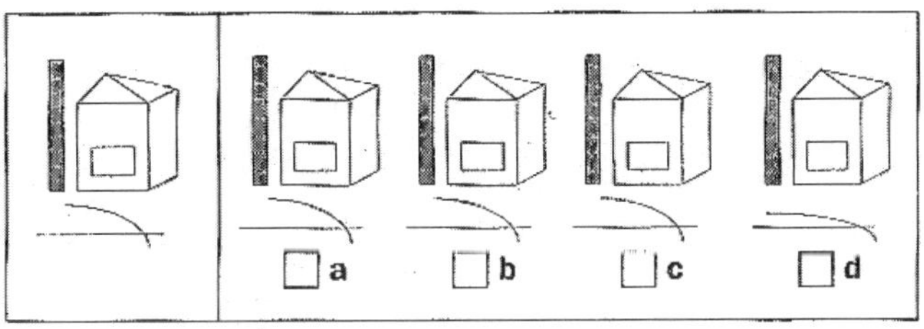

6.

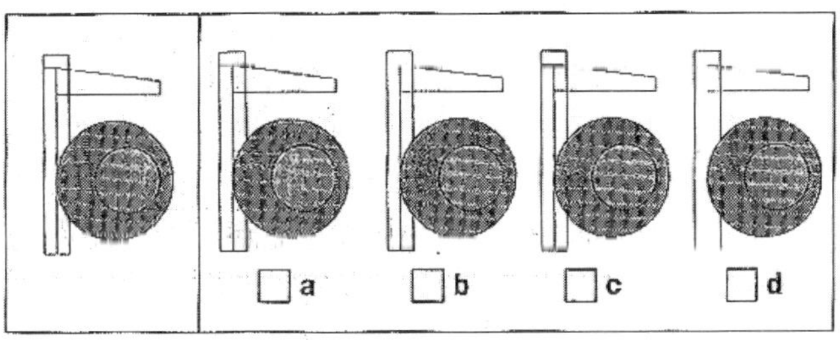

7.

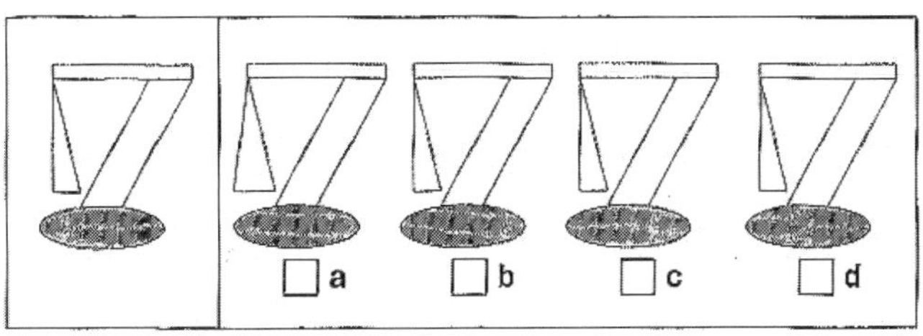

8.

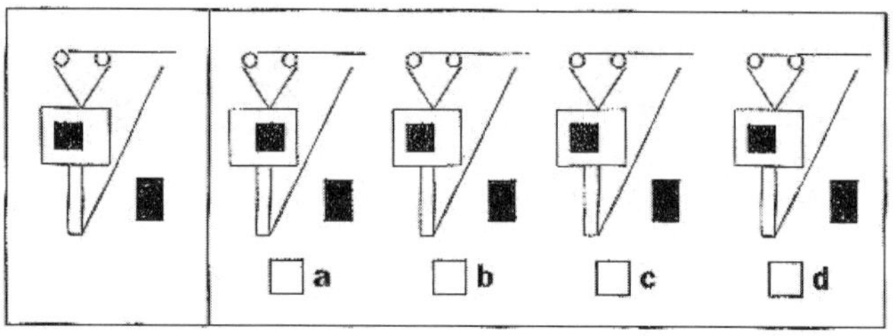

9.

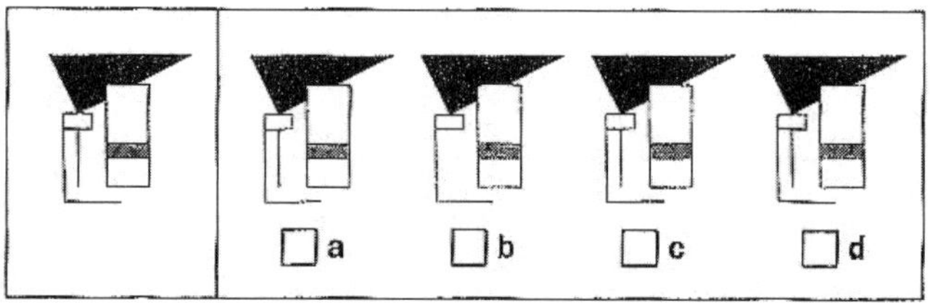

10.

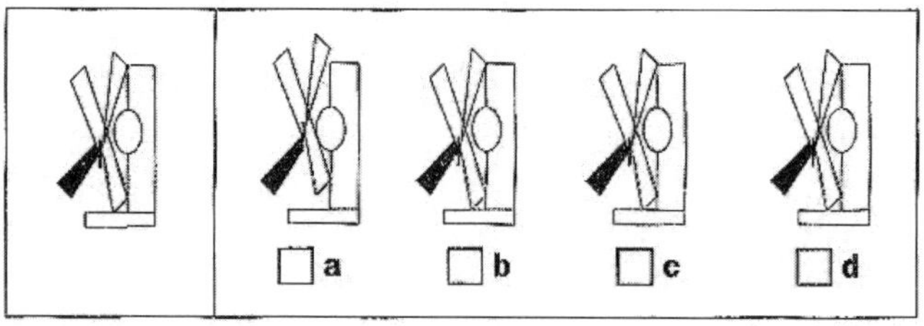

11.

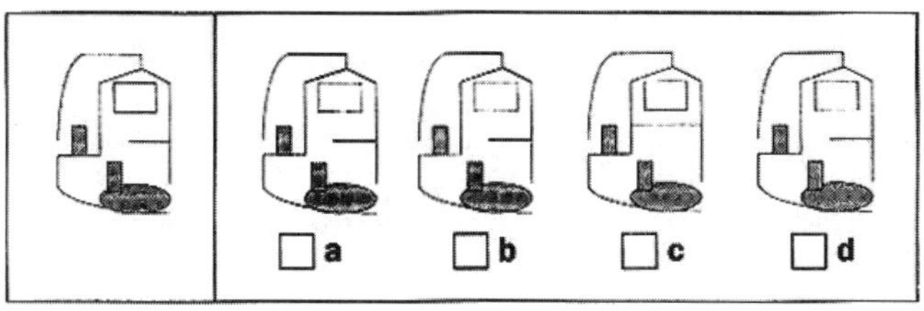

12.

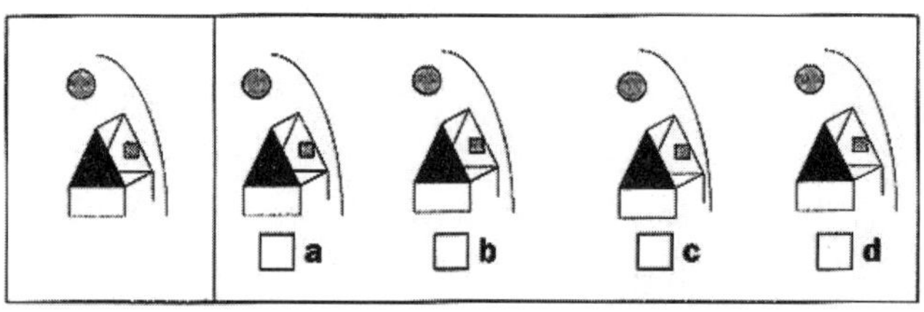

13.

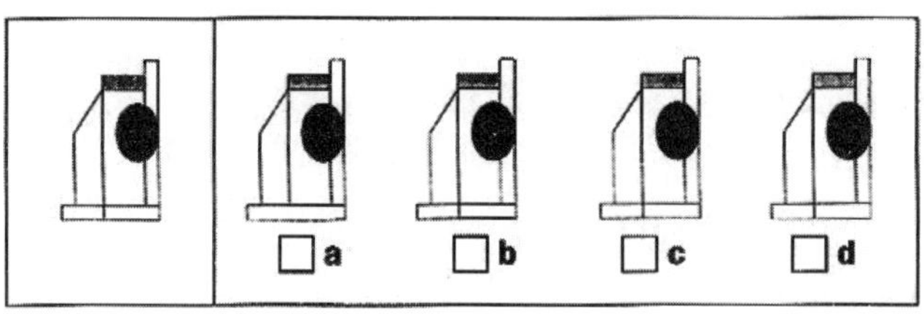

14.

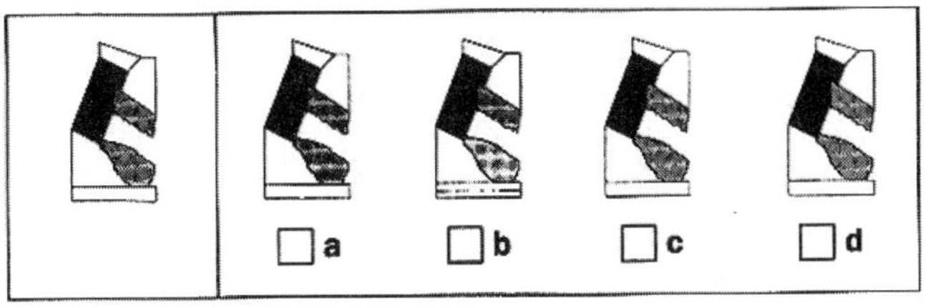

15.

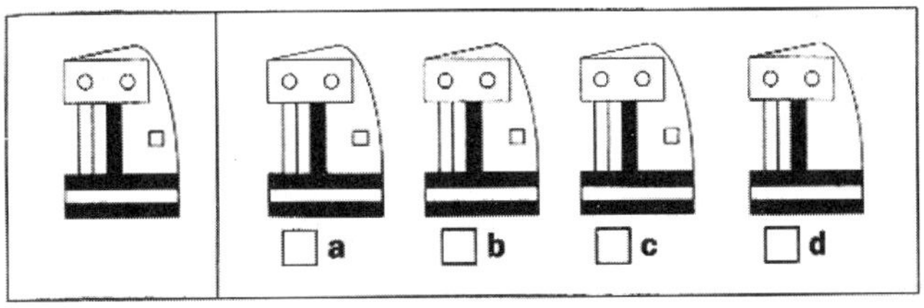

Übung 6

Bei der nachfolgenden Übung sollen Sie alle Wörter aufschreiben, die die vorgegebenen Kriterien erfüllen. Dazu benötigen Sie ein gesondertes Blatt.

Beispiel

Schreiben Sie alle Wörter auf, die Ihnen einfallen, die mit dem Buchstaben B beginnen und mit dem Buchstaben K enden.

Beispielantworten könnten hier sein: Bank, Blick, blank, Bock usw. Auf Groß- oder Kleinschreibung zu Wortbeginn kommt es dabei nicht an.

Aufgaben

Für die Bearbeitung der folgenden Aufgaben haben Sie jeweils 1 Minute Zeit. Bitten Sie einen Bekannten, für Sie die Zeit zu stoppen.

1 Schreiben Sie alle Wörter auf, die Ihnen einfallen, die mit dem Buchstaben S beginnen und mit dem Buchstaben T enden.

2 Schreiben Sie alle Wörter auf, die Ihnen einfallen, die mit dem Buchstaben F beginnen und mit dem Buchstaben D enden.

3 Schreiben Sie alle Wörter auf, die Ihnen einfallen, die mit dem Buchstaben H beginnen und mit dem Buchstaben Z enden.

4 Schreiben Sie alle Wörter auf, die Ihnen einfallen, die mit dem Buchstaben R beginnen und auf E enden.

5 Schreiben Sie alle Wörter auf, die Ihnen einfallen, die an der dritten Stelle den Buchstaben E haben.

6 Schreiben Sie alle Wörter auf, die Ihnen einfallen, die genau zweimal den Buchstaben E enthalten.

7 Schreiben Sie alle Wörter auf, die Ihnen einfallen, die auf TZ enden.

8 Schreiben Sie alle Wörter auf, die Ihnen einfallen, die die Buchstabenkombination TT enthalten.

9 Schreiben Sie alle Wörter auf, die Ihnen einfallen, die die Buchstabenkombination RG enthalten.

10 Schreiben Sie alle Wörter auf, die Ihnen einfallen, die mit der Buchstabenkombination SK beginnen.

Übung 7

Lesen Sie zunächst den nachfolgenden Text. Danach beantworten Sie die anschließend aufgeführten Fragen. Sie können dabei jederzeit auf den Text zurückgreifen, obwohl sich nicht alle Antworten aus ihm ergeben.

Anforderungen der Zukunft

Nichts ist so beständig wie der Wandel. Mit dieser Aussage lässt sich der Trend unserer Zeit zusammenfassen. Veränderungen treten in immer kürzeren Zeitabständen auf und im Hinblick auf die berufliche Qualifizierung ist das einmal gelernte Wissen nicht mehr ausreichend. Eine Ausbildung oder ein Studium können nur noch als eine Basisqualifizierung angesehen werden. Ständige Weiterbildung ist unerlässlich, um den sich ändernden Anforderungen gerecht werden zu können. Wenn man z. B. die Berufsbilder von technischen Ausbildungsberufen heute und von vor zehn Jahren vergleicht, so sind völlig neue Qualifikationsanforderungen entstanden. Insgesamt ist ein sehr deutlicher Trend weg von der Mechanik und der handwerklichen Tätigkeit hin zur Elektronik und Software zu erkennen. Der industrielle Facharbeiter von heute legt weniger mit dem Werkzeug selbst Hand an. Er ist vielmehr derjenige, der computergesteuerte Maschinen einrichtet, steuert und Prozesse überwacht. Ohne entsprechende EDV-Kenntnisse kann diese Aufgabe nicht erfüllt werden.

Am deutlichsten ist der schnelle Wandel im Bereich der Informationstechnologie zu sehen. EDV-Systeme und -Programme, die vor zehn Jahren dem neuesten Stand der Technik entsprachen, sind heute völlig veraltet. Der PC hat Einzug in nahezu jeden Bereich gehalten. Waren früher noch Terminals an einen zentralen Großrechner angebunden, stellt heute der dezentrale, netzwerkverbundene PC die Norm dar. Begriffe wie „Cyberspace“, „Multimedia“ und „E-Mail“ erobern die Welt und führen uns auf den Weg hin zur Informationsgesellschaft. Sie bietet die Möglichkeit, auf eine nahezu unbegrenzte Menge von Daten zuzugreifen, und dies ohne räumliche Grenzen. Die Daten, die täglich rund um den Globus kursieren, übertreffen an Menge das gesamte Wissen, das der Menschheit im 19. Jahrhundert zur Verfügung stand.

Die größte Herausforderung für jeden Einzelnen wird darin bestehen, sich ständig weiterzubilden, um den sich wandelnden Anforderungen gerecht zu werden und aus der vorhandenen Datenflut das für ihn Wesentliche herauszufiltern.

Frage 1: Was ist die wesentliche Kernaussage des Textes?

a) Technische Ausbildungsberufe sind nicht mehr gefragt.
b) Computer sind veraltet.
c) Es bedarf ständiger Weiterbildung, um den zukünftigen Anforderungen gerecht zu werden.
d) Die Datenflut überfordert die Menschen.

Frage 2: Was versteht man unter einem PC?

a) Eingabegerät ohne eigenen Rechner für den Zugriff auf einen Großrechner
b) Personal-Computer
c) Schnurloses Telefon
d) Datenleitung

Frage 3: Was versteht man unter Cyberspace?

a) Weltraum
b) Vierdimensionale Darstellung eines Gegenstands
c) Bildschirmoberfläche
d) Umgangssprachliche Bezeichnung für die Gesamtheit der weltweiten elektronischen Kommunikation

Frage 4: Im Text ist von EDV-Kenntnissen die Rede. Welche der nachfolgenden Begriffe bezeichnet keine Software?

a) Windows 95
b) Excel
c) CPU
d) Corel Draw

Frage 5: Im Text werden Ausbildungsberufe angesprochen. Welcher der nachfolgenden Berufe ist kein anerkannter Ausbildungsberuf?

a) Industrieelektroniker/in
b) Kurierfahrer/in
c) Handelsfachpacker/in
d) IT-System-Kaufmann/Kauffrau

Frage 6: Im Text ist von Daten die Rede. Die Daten werden in digitaler Form übertragen. Welches ist die kleinste Einheit hierfür?

a) MB
b) Byte
c) Bit
d) RAM

Übung 8

In der folgenden Übung sollen Sie überprüfen, ob die Schlussfolgerungen jeweils richtig oder falsch sind. Dabei ist es unerheblich, ob die Aussagen der Realität entsprechen oder absurd sind. Wichtig ist nur, ob die Schlussfolgerungen sich logisch aus den Aussagen ableiten lassen.

Beispiel

Jeder Mann hat ein Auto (Aussage). Jedes Kind ist ein Mann (Aussage). Deshalb hat jedes Kind ein Auto (Schlussfolgerung).

a) stimmt b) stimmt nicht

Da gemäß den Aussagen alle Kinder Männer sind und alle Männer ein Auto haben, haben auch alle Kinder ein Auto. Die Schlussfolgerung ist also richtig und Sie müssen a) ankreuzen.

Aufgaben

Für die Bearbeitung der folgenden Aufgaben haben Sie insgesamt 7 Minuten Zeit.

1. Alle Häuser haben Flügel. Einige Boote sind Flügel. Deshalb haben alle Häuser Boote.

   a) stimmt b) stimmt nicht

2. Keine zwei Blumenarten sehen gleich aus. Rosen und Tulpen sehen genau gleich aus. Deshalb sind Rosen und Tulpen keine zwei Blumenarten.

   a) stimmt b) stimmt nicht

3. Niemand mit einer Warze auf der Nase mag Bananen. Alle Menschen haben eine Warze auf der Nase. Deshalb mag kein Mensch Bananen.

   a) stimmt b) stimmt nicht

4. Manche Quadrate sind rund. Alle Quadrate sind schwarz. Deshalb sind alle schwarzen Quadrate rund.

   a) stimmt b) stimmt nicht

5. Manche Frösche bellen lauter als Ameisen. Alle Kühe sind Ameisen. Deshalb bellen alle Frösche lauter als Kühe.

   a) stimmt b) stimmt nicht

6. Einige Tiere können lachen. Alle Ungeheuer sind Tiere. Deshalb können alle Ungeheuer lachen.

   a) stimmt b) stimmt nicht

7. Autos sind blaue Pflanzen. Autos malen Hauswände an. Deshalb malen alle blauen Pflanzen Hauswände an.

   a) stimmt b) stimmt nicht

8. Alle Diebe sind Astronauten. Alle Astronauten schreiben Bücher. Deshalb gibt es Diebe, die Bücher schreiben.

   a) stimmt b) stimmt nicht

9. Alle Rollerblades haben gelbe Reifen. Alles, was gelbe Reifen hat, ist blöd. Kein Fahrrad, das blöd ist, hat grüne Reifen. Deshalb sind alle Rollerblades und alle Fahrräder mit gelben Reifen blöd.

   a) stimmt b) stimmt nicht

10. Alle guten Lehrer haben kleine Füße. Wer kleine Füße hat, trinkt gern Bier. Jedem, dem Bier schmeckt, schmeckt auch Apfelsaft. Gute Lehrer trinken gern Bier. Deshalb trinken Lehrer mit kleinen Füßen gerne Apfelsaft.

    a) stimmt b) stimmt nicht

Übung 9

Bei den folgenden Zahlenreihen müssen jeweils die zwei untereinander stehenden Zahlen addiert werden. Die Lösung ist hinter die zwei zu addierenden Zahlen zu schreiben. Bei zweistelligen Ergebnissen schreiben Sie bitte nur die Einerziffer der Zahl als Lösung auf.

Beispiel

4	
	9
5	
	7
2	
	0
8	
	5
7	

Aufgaben

Für die Bearbeitung der folgenden Aufgaben haben Sie insgesamt 3 Minuten Zeit.

4	8	8	4	6	8	0	5	6	7
7	4	5	3	4	7	2	2	6	8
9	1	5	4	8	3	5	7	4	9
2	5	6	3	8	0	3	5	3	0
9	7	1	7	9	4	9	2	2	8
7	3	1	5	7	0	0	7	1	1
6	9	8	1	8	9	5	6	6	3
5	5	9	1	1	4	4	8	4	3
8	9	6	4	9	5	7	2	0	8
0	6	9	3	2	0	9	1	8	1
2	7	5	4	8	7	5	9	9	8
4	4	9	7	5	3	6	5	8	3
2	7	9	3	0	4	4	6	7	7
2	5	7	9	3	4	5	7	8	3
8	0	6	2	3	8	7	1	9	5
7	2	5	0	9	5	8	5	8	0
4	7	1	8	4	5	9	0	8	9
0	3	7	5	2	5	6	4	7	0
7	4	0	3	4	2	0	1	5	3
5	8	7	4	3	6	4	4	2	2
9	6	7	5	8	5	8	7	5	5
5	2	1	2	1	8	3	8	8	9
8	6	5	9	1	5	9	7	8	1
8	7	8	1	8	3	1	1	7	1
3	3	6	2	7	4	2	8	7	7
4	5	9	3	5	5	2	8	4	6
0	5	0	2	6	3	5	9	5	3
7	1	9	0	6	8	2	2	9	7
8	8	2	7	5	8	1	8	6	4
5	9	0	9	5	8	4	0	8	0
8	5	0	2	9	6	1	2	9	6
2	4	7	3	2	4	6	1	5	3
5	4	8	3	6	9	8	2	7	4
0	1	7	3	4	3	9	5	4	5
7	5	0	5	8	7	6	5	7	2
2	7	7	4	5	4	1	4	7	6

Übung 10

Unterstreichen Sie bei den Wortpaaren jeweils die richtige Schreibweise entsprechend den neuen amtlichen Rechtschreibregeln.

Beispiel

Späne – Spähne

Aufgaben

Für die Bearbeitung der folgenden Aufgaben haben Sie insgesamt 5 Minuten Zeit.

	a)		b)
1.	abspuhlen	–	abspulen
2.	Krawatte	–	Kravatte
3.	Autopsie	–	Autobsie
4.	fröhnen	–	frönen
5.	achzig	–	achtzig
6.	Barock	–	Barok
7.	aprubt	–	abrupt
8.	Zenit	–	Zenith
9.	Move	–	Möwe
10.	Schifffahrt	–	Schiffahrt
11.	apelieren	–	appellieren
12.	grotesk	–	krotesk
13.	Siphon	–	Siffon
14.	Polyklinik	–	Poliklinik
15.	spührte	–	spürte
16.	Sabbat	–	Sabath
17.	Rokoko	–	Rokokko
18.	Hypothenuse	–	Hypotenuse
19.	Alphabeth	–	Alphabet
20.	Abonnement	–	Abonement
21.	Stanniol	–	Staniol
22.	Abzess	–	Abszess
23.	Matratze	–	Matraze
24.	Triumphirat	–	Triumvirat
25.	verhehrend	–	verheerend
26.	sympathisch	–	symphathisch
27.	totkrank	–	todkrank
28.	grölen	–	gröhlen

	a)		b)
29.	Absinth	–	Absint
30.	Appretur	–	Aprätur
31.	Prophezeiung	–	Prophezeihung
32.	nummerieren	–	numerieren
33.	Stängel	–	Stengel
34.	Alliierte	–	Aliierte
35.	Seeligkeit	–	Seligkeit
36.	Athmosphäre	–	Atmosphäre
37.	Wohlust	–	Wollust
38.	Karosserie	–	Karrosserie
39.	Omlette	–	Omelette
40.	Libyen	–	Lybien
41.	Balustrade	–	Ballustrade
42.	Akkordeon	–	Akordeon
43.	Quentchen	–	Quäntchen
44.	Temparatur	–	Temperatur
45.	Parallelen	–	Paralellen
46.	Rhetorik	–	Rethorik
47.	Totschlag	–	Todschlag
48.	Matrize	–	Matritze
49.	Rhabarber	–	Rabharber
50.	Akusativ	–	Akkusativ

Übung 11

Bei dieser Übung wird Ihr physikalisch-technisches Verständnis überprüft. Für die Bearbeitung der folgenden Aufgaben haben Sie insgesamt 4 Minuten Zeit.

1. Finden Sie heraus, ob die eingezeichneten Pfeile, die hier die Drehrichtung angeben, richtig sind.

   a) richtig

   b) falsch

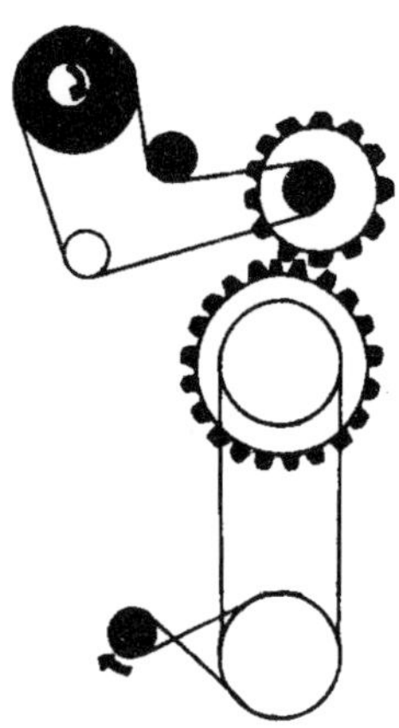

2. 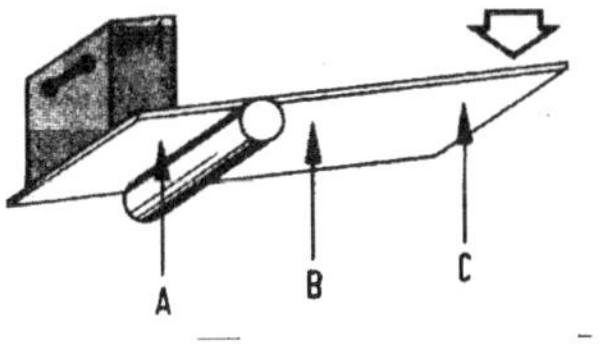

Wo muss die Rolle untergelegt werden, damit die Kiste am leichtesten gehoben werden kann?

a) Punkt A

b) Punkt B

c) Punkt C

3. Finden Sie heraus, ob die eingezeichneten Pfeile, die die Drehrichtung angeben, richtig sind.

a) richtig

b) falsch

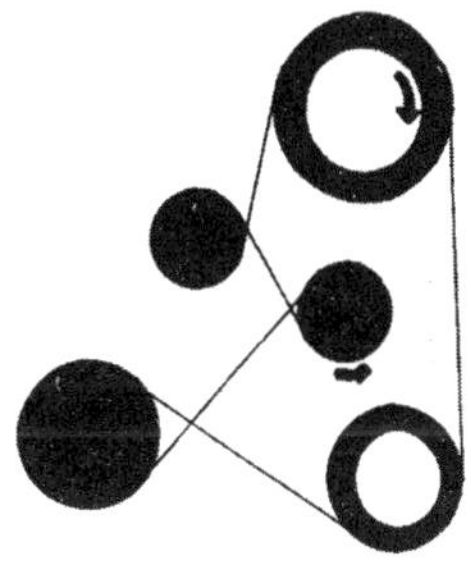

4. 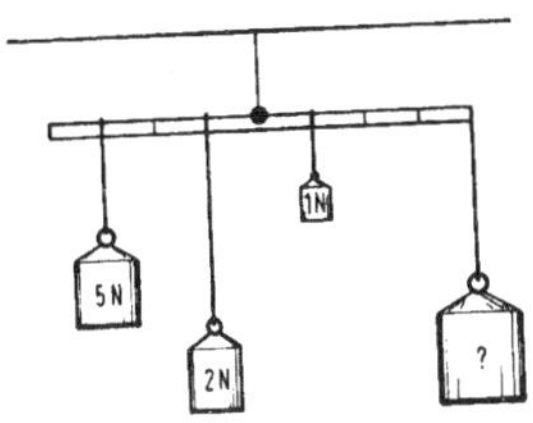

Die Waage soll im Gleichgewicht bleiben. Mit welcher Kraft muss das rechts außen angebrachte Gewicht ziehen?

a) 1 N b) 2 N c) 3 N d) 4 N

e) 5 N f) 6 N g) 7 N

5. Finden Sie heraus, ob die eingezeichneten Pfeile, die die Drehrichtung angeben, richtig sind.

a) richtig

b) falsch

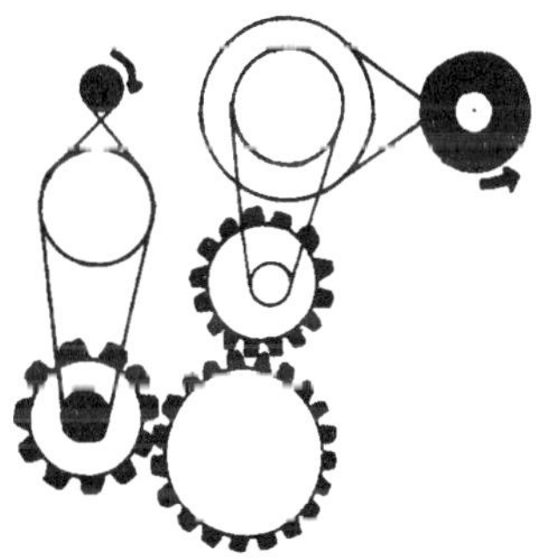

6. 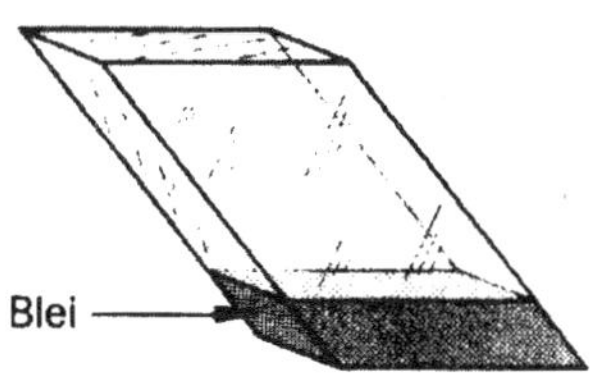

Der abgebildete Glaskörper hat einen Bleisockel. Fällt der Körper um, wenn er nicht festgehalten wird?

a) ja

b) nein

7. Finden Sie heraus, ob die eingezeichneten Pfeile, die die Drehrichtung angeben, richtig sind.

   a) richtig

   b) falsch

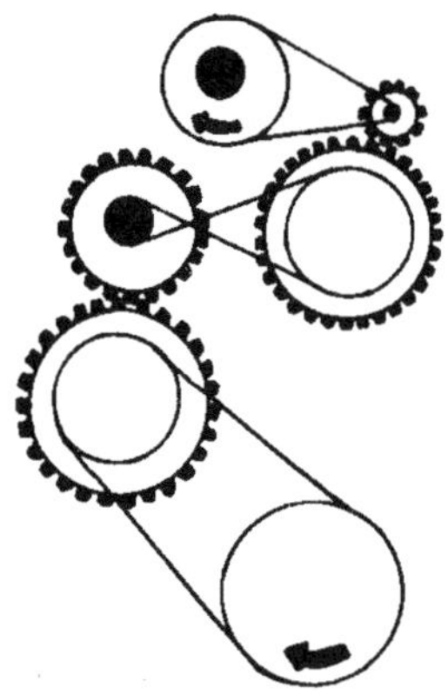

8. 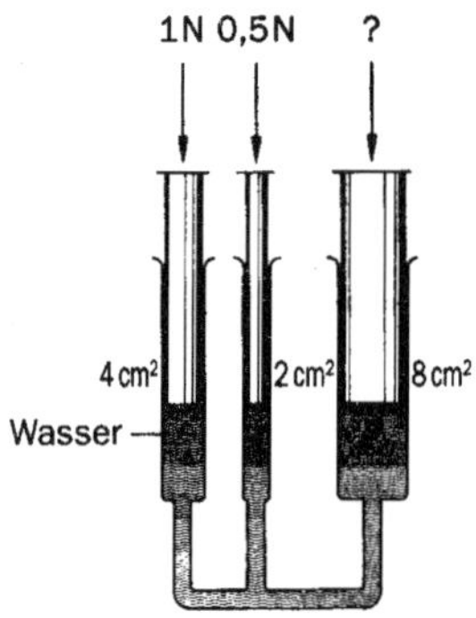

Welche Kraft muss hier auf den dritten Kolben wirken, damit alle drei Kolben im Gleichgewicht bleiben?

a) 1 N b) 2 N c) 3 N d) 4 N

e) 5 N f) 6 N g) 7 N

Übung 12

Lösen Sie die nachfolgenden Wissensfragen. Sie haben insgesamt 10 Minuten Zeit.

1. Welches ist der höchste Wasserfall?

   a) Angle-Fall b) Rheinfall

   c) Boulder-Damm d) Niagarafall

2. Von wem stammt der Roman „1984“?

   a) Hemingway b) Jules Verne

   c) George Orwell d) Salinger

3. Was ist eine Präambel?

   a) Kronleuchter b) Vorspann

   c) Blumenschale d) Fundort vorhistorischer Werkzeuge

4. Welches ist der längste Fluss?

   a) Mississippi b) Nil

   c) Donau d) Rhein

5. Welche Staatsform hat Australien?
   a) Monarchie
   b) demokratische Republik
   c) parlamentarisch-demokratischer Bundesstaat
   d) zentral regierter demokratischer Einheitsstaat
6. Was versteht man unter Fatalismus?
   a) Unglückswahn
   b) Schicksalsglaube
   c) Hetzerei
   c) blindes Anhängertum
7. Wie heißt die Hauptstadt von Australien?
   a) Melbourne
   b) Sydney
   c) Brisbane
   d) Canberra
8. Welches Wort hat dieselbe Bedeutung wie „notorisch"?
   a) unbeliebt
   b) bekannt
   c) unaufhörlich
   d) trunksüchtig
9. Was ist eine Muskete?
   a) Schlaginstrument
   b) Gewürzfrucht
   c) Handfeuerwaffe
   d) Insekt
10. Was ist ein Metronom?
    a) Wetterkundler
    b) Taktmesser
    c) Vermessungstechniker
    d) Maßsystem
11. Wer schrieb „Minna von Barnhelm"?
    a) Brecht
    b) Lessing
    c) Wedekind
    d) Horvath
12. Was versteht man unter einer „Bagatelle"?
    a) Kleinod
    b) Kleinigkeit
    c) Nutzlosigkeit
    d) Tand
13. Was ist eine Tangente?
    a) Gerade, die einen Kreis schneidet
    b) Winkelfunktion
    c) Grundseite eines Dreiecks
    d) Gerade, die einen Kreis in einem Punkt berührt
14. Wer schrieb die Oper „Fidelio"?
    a) Rossini
    b) Beethoven
    c) Verdi
    d) Wagner

15. Was versteht man unter „deftig“?

a) nahrhaft b) spaßig
c) derb d) geschmacklos

16. Was versteht man unter einer „Trophäe“?

a) Erkennungszeichen b) Ausbeute
c) Fundstück d) Siegeszeichen

17. Welches Land ist flächenmäßig größer?

a) Frankreich b) Algerien

18. Wie heißt die Hauptstadt von Rumänien?

a) Budapest b) Sofia
c) Bukarest d) Belgrad

19. Wo ist der Regierungssitz der niederländischen Regierung?

a) Rotterdam b) Amsterdam
c) Ede d) Den Haag

20. Wo liegen die Galapagos-Inseln?

a) im Karibischen Meer b) im Pazifischen Ozean
c) im Atlantischen Ozean d) im Golf von Mexiko

21. Welches Land ist flächenmäßig kleiner?

a) Großbritannien b) Bundesrepublik

22. Wie heißt die Hauptstadt von Venezuela?

a) Maracaibo b) Managua
c) Caracas c) Guatemala

23. Wie hoch ist die Zugspitze?

a) 2.963 m b) 3.154 m
c) 2.471 m d) 3.229 m

24. Was versteht man unter „Taiga“?

a) Musikinstrument b) Steppe
c) Regenwald d) sibirisches Waldland

25. Wie heißt der höchste Berg in Afrika?

a) Mount Everest b) Kilimandscharo
c) Mount McKinley c) Ruwenzori

26. Welche Stadt liegt nördlicher?
   a) Moskau b) Stockholm

27. Wann war die Französische Revolution?
   a) 1789 b) 1812
   c) 1756 d) 1774

28. Wann lebte Karl der Große?
   a) 624–694 b) 672–728
   c) 742–814 d) 802–873

29. Was ist eine Drohne?
   a) Atomsprengkopf b) Munitionsteil
   c) männliche Biene d) Wespenkönigin

30. Welcher Planet ist in unserem Sonnensystem der Sonne am nächsten?
   a) Venus b) Jupiter
   c) Merkur d) Mars

31. Was ist ein Rhönrad?
   a) ein Föhnantrieb b) Turngerät
   c) Fahrrad, häufig traditionsmäßig in der Rhön gefahren d) Tourenfahrrad

32. Wer war Leibniz?
   a) Erfinder einer Kekssorte b) Entdecker der Gene
   c) Mathematiker d) deutscher Denker

33. Wer schrieb die „Buddenbrooks"?
   a) Thomas Mann b) Erich Keller
   c) Gottfried Keller d) Friedrich Schiller

34. Wer war Radetzky?
   a) Chemiker b) Komponist
   c) Feldmarschall d) Opernsänger in Wien

35. Was versteht man unter einem Epos?
   a) Abschnitt der griechischen Geschichte b) Versmaß
   c) viergliedriges Wirbeltier d) erzählende Dichtung

36. Was versteht man unter Homöopathie?
   a) Naturheilkunde
   b) Hellseherei
   c) Wissenschaft über die Entstehungsgeschichte der Menschheit
   d) Gleichklang

37. Wer hat die Lokomotive erfunden?
   a) Jules Verne b) Stephenson
   c) Liebig d) Edison

38. Was versteht man unter Deflation?
   a) Erdölaufbereitung b) biologischer Naturkreislauf
   c) chemische Alkalireaktion d) Geldaufwertung

39. Aus wie vielen Bundesländern setzt sich Deutschland zusammen?
   a) 15 b) 16 c) 14 d) 17

40. Was ist ein Dux?
   a) Waldtier b) Gesteinsschicht im Jura
   c) Führungsstimme in der Fuge d) Überlebensausrüstung für Bergleute

41. Was versteht man unter dem Fudschijama?
   a) kegelförmiger japanischer Vulkan b) Automobiltyp
   c) größter See Japans d) Ort des Niedergangs der ersten Atombombe im Zweiten Weltkrieg

42. Was versteht man unter Orthografie?
   a) Entschlüsseln von Funkzeichen b) Mittel zum Erstellen einer Landkarte
   c) Satzbau d) Rechtschreibung

43. Was ist eine Kathete?
   a) Schenkel eines rechtwinkligen Dreiecks b) Lehrpult
   c) Röhre zur Entleerung der Harnblase d) blühender Kaktus

44. Was versteht man unter Reparationen?
   a) Kriegsentschädigungen b) Erneuerungen am Altbau
   c) chirurgischer Eingriff d) Auswechseln alter Maschinenteile

45. Welches ist die kleinste Stadt?

a) Wien
b) Birmingham
c) Oslo
d) Barcelona

46. Was versteht man unter einem „Goldenen Schnitt“?

a) bestimmtes Verhältnis zwischen Hoch- und Längskante eines Bildes
b) Scherenschnitt von van Gogh
c) historische Aufteilung der Erde zwischen Spaniern und Portugiesen
d) chirurgischer Eingriff am Unterleib

47. Wie lautet das „Ohm’sche Gesetz“?

a) $U = \frac{R}{I}$
b) $\frac{R}{U} = I$
c) $U = R \times I$
d) $I + R = U$

48. Wann wurde der „Rückversicherungsvertrag“ mit Russland geschlossen?

a) 1798
b) 1888
c) 1887
d) 1664

49. Wer war Mendel?

a) Astronom
b) Musiker
c) Biologe
d) Physiker

50. Wer erfand den Dynamo?

a) Benz
b) Siemens
c) Bosch
d) Jaschin

51. Wer wird bei Kommunalwahlen gewählt?

a) Bundespräsident
b) Mitglieder der Gemeinde- und Kreistage
c) Mitglieder des Bundestags
d) Mitglieder der Landtage

52. Wer malte das Bild „Mona Lisa“?

a) Van Gogh
b) Picasso
c) Leonardo da Vinci
d) Monet

53. Wer schrieb das Lustspiel „Der zerbrochene Krug“?

a) Goethe
b) Schiller
c) Uhland
d) Kleist

54. Wie heißt die größte Stadt in Neuseeland?

a) Auckland b) Wellington

c) Christchurch d) Dunedin

55. In welchem Jahr trat das Grundgesetz für die Bundesrepublik Deutschland in Kraft?

a) 1948 b) 1955 c) 1949 d) 1945

56. Wie heißt die Hauptstadt des Senegal?

a) Dakar b) Luanda

c) Duala d) Akkra

57. Welcher der folgenden Begriffe stellt chemisch gesehen den Typus des einfachsten Zuckers dar?

a) Maltose b) Fruktose

c) Saccharose d) Glukose

58. Welches Hormon bewirkt eine Erhöhung des Blutzuckerspiegels im Blut?

a) Adrenalin b) Insulin

c) Thyreotropin d) Glukagon

59. Wer schrieb das Stück „Dreigroschenoper“?

a) Heine b) Gershwin

c) Brecht d) Keller

60. An welches südamerikanische Land schließt sich Mittelamerika an?

a) Venezuela b) Ecuador

c) Kolumbien d) Bolivien

61. Wie heißt die Währung von Dänemark?

a) Peseten b) Pfund

c) Euro d) Kronen

62. Was ist die „Beringstraße“?

a) Highway zwischen Alaska und Kanada

b) Meeresstraße zwischen Florida und Kuba

c) Meeresstraße zwischen Amerika und Asien

d) Meeresstraße zwischen Taiwan und Philippinen

63. Einen Münzsammler nennt man?

a) Ornithologe
b) Münzologe
c) Numismatiker
d) Philatelist

64. Woher stammt die Hyazinthe?

a) Orient
b) Südamerika
c) China
d) Tropen

65. Was ist Eruption?

a) Ausbruch eines Vulkans
b) Bodenabtragung durch Wind/Wasser
c) Bestechung
d) Arbeitsablauf in der Industrie

66. Was ist eine Kathode?

a) schweres Unglück
b) kirchliche Körperschaft aus Geistlichen und Laien
c) negativ geladene Elektrode
d) positiver Pol eines Magneten

67. Was ist Ökologie?

a) Einigungsbewegung der Christenheit auf Erden
b) Lehre von der Wirtschaft
c) Landwirtschaftstheorie
d) Wissenschaft von Pflanzen und Tieren in ihrer Umwelt

68. Wer komponierte den „Fliegenden Holländer"?

a) Lortzing
b) Rossini
c) Wagner
d) Beethoven

69. Wie heißt die Währung von Brasilien?

a) Escudo
b) Real
c) Peseta
d) Peso

70. Was bedeutet das Zeichen NaCl?

a) Abkürzung für „Na klar doch!"
b) Formel für Kochsalz
c) chemische Formel für Sauerstoff
d) Abkürzung für NATO-Koordinationslinien

Übung 13

Lösen Sie die nachfolgenden Rechenaufgaben im Kopf. Notizen oder Hilfsrechnungen auf Papier sind nicht erlaubt. Sie haben insgesamt 10 Minuten Zeit.

1. 1 m Stoff kostet 7 EUR. Wie viel kosten 15 m? __________
2. Ein Radfahrer benötigt 5 Minuten für einen km. Wie lange braucht er für 22 km? __________
3. 8 Arbeiter verdienen 96 EUR. Wie viel verdienen unter gleichen Bedingungen 12 Arbeiter? __________
4. Wie viele Stück einer Ware erhält man für 630 EUR, wenn 30 Stück 210 EUR kosten? __________
5. 4 Gärtner benötigen zum Bepflanzen eines Gartens 20 Tage. Wie lange brauchen 5 Gärtner? __________
6. Bei einer Geschwindigkeit von 5 km/h erreicht ein Fußgänger sein Ziel in 3 Stunden. Wie viele km müsste er in der Stunde zurücklegen, wenn er sein Ziel bereits in 2 Stunden erreichen wollte? __________
7. Eine Rechnung lautet auf 620 EUR. Wie viel Euro sind zu bezahlen, wenn Sie 10 % vom Rechnungsbetrag als Rabatt abziehen können? __________
8. Auf einem Sparbuch sind am Jahresanfang 1.400 EUR. Wie hoch ist das Guthaben am Jahresende, wenn ein Zinssatz von 8 % pro Jahr gilt? __________
9. Die Seitenlängen eines Rechtecks betragen 6 cm und 9 cm. Wie groß ist der Flächeninhalt? __________
10. In einem Dreieck bilden 2 Winkel zusammen 140 Grad. Wie groß ist der dritte Winkel? __________
11. In einem rechtwinkligen Dreieck ist die Kathete a 3 cm und die Kathete b 4 cm lang. Welche Länge hat die Hypotenuse c? __________
12. Welche Winkelsumme hat ein Fünfeck? __________
13. Der fünfte Teil eines Geldbetrags ist um 3 größer als sein sechster Teil. Wie hoch ist der Geldbetrag? __________
14. Multipliziert man die Hälfte einer Zahl mit ihrem dritten Teil, so erhält man als Ergebnis die Zahl 24. Wie heißt die Zahl?

15. Ein Junge verkauft an seine Schulkameraden Bleistifte. Für zwei Stück verlangt er so viel, wie ihn drei gekostet haben. Wie viel Prozent Gewinn hat er pro Stück gemacht? ________________

16. Nach welcher Zeit hat ein frei fallender Körper die Geschwindigkeit 50 m/s erreicht bei einer Erdanziehungskraft von $g = 10\ m/s^2$? ________________

17. Das erste Glied einer arithmetischen Reihe heißt –8, das letzte 24. Die Anzahl der Glieder beträgt 9. Wie groß ist die Differenz zwischen den Gliedern? ________________

18. Das Übersetzungsverhältnis von zwei Zahnrädern (Z1:Z2) beträgt 3:5. Zahnrad Z1 macht 225 Umdrehungen in der Minute. Wie viele Umdrehungen macht Z2? ________________

Lösungen der Testbatterie

Übung 1

1. b)	2. c)	3. a)	4. d)	5. a)	6. b)	7. b)	8. b)	9. c)
10. d)	11. a)	12. c)	13. c)	14. c)	15. a)	16. c)	17. d)	

Übung 2

a) 8	b) 48	c) 1,9	d) 12	e) 6,75	f) 9	g) 17
h) 72	i) 5,2	j) $\frac{1}{12}$	k) 4.490	l) 1,85	m) 0	n) 22,5
o) 16,9	p) 5	q) 18	r) 50	s) 4	t) 10,25	u) $8\frac{1}{2}$

Übung 3

a) 1,2 m	b) 10 m	c) 0,000001 m^3	d) 0,0001 m^2	e) 0,01 t
f) 1.500 sec	g) 2.500.000 g	h) 120.000 cm^2	i) 250.000 g	j) 0,026005 km
k) 0,00333 h	l) 0,12 hl	m) 7,4 mm^2		

Übung 4

Milliarden – Meeres – entwickelten – Organen – Schalen – Muscheln – Millionen – Pflanzen – Inneren – Wirbelsäule – Entwicklung – Lebensraum

Übung 5

1. a) 2. d) 3. b) 4. a) 5. d) 6. d) 7. a) 8. a)
9. b) 10. a) 11. c) 12. c) 13. a) 14. b) 15. d)

Übung 6

Hier einige beispielhafte Lösungen:

1. Stadt, Saft, Salat, satt, sesshaft, Sauerkirschensaft, Splitt, Spott
2. fand, fad, Feld, Fahrrad, Fund, Findelkind, Feind, Festland
3. Holz, Herz, Hotzenplotz, Harz, Hatz, Hauklotz, Hotzenblitz, Hospiz
4. Reime, Rose, Rehe, rase, renne, richte, reiche, Röte
5. drehen, stehen, Steg, Fee, Grenze, Pferd, Seele, biegen
6. See, Fee, Grenze, biegen, drehen, Wege, Ehre, Ecke
7. Satz, Latz, Witz, Schlitz, Blitz, Schutz, Schmutz, Platz
8. Watte, wetten, hatte, glatt, Platte, Wette, Kette, Klette
9. Sarg, verbarg, arg, arglistig, Arglist, Sorge, sorgen, borgen
10. Skonto, Skontoabzug, Skelett, Skalp, Skat, Skatrunde, Skala, skandieren

Übung 7

1. c) 2. b) 3. d) 4. c) 5. b) 6. c)

Übung 8

1. b) 2. a) 3. a) 4. b) 5. b) 6. b) 7. b) 8. a) 9. a) 10. a)

Übung 9

Hier die Zahlen, die Sie hätten einfügen müssen:

1	2	3	7	0	5	2	7	2	5
6	5	0	7	2	0	7	9	0	7
1	6	1	7	6	3	8	2	7	9
1	2	7	0	7	4	2	7	5	8
6	0	2	2	6	4	9	9	3	9
3	2	9	6	5	9	5	3	7	4
1	4	7	2	9	3	9	4	0	6
3	4	5	5	0	9	1	0	4	1
8	5	5	7	1	5	6	3	8	9
2	3	4	7	0	7	4	0	7	9
6	1	4	1	3	0	1	4	7	1
6	1	8	0	5	7	0	1	5	0
4	2	6	2	3	8	9	3	5	0
0	5	3	1	6	2	2	8	7	8
5	2	1	2	2	3	5	6	7	5
1	9	6	8	3	0	6	5	6	9
4	0	8	3	6	0	5	4	5	9
7	7	7	8	6	2	6	5	2	3
2	2	7	7	7	8	4	5	7	5
4	4	4	9	1	1	2	1	7	7
4	8	8	7	9	3	1	5	3	4
3	8	6	1	2	3	2	5	6	0
6	3	3	0	9	8	0	8	5	2
1	0	4	3	5	7	3	9	4	8
7	8	5	5	2	9	4	0	1	3
4	0	9	5	1	8	7	7	9	9
7	6	9	2	2	1	7	1	4	0
5	9	1	7	1	6	3	0	5	1
3	7	2	6	0	6	5	8	4	4
3	4	0	1	4	4	5	2	7	6
0	9	7	5	1	0	7	3	4	9
7	8	5	6	8	3	4	3	2	7
5	5	5	6	0	2	7	7	1	9
7	6	7	8	2	0	5	0	1	7
9	2	7	9	3	1	7	9	4	8

Übung 10

1. b)	2. a)	3. a)	4. b)	5. b)	6. a)	7. b)	8. a)	9. b)	10. a)
11. b)	12. a)	13. a)	14. b)	15. b)	16. a)	17. a)	18. b)	19. b)	20. a)
21. a)	22. b)	23. a)	24. b)	25. b)	26. a)	27. b)	28. a)	29. a)	30. a)
31. a)	32. a)	33. a)	34. a)	35. b)	36. b)	37. b)	38. a)	39. b)	40. a)
41. a)	42. a)	43. b)	44. b)	45. a)	46. a)	47. a)	48. a)	49. a)	50. b)

Übung 11

1. a) 2. a) 3. b) 4. d) 5. b) 6. b) 7. b) 8. b)

Übung 12

1. a)	2. c)	3. b)	4. b)	5. c)	6. b)	7. d)	8. b)	9. c)	10. b)
11. b)	12. b)	13. d)	14. b)	15. a)	16. d)	17. b)	18. c)	19. d)	20. b)
21. a)	22. c)	23. a)	24. d)	25. b)	26. b)	27. a)	28. c)	29. c)	30. c)
31. b)	32. d)	33. a)	34. c)	35. d)	36. a)	37. b)	38. d)	39. b)	40. c)
41. a)	42. d)	43. a)	44. a)	45. c)	46. a)	47. c)	48. c)	49. c)	50. b)
51. b)	52. c)	53. d)	54. a)	55. c)	56. a)	57. d)	58. a)	59. c)	60. c)
61. d)	62. c)	63. c)	64. a)	65. a)	66. c)	67. d)	68. c)	69. b)	70. b)

Übung 13

1. 105 EUR	2. 1 Std. 50 Min.	3. 144 EUR
4. 90 Stück	5. 16 Tage	6. 7,5 km
7. 558 EUR	8. 1.512 EUR	9. 54 cm^2
10. 40°	11. 5 cm	12. 540°
13. x = 90	14. x = 12	15. 50 %
16. 5 Sek. (v = g × Zeit [t])	17. 4	18. 375

Ihr Vorstellungsgespräch

Ihre Bewerbung ist abgeschickt. Und nun? Grundsätzlich heißt es jetzt erst einmal warten auf die Reaktion des jeweiligen Unternehmens. Aber bitte warten Sie nicht nur, sondern bewerben Sie sich parallel weiter! In der Regel erhalten Sie – egal, ob Sie sich schriftlich oder online beworben haben – zunächst eine Eingangsbestätigung. Nach Erscheinen einer Stellenanzeige dauert es im Normalfall drei bis vier Wochen, bis alle Bewerbungen für diese Stelle eingegangen sind. Im Unternehmen selbst läuft dabei folgender Prozess ab: Eingangsbestätigung – Vorauswahl – Bescheid. Die Auswertung der Unterlagen hat dann systematisch und so objektiv wie möglich zu erfolgen.
Sie haben möglicherweise schon die Erfahrung machen müssen, dass Sie überhaupt keine Reaktion vom Unternehmen bekommen, weder eine Eingangsbestätigung noch eine Rücksendung Ihrer schriftlichen Unterlagen. In diesem Fall empfehle ich Ihnen, nach zwei bis drei Wochen bei den in den Anzeige genannten Ansprechpartnern telefonisch nachzufassen, ob Ihre Bewerbung angekommen ist und wie sie bewertet wird.
In der Bewerbungsphase müssen Sie aber im positiven Fall auch damit rechnen, dass Sie einen Anruf vom Unternehmen mit einer Einladung zum Vorstellungsgespräch erhalten. Bitte führen Sie daher Buch über Ihre aktuellen Bewerbungsaktivitäten, sodass Sie immer genau wissen, um welche Stellenanzeige und welches Unternehmen es sich bei dem Anrufer handelt und wie Sie Ihre Bewerbung für die betreffende Stelle inhaltlich in Anschreiben und Lebenslauf gestaltet haben.

Telefonisch nachfassen — Experten-Tipp

Telefonisches Nachfassen bei fehlender Reaktion des Unternehmens auf Ihre Bewerbung nach drei Wochen ist wichtig und richtig. Rechnen Sie auch mit einem Anruf des Unternehmens für eine Einladung zum Gespräch.

Das Vorstellungsgespräch findet entweder als Einzelgespräch mit einem Unternehmensvertreter oder als Gruppengespräch mit mehreren Vertretern aus unterschiedlichen Abteilungen statt. Mit diesem Gespräch verfolgt das Unternehmen mehrere Ziele: Einerseits geht es darum, das fachliche, soziale und persönliche Eignungspotenzial der Bewerberin für die Stelle zu erkennen. Andererseits möchte man auch der Bewerberin die Chance geben, sich einen umfassenden Eindruck von Position und Unternehmen zu verschaffen. Ziel ist für beide Seiten, eine richtige und auch für die Zukunft Erfolg versprechende Entscheidung treffen zu können.
Die Gesprächspartner auf der Unternehmensseite wählen in der Regel die strukturierte Gesprächsform mit einem festgelegten Gesprächsablauf. Inhaltlich müssen Sie mit folgenden Fragekomplexen rechnen:

- Lebenslauf in eigenen Worten,
- innere Logik des eigenen Berufswegs,
- Kenntnisstand zum Unternehmen,
- Motivation zum Wechsel,

- Zielsetzung in den nächsten drei bis fünf Jahren,
- Stärken und Schwächen aus eigener Sicht,
- besondere Erfolge/Misserfolge,
- mentale/emotionale Eigenschaften,
- Führungsstil (nur bei Stellen mit Führungspotenzial),
- persönliche Fragen,
- Aufarbeitung der offenen Fragen (nach Analyse Ihrer Unterlagen).

Sprache und Körpersprache

Experten-Tipp

Persönlichkeit zeigen

„Eine Persönlichkeit ist Ausgangs- und Fluchtpunkt alles dessen, was gesagt wird, und dessen, wie es gesagt wird." Diese Feststellung des österreichischen Schriftstellers Robert Musil (1880-1942) gilt es in der Phase des Vorstellungsinterviews ganz besonders zu beherzigen.

Überlegen Sie nicht nur, **was** Sie auf eine Frage antworten wollen, sondern vor allem auch, **wie** Sie dies tun möchten.

Ehe Sie sich mit typischen Interviewfragen inhaltlich auseinander setzen, überprüfen Sie einmal Ihre rhetorische Grundausstattung. Die Rhetorik, die alte Königin der Wissenschaften aus der Antike, ist die Kunst der gewinnenden Rede. Dieser Disziplin geht es also um die Frage, **wie** man etwas sagt, um erfolgreich zu sein.

Rhetorische Gestaltungsmittel

Nuscheln Sie manchmal? Irgendein unbekannter Weiser hat einmal den folgenden Tipp gegeben: „Hast Du Zweifel an dem, was Du sagst, nuschle!" Leider kennen die Personalexperten inzwischen diesen Tipp. Neigen Sie dazu, bei Unsicherheiten zu schnell zu reden? Verrät Ihre Stimme Ihre Stimmung? Bitte schätzen Sie sich selbst einmal ein und – was noch besser ist – lassen Sie sich von anderen einmal einschätzen. Im Folgenden finden Sie die wichtigsten rhetorischen Gestaltungsmittel aufgeführt, mit denen wir unseren Worten Nachdruck verleihen können.

Stimme

Klang

+++	++	+	0	-	--	---
optimistisch						depressiv

Stärke, Tragfähigkeit

+++	++	+	0	-	--	---
gut zu verstehen						zu leise

Sprechgeschwindigkeit

+++	++	+	0	-	--	---
angenehm						zu schnell

Modulation

+++	++	+	0	-	--	---
angenehm						zu eintönig

Sprache

Aussprache

+++	++	+	0	-	--	---
deutlich						undeutlich

Formulierungsunarten

+++	++	+	0	-	--	---
keine						viele

Wortwahl

+++	++	+	0		--	---
zielgruppengerecht						nicht zielgruppengerecht

Körper

Blickkontakt

+++	++	+	0	-	--	---
gut						kaum

Gestik

+++	++	+	0	-	--	---

stimmt mit Redeinhalt überein — stimmt nicht überein

Haltung

+++	++	+	0	-	--	---

nicht störend — störend

Spielen Sie die Interviewfragen mit Personen Ihres Vertrauens einmal durch und lassen Sie sich bezüglich der rhetorischen Gestaltungsmittel ein Feed-back geben. Wenn sich einige Schwachpunkte zeigen und abstellen lassen, hat sich die Sache bereits gelohnt.

Fragetechniken

Das wichtigste Wort der deutschen Sprache heißt „warum". Manchmal ist es auch das unangenehmste Wort: „Warum haben Sie so häufig Ihren Job gewechselt?" – „Warum haben Sie so lange studiert?" – „Warum endete Ihr Arbeitsverhältnis am 19.10. und nicht – wie üblich – zum Ende des Quartals?" Natürlich läuft nicht jedes „warum" auf eine hochnotpeinliche Befragung hinaus – andererseits gibt es auch noch andere W-Fragen, die einen in Bedrängnis bringen können. Etwa: „Welche besonderen Schwächen haben Sie?"
Als Bewerber begibt man sich in eine psychodiagnostische Situation und wird deshalb mit Fragen konfrontiert. Auch Freunde der Spontaneität sollten da nichts dem Zufall überlassen.

Experten-Tipp

Die Bedeutung von Fragen

Der Grundtenor dieses Buches lautet: Gehen Sie konzeptionell-strategisch vor! Überlegen Sie sich genau, worauf es in jeder einzelnen Phase eines Bewerbungsprozesses ankommt. Versuchen Sie nicht, sich durchzulavieren. Halten Sie sich deshalb an Erich Kästner: „Die Fragen sind es, aus denen das, was bleibt, entsteht."

Diesen großartigen Satz muss man sich auf der Zunge zergehen lassen. Das Ergebnis eines Vorstellungsgesprächs – also Ihr Profil als Bewerber – ist das Ergebnis der Fragen, die gestellt wurden. Eine schlechte Antwort kann viel vermasseln – eine gute Antwort kann die Weichen vorteilhaft für die Zukunft stellen.

Machen Sie sich zunächst einmal mit den verschiedenen Fragetypen vertraut, mit denen Sie konfrontiert werden können.

Experten-Tipp

Die Interviewtechnik des Gesprächspartners durchschauen

Man kommt aus der Rolle des Objekts in die des Subjekts, wenn man die Vorgehensweise bzw. die Methodik seines Interviewpartners kennt und beobachtet.

Die Informationsfrage

Sie wird überwiegend mit den Fragewörtern „warum“, „weshalb“, „wofür“, „wie“, „wann“, „wo“, „wer“, „was“ etc. eingeleitet und steht vorzugsweise am Anfang eines Gesprächs bzw. führt zu weiteren Gesprächsphasen über.

Informationsfrage

Experten-Tipp

„Was qualifiziert Sie für die Aufgabe, um die Sie sich hier bewerben?"

„Worauf sind Sie in Ihrem bisherigen Leben richtig stolz?"

„Welche weiteren Information brauchen Sie, um eine gute Entscheidung treffen zu können?"

Die Suggestivfrage

Die Suggestivfrage ist eine Frage mit eingebauter Antwort. Sie will den Gesprächspartner zur unmittelbaren Bestätigung einer geäußerten Meinung bringen und bietet sich besonders bei unsicheren Partnern an.

Suggestivfrage

Experten-Tipp

„Meinen Sie nicht, dass Ihnen für diesen Job noch eine gehörige Portion an Erfahrung fehlt?"

„Glauben Sie nicht auch, dass die Studierenden heute mit zu viel Theorie belastet werden?"

„Finden Sie nicht, dass Ihre Arbeitszeugnisse bestenfalls im Durchschnitt liegen?"

Alternativfrage

Sie bietet dem Gesprächspartner die Chance, sich zwischen mehreren Möglichkeiten zu entscheiden.

Alternativfrage

Experten-Tipp

„Würden Sie mittelfristig eher eine Stabsfunktion oder eine Linienfunktion anstreben?"

„Sollte man komplexe Aufgaben lieber im Team oder allein erledigen?"

„Würde es Ihnen mehr Spaß bereiten, neue Geschäftsideen zu entwickeln oder die Prozesse zu optimieren?"

Umwegfrage

Die Umwegfrage wird gern genutzt, wenn es im Sinne der Wahrheitsfindung wenig Erfolg versprechend ist, das Frageziel direkt anzusteuern – wenn also damit zu rechnen ist, dass der Partner mauert.

Experten-Tipp

Umwegfrage

„Wie regenerieren Sie sich nach einem harten Arbeitstag?" (Mit dieser Frage will man herausfinden, wie sich ein Bewerber fit hält bzw. wie er Stress oder Frust abbaut.)

„Was machen Sie, wenn sich Ihr Vorgesetzter geschäftsschädigend verhält?" (Damit soll das Thema „Loyalität" thematisiert werden.)

„Glauben Sie, dass Mitarbeiter Kontrolle brauchen?" (Hier geht es um den Führungsstil des Kandidaten bzw. um sein Menschen- und Mitarbeiterbild.)

Gegenfrage

Sie wird häufig angewandt, um die Initiative zurück zu gewinnen. Gegenfragen beziehen sich auf vom Partner gestellte Fragen, um

- einen Einwand abzufangen,
- weitere Informationen zu bekommen oder um
- Zeit zu gewinnen.

Experten-Tipp

Gegenfrage

Bewerber: „Welche Aufstiegsmöglichkeiten bietet Ihr Unternehmen jungen Nachwuchskräften?"

Interviewer: „Wo möchten Sie beruflich denn in fünf Jahren stehen?"

Bewerber: „Ich darf sicher davon ausgehen, dass es bei möglichen Startschwierigkeiten die entsprechende Unterstützung gibt?"

Interviewer: „Welche Probleme erwarten Sie denn?"

Bewerber: „Wie hoch ist denn die Fluktuation in Ihrem Unternehmen?"

Interviewer: „Was schätzen Sie?"

Körpersprache – der Körper redet immer mit

Der Körper redet immer mit – dies gilt auch für die Sitzhaltung. Meist haben Männer hier die größeren Probleme. Keine gute Figur geben Sie ab mit

- lang ausgestreckten Beinen,
- auf den Tisch gestützten Ellenbogen,
- verschränkten Armen,
- dem in einer Hand gehaltenen Kopf,
- einer Hand vor dem Mund,
- einem lässig im Stuhl hängenden Körper,
- auf dem Tisch ausgebreiteten Händen und Armen sowie
- hinter dem Kopf verschränkten Armen. Letzteres hat eine besonders katastrophale Wirkung.

Machen Sie dazu einmal den Selbsttest: Probieren Sie die beschriebenen Sitzpositionen bzw. Haltungen aus, damit Ihnen deren Wirkung bewusst wird. Jeder Mensch hat in eigener Sache einen mehr oder weniger großen blinden Fleck, der sich aber durchaus verkleinern lässt, sobald man sich dieser Dinge bewusst wird.

Man kann nicht nicht kommunizieren

Der amerikanische Kommunikationswissenschaftler Paul Watzlawick hat das folgende Axiom aufgestellt: „Man kann nicht nicht kommunizieren.“ Neben der Haltung gibt es noch weitere körpersprachliche Signale, die meist unbewusst gesendet werden. Hier die wichtigsten Elemente der nonverbalen Kommunikation:

- Gestik
- Mimik
- Pantomimik
- Übersprungsbewegungen (z. B. sich ständig an das Ohr fassen)
- Gähnen
- Tonfall der Stimme
- „Grunzlaute“ (Ähhh etc.)
- Störungen des Sprachflusses

Es gibt Bewerber, die krallen sich mit Händen und Füßen an ihrem Stuhl fest, als säßen sie auf einem Schleudersitz. Viele körpersprachliche Signale wirken nicht nur unangenehm, sondern werden (oft zu Recht) als mangelnde psychische Belastbarkeit interpretiert.

Experten-Tipp

Machen Sie sich Ihre Körpersprache bewusst

Jeder Mensch hat seine Lieblingsgesten und (fast) jeder hat liebenswerte Marotten, die er sich nicht austreiben lassen sollte. An sich arbeiten sollten Sie aber, wenn bestimmte Elemente der Körpersprache die persönliche Wirkung negativ beeinflussen. Der Autor erinnert sich z. B. an einen Bewerber, der vor jeder Antwort mit dem Fuß aufstampfte.

Spielen Sie ein Vorstellungsgespräch einmal mit einem Partner durch – und zwar auch unter dem Aspekt Ihrer individuellen Körpersprache. Üben Sie dabei nichts ein, sondern lassen Sie sich nur eine Rückmeldung über Verhaltensmuster geben, die der Partner als störend empfunden hat. Auch wenn keine konkrete Stresssituation herstellbar ist, kann dies hilfreich sein.

An dieser Stelle sei nochmals ausdrücklich darauf hingewiesen: Vor allem Berufseinsteiger dürfen im Vorstellungsinterview durchaus aufgeregt sein.

So bereiten Sie sich auf Ihr Vorstellungsgespräch vor

Vor Ihrem Gespräch heißt es für Sie: vorbereiten. Diese Vorbereitung gliedert sich in vier Blöcke:

- Erarbeitung Ihrer „Story“ (Kurzprofil „Ich über mich“),
- Reflexion Ihres beruflichen und persönlichen Werdegangs inklusive der einzelnen Kompetenzbereiche (fachlich/sozial/persönlich),
- Beantwortung der Fragen aus dem Katalog,
- Recherche zum Unternehmen.

Der erste entscheidende Part eines Vorstellungsgesprächs betrifft die Aufforderung an Sie: „Erzählen Sie doch mal etwas über sich“. Ihr Anspruch an sich muss an dieser Stelle sein, Ihre Karriere (im Sinne dieses Buches) offen und klar darzustellen.

„Erzählen Sie doch mal etwas über sich ..."

Für Ihre Kurzpräsentation können Sie Ihren Werdegang mithilfe des folgenden Leitfadens strukturieren.

Leitfaden für Ihr Kurzprofil

Ich über mich
Ich bin – Sie stellen sich mit Ihrem Namen vor. Sie beschreiben Ihre aktuelle Situation. Beispiel: Zurzeit bin ich als ... bei ... tätig und betreue das Thema ....
Ich kann – Als Grundlage nutzen Sie bitte die PAR-Liste sowie Ihr Kompetenzprofil, sodass Sie die Leistungsbeispiele für die einzelnen beruflichen oder anderen Stationen (Beispiel Ehrenamt etc.) noch einmal kurz durcharbeiten können. Ich empfehle Ihnen folgendes Vorgehen: die wichtigsten Stationen des beruflichen Werdegangs – Leistungsbeispiele, die für Ihren Gesprächspartner und die Position von Interesse sind – wesentliche Erfahrungen und Kenntnisse. Beispiel: „Ich möchte Ihnen kurz meinen Werdegang und die Entwicklung bis zum heutigen Tag darlegen. Mein Berufseinstieg erfolgte 2000 nach erfolgreichem Abschluss meines Studiums an .../meiner Schulzeit mit dem Abitur/Realschulabschluss ... (je nach Ausbildungshintergrund). In der ersten Position war ich als ... hauptsächlich in den Bereichen ... tätig. Dabei habe ich an Projekten zum Thema ... mitgearbeitet und entscheidende Themen wie z. B. ... vorangetrieben."
Erarbeiten Sie die nächsten Stationen genauso. Beschreiben Sie den Übergang von einer Stelle zur nächsten so: „Nach ... entschied ich mich, den nächsten Schritt zu gehen/mich beruflich zu verändern ..." Achtung: Aktiv und positiv sprechen, nicht passiv und negativ (also nicht: „Ich wurde nicht gefördert ...", „Ich konnte nicht ...")! Nennen Sie auch kurz die Lücken. Versuchen Sie, Ihre Entwicklung strukturiert darzustellen. Sie müssen nicht die genauen zeitlichen Daten nennen, sollten aber die Zeiträume und Verweildauer in den einzelnen Stellen jederzeit parat haben. Schildern Sie kurz die aus Ihrer Sicht für die angebotene Stelle wichtigsten Qualifikationen, die Sie mitbringen, ebenso die wichtigsten Kenntnisse mit kurzem Hinweis auf die beruflichen oder anderen Stationen, in denen Sie diese erworben haben. Bei Lücken im Lebenslauf sollten Sie diese kurz nennen (sofern sie länger als vier Monate dauerten) und mit Inhalt füllen. Nicht verteidigen, sondern sachlich darstellen, was in dieser Zeit war. Nennen Sie kurz die Erfahrungen, die Sie aus dieser Zeit gezogen haben. Beispiel Elternzeit: „Zwischen ... und ... habe ich die Erziehung meines Kindes übernommen." Erläutern Sie kurz, wie sich Ihre aktuelle berufliche und persönliche Situation heute darstellt.
Ich will – An diesem Punkt können Sie über Ihre Zielvorstellung sprechen und über die gewünschte Position (Trainee, Praktikum, Direkteinstieg).

Wichtige Regeln für das Kurzprofil

- Üben Sie mit anderen Personen und erzählen Sie ihnen Ihren Werdegang nach der bekannten Struktur.
- Versuchen Sie, Ihre Kenntnisse und Fähigkeiten anhand von Beispielen aus Ihrem Werdegang zu beschreiben.
- Nutzen Sie aktive und positive Worte („Ich war verantwortlich für .../meine Zuständigkeiten lagen in ...").
- Sie haben die Entscheidungen getroffen, auch wenn diese nicht immer richtig waren oder zum Erfolg geführt haben. Stehen Sie dazu, auch wenn es Ihnen schwer fällt!
- Sie müssen sich nicht verteidigen. Ihre Gesprächspartner wollen Sie nicht angreifen.
- Bahalten Sie immer den roten Faden. Verlieren Sie sich nicht in Details!

Prägen Sie sich Ihren eigenen Werdegang und Ihre Bewerbung für die entsprechende Stelle gut ein, damit Sie die Fragen zu einzelnen Stationen im Vorstellungsgespräch einheitlich beantworten können. Als gute Arbeitsgrundlage dienen die PAR-Listen und Ihr Kompetenzprofil.
Nicht nur über sich selbst, auch über das Unternehmen sollten Sie einiges wissen. Informationen dazu erhalten Sie über die Homepage des Unternehmens, über die Printmedien, Internetrecherche (www.google.de), über die regionalen Industrie- und Handelskammern oder auch einfach über Gespräche mit Bekannten, die das Unternehmen oder die Branche kennen.

Informationen einholen

Unter www.tatenstattworte-ev.de, bei www.genderdax.de und auch bei www.total-e-quality.de erhalten Sie Informationen über die Organisationen aus Wirtschaft, Wissenschaft, Politik und Verwaltung, die sich in ihrer Personalpolitik für Chancengleichheit einsetzen.

Die Phasen des Vorstellungsgesprächs

Thematisch unterteilt sich ein Vorstellungsgespräch in die folgenden Phasen:

Phasen des Vorstellungsgesprächs	
Phase 1	Begrüßung/Aufwärmphase
Phase 2	Kurzpräsentation/Selbstdarstellung
Phase 3	Besprechung der beruflichen Entwicklung
Phase 4	Fragen zu fachlichen/sozialen und persönlichen Kompetenzen/persönliche Fragen
Phase 5	Informationen über/Fragen an das Unternehmen
Phase 6	Vertragsverhandlungen
Phase 7	Abschluss und Verabschiedung

Erfolgsfaktor Verhalten im Vorstellungsgespräch

Mit der Einladung zu einem Vorstellungsgespräch ist der zweite Schritt getan. Gratulation! Ihr potenzieller Arbeitgeber möchte Sie kennen lernen. Er möchte herausfinden, wer hinter Ihrer guten schriftlichen Bewerbung steckt und ob Sie wirklich so sind, wie Ihre Bewerbung es darstellt. Und ganz besonders möchte er wissen, ob Sie in das Unternehmen passen und die neuen Aufgaben auch erfolgreich bearbeiten können.
Beide Seiten – Bewerberin und Unternehmen – wollen etwas voneinander. Sie bieten dem Unternehmen Ihre Leistung an, das Unternehmen bietet Ihnen eine Stelle an. Sie dürfen beim Unternehmen wohlwollende Neugierde erwarten. Und umgekehrt. Das Unternehmen will Ihnen nichts Böses. Warum also unsicher sein?
Als professionelle/r Bewerber/in sollten Sie im Rahmen des Vorstellungsgesprächs allerdings auf folgende Punkte achten:

Vor dem Gespräch

- Warten Sie, bis Ihnen Ihr Sitzplatz gezeigt wird!
- Beim Hinsetzen „erden“ – beide Füße auf den Boden stellen. Setzen Sie sich mit dem Po an die Rücklehne, sodass Sie „fest im Sattel“ sitzen. Stellen Sie die Beine nebeneinander oder schlagen Sie ein Bein locker über das andere. Legen Sie die Arme locker auf die Lehnen oder die Oberschenkel. Atmen nicht vergessen!
- Offene und aufrechte Körperhaltung!
- Schauen Sie freundlich – Lächeln ist erlaubt!

Während des Gesprächs

- Nicht schauspielern oder dick auftragen!
- Hören Sie aktiv zu. Sehen Sie Ihre Gesprächspartner an und zeigen Sie beispielsweise durch Nicken, dass Sie etwas verstanden haben.
- Wenn Sie etwas nicht verstehen, haken Sie nach.
- Nicht sofort „losplappern“, wenn Ihnen eine Frage gestellt wird!
- Machen Sie Sprechpausen und versuchen Sie, nicht zu schnell zu sprechen.
- Nachdenken ist erlaubt. Bitten Sie um Zeit, wenn Sie erst überlegen müssen.
- Entscheidungen in Ihrem Werdegang, die Sie getroffen haben, nicht verteidigen!
- Seien Sie ehrlich. Wenn Sie etwas nicht wissen, dann sagen Sie das.
- Verschweigen Sie nichts.
- Sprechen Sie nicht über Themen, von denen Sie keine Ahnung haben.
- Vermeiden Sie Konjunktive.
- Sachliche Information ist am besten. Beschreiben – nicht bewerten!

Nach dem Gespräch

- Bedanken Sie sich für die Einladung und die ausführlichen Informationen.
- Sprechen Sie durchaus noch einmal kurz Ihr Interesse an.
- Verabschieden Sie sich von jedem Gesprächspartner mit Namen.
- Fragen Sie – falls noch nicht geschehen – nach der weiteren zeitlichen Planung.

Mit diesen Fragen müssen Sie rechnen

Zu allen Phasen finden Sie auf Ihrer CD einen umfangreichen – geschlechtsunabhängigen – Fragenkatalog mit allen gängigen Fragetypen. Keine Angst, nicht jede dieser Fragen wird Ihnen gestellt, denn jeder Personalverantwortliche hat seinen individuellen Fragestil. Insgesamt können Sie aber von einem ähnlichen Gesprächsaufbau ausgehen. Wichtig ist für Sie, sich inhaltlich auf Basis dieser Fragen perfekt auf das Gespräch vorzubereiten. Mit dem Katalog auf Ihrer CD stehen Ihnen sehr viele mögliche Fragenkomplexe zur Verfügung, die Sie im Vorfeld genau beantworten sollten. Aber wie Sie bereits gesehen haben, stecken in vielen dieser Fragen auch einige Tücken für Sie.
Denn nicht nur die klassischen Fragen nach den Stärken und Schwächen gehören dazu, auch die Frage „Warum wollen Sie bei uns arbeiten?“ erfordert eine genaue Überlegung im Vorfeld, um sie sinnvoll beantworten zu können. Und gerade bei Frauen mit Kindern ist die Frage, wie sie sich die Vereinbarkeit von Familie und Beruf vorstellen oder wie sie „das mit den Kindern machen“, sehr beliebt. Gehen Sie bitte nicht davon aus, dass ein potenzieller Arbeitgeber sich schon denken kann, dass Sie das organisieren können, da Sie sich ja bewusst beworben haben. Das ist nicht so! Für Sie bedeutet das, dass Sie auch diese Fragen mit einkalkulieren und auf Basis Ihrer Ressourcenplanung beantworten.

Unzulässige Fragen – und wie Sie diese beantworten

Der Fragenkomplex stützt sich auf die aktuelle Gesetzgebung auf Basis des BGB und der Rechtsprechung des Europäischen Gerichtshofs (EuGH). Grundsätzlich hat der potenzielle Arbeitgeber ein berechtigtes Interesse daran, sich über die persönlichen Verhältnisse der Bewerber zu informieren. Fragen, die aber in den persönlichen Bereich der Bewerber zielen und nicht für den Arbeitsplatz relevant sind, sind unzulässig. Da es leider immer wieder passiert, dass Sie ähnliche Fragen im Vorstellungsgespräch beantworten sollen, habe ich mögliche Antworten mit in den Text eingebaut.

Unzulässige Fragen im Vorstellungsgespräch	
	Eine falsche Beantwortung dieser Fragen hat nicht unbedingt Rechtsfolgen!
Schwangerschaft	Diese Frage betrifft Ihr Persönlichkeitsrecht (Intimsphäre) und dringt in unangemessener Weise in Ihren engeren Privatbereich. Ihre Antwort: Nein! Einzig bei Arbeiten, die von Schwangeren nicht ausgeführt werden dürfen und für die ein generelles Beschäftigungsverbot für Schwangere besteht, ist diese Frage zulässig. In diesem Fall müssen Sie wahrheitsgemäß antworten!

Unzulässige Fragen im Vorstellungsgespräch	
Familienplanung/Kinderwunsch/Heiratsabsicht	Hier gilt dasselbe wie bei der Schwangerschaft. Ihre Antwort: Nein! Oder: Kinderwunsch ja, aber zunächst/für die nächsten Jahre möchte ich meine berufliche Entwicklung gezielt verfolgen.
Gewerkschaftszughörigkeit	
Religionszugehörigkeit	Nur zulässig bei konfessionell gebundenen Arbeitgebern (z. B. kirchliche Institutionen oder Tendenzbetriebe)
Parteizugehörigkeit	Nur bei parteipolitisch gebundenen Arbeitgebern
Krankheit allgemein	Nur zulässig, wenn an der Kenntnis der Krankheit Interesse besteht bzgl. Eignung für die Tätigkeit, für Kollegen (Ansteckung), für die Arbeit wegen Arbeitsunfähigkeit zu Arbeitsbeginn
Vorstrafen	Nur zulässig, wenn diese für den Arbeitsplatz relevant sind und gezielt gefragt werden.
Vermögensverhältnisse (Schulden etc.)	Nur zulässig bei Vertrauenspositionen
Lohn- und Gehaltspfändungen	Hier gibt es unterschiedliche Auslegungen.

Antworten, die Sie in dieser Form nicht geben sollten

Auf Fragen wie „Warum wollen Sie wechseln?“ oder „Warum wollen Sie zurück in den Beruf?“ antworten Sie bitte nicht so:

- Mir fällt die Decke auf den Kopf.
- Die Chemie zwischen meinem Vorgesetzten und mir stimmt nicht.
- Das Unternehmen ist von Insolvenz bedroht.
- Ich muss aus diesem Unternehmen weg.
- Der Unternehmensstandort wird verlagert.
- Ich finde Ihr Unternehmen so toll.
- Ihr Unternehmen ist so erfolgreich.

Diese Aussagen zeigen Ihrem Gesprächspartner nicht, dass Sie an der ausgeschriebenen Stelle interessiert sind, sondern nur, dass Sie irgendwohin weg wollen.
Mögliche Antworten Ihrerseits beziehen sich einzig und allein auf die Inhalte der Position. Z. B. können Sie so antworten:

- Mich interessiert das von Ihnen beschriebene Aufgabenprofil.
- Ich kann aus meiner Sicht in der Aufgabe einerseits meine Fähigkeiten einbringen und andererseits neue entwickeln.
- In dieser Position kann ich Erfahrungen aus den Projekten bei … einbringen.
- Ich sehe hier eine gute berufliche Entwicklung für mich.
- Ich sehe hier eine sehr gute Chance für meinen beruflichen Wiedereinstieg.

Was steckt hinter typischen Fragen im Vorstellungsgespräch?

Wofür arbeiten Sie eigentlich?

„Leben Sie, um zu arbeiten, oder arbeiten Sie, um zu leben?“ Es gibt Zeitgenossen, die nicht zwischen Job und Privatleben unterscheiden (können) und es gibt andere, die ihre Arbeit nur als erzwungene und ungeliebte Unterbrechung der Freizeit empfinden.

Workaholic						Schonhaltung
3	2	1	0	1	2	3

Wo würden Sie sich einordnen? Bitten Sie einmal andere um eine Einschätzung.

Worum es bei dieser Frage geht

Wir leben in einer Zeit der „Arbeitsverdichtung“ – immer weniger Menschen müssen immer mehr leisten. Wer die sich verschärfende Wettbewerbssituation im Rahmen der EU-Osterweiterung und zunehmenden Globalisierung verfolgt, der hat auch mitbekommen, dass jeder Einzelne mehr leisten muss. Diese Einsicht sollte in der Antwort deutlich werden.

Experten-Tipp

Leistungsfähigkeit reicht nicht

Mancher kennt das aus dem Schulzeugnis oder von Elternsprechtagen: „Thomas ist sehr begabt, aber er zeigt zu wenig Engagement. Deshalb bleiben seine Leistungen hinter seinen Möglichkeiten zurück."

Leistungsfähigkeit und Leistungsbereitschaft müssen Zwillinge sein. Jeder Einstellende weiß natürlich, dass die Leistungsfreude nicht alles ist („Hat sich immer bemüht!"), er weiß aber auch, dass ohne entsprechende Freude an der Leistung alles nichts ist.

Ihre Leistungsfähigkeit ergibt sich weitgehend aus Ihrem Lebenslauf, Ihre Leistungsbereitschaft in Hinblick auf die zu besetzende Position ist aus der schriftlichen Bewerbung allerdings nicht so leicht zu erschließen. Die muss im Gespräch deutlich werden.

Was heißt für Sie Erfolg?

Dies ist auch so eine Frage, über die man nicht nur als Jobsuchende/r hin und wieder einmal nachdenken sollte. Natürlich gehen hier die Meinungen auseinander. Für Gustave Flaubert bestand Erfolg vor allem darin, möglichst viele Menschen vor den Kopf zu stoßen – für Albert Einstein war Erfolg = Arbeit + Muße + Mundhalten. Jeder möchte erfolgreich sein, aber die Vorstellungen hinsichtlich dessen, was da angestrebt wird, laufen eben oft weit auseinander.

Worum es bei dieser Frage geht

Jedes moderne Unternehmen befasst sich mit dem Thema „Anreizsysteme“, also mit der Frage, was Mitarbeiterinnen und Mitarbeiter zu Höchstleistungen anspornt. In diesem Sinne möchte Ihr/e Interviewpartner/in erfahren, was Ihnen „Beine macht“. Sie werden es in eigener Sache bestimmt wissen – aber hier einige Beispiele aus Mitarbeiterbefragungen.
Ein Erfolgserlebnis stellt sich bei mir ein, wenn

- ich eine Gehaltserhöhung bekomme,
- mich mein Vorgesetzter lobt,
- ich befördert werde,
- ich mein Arbeitspaket gut bewältigt habe,
- sich das Unternehmen positiv entwickelt,
- ich meine Kenntnisse und Fähigkeiten voll einsetzen kann,
- ich mich an meinen Aufgaben „hochranken“ kann,
- meine Mitarbeiterinnen und Mitarbeiter sich voll engagieren und
- ich das Gefühl habe, überdurchschnittliche Ergebnisse zu erzielen.

Es ist nicht unanständig, wenn man unter Erfolg auch den Umstand verbucht, möglichst viel Geld zu verdienen. Der Zweck eines Unternehmens besteht darin, Erlöse zu erzielen – und da wäre es völlig unnatürlich, wenn dies nicht auch die Mitarbeiter in eigener Sache anstrebten. Wer seinen persönlichen Erfolg allerdings nur materiell definiert, ist als Bewerber ein heikler Kandidat. Manchmal gilt es ja auch Durststrecken zu überwinden und damit andere Quellen für Erfolgserlebnisse anzuzapfen.

Experten-Tipp

Extrinsische und intrinsische Motivation

Alles wird gut, wenn man mit dem Herzen dabei ist. In der Psychologie spricht man in diesem Fall von intrinsischer Motivation: Die Leistungsbereitschaft kommt von innen heraus. Klar, dass sich jedes Unternehmen solche Mitarbeiter wünscht.

Da nicht jede Aufgabe so spannend oder herausfordernd ist, dass die Mitarbeiter kein Halten mehr kennen, spielt die extrinsische Motivation auch eine gewichtige Rolle: Anerkennung von Vorgesetzten und Kunden, gute Beurteilungen, Beförderungen, Sonderzahlungen und Gehaltserhöhungen.

Ein glaubwürdiger Bewerber stellt den Reiz der zu bewältigenden Aufgaben in den Vordergrund, geht aber auch auf die für ihn wichtigen äußeren Rahmenbedingungen ein. Alles andere wird ihm doch nicht abgenommen.

Was machen Sie in Ihrer Freizeit am liebsten?

Viele Bewerber verzichten darauf, Hobbys oder privaten Interessen im tabellarischen Lebenslauf anzugeben. Oft hört man als Begründung, dies sei nicht mehr üblich. Das ist eine schlechte und auch noch falsche Begründung! Es geht bei Bewerbungen nicht darum, was gerade üblich oder zeitgemäß ist, sondern es geht um Informationen, die für eine faire und sachgerechte Personalentscheidung hilfreich sein können. Und da sind die privaten Aspekte einer Person nicht unwichtig.

Niemand gibt als Arbeitnehmer beim Betreten der Firma seine persönlichen Interessen, Neigungen, Hoffnungen und Sehnsüchte beim Pförtner ab. Ein begeisterter Bogenschütze bleibt auch an seinem Arbeitsplatz ein begeisterter Bogenschütze und wenn er Kollegen hat, die dieses Hobby mit ihm teilen – umso besser für alle. Viele Unternehmen fördern aus guten Gründen gemeinsame Freizeitaktivitäten.

Worum es bei dieser Frage geht

Natürlich sagt die Art der Freizeitgestaltung etwas darüber aus, wie sich jemand regeneriert bzw. neue Energiequellen erschließt. Ob Handball oder Schachclub – durch solche Aktivitäten kann man den Kopf wieder freibekommen.
Vorsichtige Rückschlüsse auf die Persönlichkeit sind auch möglich, wenn jemand die Freizeit gemeinsam mit anderen gestaltet oder lieber für sich allein bleibt. Mannschaftssport oder Mineraliensammlung? Orchestermusik oder allein am Piano?
Wenn der Zufall es so will und sich ein Bewerber dem gleichen Hobby wie sein Gesprächspartner widmet, kommt man sich emotional meist näher. Dies gilt natürlich insbesondere für eher exotische Neigungen.

Womit richten Sie sich nach einem Misserfolg wieder auf?

Ein erfülltes und erfolgreiches Leben ist ohne Niederlagen undenkbar. Jeder Fortschritt ist nur durch das Prinzip „Versuch und Irrtum“ zu haben – das mögliche Scheitern gehört also grundsätzlich dazu. Viele Menschen haben eine falsche Einstellung zum Misslingen und machen sich damit alles unnütz schwer.

Experten-Tipp

Setzen Sie sich mit Ihren Misserfolgen auseinander!

Was ist in Ihrem bisherigen Leben nicht so gelaufen, wie Sie sich das erhofft haben?

Wie hoch war Ihr persönlicher Anteil am Scheitern?

Welche Rolle spielten die „Umstände“?

Was war das Gute am Schlechten? Was also haben Sie aus den Misserfolgen für sich persönlich gelernt?

Worum es bei dieser Frage geht

Frustrationstoleranz gehört zu den wichtigsten und heute am schlechtesten ausgeprägten Persönlichkeitsmerkmalen eines Menschen. Nicht wenige verhalten sich wie jener Zeitgenosse, der behauptet, Klavier spielen ginge nicht. Auf Nachfrage gibt er die Begründung: „Ich hab es doch selbst ausprobiert!“
Gesucht werden Mitarbeiter, die einen langen Atem haben, geduldig auf den Erfolg hinarbeiten und Misserfolge wegstecken können. Die weder vorschnell an sich zweifeln noch an der Aufgabe verzweifeln – sondern Herausforderungen mit einem „Jetzt erst recht!“ beantworten.

Gehen Sie deshalb freimütig-offensiv mit den Unebenheiten und Defiziten in Ihrem Lebenslauf um. Und zeigen Sie auf, wie Sie sich nach einer persönlichen Kalamität wieder „berappelt“ haben. Das hat eine Menge mit Zukunftsfähigkeit zu tun.

Experten-Tipp

Innerhalb der Probezeit rausgeflogen

Das ist nicht gut, kann aber aus folgenden Gründen vorkommen:

1. Der Einstellende hat Sie falsch eingeschätzt.
2. Sie haben sich selbst und die Anforderungen falsch eingeschätzt.
3. Die Aufgabeninhalte und -anforderungen waren nicht so, wie es besprochen wurde.
4. Das soziale Umfeld war nicht so, wie es beschrieben bzw. von Ihnen erwartet wurde.
5. In Ihrem Privatleben sind Ereignisse eingetreten, die die volle Konzentration auf den Job beeinträchtigt haben.
6. Sie haben arbeitsvertragliche Pflichten grob verletzt.

Die meisten Bewerber führen Gründe an, die das persönliche Scheitern anderen in die Schuhe schieben. Und darauf reagiert jeder Personalbeschaffer allergisch. Für den Job gilt das, was für Partnerschaften gilt: Wenn die Zweisamkeit scheitert, hat meist jeder seinen unerfreulichen Beitrag dazu geleistet. Ausnahmen bestätigen die Regel.

Was antwortete neulich ein Bewerber auf die Frage, warum er bereits nach sechs Monaten das Handtuch geworfen habe? „Ich konnte die Unternehmenspolitik nicht verantworten." Das glaubt ihm keiner. Ein geradliniger Bewerber bekennt sich dazu, dass seine Entscheidung „ein Griff ins Klo" war und nährt damit die Hoffnung, dass ihm dies nicht noch einmal passiert.

Was haben Sie aus Ihren bisherigen Fehlern gelernt?

Hier wird im Sinne der allgemeinen Lebenserfahrung unterstellt, dass man in seinem bisherigen Leben Fehler gemacht und diese nicht verdrängt hat.

Worum es bei dieser Frage geht

Man kann zwischen zwei Fehlertypen unterscheiden: Zufalls- bzw. Einmalfehler und systematische Fehler.

Experten-Tipp

Fehlertypen kennen und voneinander unterscheiden

Ein Mitarbeiter produziert immer wieder Reklamationen, weil er sich nicht an das Vieraugenprinzip hält – also beispielsweise wichtige Kundenkorrespondenz nicht von anderen „gegenchecken" lässt. Das ist ein systematischer Fehler, der viel Schaden anrichtet und dringend abgestellt werden muss.

Oder: Ein Mitarbeiter nennt einem Kunden einen falschen Preis, weil er sich in der Preisliste vertan hat. Hier handelt es sich meist um einen Zufallsfehler – es sei denn, der Mitarbeiter kennt sich in der Preisliste nicht aus.

Was kann man aus Fehlern gelernt haben? Man kann aus Fehlern gelernt haben, dass

- man sich seine Ziele immer wieder klar machen sollte,
- man manchmal Kompromisse eingehen muss,
- man nicht alles gleichzeitig tun kann, sondern Prioritäten setzen muss,
- man Entscheidungen „überschlafen" sollte,
- man immer im Gesamtzusammenhang denken muss und
- man Fehler immer analysieren und daraus Schlüsse für das zukünftige Verhalten ziehen sollte.

Warum haben Sie Ihren letzten Job gekündigt?

Auch Spontaneität will gut überlegt sein. Der Satz „Ich kündige!" mag kurzfristig die Seele befreien, langfristig aber das allgemeine Lebensgefühl bzw. die Berufschancen erheblich beeinträchtigen. Dennoch gibt es für einen Arbeitnehmer manchmal gute Gründe, ein Arbeitsverhältnis von sich aus zu beenden. Man sollte nur bedenken, dass man später in Erklärungsnöte kommen kann, denn normalerweise kündigt jemand erst, wenn er seine neue Anstellung bereits in trockene Tüchern gebracht hat.

Worum es bei dieser Frage geht

Arbeitgeber wollen keine Mitarbeiter haben, die ihren Job schmeißen, sobald es einmal eng wird. Gerade der Start in eine neue Aufgabe bringt oft diverse Schwierigkeiten mit sich, die es zu bewältigen gilt. Als Bewerber sollte man diese möglichen Schwierigkeiten ansprechen und zeigen, dass man aus der Vergangenheit gelernt hat. Tenor: Das passiert mir nicht noch einmal!

Warum möchten Sie ausgerechnet bei uns arbeiten?

Im Idealfall ist eine Bewerbung eine kleine Liebeserklärung. So zumindest sehen und hätten es viele Jobanbieter gern. Man möchte auserwählt sein und verspricht sich davon ein besonderes Engagement. Der Gedanke ist ja keineswegs verwegen.

Worum es bei dieser Frage geht

Nach einer Gallup-Studie fühlen sich 70 Prozent aller Mitarbeiter ihrem Unternehmen gegenüber nicht verpflichtet. Der Integrations- und Identifikationsgrad ist also nicht so, wie er sein sollte. Deshalb wird im Vorstellungsgespräch geprüft, ob ein Bewerber nur „unterkommen" möchte bzw. ob er seine Ambitionen näher begründen kann. Überlegen Sie sich Argumente, die

- für die Branche sprechen, in der Sie sich bewerben und
- für das Unternehmen sprechen, bei dem Sie sich bewerben.

Checkliste: Argumente, die für die Branche bzw. das Unternehmen sprechen

Was spricht für die Branche bzw. das Unternehmen?	ja	nein
Ausbildung absolviert	✓	
Praktikum absolviert		
Branchen- oder unternehmensspezifische Diplomarbeit		
Einschlägige Branchenerfahrungen		
Besondere Kenntnisse		
Ferienjob		
Interessante Produkte bzw. Dienstleistungen		
Zeitgemäße Unternehmenskultur		
Hohe Innovationskraft der Branche bzw. des Unternehmens		
Besondere Anforderungen/Herausforderung		
Wachstumsmarkt		
Image		
...		

Informieren Sie sich über Image-Rankings

Nutzen Sie die Suchmaschinen im Internet (z. B. Google), um sich zu informieren. Hier finden Sie Image-Rankings nach Branchen sortiert. Der Zeitaufwand lohnt sich.

Halten Sie sich an den folgenden Grundsatz: Wenn die Firma einen besonders guten Ruf hat, sollte man diesen Umstand nicht als das wichtigste Motiv für die Bewerbung anführen. Andererseits muss deutlich werden, dass Sie sich des guten Rufes durchaus bewusst sind und dies im Fall einer Anstellung zu schätzen wissen.
Verzichten Sie auf Argumente wie

- sichere Arbeitsplätze
- vorbildliche Sozialleistungen
- flexible Arbeitszeiten
- günstige Verkehrsanbindung bzw. Entfernung
- Bekannte/Freunde im Unternehmen etc.

Was hat Ihnen an Ihrem letzten Job am besten gefallen?

Keine Antwort wäre in diesem Falle auch eine Antwort – und zwar eine schlechte. Wer beispielsweise nach fünf Jahren wechseln möchte und nichts Positives über seine frühere Aufgabe anzuführen vermag, muss sich fragen lassen, warum er nicht früher aktiv geworden ist.

Worum es bei dieser Frage geht

Es gibt Wechselwillige bzw. Umsteiger, die an ihrem letzten Arbeitgeber kein gutes Haar lassen. Die meisten wissen natürlich, dass man seinen Brötchengeber im Nachhinein nicht schlecht machen sollte, und deshalb wird gern über Umwegfragen – bei denen das Frageziel nicht sofort erkennbar ist – angetestet, wie ein Kandidat zu seinem früheren Job steht.

Widersprüche vermeiden

Experten-Tipp

- Listen Sie auf, was an Ihrem früheren bzw. derzeitigen Job, den Sie aufgeben möchten, positiv war bzw. ist.
- Falls Ihnen nichts einfällt, müssen Sie sich fragen lassen, warum Sie sich erst jetzt verändern möchten bzw. warum Sie die Aufgabe zu Beginn so falsch eingeschätzt haben. Sammeln Sie dafür Argumente.
- Vermeiden Sie Widersprüche: Führen Sie keine Inhalte als besonders erfreulich an, die die neue Aufgabe, um die Sie sich jetzt bewerben, gar nicht vorsieht.
- Wenn Sie sich zu positiv über Ihre frühere Aufgabe äußern, laufen Sie möglicherweise in den Konter „Warum wollen Sie sich denn überhaupt verändern?"

Was hat Ihnen an Ihrem letzten Job weniger gefallen?

Wo Licht ist, gibt es bekanntlich auch Schatten. Wer hier keine Antwort parat hat, zeigt sich zumindest als schlecht vorbereitet. Mancher Bewerber kommt durch seine Antwort einer Absage ein deutlichen Schritt näher.

Worum es bei dieser Frage geht

Export-Sachbearbeiter/in gesucht

Experten-Tipp

Gregor N. auf die Frage, was ihm an seinem früheren Job nicht gefallen hat: „Das Erstellen von Statistiken in Excel."

Gregor N. hat damit in Sachen Offenheit zwar Punkte gemacht, ist aber im Bewerber-Ranking deutlich zurückgefallen. Zu der von ihm angestrebten Aufgabe gehört nun einmal auch das Erstellen von Excel-Statistiken.

Hier einige Antworten, die besser sind:

- „Die Zusammenarbeit mit den anderen Abteilungen war schwierig."
- „Ich hatte wenig Entscheidungsspielraum."
- „Meine Sprachkenntnisse konnte ich nicht so einsetzen, wie ich es mir erhofft hatte."
- „Ich hätte mir mehr Teamarbeit gewünscht."
- „Ich hatte zu wenig direkten Kundenkontakt."
- „Ich konnte meine neu erworbenen Kenntnisse als Handelsfachwirtin leider nicht umsetzen."

Diese Punkte können Sie natürlich nur anbringen, wenn Sie einigermaßen wissen, dass die anvisierte neue Aufgabe hier Abhilfe ermöglicht.

Was war bisher Ihr größtes (berufliches) Problem und wie haben Sie dieses gelöst?

Auch für diese Frage gilt: Wer hier passen muss, ist schlecht vorbereitet.

Worum es bei dieser Frage geht

Diese Frage zielt auf das persönliche Problemlöseverhalten ab. Dieses wird ja bekanntlich durch zwei Extreme markiert, die man an der Auflösung eines Knotens gut illustrieren kann. Die einen neigen zur Methode Alexanders des Großen – durchhauen! – die anderen versuchen, ihn geduldig aufzudröseln. Von Fall zu Fall kann beides zielführend sein.
Als Bewerber sind Sie auf der sicheren Seite, wenn Sie zu erkennen geben, dass Sie Probleme konzeptionell-strategisch angehen.

Experten-Tipp

Wie ich Probleme professionell löse

- Beschreibung der Lage. Die Kernfrage lautet: Was ist Sache?
- Kontextbestimmung. Die Kernfrage lautet: Was hängt womit zusammen?
- Analyse und Entscheidung. Die Kernfrage lautet: Was muss sinnvollerweise getan werden?

Überlegen Sie sich ein Beispiel aus Ihrem Berufsleben und spielen Sie es anhand dieser Methodik durch. Sie passt übrigens zu jedem Problem und ist zeitlos.

Wie lösen Sie zwischenmenschliche Konflikte?

„Die Beziehungen zwischen den Menschen sind heute die größte Wachstumsbarriere. Zu viele Ressourcen gehen durch Frust, Streit, Intrigen, Mobbing oder Rücksichtslosigkeit verloren." Zu dieser Einschätzung kommt ein Computerexperte – nämlich Leo A. Nefiodow vom GMD-Forschungszentrum. Die Reibungsverluste, die durch Konflikte entstehen, sind also ein wichtiges Thema in Vorstellungsgesprächen.

Worum es bei dieser Frage geht

Es geht um die Schlüsselqualifikation Konfliktfähigkeit. Konfliktfähigkeit kann man unter den folgenden Aspekten betrachten:

- Konfliktprophylaxe: Welche Spielregeln und Verhaltensgrundsätze sind geeignet, Konflikte zu verhindern?
- Konfliktbewusstsein: Wird der Konflikt überhaupt wahrgenommen oder wird er verdrängt?
- Konfliktanalyse: Wer ist Teil der Lösung? Wer ist Teil des Problems? Gibt es eine „Entschuldigungskultur"? („Die von der EDV …")

- Konfliktregulierung: Was ist zu tun, um den Konflikt im Interesse der Unternehmensziele aus der Welt zu schaffen?

Was war in Ihrem Leben die bisher beste Entscheidung?

Bewerber: „Ich habe im Winter 1999 kurzfristig einen Skiurlaub gebucht. Bei der Gelegenheit habe ich meine heutige Frau kennen gelernt."

Worum es bei dieser Frage geht

Nicht jede Antwort muss sich zwingend auf die Berufsrolle beziehen. Im Vorstellungsinterview möchte man keine zukünftige „Personalnummer auf zwei Beinen" erleben, sondern etwas über den „ganzen" Menschen erfahren.

Was ist für Sie eine ideale Arbeitsumgebung?

Ein Scherzkeks antwortete einmal, dass er „eine sitzende Tätigkeit in einem klimatisierten Raum" bevorzuge. Mancher Vorgesetzte findet diese Antwort nicht zum Lachen, weil er genau solche Mitarbeiter in seinem Verantwortungsbereich zur Genüge hat. Und die machen ihm natürlich das Leben schwer.

Worum es bei dieser Frage geht

Jeder kennt das aus seiner eigenen Lebenspraxis: Es gibt Orte und Umgebungen, die wirken inspirierend und andere, da fällt einem absolut nichts ein. Der eine kann sich bei Musik auf ein Buch konzentrieren, ein anderer braucht völlige Ruhe. Manche arbeiten lieber mit anderen in einem Gemeinschaftsbüro, manche können nur effizient arbeiten, wenn sie niemanden sehen und hören.

Ihr potenzieller zukünftiger Arbeitgeber möchte natürlich wissen, ob er Ihnen das Umfeld bieten kann, das Sie zur Entfaltung Ihrer Möglichkeiten brauchen.

Experten-Tipp

„Was halten Sie von Großraumbüros?"

Wenn das Vorstellungsgespräch in einem Großraumbüro stattfindet, werden Sie sich logischerweise nicht gegen dieses Arbeitsumfeld aussprechen. Falls Sie grundsätzlich ein Büro für sich allein haben möchten, könnte sich die Bewerbung bereits erledigt haben.

Wenn Sie nicht wissen, welches Arbeitsumfeld für Sie im Falle einer Anstellung vorgesehen ist und Sie sich noch alle Optionen offen halten möchten, verlegen Sie sich auf eine Pro-und-Kontra-Argumentation.

Argumente für ein Großraumbüro:

1. schneller Informationsaustausch mit Kolleginnen und Kollegen
2. effizientere Zusammenarbeit (man kann sich z. B. am Telefon schneller vertreten)
3. besseres Zusammengehörigkeitsgefühl

Argumente für ein Einzelbüro:

1. kein störender Geräuschpegel
2. bessere Konzentration bei Telefonaten
3. weniger Ablenkung durch andere
4. man sitzt nicht auf dem „Präsentierteller"

Wenn Sie an dem Job interessiert sind, argumentieren Sie so, dass Sie sich nicht durch eine einseitige Stellungnahme die Zusage vermasseln.

Woran scheitern Ihrer Meinung nach Teams häufig?

Viele Bewerber loben Teamarbeit in höchsten Tönen – vor allem, wenn sie den entsprechenden Begriff im Stellenangebot gelesen haben. Mit dem Wort hat man aber noch nicht die Sache.

Worum es bei dieser Frage geht

Man kann nur erfolgreich in einem Team arbeiten, wenn man weiß, woran Teamwork zuweilen auch scheitert. Demonstrieren Sie deshalb das notwendige Problembewusstsein.

Experten-Tipp

Warum Teams scheitern

Die Akademie für Führungskräfte der Wirtschaft in Bad Harzburg hat Führungskräfte zu dieser Problematik befragt. Das folgende Ranking nach der Häufigkeit der Nennungen können Sie gut für eine kompetente Antwort nutzen:

1. Kommunikationsschwierigkeiten
2. unklarer Auftrag
3. keine Kultur der Zusammenarbeit
4. unausgesprochene Konflikte
5. fehlendes Vertrauen im Team
6. Machtkämpfe
7. ineffektive Teamsitzungen
8. kein eindeutiger Teamleader
9. Dominanz der eigenen Interessen
10. zu wenig Zeit

Hier können Sie natürlich auch auf die deutsche und amerikanische Übersetzung des Wortes TEAM eingehen:

Toll	Oder:	**T**ogether
Ein		**E**verybody
Anderer		**A**chieves
Machts!		**M**ore!

Woran scheitern nach Ihrer Auffassung bzw. Erfahrung Projekte besonders häufig?

Wenn man in deutschen Unternehmen eine Wörter-Rennliste aufstellen würde, stünde vermutlich das „Projekt" ganz weit oben. Und in der Tat laufen ständig irgendwelche Projekte und deshalb gehört die Fähigkeit, Projekte zu managen, zu den inzwischen besonders gefragten Soft Skills.

Worum es bei dieser Frage geht

Diese Frage steuert sehr direkt auf das Frageziel zu: „Haben Sie Ahnung von Projektmanagement?" Auch wenn man bisher noch nicht in der Projektverantwortung gestanden hat, sollte man wissen, was ein „Projekt" überhaupt ist. Hier gehen die Vorstellungen nämlich wild durcheinander und einstweilen wird alles Mögliche als Projekt bezeichnet. Profilieren Sie sich durch klare Vorstellungen und eindeutige Begriffe.

Was ist ein Projekt?

Ein Projekt hat

- ein Ziel: Was wollen wir erreichen?
- (begrenzte) Ressourcen: Wie viel Geld, Zeit und Manpower steht zur Verfügung?
- einen Zeitplan: Was muss bis wann von wem erledigt werden?

Ein Projekt ist durch drei kritische Faktoren definiert:

- Zeit (Deadline): Wann muss das Projekt abgeschlossen sein?
- Qualität (Qualitätsstandard): Welchen qualitativen Anforderungen muss ein erfolgreiches Projekt genügen?
- Kosten (Budget): Welche finanziellen Rahmenbedingungen müssen beachtet werden?

Für jedes Projekt gilt ein Zyklus:

- Spezifikation (Umfang)
- Planungsphase
- Implementierung
- Übergabe
- Rückschau

Jedes bzw. jede der hier aufgeführten Merkmale und Stationen eines Projekts kann zu einem Scheitern führen. Hier einige Grundsätze zum Projektmanagement, die Sie im Vorstellungsgespräch anführen können:

- Das wichtigste – aber selten benutzte – Wort eines Projektmanagers ist NEIN.
- Je hoffnungsloser die Lage ist, desto optimistischer sind die Betroffenen.
- Zu wenig Leute im Projekt können die Probleme nicht lösen – zu viele Leute im Projekt schaffen mehr Probleme als sie lösen.

Befassen Sie sich mit Projektmanagement!

„Was machen Sie beruflich?" – „Ich arbeite zur Zeit in einem Projekt Global Sourcing." – „Und was kommt danach?" – „Das weiß ich noch nicht." – „Aber das ist doch riskant!" – „Wer kein Risiko eingehen will, geht das größte Risiko ein!"

Wer diese Haltung verinnerlicht hat, braucht sich um seine Zukunft keine Sorgen zu machen.

Befassen Sie sich deshalb mit Projektmanagement, denn nichts ist beständiger als der Wandel! Die Zeiten, in denen Menschen **eine** Aufgabe vom Beginn bis zum Ende ihres Berufslebens wahrnehmen, sind endgültig vorbei. Die berufliche Biografie wird zunehmend aus einer Folge von Projekten bestehen.

Was sind Ihre besonderen Stärken?

Sie müssen jetzt mit Ihrem potenziellen neuen Chef nicht über Habermas diskutieren, sondern jene Merkmale anführen und bestätigen, die er längst selbst an Ihnen entdeckt zu haben glaubt.

Worum es bei dieser Frage geht

Eine gute Antwort schafft die Gratwanderung zwischen Selbstbewusstsein und der Fähigkeit zur Selbstkritik. Wer zu sehr auf den Putz haut, steht nicht besser da als jemand, der sein Licht unter den Scheffel stellt. Kompetente Bewerber haben sich natürlich auf diese Frage vorbereitet und ihre Eigenschaften und besonderen Vorzüge nebst Begründung vorab einmal aufgeschrieben.

Checkliste: Wo liegen meine Stärken?

Ich bin ...	ja	nein
kontaktfreudig	✓	
zielorientiert		
belastbar		
engagiert		
lernfähig		
teamfähig		
durchsetzungsfähig		

Ich bin ...	ja	nein
organisationsstark		
risikofreudig		
verantwortungsbewusst		
konfliktfähig		
kommunikationsstark		
analytisch		
ausgleichend		
konsequent		
selbstkritisch		

Selbstverständlich haben Sie diese Selbstbetrachtung schon zum Start Ihrer Bewerbungsaktion durchgeführt, jetzt geht es aber um die Stärken, über die Sie vor Ort sprechen wollen. Und das müssen jene sein, die zur Aufgabe und ihren Anforderungen besonders gut passen. Wichtig: Berücksichtigen Sie in Ihrer Antwort gegebenenfalls die neuen Informationen, die Sie im Gespräch erhalten haben.

Experten-Tipp

Begründen Sie Ihre Stärken

Leiten Sie Ihre Stärken von Äußerungen Dritter ab: „Mein Ausbildungsleiter hat einmal gesagt ..." Oder: „Wenn Feste zu organisieren waren, gehörte ich immer zum Vorbereitungskomitee."

Begründen Sie die angeführten Stärken von sich aus – verhalten Sie sich also proaktiv. Das ist besser, als auf die Rückfrage reagieren zu müssen, warum man welche Stärke für sich in Anspruch nähme.

Was sind Ihre besonderen Schwächen?

„Ehrlichkeit ist die wichtigste Voraussetzung für den Erfolg. Wer sie perfekt vortäuschen kann, ist ein gemachter Mann." So jedenfalls heißt es in einem irischen Kaufmannssprichwort.

Wie geht man mit dieser bei den meisten Bewerbern besonders verhassten Frage um? Manchmal läuft das Frage-Antwort-Spiel auch darauf hinaus, dass man etwas sagt, ohne etwas über sich zu verraten.

Worum es bei dieser Frage geht

Wer bei der Frage nach den persönlichen Schwächen ehrlich antwortet, war gerade in einer Selbsthilfegruppe und hat da etwas verwechselt – oder er ist beschränkt lebenstauglich.

Es geht nicht darum, ehrlich zu antworten. Die Frage nach den persönlichen Schwächen ist ein „Elastizitäts-Test". Es geht darum, auf eine pikante Frage, auf die gar keine wahrhaftige Antwort erwartet wird, überzeugend zu reagieren. Allemal schlechte Karten hat deshalb jeder Bewerber, der von der Frage nach den persönlichen Schwächen überrascht wird. Schließlich gehört sie zum Standardrepertoire der meisten Personalverantwortlichen. Wer hier nicht parieren kann, ist einfach schlecht vorbereitet.

Experten-Tipp

Reagieren Sie souverän und flexibel

Im Grunde geht es vor allem darum, wie Sie sich aus der Bredouille ziehen. Das Berufsleben hält viele Fragen bereit, die leider nicht immer geradlinig, sondern manchmal auch politisch beantwortet werden müssen. Wenn jeder jedem sagt, was er von sich und seinen Mitmenschen wirklich hält, ist ein Zusammenleben kaum möglich. Die Empfehlung, hier diplomatisch vorzugehen, ist also nicht unethisch. Reden Sie daher über solche Schwächen, die typisch menschlich sind:

- Menschen sind manchmal ungeduldig, wenn die Dinge sich nicht so entwickeln, wie sie es sollten.
- Menschen sind frustriert, wenn andere bei einer Sache nicht mitziehen, von der sie selbst begeistert sind.
- Menschen müssen sich manchmal zwingen, Dinge nicht aufzuschieben.
- Als Student darf man ruhig einräumen, dass man noch lernen muss, seinen Arbeitsalltag optimal zu organisieren.

Achten Sie aber darauf, dass Sie keine Schwäche einräumen, die sich mit der zu vergebenen Aufgabe nicht verträgt. Wer Pilot werden möchte und sich als Generalist beschreibt, könnte eine Gefahr für die Luftfahrt werden. Führen Sie Schwächen an, die selbstverständlich sind, z. B. „Ich weiß, dass das akademische Oberseminar nicht immer etwas mit der betrieblichen Wirklichkeit zu tun hat.“ Oder: „Es ist mir bewusst, dass mich die langjährige Zugehörigkeit zu meinem früheren Betrieb geprägt hat und dass ich mich davon lösen muss.“

Worauf sind Sie in Ihrem bisherigen Leben besonders stolz?

„Tue Gutes und sprich darüber.“ Dies ist ein für die Außendarstellung wichtiges PR-Prinzip. Auch die Mitarbeiter eines Unternehmens sind eingeladen, hier entsprechend mitzuwirken. Dies funktioniert allerdings nur, wenn jemand sich mit seinem Betrieb und dessen Produkten oder Dienstleistungen identifiziert – und möglichst sogar stolz darauf ist.

Vor einiger Zeit gab es in Deutschland eine Debatte um die Frage, ob man auf etwas stolz sein dürfe, was man nicht selbst geleistet habe. Lassen Sie sich nicht verunsichern! Sie dürfen bei gegebenem Anlass durchaus stolz auf Ihren Lebenspartner, Ihre Kinder, Ihre Eltern oder Ihren Fußballverein sein.

Worum es bei dieser Frage geht

Experten-Tipp

Die Kraft der Bejahung

Die Stärke eines Unternehmens hängt nicht nur vom Kapital und wettbewerbsfähigen Produkten ab, sondern von den immateriellen Energien, die in der Belegschaft zu mobilisieren sind. Wenn Mitarbeiter stolz auf die Leistungen ihres Betriebs sind, erschließt sich genau diese Kraftquelle. Und sie dürfen dann ruhig auch stolz auf sich selbst sein.

Und nun führen Sie einmal einen Check-up durch: „Worauf sind Sie in Ihrem Leben stolz?“

Checkliste: Worauf bin ich in meinem Leben stolz?

Worauf ich stolz sein kann	Ja	Nein
Mitgliedschaft in einem Verein oder einer Organisation	✓	
Leistungen dieses Vereins oder dieser Organisation		
Renommierte/r Schule/Ausbildungsbetrieb/Universität		
Fehlschläge/Krisen, die Sie überwunden haben		
Erwerb ungewöhnlicher Fertigkeiten		
Sportliche/musikalische/künstlerische Erfolge/Preise		
Ehrenamt		
Familie/Kinder		
Prädikatsexamen		
Besondere Auslandsaufenthalte/Praktika		
Exotische Liebhaberei (Hobby)		

Sollte man sich in einer Firma lieber siezen oder ruhig duzen?

Experten-Tipp

Firmenphilosophie geht vor

Reinhard W., Abteilungsleiter in der Herrenmodeabteilung eines schwedischen Filialisten, wollte das von seinem coolen nordischen Arbeitgeber verordnete „Du" nicht hinnehmen und versuchte, vor Gericht sein „Sie" wiederzuerlangen. Er verlor über zwei Instanzen. Firmentradition und Firmenphilosophie, so die Richter, hätten Vorrang vor den Launen der Angestellten.

Aber genau das ist der Punkt: In Deutschland haben wir hinsichtlich der Umgangsformen eine eigene Tradition und deshalb wird vor allem von Berufseinsteigern immer wieder gefragt: „Du“ oder „Sie“? Wie hält man’s am besten mit der Anrede? Und welchen Standpunkt vertreten Sie, wenn Sie im Vorstellungsgespräch danach gefragt werden?

Worum es bei dieser Frage geht

Wer zum Thema „duzen“ eine Orientierungshilfe sucht, mag zunächst einmal den Aphoristiker Georg Christoph Lichtenberg als Ausgangspunkt nehmen: „Es gibt Gesichter, wider die man schlechterdings nicht du sagen kann.“ Das klingt hart, aber wer mit jemandem auf Du und Du steht, will und dokumentiert im deutschen Sprachraum eine besondere Nähe. Das gilt insbesondere für jene Duz-Verhältnisse, die bei klarem Verstand – also ohne Alkoholeinfluss – zustande kommen. Und da die deutsche Sprache nun einmal zwischen „du“ und „Sie“ unterscheidet, sollte man diese Differenzierungsmöglichkeit nicht leichtfertig verschenken. Wer sich zu einem Du verführen oder gar überrumpeln lässt, das er von Herzen eigentlich gar nicht will, setzt jene herab, die ihm tatsächlich emotional näher stehen und denen er dies mit der persönlichen Anrede auch zeigen möchte.

Experten-Tipp

Duzen oder siezen?

Das Duzen auf gleicher Ebene geht in Ordnung, wenn es im Unternehmen üblich ist oder man jemanden besonders sympathisch findet.

Führungskräfte sollten sich besser nicht mit einigen Mitarbeitern duzen und mit anderen siezen. Dabei kann es aufgrund der gemeinsamen Biografie Ausnahmen geben, aber das sollte man den anderen dann auch offen erklären.

Man muss sich immer die Option offen halten, ein angebotenes Du abzulehnen. Ein leichtfertig akzeptiertes Du bringt mehr Probleme als der freundliche und eindeutige Hinweis, man möge es doch beim Sie belassen.

Wenn einem jemand das Du anbietet, der hierarchisch über einem steht, wäre es unklug, dies abzulehnen.

Möglicherweise wird das Duzen in Deutschland im Zuge der Globalisierung und der Einführung von Englisch als Unternehmenssprache irgendwann selbstverständlich sein. Bis dahin aber kann jeder durch den sensiblen Umgang mit den beiden Anredeformen seine soziale bzw. emotionale Intelligenz unter Beweis stellen.

In welcher Situation mussten Sie schon einmal Ihre Kreativität unter Beweis stellen?

Kreativität wird inzwischen bereits von Debitorenbuchhaltern gefordert. Die sollen ideenreich Geld eintreiben und die faulen Kunden auch noch bei Laune halten.

Worum es bei dieser Frage geht

Das Wort Kreativität ist unentwegt in aller Munde – aber was heißt das konkret? Wer in seinem bisherigen Berufsleben Verbesserungsvorschläge gemacht hat, ist auf der sicheren Seite. Aber wie reagiert man auf diese Frage als Berufseinsteiger? Manche Bewerber beziehen sich auf ein Ereignis im Umgang mit einem Kunden und andere auf ihre Diplomarbeit – wichtig ist, dass einem überhaupt etwas einfällt. Auch dies ist eine Frage, auf die man sich zu Hause vorbereiten kann.

Sind Sie eher ein Spezialist oder eher ein Generalist?

Ein Spezialist ist einem unfreundlichen Bonmot zufolge jemand, der alles über nichts weiß und ein Generalist ist jemand, der nichts über alles weiß. Es scheint also gar nicht so einfach, sich hier vorteilhaft zu positionieren.
Im Zweifelsfall sind Sie auf der sicheren Seite, wenn Sie Ihr Spezialistentum nicht zu hoch hängen. Was sagte einmal Franco Modigliani, Nobelpreisträger für Wirtschaftswissenschaften im Jahre 1985: „Ich habe zwar mit einigen Anlagen schon mal Geld gemacht, aber nur, wenn mir theoretische Fehler unterliefen." Das klingt ein wenig

kokett, deutet aber die Richtung einer vorteilhaften Antwort auf die oben gestellte Frage bereits an.

Worum es bei dieser Frage geht

Wo bzw. wann wünschen wir uns einen Spezialisten? Wir wünschen uns Spezialisten in der Autowerkstatt, im Cockpit, beim Blindgänger-Räumdienst und im Operationssaal. Bei Letzterem ist das aber gar nicht mehr so eindeutig. Sollte man bei einem Bandscheibenvorfall zu jemandem gehen, der sich ausschließlich auf den chirurgischen Eingriff spezialisiert hat? Wohl lieber nicht.

„Wer nur Chemie kann, kann auch die nicht richtig", befand einst Georg Christoph Lichtenberg, der einzigartige Philosoph, Naturwissenschaftler und Spötter aus Göttingen. In der Tat: Wer nur etwas über seinen Beruf weiß, weiß wenig über seinen Beruf. Ausnahmen bestätigen diese Regel.

Experten-Tipp

Stellen Sie sich breit auf

Als Debitorenbuchhalter müssen Sie fit in Debitorenbuchhaltung sein. Aber Sie müssen auch kunden- und ergebnisorientiert denken und handeln können.

Idealerweise sind Sie aber auch noch so aufgestellt, dass Sie im Bedarfsfall zu den Kreditoren oder sogar in die Lohnbuchhaltung wechseln könnten. Flexibilität bestimmt in erheblichem Maße den persönlichen Marktwert.

Wo möchten Sie eigentlich in fünf Jahren stehen?

„In fünf Jahren möchte ich auf Ihrem Stuhl sitzen." Die Zeiten, als man mit dieser kecken Antwort Selbstbewusstsein demonstrieren konnte und damit auch noch gut ankam, sind lange vorbei. Wer sich heute zu sehr von der eigenen Vorzüglichkeit beeindruckt zeigt, positioniert sich nicht gerade vorteilhaft.

Worum es bei dieser Frage geht

Selbstverständlich sollten Sie sich auf die Frage nach den Vorstellungen bezüglich der weiteren beruflichen Entwicklung vorbereiten. Wer in eigener Sache nicht weiß, wohin die Reise gehen soll, landet meist da, wo er gar nicht hin wollte.

Berufseinsteiger können z. B. anführen, ob sie sich einmal eher in einer verantwortlichen Stabsstelle oder einer Linienfunktion mit Personalverantwortung sehen. In einem international tätigen Unternehmen lässt sich als Ziel ein späterer Auslandseinsatz formulieren und wer sich im Verkaufsinnendienst bewirbt, kann Ambitionen auf einen mittelfristigen Einsatz im Außendienst anmelden.

Experten-Tipp

Karriereerwartungen zurückhaltend formulieren

Alfred Herrhausen, der 1989 von der RAF ermordete Vorstandssprecher der Deutschen Bank, hat zu diesem Thema einmal einen bemerkenswerten Rat gegeben:

„Konzentrieren Sie sich als Berufseinsteiger nicht so sehr auf die Frage ‚Was kann ich werden?', sondern auf die Frage ‚Was kann ich tun?'. Wer sich mit aller Kraft um das kümmert, was hier und heute zu leisten ist, braucht sich um seine berufliche Entwicklung keine großen Gedanken zu machen."

Damit haben Sie eine gute Antwort auf die Frage nach Ihren beruflichen Ambitionen. Sie könne sich bei dieser Frage auch locker aus der Affäre ziehen, indem Sie an das „Peter-Prinzip" erinnern: „In einer Hierarchie versucht jeder Untergebene, seine Stufe der Unfähigkeit zu erreichen." Wenn Ihr Gesprächspartner Humor hat, können Sie noch auf die Folgen dieses Prinzips eingehen: Die Arbeit wird vorrangig von Angestellten ausgeführt, die ihre Stufe der Unfähigkeit noch nicht erreicht haben.

Wie würden Sie reagieren, wenn ein Kollege in eine Position befördert wird, die ebenso gut auch zu Ihnen gepasst hätte?

Nicht jeder bekommt, was er verdient und nicht jeder hat verdient, was er bekommt. Derartige Schieflagen gibt es häufiger und sie sind von jenen, die sich benachteiligt fühlen, nicht immer leicht auszuhalten.

Worum es bei dieser Frage geht

Diese Frage zielt darauf ab, wie Sie mit Enttäuschungen und Niederlagen umgehen. Folglich gilt es, in der Antwort zu zeigen, dass Sie eine gesunde Einstellung zu Konkurrenz und Wettbewerb haben und dass Fehlschläge zu einer persönlichen und beruflichen Entwicklung gehören.
Resignation, Neid oder das Gefühl, ungerecht behandelt worden zu sein, sind fehl am Platz, wenn ein anderer das Rennen macht. Hier einige mögliche Antworten, die positiv aufgenommen werden:

- „Ich würde dem Kollegen gratulieren."
- „Ich würde meine bisherigen Leistungen und mein Verhalten auf eventuelle Schwachstellen überprüfen."
- „Ich würde mich auf meine Arbeit konzentrieren."
- „Falls der beförderte Kollege mein neuer Vorgesetzter ist, würde ich mich selbstverständlich konstruktiv und loyal verhalten."

Welche Eigenschaften sollte der ideale Vorgesetzte haben?

Mit Büchern über die Frage nach dem idealen Vorgesetzten lassen sich ganze Bibliotheken füllen. Die bisher endgültige Antwort gibt der Management-Experte Fredmund Malik: „Der ideale Manager wäre eine Kreuzung aus Alexander dem Großen, Albert Einstein und Thomas Gottschalk."

Worum es bei dieser Frage geht

Insbesondere wenn Führungsnachwuchskräfte interviewt werden, versuchen die Entscheider auf diesem Wege herauszufinden, ob und welche Vorstellungen der Bewerber von einem zeitgemäßen Führungsverhalten hat. Mithilfe der folgenden Checkliste, die Sie auch auf Ihrer CD-ROM finden, können Sie einmal diverse Eigenschaften bzw. Erwartungen an Ihren idealen Vorgesetzten durchgehen und persönliche Prioritäten festlegen.

Checkliste: Welche Eigenschaften hat der ideale Vorgesetzte?

Eigenschaft	wichtig	weniger wichtig
Informationsverhalten		
Umgang mit Lob und Anerkennung		
Umgang mit Kritik		
Delegationsbereitschaft		
Fairness bei Beurteilungen		
Analysevermögen		
Durchsetzungsvermögen		
Vertrauensbereitschaft		
Führungskompetenz		
Teamfähigkeit		
Organisationstalent		
Unterstützung bei Schwierigkeiten		
Ziele konkretisieren		
Offenheit		

Antworten Sie auf diese Frage nicht, indem Sie einen Wunschkatalog aufsagen, sondern gehen Sie zunächst nur auf drei Eigenschaften ein. Zwei Merkmale sollten sich auf das Wohl des Betriebs beziehen, eines auf Ihr persönliches als Arbeitnehmer. Falls im Rahmen der Unternehmensvorstellung die Bedeutung einer Kultur des Vertrauens zwischen Führung und Mitarbeitern hervorgehoben wurde, wissen Sie natürlich, welche Eigenschaft Sie u. a. anzuführen haben.

Repräsentieren Ihre Zeugnisse Ihr tatsächliches Leistungsvermögen?

Welche Aussagekraft haben Zeugnisse über den zukünftigen Erfolg bzw. Misserfolg eines Bewerbers? Einen besonders dezidierten Standpunkt zu dieser Thematik nimmt Carola Hoffman, Recruitment-Chefin bei der AZ Personalvermittlung, ein. Nach ihrer Überzeugung sagen Arbeitszeugnisse über die Fachkenntnisse und Arbeitshaltung der Bewerber „nichts aus". Die Schuld daran trägt vor allem der Gesetzgeber, der es mit den zu Regierenden wieder zu gut gemeint hat.

Die Funktion von Arbeitszeugnissen

„Die von Herrn K. während der über zweijährigen Tätigkeit für unser Unternehmen erzielten Erfolge fanden unsere volle Anerkennung. Seine Kontaktfähigkeit und die Art des Umgangs mit unseren Kunden haben wir geschätzt ... Das Anstellungsverhältnis endet mit dem heutigen Tag. Wir wünschen Herrn K. ..."

Für den Kenner besteht kein Zweifel, dass Herr K. wegen mangelnder Leistung gefeuert wurde. Die freundlichen Worte im Zeugnis verdankt er ausschließlich dem Gesetzgeber, der eine wohlwollende Abfassung des Arbeitszeugnisses verlangt – schließlich habe dieses für den Arbeit Suchenden eine Werbefunktion zu erfüllen.

Der sich um alle Betroffenen sorgende Gesetzgeber will aber noch mehr: Er fordert zusätzlich, dass die Beurteilung so formuliert wird, dass beim Arbeitnehmer und bei Dritten ein richtiger Eindruck entsteht (BAG, 8.2.1972). Nun ist es aber so, dass sich Herr K. über das miese Zeugnis von seiner letzten Firma gefreut hat. Inzwischen wundert er sich nur darüber, dass seine Bewerbungen wieder in seinem Briefkasten landen. Die vom Gesetzgeber angesprochenen Dritten wissen nämlich mehr bzw. haben sich längst arrangiert: Mittels einer codierten Sprache erhält der potenzielle neue Arbeitgeber Botschaften, die dem uneingeweihten Arbeitnehmer verborgen bleiben.

Im Übrigen ist auch der prognostische Wert von Schulzeugnissen und Hochschulabschlüssen für den zukünftigen Erfolg recht begrenzt. Es gibt eben Menschen, die eine durchschnittliche Schul- bzw. Hochschulkarriere absolvieren und später weit über sich hinaus wachsen. Auch ist ein Prädikatsexamen in den Rechtswissenschaften ganz anders zu bewerten als ein Prädikatsexamen in einem sozialwissenschaftlichen Fach.

Examensnoten und Arbeitszeugnisse differenziert betrachten

Zeugnisse sind Beurteilungen, die man hinsichtlich ihres Wahrheitsgehalts auch als Betroffener kritisch prüfen muss. Man sollte sie nicht bagatellisieren, um das eigene Selbstwertgefühl zu schützen, man sollte sie aber auch nicht überbewerten, denn meist handelt es sich nur um Momentaufnahmen. Außerdem haben Beurteilungen eine mehr oder weniger bedeutsame subjektive Komponente, das heißt, der Nasenfaktor kann von Fall zu Fall eine nicht unerhebliche Rolle spielen.

Worum es bei dieser Frage geht

„Sind Sie mit Ihren Noten zufrieden?"

„Na ja, wer ist schon mit jeder einzelnen Note zufrieden. Manchmal erwischt man bei Prüfungen ja auch einen schlechten Tag und bei manchen Fächern sind die Beurteilungskriterien auch recht verschwommen. Und im Fach Finanzwirtschaft fühle ich mich ungerecht beurteilt – der Professor mochte mich einfach nicht."

Der Bewerber in diesem Beispiel flüchtet sich in Mutmaßungen und Plattitüden. Bei Freunden einer klaren Aussage kommt er damit nicht gut an.

Nichts wird von Vorgesetzten mehr gehasst, als Schuldzuweisungen gegenüber Dritten. Wer sich bereits als Bewerber hinsichtlich seiner Defizite herauszureden versucht, weckt die Befürchtung, dass er im Job die gleiche Strategie fahren wird.

Stehen Sie zu Ihren Zeugnissen

„Eure Rede aber sei: ja, ja; nein, nein." So jedenfalls heißt es in der Bibel und dieser Rat passt gut zum Thema. In diesem Sinne reagieren Sie kurz und bündig:

„In der Tat – mit meinen Noten kann ich nicht Furore machen!"

„Ich hätte da durchaus noch zulegen können."

„Auf ein Fach habe ich mich nicht ausreichend vorbereitet – das hat mir leider den Schnitt verdorben."

Wenn sich die Frage auf Ihre Arbeitszeugnisse bezieht, können Sie nur angemessen antworten, wenn Sie diese vorab richtig interpretiert haben.

Deutungshilfen für Arbeitszeugnisse

„Die von Herrn K. während der über zweijährigen Tätigkeit für unser Unternehmen erzielten Erfolge fanden unsere volle Anerkennung."

Insider lesen diesen Satz so: „Wir haben alles getan, um den Mann zu motivieren. Es war vergeblich."

„Seine Kontaktfähigkeit und die Art des Umgangs mit unseren Kunden haben wir geschätzt."

Für Freunde einer klaren Aussprache heißt das: „Netter Kerl – doch leider ist nichts dabei herausgekommen."

Georg Christoph Lichtenberg, der Treffliche, hat einmal angemerkt: „Ich habe gefunden, dass die Redensart ‚Es ist gut' auf fünferlei Art von uns ausgesprochen wird und allemal mit einer anderen Bedeutung ..." Vergleichbares gilt für das Wort „zufrieden" in der Zeugnissprache. „Mit seinen Leistungen waren wir zufrieden" bedeutet, dass sich der Arbeitnehmer als absolut unfähig erwiesen hat oder zumindest oberfaul war. Gute Leistungen werden mit der Formulierung „stets zu unserer vollen Zufriedenheit" bescheinigt.

Verben sind manchmal hintersinnig

„Die Arbeiten, die er *aufgriff...*" – aber nicht erledigte!

„Wir *bescheinigen* ihm gern, dass ..." = aber nur, weil er es forderte!

"Er *kümmerte* sich auch um ..." = doch leider zu wenig!

Die Verben *streben* oder *bemühen* laufen auf ein vernichtendes Urteil hinaus. Zweifel an der Qualifikation eines Bewerbers oder einer Bewerberin nährt beim kundigen Zeugnisleser die Orakel-Technik. Etwa: „Herr A. hat sich im Rahmen seiner Fähigkeiten ..." = Überfordert?! Oder: „Frau B. hat alle Aufgaben in der ihr eigenen Sorgfalt ..." = Chaotin?!

Prüfen Sie auch, ob in einem Ihrer Zeugnisse die „Bedauernsformel" fehlt („Das Ausscheiden von Frau XX bedauern wir sehr ..."). Wenn ja, könnten Sie gefragt werden, ob Sie sich mit Ihrem Vorgesetzten angelegt haben.

Wovor haben Sie Angst?

In den 80er Jahren sprach man in den USA von der „German Angst". Damals (Mutlangen! NATO-Doppelbeschluss!) lag man in Deutschland im „mainstream", wenn man Angst hatte oder besser: seine Ängste öffentlich artikulierte. Plakate mit der Aufschrift „Ich habe Angst" wurden auf unzähligen Demos herumgeschleppt und ihre Träger galten als aufgeklärt und progressiv. Für die meisten Amerikaner galt damals – und vermutlich gilt dies noch heute – die Warnung von Franklin D. Roosevelt: „The only thing we have to fear is fear itself."

Worum es bei dieser Frage geht

Wie würden Sie als Bewerber antworten? Hier eine Beispiele aus der Praxis. „Wovor haben Sie Angst?"

- „Dass meiner Familie in Unheil widerfährt."
- „Vor einer unheilbaren Krankheit."
- „Vor dem Alter."
- „Vor dem Tod."
- „Vor Fehlentscheidungen."
- „Vor illoyalen Mitarbeitern."
- „Vor unangenehmen Entscheidungen."
- „Vor Intrigen."
- „Vor menschlichen Enttäuschungen."
- „Da fällt mir im Moment nichts ein."
- „Ich habe selten Angst."
- „Mich kann gar nichts erschüttern."

Die ersten Antworten sollten Sie vergessen, weil diese Ängste selbstverständlich sind. Natürlich können Sie Ihren Interviewpartner beim Wort nehmen und wahrheitsgemäß anführen, dass Sie Angst vor Krebs haben. Sie verstoßen damit allerdings gegen den wichtigsten Grundsatz eines Vorstellungsinterviews: Liefern Sie Informationen zur Entscheidungsfindung in Hinblick auf die zu vergebende Aufgabe! Wer bekennt, dass er Angst vor dem Tod habe, verhält sich – zugespitzt formuliert – unkooperativ. Der Erkenntnisgewinn ist gleich null. Zeigen Sie stattdessen Problembewusstsein.

Experten-Tipp

Ängste als Herausforderung beschreiben

„Als neuer Mitarbeiter muss man ja erst einmal seinen Platz unter den Kolleginnen und Kollegen finden. Ich hoffe, dass mir das bald gelingen wird."

„Sie haben da vorhin einige Punkte angesprochen, bei denen ich nicht ganz fit war. Da mache ich mir schon einige Gedanken, wie ich das ausgleichen kann."

„Ich bin ja nicht mehr die Jüngste. Da macht man sich schon Sorgen über die Zukunft. Aber genau deshalb würde ich ja eine mir gebotene Chance mit Lust und Leidenschaft nutzen."

„Wer kein Risiko eingehen will, geht das größte Risiko ein. Das ist meine Devise und damit bin ich immer gut gefahren."

Bei der Frage nach der Angst hängt die passende Antwort ganz entscheidend von der Persönlichkeit des Interviewpartners ab. Es gibt noch immer Vorgesetzte, die lustvoll Angst verbreiten und so führen, dass sie von ihren Mitarbeitern als Bedrohung empfunden werden.

Warum sollten wir uns ausgerechnet für Sie entscheiden?

Diese Frage wird immer wieder gern gestellt. Wer sich von ihr überrascht fühlt, ist schlecht vorbereitet.

Worum es bei dieser Frage geht

Die Psychologie betrachtet den Menschen unter drei Aspekten.

3. Jeder Mensch ist in gewisser Hinsicht wie alle anderen Menschen.
   Hier geht es um die „Natur“ des Menschen, um anthropologische Konstanten, die unser aller Fühlen, Denken und Handeln bestimmen.
4. Jeder Mensch ist in gewisser Hinsicht wie viele andere Menschen.
   Hier geht es um Personen, die gemeinsame Definitionsmerkmale haben, von denen angenommen werden kann, dass sie sich auf das Erleben und Verhalten auswirken. Solche Merkmale können sein: Geschlecht, Alter, Bildungsabschlüsse, Familienhintergrund oder die Zugehörigkeit zu einem bestimmten Kulturkreis.
5. Jeder Mensch ist in gewisser Hinsicht wie kein anderer Mensch.

Die Frage zielt auf den letzten Punkt ab – nämlich auf den Bewerber als einmaliges und einzigartiges Individuum.

Experten-Tipp

Warum sind Sie einzigartig?

Es gibt keinen Grund, sich hier zu genieren. Jedes Unternehmen muss sich regelmäßig mit der Frage befassen, was seine Produkte und Dienstleistungen von anderen Anbietern positiv abhebt. Das gilt auch für die Mitarbeiter.

Als Bewerber muss man in der Lage sein, einige Kernpunkte der persönlichen Identität zu benennen – also jene Eigenschaften, die einen unverwechselbar und damit nicht so ohne weiteres austauschbar machen.

Was sagte neulich ein Bewerber: „Ich bin neugierig, manchmal etwas kantig und konsequent zielstrebig.“ Die drei Eigenschaften passten haarscharf zum Anforderungsprofil der zu besetzenden Position. Nun muss die Selbstauskunft gewiss nicht immer den Tatsachen entsprechen, aber positiv ist auf jeden Fall, dass der Bewerber gemerkt hat, worauf es ankommt.

Vertauschen wir einmal die Rollen: Welche Fragen haben Sie?

Machen Sie sich nichts vor – das ist die Fortsetzung der Psychodiagnostik mit anderen Mitteln. Natürlich haben Sie jetzt die Chance, weitere Informationen für Ihre Entscheidung zu bekommen – für einen kompetenten Interviewpartner sagt aber jede von Ihnen gestellte Frage erst einmal etwas über Sie selbst aus.

Worum es bei dieser Frage geht

Durch Fragen zeigt ein Mensch, was ihm wichtig bzw. weniger wichtig ist. Durch Fragen zeigt ein Mensch manchmal auch, was er noch immer nicht kapiert hat. Und durch Fragen kann man zeigen, dass man ein schlechter Zuhörer ist. Man kann sich also durch Fragen um einen Job bringen.

Experten-Tipp

Fragen, die Sie vergessen sollten

„Wie ist das Betriebsklima in Ihrem Unternehmen?" Was soll Ihr Gesprächspartner darauf schon antworten? Selbst wenn die Stimmung absolut mies ist, wird und kann er Ihnen das nicht sagen.

„Wird es in Ihrem Unternehmen mittelfristig – wie in diversen anderen Firmen der Branche – auch zu einem Personalabbau kommen?" Dies ist ein besonders grobes Beispiel für mangelndes Einfühlungsvermögen. Selbst wenn demnächst ein Personalabbau angesagt ist, wird man dies nicht gerade einem Bewerber mitteilen.

„Wie sind die Arbeitszeiten geregelt?" Natürlich muss diese Frage irgendwann geklärt werden – wer dies aber bereits im ersten Gespräch anspricht, setzt die Prioritäten falsch.

„Wie viele Bewerber haben Sie für diese Position?" Eine Frage, die immer wieder gestellt wird und so verständlich wie unsouverän ist.

„Wie schätzen Sie meine Chancen ein?" Diese Frage steht für mangelnde Empathie. Was soll man als Einstellender darauf schon antworten? Manche Bewerber bringen es fertig und stellen diese Frage, obwohl sie mehrere Interviewpartner haben. Die Frage ist in diesem Fall besonders peinlich, weil man sich mit den anderen ja erst noch abstimmen muss.

Im Vorstellungsinterview gibt es – anders, als im richtigen Leben – dumme Fragen.

Experten-Tipp

Fragen, durch die Sie sich profilieren können

„Sie haben eingangs erwähnt, dass sich Ihr Unternehmen aufgrund einer innovativen Produktentwicklung einen Spitzenplatz erarbeiten konnte. Können Sie schon etwas über neue Produkte sagen, an denen zurzeit gearbeitet wird?"

Die besten unter den guten Fragen sind meist jene, die sich auf etwas beziehen, was Ihr Interviewpartner in früheren Gesprächsphasen gesagt hat. Damit demonstrieren Sie, dass Sie ein guter Zuhörer sind – und im Übrigen findet es jeder gut, wenn der andere auf das eingeht, was man von sich gegeben hat.

„Sie bieten Berufseinsteigern mit geringen praktischen Vorkenntnissen ein Vorbereitungstraining an. Wo liegen die inhaltlichen Schwerpunkte und wie umfangreich ist dieses Training?"

Diese Frage signalisiert Interesse an einer guten Aufgabenerfüllung. Leider legen sich zu viele Bewerber auf die Konditionen fest. Das Problem ist nicht, dass sie dies überhaupt tun, sondern dass sie dies zum falschen Zeitpunkt tun. Erst muss über die zu erbringende Leistung gesprochen werden und dann darüber, was sie kostet.

Jeder Bewerber weiß, dass die Frage „Haben Sie Ihrerseits noch Fragen?“ auf ihn zukommt. Und viele Bewerber ziehen aus diesem Wissen auch die richtigen Schlüsse und bereiten sich angemessen vor: Sie reisen zum Vorstellungsgespräch mit einem entsprechenden Fragenkatalog an.
Grundsätzlich ist das gut und dringend zu empfehlen. Gar nicht gut ist, wenn Jobaspiranten auf die Frage nach Fragen ihren vorbereiteten Zettel aus ihrer Aktentasche hervorholen und diesen mit ihrem Interviewpartner nun abarbeiten möchten. Da werden dann Fragen gestellt, die längst geklärt oder inzwischen irrelevant sind, während jene Aspekte, die erst im Zuge des Interviews wichtig wurden, unberücksichtigt bleiben. Im Übrigen wirkt diese Vorgehensweise recht unsouverän.

Fragwürdige Motive für die Bewerbung

Auf die Frage, warum sich jemand bei einem bestimmten Unternehmen beworben hat, folgen häufig diese Antworten:

„Ihr Unternehmen genießt einen hervorragenden Ruf.“
„Ihr Unternehmen ist sehr erfolgreich.“
„Ich bin von den Produkten Ihres Hauses fasziniert.“
„Ihr Unternehmen gilt als besonders umweltfreundlich.“

Alles schön und gut, aber diese Einlassungen sind in einer überzeugenden Antwort nur als zweiter Satz brauchbar. Zunächst müssen Sie sich zur ausgeschriebenen Position, zur Aufgabe, die es zu erfüllen gilt, erklären. Wer sich als Key Account Manager bewirbt, kann die eigene Motivation nicht zuallererst mit dem guten Ruf des Unternehmens erklären. Der Bewerbungsgrund sollte zunächst einmal etwas mit der beschriebenen Aufgabe zu tun haben. Erst danach darf und sollte ein Bewerber die Attraktivität des potenziellen Arbeitgebers herausstreichen.
Manchmal ist die Frage nach den Motiven ja recht direkt formuliert: „Warum haben Sie sich ausgerechnet bei uns beworben?“ Lassen Sie sich nicht irritieren: Argumentieren Sie erst über die Vorzüge der Aufgabe. Beziehen Se sich dabei beispielsweise auf die Ausschreibung. Erwähnen Sie erst dann die Vorzüge des Unternehmens. Firmen, die im Image-Ranking ganz oben stehen, sind hier natürlich besonders vorsichtig. Versuchen Sie es gar nicht erst mit Schmeicheleien. Dennoch sollten Sie die wertvollsten Marken bzw. Unternehmen kennen. Hier die Top 20 der „Best Global Brands“:

1. Coca-Cola
2. Microsoft
3. IBM
4. General Electric
5. Intel
6. Nokia
7. Disney
8. McDonald’s
9. Marlboro
10. Mercedes
11. Toyota
12. Hewlett-Packard
13. Citibank
14. Ford
15. American Express
16. Gillette
17. Cisco
18. Honda
19. BMW
20. Sony

Abwegige Begründungen für die Bewerbung

Der Ordnung halber sei auf unkluge Begründungen für eine Bewerbung hingewiesen. Hier einige Beispiele aus der Praxis, in der es nichts gibt, was es nicht gibt:

- Wir sind umgezogen und deshalb suche ich einen Arbeitsplatz mit einer kürzeren Anfahrtszeit.
- Mein Frau arbeitet in der Nähe und da können wir gemeinsam fahren.
- Ich komme mit meinem Chef nicht klar.
- In meiner jetzigen Firma steht ein Abbau von Arbeitsplätzen an.
- Ich habe erfahren, dass bei Ihnen die Arbeitsplätze sicher sind.
- Wir haben gebaut und müssen deshalb unbedingt beide arbeiten.

Aus persönlicher Sicht sind diese Gründe natürlich völlig verständlich. Aber Sie sollten sie bestenfalls – wenn überhaupt – später nachschieben.
Und was ist von dieser Begründung zu halten? „Ich muss etwas um die Ohren haben, sonst fällt mir zu Hause die Decke auf den Kopf." Das ist allenfalls ein gutes Motiv für Wiedereinsteigerinnen. Etwa wenn die Kinder groß sind oder der Ehemann auf und davon ist. Das ist vielleicht nicht politisch korrekt, dafür aber praxisnah.

Was Sie als Frau besonders beachten sollten

Die Sprache der Frauen

Nach einer Studie aus dem Jahr 2004 (Daniela Wawra, Frauen und Männer im Job-Interview, Münster 2004) ist das Sprachverhalten vieler Frauen durch Unsicherheit und Abwertung der eigenen Kompetenzen geprägt. Diese typischen Punkte äußern sich z. B. in folgenden Sprachmustern:

- Konjunktive, angedeutete Wünsche und Erwartungen („Ich fände es schön, wenn ..., „Vielleicht könnte man ja ...")
- Indirekte und schwammige Ausdrucksweise („Wahrscheinlich wäre es ganz gut"; Begriffe wie „ziemlich", „vielleicht", „eigentlich" etc.)
- Frage statt Feststellung („Hätten wir nicht bessere Möglichkeiten, ...")
- Angehängte Fragen („... verstehen Sie, was ich meine?")
- Entschuldigung für die eigenen Aussagen („Falls ich das richtig sehe, ...")
- Der häufige Gebrauch von „Ich glaube, dass ich das schaffe ..." oder „Ich denke, dass ..., aber ..." oder „Ich bin mir jetzt nicht so sicher ...".

Haben Sie das auch schon mal selbst erlebt? Wie reagieren aus Ihrer Sicht Ihre Gesprächspartner? Was hören Sie in diesem Moment? Sie hören Unsicherheit, fehlendes Selbstvertrauen und den Wunsch, Konflikten aus dem Weg zu gehen. Warum sollten Sie diese Bewerberin einstellen?
Achten Sie daher auf Ihre Wortwahl. Stellen Sie sich einfach einmal neben sich und hören sich zu. Ein erster Schritt ist, die Konjunktive in Ihrem Wortschatz durch aktive Begriffe nach dem Motto „Ich finde, dass ...", „Ich bin sicher, dass ...", „Ich schaffe das ..." zu ersetzen.

Frauenspezifische Fragen – und wie Sie diese beantworten

Diese Fragen kennen Sie bestimmt, insbesondere wenn Sie Kinder haben:

- Wie stellen Sie sich das denn vor mit Ihrer Berufstätigkeit?
- Was machen Sie, wenn das Kind krank ist?
- Wie steht Ihre Familie zu Ihrer Berufstätigkeit?
- Wie mobil sind Sie?
- Können Sie denn überhaupt auch einige Tage auf Geschäftsreise sein?
- Welche Erwartungen haben Sie denn an die Arbeitszeit?
- Wie sieht es denn aus mit Ihrer Familienplanung?

Zu Recht ärgerliche Fragen. Aber ich möchte an dieser Stelle auch Ihr Bewusstsein für den potenziellen Arbeitgeber schärfen. Dieser muss in die Zukunft planen können, und zwar mit 100 % Ihrer Arbeitskraft und auch unabhängig von Ihrem Geschlecht. Der Arbeitgeber möchte daher keine Probleme, sondern eine Lösung.
Das ist auch die Grundidee für Ihre Antwort auf die oben genannten Fragenklassiker. Sie bieten eine Lösung an, kein Problem. Ihre Antwort auf die Frage nach Ihrem Kinderwunsch oder Ihrer Familienplanung – vorausgesetzt, dass Sie sich in diesem Thema auch absolut sicher sind – muss also sein:

- „Im Moment steht das bei mir nicht zur Debatte. Ich möchte zunächst meine berufliche Entwicklung verfolgen!"
- „Die Betreuung meiner Kinder ist … geregelt. Im Notfall steht … zur Verfügung."
- „Da mein Kind/meine Kinder von … betreut werden, kann ich Geschäftsreisen – mit vorheriger genauer Planung – machen."

Aber noch einmal, die Betreuung Ihrer Kinder muss auch für einen Notfall gesichert sein. Nur dann sollten Sie in ein Vorstellungsgespräch gehen.

Erfolgsfaktor realistische Gehaltsverhandlung

Jetzt haben Sie es geschafft. Oder doch nicht? Denn ein entscheidendes Thema habe ich noch nicht angesprochen: Ihre Gehaltsverhandlung. Auch das ist ein „wunder Punkt" im Bewerbungsprozess. Kennen Sie das? Sie sitzen in einem Vorstellungsgespräch, alles ist gut gelaufen. Und nun diese Fragen: Welche Gehaltsvorstellungen haben Sie? Was möchten Sie in fünf Jahren verdienen? Wie wollen Sie das erreichen? Sie wissen, dass über 30 % aller Bewerber mit ihrer Gehaltsvorstellung falsch und außerhalb eines Gehaltsrahmens liegen. Jetzt werden Sie nervös. Vielleicht ist Ihre Forderung doch zu hoch, eigentlich suchen Sie die spannende und herausfordernde Aufgabe. Sie möchten nicht unendlich viel für ein hohes Gehalt arbeiten. Und im Nachgang ärgern Sie sich, dass Sie wieder zu niedrig verhandelt haben. Wie können Sie sich für diese Situation besser vorbereiten?
Es gilt also auch bei diesem Thema: Information und Recherche im Vorfeld sind sinnvoll. Ziel für Sie ist, den Wert Ihrer Arbeitskraft zu kennen und zu wissen, welches Gehalt in Ihrem Beruf mit Ihrer Erfahrung und in Ihrer Region gezahlt wird. Sie bieten

Ihre Arbeitsleistung an, der Arbeitgeber zahlt Ihnen dafür ein bestimmtes Entgelt. Nicht mehr und nicht weniger. Das ist die Basis für Ihren Arbeitsvertrag.
Um eine gute Informationsbasis für Ihre Gehaltsvorstellungen zu haben, sollten Sie die folgenden, zum Teil kostenpflichtigen Tipps und Links nutzen. Auch Berufsverbände bieten Informationen zum Thema an.

CD-ROM

Links zum Thema Gehalt	
www.personalmarkt.de (Kooperationspartner von Stern/Jobpilot/Monster/Stepstone etc.)	250.000 Profile
www.geva-institut.de (Gehalts-Test)	
www.gehalts-check.de/www.gehaltscheck.de	
www.boeckler.de/pdf/p_ta_werverdientwas_2003.pdf	tarifliche Grundvergütungen
www.staufenbiel.de	für Hochschul-Absolventinnen
www.jobpilot.de > Karriere-Journal > Gehaltsanalyse	
www.sueddeutsche.de/app/jobkarriere/jobatlas/index.html	Einzelne Berufe mit Aufgaben und Gehalt
www.lohnspiegel.de (aktuelles Projekt)	
www.ingenieurkarriere.de (für Ingenieure), www.vdi.de	berufsspezifisch
www.heise.de (für IT-Fachkräfte)	berufsspezifisch
www.jugend.igmetall.de (Einstiegsgehälter IT/TK/Automobil/Maschinenbau/Elektrotechnik)	berufsspezifisch
www.sekretaria.de (Vergütungsstudien)	berufsspezifisch
www. spiegel.de/unispiegel	
www.monster.de > Karrierejournal > BAT-Tabellen (bis Herbst 2005), ab Herbst 2005 TVÖD-Tabellen	für Angestellte im öffentlichen Dienst

Unabhängig davon, ob Sie Interesse an der Stelle haben oder nicht, Sie haben nur eine Wahl: sich professionell zu präsentieren. „Man sieht sich immer zweimal" – kennen Sie diesen Spruch? Selbst wenn Sie diese Stelle absagen, rechnen Sie damit, dass Sie (im Idealfall) zu einem anderen Zeitpunkt noch einmal in diesem Unternehmen ein Gespräch führen oder an eine andere Abteilung verwiesen werden. Mit einer professionellen Präsentation hinterlassen Sie einen guten Eindruck – auch beim Thema Gehalt.

- Versuchen Sie, bei Ihrer Antwort auf Ihre Gehaltswünsche Ihren Gesprächspartner anzusehen und mit fester Stimme eine Zahl, keinen Gehaltsrahmen, zu nennen. Die Zahl ist das Brutto-Jahreseinkommen, das Sie im Vorfeld (unter Einbeziehung aller bei Ihnen anfallenden Kosten) recherchiert haben. Aber: Nennen Sie eine realistische, auf Ihrer Recherche basierende Zahl!
- Auf die Frage, warum man Ihnen denn dieses Gehalt zahlen soll, gibt es nur eine Antwort: Ihr bestes Argument für Ihre Gehaltsvorstellung sind Sie – Ihr Kompetenzprofil und Ihre Arbeitskraft, die Sie dem Unternehmen anbieten. Sie stellen noch einmal kurz Ihre Qualifikation dar.
- Die Gehaltsverhandlung ist ein Test für Sie! Sie sollen zeigen, dass Sie sich auch in der neuen Stelle positionieren können!

Vorsicht, Fallen und Fettnäpfchen: Das sollten Sie vermeiden

Heinrich IV. von Frankreich erhielt eines Morgens eine Einladung zum Rendezvous von einem ihm unbekannten Mädchen. Der Bonvivant konnte natürlich nicht widerstehen. Als er voller Erwartung am vereinbarten Ort erschien, stand seine Gattin Marie vor ihm, gefolgt vom gesamten Hofstaat. Wie die Sache ausging, ist nicht bekannt.
Der kompetente Umgang mit Fettnäpfchen, Pannen und Peinlichkeiten ist nicht unwichtig. Besonders wichtig ist es jedoch, nicht unnütz in irgendwelche Fettnäpfchen zu treten und Pannen und Peinlichkeiten zu vermeiden.

Was ist ein Fettnäpfchen?

In früheren Zeiten standen in der Nähe des Kamins von Wohn- und Gasthäusern kleine Schalen mit Stiefelfett – also Fettnäpfchen. Mit ihrem Inhalt konnten die Gäste ihr Schuhwerk pflegen – manche traten aber auch aus Versehen hinein und bekleckerten sich und andere.
Wer in ein Fettnäpfchen tritt, handelt also nicht unter Vorsatz, sondern begeht einen Fauxpas – aus Unachtsamkeit oder Ahnungslosigkeit.

Wie peinlich! Erde öffne Dich!

Experten-Tipp

Claudia H. trifft auf der Straße eine Kundin, die sie seit gut einem Jahr nicht mehr gesehen hat.

„Hallo Frau Dingenskirchen. Wir haben uns ja lange nicht mehr getroffen! Oh – wann ist es denn so weit?"

Leider ist Frau Dingenskirchen zwischenzeitlich nicht in anderen Umständen, sondern nur dick geworden.

Vorsicht bei Werturteilen und Äußerungen zur Weltanschauung

Besonders riskant sind Werturteile bzw. kritische Äußerungen zur Lebensanschauung, Lebensplanung und zum beruflichen Werdegang. Wer beispielsweise sagt, dass es heute unklug sei, Kinder in die Welt zu setzen und unwissentlich einen dreifachen Vater vor sich hat, sitzt in den Nesseln. Immerhin hat man den Lebensentwurf seines Gesprächspartners gerade grob und ohne Not kritisiert.
Wenig ratsam ist es auch, sich über bestimmte Berufe oder Berufsbilder kritisch zu äußern. Man weiß schließlich in der Regel zunächst nicht, wen man vor sich hat.

Verbale Tiefschläge!

Experten-Tipp

Thomas H. hat als Bewerber um die Position des Personalleiters die zweite Runde erreicht. Er stellt sich den versammelten Geschäftsführern und Bereichsleitern des Unternehmens vor und steht bravourös Rede und Antwort. Doch dann kommt eine Frage, die eigentlich längst im ersten Gespräch geklärt war, aber von einem der Anwesenden noch einmal gestellt wird:

„Herr H. – mir ist noch nicht ganz klar, warum Sie nach acht Jahren Ihre verantwortungsvolle Position in einem renommierten Unternehmen aufgeben und zu uns kommen wollen."

„Das kann ich Ihnen klar beantworten. Ich brauche eine neue Herausforderung! Wenn man zu lange in ein und demselben Unternehmen ist, wird man bequem, ist gedanklich festgefahren und am Ende innerlich ausgebrannt. Dieses Schicksal möchte ich mir ersparen."

Nach dieser Antwort hätte man eine Stecknadel fallen hören können. Die meisten Anwesenden waren stolz darauf, ihrem Unternehmen seit mehr als 20 Jahren treu zu dienen, und dann kommt da ein Youngster und erklärt ihnen, dass sie sich auf dem Wege der Verblödung befänden.

Zur Erinnerung noch einmal der wichtigste Grundsatz der Rhetorik: Es ist egal, was du sagst – entscheidend ist, wie es beim Adressaten ankommt. Die meisten Kommunikationsdesaster kommen zustande, weil gegen diese Regel – oft freilich ahnungslos – verstoßen wird. Die Folge: Es gibt einen nicht unbeträchtlichen Verzerrungswinkel zwischen der Kommunikationsabsicht und dem Ergebnis.

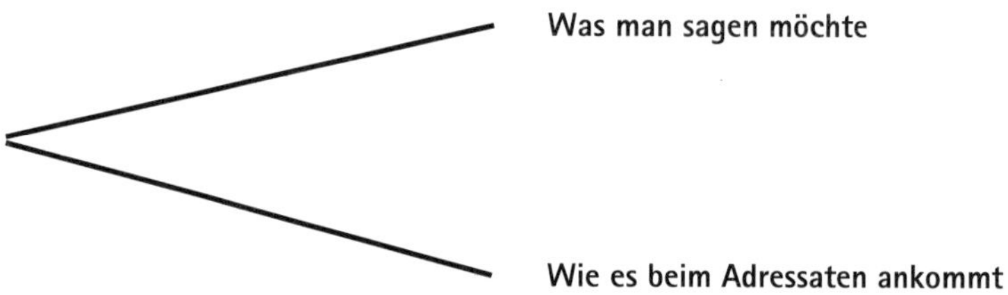

Nicht nur als Bewerber muss man daran denken, dass man meist nicht nur eine Sache kommunizieren kann. Wer eine bestimmte Auffassung vertritt, bekennt Farbe und zeigt Profil – oft wird damit aber gleichzeitig eine andere Auffassung diffamiert.

Berufs- und Privatleben haben nichts miteinander zu tun!?

Bewerber Christian G.: „Ich meine, dass zum Erfolg unbedingt ein solider familiärer Hintergrund gehört. In der Familie kann man auftanken und sich fit machen für neue Herausforderungen."

Das mag richtig sein. Wie kommt aber diese Äußerung an, wenn der Gesprächspartner gerade in Scheidung lebt, ein notorischer Junggeselle oder homosexuell ist?

Lassen Sie sich politisch nicht aufs Glatteis führen. Insbesondere politisch engagierte Bewerber können bei bestimmten Fragen im Eifer über das Frageziel hinausschießen und einen parteipolitischen Standpunkt vertreten, der den Gesprächspartner betreten macht.

Wie sehen Sie die Zukunft des Wirtschaftsstandorts Deutschland?

Bewerberin Ulrike K.: „So weit man blickt, liegt das rot-grüne Reformprojekt in Trümmern. Die Haushaltspolitik ist asozial, die Gesundheitsreform gescheitert und ..."

Mit solchen Attacken kann man seinem Gegenüber bei einschlägiger politischer Ausrichtung mächtig gegen das Schienbein treten.

Wann sollte ich besser schweigen?

„Wenn du geschwiegen hättest, wärst du ein Philosoph geblieben." 1.500 Jahre ist dieser berühmte Satz des Römers Boëthius inzwischen alt, aber an Aktualität hat er nichts eingebüßt. „Hättest du bloß deinen Mund gehalten!" – diesen Vorwurf kann sich so mancher Bewerber im Nachhinein machen, weil er sich zu weit aus dem Fenster gelehnt oder die Folgen seiner Worte nicht bedacht hat.
Hier einige Vorsichtsregeln:

- **Weltanschauliche oder religiöse Stellungnahmen** haben im Vorstellungsgespräch in der Regel nichts zu suchen. Ausnahme: Sie bewerben sich bei einer Religionsgemeinschaft bzw. einer Organisation, die eine bestimmte Weltanschauung vertritt (Attac, Rudolf-Steiner-Schule etc.).
- **Politik** – auch Wirtschaftspolitik – ist ein gefährliches Thema, bei dem Sie sich möglichst bedeckt halten sollten. Ausnahme: Sie bewerben sich bei einer Partei bzw. einer parteipolitisch klar positionierten Organisation.
- Äußern Sie sich niemals abschätzig über den Wert anderer **Bildungs- bzw. Ausbildungswege** – Ihr Gesprächspartner könnte genau auf den von Ihnen diffamierten Abschluss stolz sein.
- Halten Sie sich aus einem möglichen **Geschlechterkonflikt** heraus. Grundtenor: „Wir haben da eine Abteilung, die zu 90 Prozent aus Frauen besteht. Meinen Sie nicht auch, dass …"
- Das Thema **Alter** kann ebenfalls brisant sein. Etwa: „Wir haben im Marketing als Gruppenleiter Herrn Z., mit dem Sie eng zusammenarbeiten müssten. Der ist allerdings schon 58 – und, wie ich fürchte, nicht mehr ganz auf der Höhe der Zeit. Gerade im Marketing ist das ja so ein Problem – oder wie ist da Ihre Erfahrung?" Lassen Sie sich nicht zu einem Urteil über die Leistungsfähigkeit verschiedener Altersgruppen verführen.
- Spielen Sie in ihrer Wertigkeit **Universität und Fachhochschule** nicht gegeneinander aus. Wenn Sie um eine Stellungnahme gebeten werden, heben Sie – soweit Sie dies einigermaßen beurteilen können – die jeweiligen Stärken der Institutionen hervor und gehen Sie moderat auf mögliche Schwächen ein.
- Hantieren Sie als Bewerber nicht fahrlässig mit den üblichen **Universitätsrankings**! Wenn Sie an der FU Berlin Politische Wissenschaften studiert haben, können Sie ruhig darauf hinweisen, dass diese Institution qualitativ Rang drei einnimmt – sagen Sie aber nicht, wer Schlusslicht ist, denn dort könnte gerade die Tochter Ihres Gesprächspartners studieren.
- Vorsicht vor dem **Akademiker-Bashing**! Das vorauseilende Bekenntnis zur Alltagsuntauglichkeit von Theoretikern kann zum Rohrkrepierer werden. Es gibt auch Leute, die die Haltung vertreten, dass nichts praktischer sei, als eine gute Theorie.

Als Bewerber muss man nicht auf Taubenfüßen daherkommen

Fallen Sie nicht ins Extrem! Verhalten Sie sich nicht so elastisch, dass sich Ihr Gesprächspartner die Frage nach dem Rückgrat stellt. An Menschen, die allzu glatt sind, kann man nur hilflos abrutschen. Ecken und Kanten bieten Halt – auch wenn man sich an ihnen manchmal stoßen kann.

Und für den Umgang mit Fettnäpfchen kann im Bedarfsfall auch dies gelten: Vorsätzlich hineintreten, denn dann ist es weg! Man muss dabei allerdings festes Schuhwerk tragen.

Die Gehaltsfrage

Was macht glücklich? Der Ökonomie-Nobelpreisträger Daniel Kahnemann vertritt die für ihn wissenschaftlich belegbare Ansicht, dass Sex der wichtigste Glücksbringer sei. Der Schweizer Bruno S. Frey ist nach gut kalvinistischer Tradition davon überzeugt, dass nur die Zufriedenheit mit dem Job uns ein erfülltes Leben bescheren könne.
Und welche Bedeutung hat das Geld? „Geld macht nicht glücklich“, sagt der Volksmund. Das mag sein, aber einige Vorzüge lassen sich – abgesehen von dem misslichen Umstand, dass man eine bestimmte Summe grundsätzlich braucht – nicht von der Hand weisen. Für den großartigen russischen Dichter Fjodor M. Dostojewski war Geld „geprägte Freiheit“, für den englischen Dichter Lord Byron „Aladins Wunderlampe“ und für den deutschen Philosophen Friedrich Nietzsche das „Brecheisen der Macht“. Vor dem Hintergrund dieser Statements könnte Geld wenigstens ziemlich glücklich machen.
Unglücklich verhält sich auf alle Fälle ein Bewerber, der den Eindruck erweckt, als sei es unanständig, über Geld zu reden. Natürlich muss über das Entgelt gesprochen werden – und zwar geradeheraus. Nicht selten gibt es später Frust, weil ein Bewerber aus Angst, sich unbeliebt zu machen, seine Gehaltswünsche nicht klipp und klar geäußert hat.

Sie müssen Ihren Marktwert kennen

Wer sich bei der Frage nach dem Geld souverän verhält, erhöht seine Chancen, das Rennen zu machen. Von Einsteigern, vor allem aber von Um- und Aufsteigern wird erwartet, dass sie ihren Marktwert halbwegs realistisch einschätzen und diesen dann auch beherzt zu realisieren versuchen.

So gehen Sie kompetent mit der Gehaltsfrage um

- Eiern Sie nicht herum, sondern nennen Sie Ihr gewünschtes Brutto-Jahresentgelt. Das erspart im Erstgespräch zusätzliche Fragen wie die nach dem eventuellen Urlaubsgeld, Weihnachtsgeld oder einem 13. Monatsgehalt. Auf der Basis des Jahresentgelts sind eventuelle Angebote auch besser miteinander vergleichbar.
- Es ist keine gute Idee, sich durch die Angabe eines Gehaltsrahmens Spielraum verschaffen zu wollen. Etwa: „Ich stelle mir 80.000 bis 90.000 Euro im Jahr vor." Wenn Ihr Gesprächspartner jetzt auf einer präzisen Zahl besteht, sehen Sie nicht sonderlich gut aus. Einen Gehaltsrahmen können Sie allerdings in der schriftlichen Bewerbung angeben, weil Sie zu diesem Zeitpunkt noch recht wenig über die Aufgaben, Anforderungen und das betriebliche Umfeld wissen.

- Begründen Sie Ihren Einkommenswunsch niemals mit finanziellen Verpflichtungen oder ähnlich unsachlichen Argumenten, sondern nur über Ihre Qualifikation und den Nutzen, den Sie zu bieten haben. Gehaltswünsche, die vom Gesprächspartner als überdurchschnittlich bewertet werden, lassen sich durch den Hinweis auf besondere Sprachkenntnisse, eine einschlägige Ausbildung vor dem Studium, zum Job passende Praktika bzw. Spezialkenntnisse oder gegebenenfalls auch durch das Thema der Diplomarbeit legitimieren. Außerdem dürfen Sie sich auf gute Noten und Arbeitszeugnisse berufen.
- Wenn Ihr Verhandlungspartner angesichts Ihres Gehaltswunsches die Contenance verliert, ist dies kein Grund zur Besorgnis. Machen Sie also nicht sofort einen Rückzieher, wenn die beiderseitigen Vorstellungen voneinander abzuweichen scheinen. Ein vernünftiger Kompromiss kann darin bestehen, zum Start finanzielle Abstriche zu machen und nach erfolgreicher Probezeit den ursprünglichen Gehaltswunsch zu realisieren.

Verkaufen Sie sich gut, aber denken Sie auch daran, dass gerade für den Ersteinsteiger ein Unternehmen mit einem guten Namen oft mehr wert ist als ein hohes Starteinkommen. Wer strategisch denkt, verschafft sich im tabellarischen Lebenslauf für spätere Veränderungsambitionen beizeiten eine gute Referenz, die einmal viel Geld wert sein kann.

Für manche Berufseinsteiger gibt es allerdings nichts zu verhandeln, weil das Unternehmen – dies gilt insbesondere für Unternehmensberatungen – für Hochschulabsolventen ein festes Einstiegsgehalt vorsieht. Das sollten Sie akzeptieren, wenn Sie die Aufgabe interessiert. Nach dem eventuellen Zuschlag können Sie sich dann leistungsmäßig so positionieren, dass Sie von der späteren Spreizung der Einkommen profitieren. Wer sehr gute Leistungen erbracht hat, kann nach Ablauf eines Jahres durchaus einen Bonus von bis zu 15 Prozent des Grundgehalts erhalten.

Experten-Tipp

Leistungsbezogene Gehaltsanteile

Die leistungsbezogenen Anteile am Entgelt werden immer bedeutsamer. Wer als Bewerber davor Angst hat und um ein hohes Fixgehalt kämpft, sollte bedenken, dass Unsicherheit oft nichts anderes als Misstrauen in die eigene Person ist.

Wie kann man herausfinden, was man als Entgelt fordern könnte? Hier einige Informationsquellen, die Sie nutzen können:

- Freunde und Bekannte, die auf einem vergleichbaren Gebiet tätig sind
- www.sueddeutsche.de (Gehaltstabellen)
- www.wiwo.de
- Kienbaum-Gehaltsberatung (www.kienbaum.de)

Noch mehr Internetadressen finden Sie auf S. 312.

Wie verhalte ich mich als Um- und Aufsteiger?

Wer die Firma wechselt, sollte sein derzeitiges Einkommen nennen und eine Verbesserung von zehn bis 15 Prozent anstreben. Wer wechseln möchte, ohne seine Gehalt zu verbessern, erweckt den Verdacht, in seiner alten Firma auf der Kündigungsliste zu stehen.

Ein Stellenwechsel unter gleichen finanziellen Bedingungen kann aber sinnvoll sein, wenn

- es eine Aufstiegsperspektive gibt,
- man die eigene berufliche Zukunftsfähigkeit verbessert – sich also mit der neuen Aufgabe in die Breite entwickeln kann und dadurch seinen Marktwert erhöht oder
- das Image des Unternehmens sehr gut ist.

Gegenwind aushalten!

Experten-Tipp

Seien Sie standhaft, ohne arrogant zu wirken

Lisa P. sagt im Vorstellungsgespräch: „Mein Gehaltswunsch beträgt 60.000 Euro im Jahr." Ihr Gesprächspartner: „Wollen Sie das Unternehmen ruinieren?" Sarah P.: „Natürlich nicht. Aber ich denke, dass die Aufgabe sehr gut zu meinen Fähigkeiten passt und dies meine Einkommensvorstellungen rechtfertigt."

Das ist eine kompetente Antwort, wenn sie von Fakten gestützt ist. Viele Bewerber werden unsicher, wenn ihr Gegenüber durch eine vorsätzlich ruppige Reaktion deren Standfestigkeit testet. Wer in eigener Sache gleich klein beigibt, nährt die Vermutung, die Interessen der Firma auch nur halbherzig vertreten zu können.

Man möchte den Job unbedingt haben

Wovor haben Personalentscheider Angst? Sie haben Angst vor Bewerbern, die dringend einen neuen Job brauchen, aber innerlich zu der angebotenen Aufgabe gar nicht stehen. Kommt es zu einer Zusage, sind am Ende oft alle Beteiligten unglücklich: der Aspirant, weil die Aufgabe nicht zu seinen Neigungen passt und er deshalb vermutlich wenig erfolgreich sein wird, aber auch der Einstellende, weil er seinem Unternehmen geschadet hat.

Experten-Tipp

Das unwiderstehliche Angebot

Peter H. wurde von einem Headhunter angesprochen. Das allein war schon reichlich Balsam für seine Seele. Und dann das Angebot! Der Nachfolger für einen Firmeninhaber wurde gesucht, weil dieser keine Nachkommen hatte und sein Haus bestellen wollte. Peter H. sah die Chance seines Lebens und verabschiedete sich zunächst von seiner Kritikfähigkeit, dann von seinem derzeitigen Arbeitgeber.

Die Gespräche mit dem Headhunter waren erfolgreich, die mit dem zukünftigen Arbeitgeber auch. Alles wurde be- und versprochen, was sich Peter H. wünschte. Vor lauter Euphorie vergaß dieser allerdings, sich ein Bild von der Persönlichkeit des Firmeninhabers zu machen und sich näher mit der Problematik von Nachfolgeregelungen zu befassen. Mit der Kündigung seines langjährigen Angestelltenverhältnisses brachte er die Zukunft hinter sich. Sein neuer Chef, dessen „Stammhalter" er sein sollte, erwies sich als cholerisch, behandelte ihn wie einen Lehrling und dachte gar nicht daran, Aufgaben und Verantwortung zu delegieren. Das Ganze endete in einem Desaster.

Dieses Beispiel zeigt genau, aus welchem Grund sich Personalentscheider Sorgen machen, wenn sie merken, dass Bewerber unkritisch sind oder nicht Nein sagen können.

Sie können auch absagen

Gehen Sie in jedes Vorstellungsgespräch mit der Option, auch absagen zu können. Das mag in schwierigen Zeiten verwegen klingen, bringt Sie mental aber in eine vorteilhafte Position. Sie sind weniger verkrampft, fragen kritischer nach – was Pluspunkte einbringt – und wirken damit überzeugender.

Bedingungslose Jasager, die sich vor allem pflegeleicht geben, sind nicht unbedingt die Wunschkandidaten eines Unternehmens. Letztlich geht es darum, eine psychologische Situation zu vermeiden, in der man sich als Bewerber völlig den Entscheidungen anderer ausgeliefert fühlt.

Auftritt wie ein Bittsteller

Nein, zwischen geeigneten Bewerbern und Stellenanbietern gibt es kein wirkliches Machtgefälle. Nehmen Sie diese Haltung gar nicht erst an, auch wenn Sie bereits Absagen kassiert haben und sich die ersten Zweifel an den eigenen Chancen melden. In Wirklichkeit ist die Situation ausgeglichen, denn beide Seiten stehen vor einem Problem: Der eine sucht eine Aufgabe, die passt – der andere hat eine Aufgabe und sucht jemanden, der passt. So einfach ist das und dennoch oft so schwer.
Die größten Schwierigkeiten hängen mit dem deutschen Arbeitsrecht zusammen, das für Ein- und Umsteiger ein großes Hindernis darstellt. Es verbaut so manchem kompetenten Bewerber berufliche Chancen, weil dessen Werdegang nicht bilderbuchhaft ist. Der Autor hätte in seiner Funktion als Personalberater gern schon einigen Bewerbern mit einem amerikanischen „Let's try it" die Tür zum neuen Auftraggeber geöffnet, wenn das Arbeitsrecht im Fall einer Fehlentscheidung eine schnelle Verabschiedung des Kandidaten ermöglichen würde. Trial and Error, die entscheidende Voraussetzung für langfristigen Erfolg, ist aber leider ausgerechnet auf dem Sektor der Personalbeschaffung nicht möglich.

Zur Situation der Personalentscheider

Das deutsche Arbeitsrecht schützt die Besitzer von Arbeitsplätzen und schadet jenen, die keinen haben oder einen neuen suchen. Ist ein Mitarbeiter erst einmal eingestellt, wird der Arbeitgeber ihn nicht so schnell wieder los, wenn er sich als ungeeignet erweist. Die Folge: eine Sicherheitsmentalität auf Seiten der Entscheider, die keine möglicherweise erfolgsträchtigen Experimente in Personalangelegenheiten zulässt.

Sich ständig beobachtet fühlen

Ihre erfolgreiche Zukunft beginnt im Kopf, das heißt, jede Bewährungssituation erfordert die richtige Einstimmung. Das geht bereits damit los, ob Sie vor Ort eher die Position des Beobachteten oder des Beobachters einnehmen. Im ersten Fall sind Sie psychologisch im Nachteil, weil Sie sich mehr mit der eigenen Person als mit den Gesprächspartnern und deren Umfeld befassen. Im zweiten Fall versuchen Sie hingegen möglichst viel zu sehen und zu hören. Und damit (re)agieren Sie elastischer. Schauen Sie sich also um, hören Sie gut zu, seien Sie neugierig! Achten Sie auch auf die Umgebung und die Räumlichkeiten, wenn Sie zu einem Termin gehen.

Beobachten Sie: Was Sie vom Umfeld mitbekommen sollten

- **Historische Gebäude:** Ein großes deutsches Verlagshaus hat beispielsweise die Abteilung Personalentwicklung in einer Villa aus dem Jahr 1904 untergebracht, diese Jahreszahl ist über dem Eingangsportal eingemeißelt. Auf diesen Umstand kann ein Bewerber gleich bei der Begrüßung eingehen. Das kommt sicherlich gut an.
- **Besondere Architektur:** In Braunschweig befindet sich eine Druckerei und Repro-Anstalt in einem Gebäude, das im Bauhausstil errichtet wurde. Man ist dort sehr stolz darauf und so wäre es nicht schlecht, wenn ein Bewerber dies bemerkt hat.
- Welche **Bilder** hängen im Foyer und in den Fluren? Gibt es eine Ahnengalerie aus der Pionierzeit des Unternehmens? Schauen Sie sich um und merken Sie sich einige wichtige Namen. Wenn das Gespräch auf die Firmengeschichte kommt, können Sie sich mit dem Hinweis auf die Bilder als wacher Beobachter zeigen.
- Gibt es ein auch für Besucher zugängliches **Schwarzes Brett**? Sie könnten interessante Informationen finden – z. B. über die positive Entwicklung der Zahl der Verbesserungsvorschläge. Die Botschaft? Das Unternehmen legt Wert auf die Kreativität der Mitarbeiter.
- Sind **Unternehmensgrundsätze** ausgehängt? Wenn es im Gespräch um das Thema Führung und Zusammenarbeit geht, können Sie sich darauf beziehen.
- Sind **Produkte** im Empfangsbereich ausgestellt? Gehen Sie davon aus, dass ein Werkstück nicht ohne Stolz ausgestellt wird.
- Bei größeren Unternehmen liegt meist die **Mitarbeiterzeitung** offen aus. Unbedingt vor dem Gespräch hineinschauen!
- Gibt es im Empfangsbereich oder in der Warteecke für Kunden und Besucher **Aschenbecher**? Das könnte eine nicht unwichtige Information bezüglich der Einstellung zum Rauchen sein.
- Wie ist das Büro des Gastgebers eingerichtet? Zweckmäßig oder gediegen? Gibt es Hinweise auf **Liebhabereien** oder eine bestimmte **Kunstrichtung**? Seien Sie aufmerksam.
- Achten Sie auf die **Kleidung** Ihres/Ihrer Gesprächspartner! Ist das Jackett bei der Begrüßung geschlossen? Sie haben es mit jemandem zu tun, der besonders auf Stil achtet. Tun Sie dies auch.

Erfolgreiche Menschen sind nicht nur gute Zuhörer, sondern in erster Linie auch gute Beobachter.

Seien Sie Psychodiagnostiker

Experten-Tipp

Begeben Sie sich nicht wie ein Opfer auf den Prüfstand, sondern drehen Sie den Spieß um: Analysieren Sie Ihre Gesprächspartner. Stellen Sie sich die folgenden Fragen: Mit wem habe ich es zu tun? Was verrät das Verhalten meines Gegenübers über dessen Charakter? Welche körpersprachlichen Signale oder Eigenarten sind typisch? Wie kommt bei ihm das an, was ich sage?

Wer klug ist, denkt bekanntlich immer zuerst an jene, die er für sich gewinnen möchte, und dann an das, was er sagen will. Beispiel: Sie merken, dass Ihr Gesprächspartner lieber auf Sendung ist als auf Empfang. Lassen Sie ihn reden, auch wenn es Sie drängt, sich verbal selbst zu produzieren!

Üben Sie sich in der Schlüsselqualifikation „Alterozentrierung". Das bedeutet, dass Sie mehr auf den Menschen achten sollten, den Sie überzeugen wollen, als auf sich selbst. Als Bewerber ist es nicht nur Ihr Recht, sondern Ihre Aufgabe, mögliche spätere Partner genau in Augenschein zu nehmen. Vielen Bewerbern fällt erst später ein – etwa wenn die Probezeit wegen der unstimmigen Chemie zu scheitern droht –, dass es Warnhinweise gab.

Wahrnehmungsverzerrung

Ein Vorstellungsgespräch hat zwei wesentliche Funktionen: Die Entscheider wollen sich ein Bild von Ihnen machen und Sie sollen sich ein Bild vom Unternehmen, den handelnden Personen und der Aufgabe machen. Beides kann nicht objektiv geschehen, sollte aber frei von groben Wahrnehmungsverfälschungen sein. Die schleichen sich häufig ein, ohne dass einem dies bewusst wird. Ihre Gesprächspartner kennen – wenn sie kompetent sind – die wesentlichen Faktoren, die dazu führen. Als Bewerber sollten Sie ebenfalls über wahrnehmungspsychologische Grundkenntnisse verfügen, zumal Sie diese auch bei anderen Gelegenheiten gut gebrauchen können.

Warum uns unsere Wahrnehmung häufig trügt

Ein wesentlicher Teil des menschlichen Verhaltens wird durch die Wahrnehmung bestimmt, sie ist damit die wichtigste Grundlage für zwischenmenschliche Beziehungen. Vor allem hier ist Wahrnehmung keineswegs ein fotografisch-objektives Registrieren der Wahrnehmungsgegenstände. Unsere Sinne können uns täuschen, da sie zahlreichen Korrekturen, Störungen und Fehlern unterworfen sind, die ihrerseits Gesetzmäßigkeiten gehorchen. Nach den bisher vorliegenden Erkenntnissen fallen der Wahrnehmung vier Funktionen zu, die freilich nicht immer klar voneinander zu trennen sind.

Selektion

Wir schauen auf bestimmte Gegenstände, ignorieren bestimmte Personen, bisweilen sehen wir einfach weg. Was wir tatsächlich wahrnehmen, hängt von unseren Erwartungen, Bedürfnissen, Interessen und Motiven ab.

Experten-Tipp

Nicht alles mitbekommen

Daniel G. bewirbt sich bei einem Kaufhaus und hat vor dem Interview einen Rundgang durch das Geschäft gemacht. Im Gespräch wird er gefragt, aus welchen Abteilungen das Kaufhaus bestehe und welche ihn am meisten angesprochen habe. Daniel G. erwähnt spontan die Sportartikelabteilung – den neu konzipierten Kosmetikbereich hatte er dagegen völlig ausgeblendet.

Gestaltung

Unklare Wahrnehmungsgegenstände werden – meist unbewusst – gestaltet, sozusagen mit Sinn aufgeladen. Hierbei spielen Bedürfnisse und Befürchtungen eine große Rolle. Derartige Wahrnehmungsfehler stellen die Grundlage für Gerüchte dar. Niemand weiß etwas Genaues und die Unsicherheit wird vermindert, indem man in die unklare und deshalb belastende Situation etwas hineindeutet.

Experten-Tipp

Pokerface

Im Vorstellungsgespräch zeigt der Gesprächspartner von Carla V. keinerlei Emotionen. Sie weiß nicht, woran sie ist, und schon gar nicht, wie das von ihr Gesagte ankommt. So deutet sie in das Verhalten ihres Gesprächspartners etwas hinein: „Der hat etwas gegen mich!" Und: „Mit dem ist nicht gut Kirschen essen." Doch vielleicht ist ihr Gesprächspartner nur ein introvertierter Typ, der eine Weile braucht, bis er mit jemandem warm wird. Oder er ist ein Taktiker, der seine Gesprächspartner erst einmal kommen lässt und grundsätzlich wenig von sich selbst preisgibt.

Akzentuierung

Hier geht es um die Betonung einer bestimmten Sichtweise auf Kosten anderer möglicher Sichtweisen. Symbolisch gesprochen: Sieht eine Person eher das Licht oder eher den Schatten? Oder betrachtet sie das Glas als halb leer oder als halb voll?
Während erfolgsorientierte Bewerber in ihrer Einstellung die Chancen eines Gesprächs sehen und sich auf ihre Stärken und persönlichen Vorzüge besinnen, fürchten misserfolgsorientierte Bewerber, dass eventuelle Schwächen entlarvt werden. Sie sind vor allem darauf aus, Fehler zu vermeiden. Klar, welche Haltung eher zum Erfolg führt.

Fixation

Typisches Beispiel: der erste Eindruck. Wer zu einem bestimmten Urteil oder zu einer bestimmten Sichtweise gelangt ist, sucht bewusst und unbewusst nach Bestätigung und findet sie meist auch. Die Fixation ist ein ernst zu nehmendes Hindernis, wenn es darum geht, neue und nicht in gewohnte Muster passende Wahrnehmungen angemessen zu erfassen.

Experten-Tipp

Gefangen von einer fixen Idee

Nachdem sich Gregor L. bei der Darstellung seines Lebenslaufs mehrmals verhaspelt und einmal den Faden verloren hat, setzt sich in seinem Kopf die fixe Idee fest: Ich habe die Sache vermasselt. Jeder Blick, jede Reaktion und jede Geste seines Gesprächspartners scheint ihm dies zu bestätigen.

Solche Gefühle sind häufig Unfug: In derartigen Situationen fühlt sich der Bewerber unsicher und bereits abgelehnt, dabei ist er nur das Opfer seiner eigenen kritisch-einseitigen Wahrnehmung.

Hinter jeder Frage eine böse Absicht vermuten

Welches Buch haben Sie zuletzt gelesen? Diese Frage wird Bewerbern manchmal gestellt und wer jetzt hintergründige oder gar listige Absichten vermutet, steht sich selbst im Weg. Sie müssen nicht die jüngste Biografie von Immanuel Kant anführen, ein Krimi tut es auch. Wichtiger ist, dass die Antwort einigermaßen spontan kommt. Worauf könnte eine solche Frage abzielen? Meist geht es schlicht darum, vorübergehend einmal vom rein fach- und sachbezogenen Gespräch wegzukommen. Schließlich möchte der Entscheider den möglicherweise zukünftigen neuen Mitarbeiter nicht nur als Funktionsträger, sondern als ganzen Menschen kennen lernen.

Warum wir argwöhnisch sind

Natürlich empfiehlt es sich, als Bewerber in einem Vorstellungsinterview hellwach zu sein. Schließlich möchten Ihre Gesprächspartner herausfinden, was Sie wissen, können und wollen. Und natürlich wird an der einen oder anderen Stelle nachgefragt. Dabei geht es nicht darum, Sie reinzulegen oder zu entlarven, sondern darum, eine durch Fakten gestützte Entscheidung treffen zu können. Inquisitorisch muten Vorstellungsinterviews meist an, wenn sich der Bewerber unklar verhält. Dann wird gebohrt und gestochert, weil es durchaus sein könnte, dass er etwas zu kaschieren versucht.

Und dies nicht zu Unrecht. Charles Maurice de Talleyrand, der geniale französische Diplomat zur Zeit des Wiener Kongresses (1815), hat der Menschheit einen bösen Vorwurf gemacht: „Die Sprache ist dem Menschen gegeben, um seine Gedanken zu verbergen." Zwar ist das starker Tobak, aber nicht grundsätzlich falsch. Friedrich Nietzsche sah dies genauso: „Bei allem, was ein Mensch sichtbar werden lässt, kann man fragen: Was soll es verbergen?" Entwickelt sich ein Interview atmosphärisch in diese Richtung, hat man als Bewerber etwas falsch gemacht. Es kann allerdings auch sein, dass der Interviewpartner in der jüngeren Vergangenheit einige Flops gelandet hat und nun besonders misstrauisch ist.

Dennoch ist ein Vorstellungsinterview keine Veranstaltung, in der es vorrangig darum geht, potenzielle Betrüger zu entlarven. Seriöse Firmen wissen und beherzigen, dass die Methoden zur Wahrheitsfindung gewissen ethischen Standards genügen müssen. Die meisten Bewerber scheitern nicht, weil ihnen eine Falle gestellt wird, sondern weil sie sich in der Schlinge ihrer eigenen Psychologie verfangen.

Lassen Sie sich nicht durch Gerüchte verunsichern

Experten-Tipp

Teilweise werden recht üble Horrorgeschichten über Bewerbungsgespräche kolportiert. Das meiste davon ist Unfug! Ihr Erfolg hängt sehr davon ab, wie unverkrampft Sie in eine Bewährungssituation gehen. Natürlich könnte es die eine oder andere Inszenierung geben, mit der Sie auf die Probe gestellt werden. Aber darauf können Sie sich vorbereiten.

Bedenken Sie: Jeder Bewerber ist ein Multiplikator, der anderen erzählt, wie er das Unternehmen und seine Repräsentanten erlebt hat. Personalverantwortliche, die ihr Metier verstehen, wissen das und behandeln ihre „Gäste" anständig. Sie sprechen deshalb auch nicht von Bewerberauslese, sondern von Personalanwerbung.

Feuchte Hände

Es ist keine Schande, im Vorstellungsgespräch aufgeregt zu sein. Niemand erwartet von Ihnen, dass Sie eine Hornhaut auf der Seele haben. Es gibt allerdings Jobs (etwa im Verkauf), bei denen es sehr darauf ankommt, soziale Bewährungssituationen souverän zu meistern. Wer also schnell ins Schwitzen kommt, könnte in den Verdacht geraten, psychisch wenig belastbar zu sein. Im Übrigen ist es natürlich nicht angenehm, bei einer Begrüßung per Handschlag den Eindruck zu haben, jemand reiche einem einen nassen Lappen.

Experten-Tipp

Schwitzhänden vorbeugen

Fragen Sie kurz vor dem Gespräch an der Rezeption nach einer Möglichkeit, wo Sie sich die Hände waschen können, und lassen Sie einige Minuten kaltes Wasser auf die Pulsadern der rechten Hand strömen. Das wirkt wunderbar erfrischend und Sie fühlen sich gleich sicherer.

Over- oder underdressed

Dresscodes sind wieder in. Für manche Firmen gehört das Outfit zur Corporate Identity – jeder Mitarbeiter soll durch seinen optischen Auftritt (nicht nur gegenüber Kunden) die gewünschte öffentliche Wahrnehmung des Unternehmens unterstützen. Natürlich gibt es hier branchenspezifische Unterschiede. Wer sich bei einem Beerdigungsunternehmen als Bestatter oder Fahrer bewirbt und weiterhin Jeans tragen möchte, braucht sich gar nicht erst vorzustellen. Wer sich nur im Zweireiher nebst Fliege richtig gut fühlt, wird als Verkäufer von Baumaschinen Kompromisse machen müssen.

Experten-Tipp

Kleidung dient dem Gemeinschaftsgefühl

„Wenn ich einen Landwirt besuche", so der Landmaschinenverkäufer Georg J., „binde ich mir vorher die Krawatte ab. Und für alle Fälle habe ich immer ein Paar Gummistiefel im Kofferraum."

Reiner P. stellte sich im Nadelstreifenanzug nebst Fliege bei IKEA vor. Er staunte nicht schlecht, als ihn seine Gesprächspartner aus dem Management im IKEA-Shirt empfing und auch noch duzte.

Für das erste Beispiel gilt: Stallgeruch fördert zweifellos die Entwicklung tragfähiger Geschäftsbeziehungen. Das positive Urteil lautet: „Der ist einer von uns." Natürlich darf man sich dabei nicht anbiedern. Im zweiten Beispiel drückt sich ein unternehmerisches Selbstverständnis aus, das man als Bewerber nicht ignorieren sollte.

„Ich könnte zu Ihnen und zur Unternehmenskultur passen!" Darum geht es beim Vorstellungstermin und das lässt sich auch über die Kleidung signalisieren. Jedes Gefälle im Outfit ruft Unbehagen hervor, vor allem natürlich bei demjenigen, der sich vertan hat. Dieses Gefühl entsteht auch manchmal bei Feiern, wenn alle locker-leger erscheinen – nur eine Dame hat wohl etwas falsch verstanden und taucht im Abendkleid auf. Erde öffne dich!

Das richtige Outfit

Machen Sie keine Experimente! Wenn Sie sich in Ihrer Kleidung unwohl oder unsicher fühlen – wechseln! Bitten Sie Ihnen wohlgesonnene Menschen um ein Urteil. Als Frau dürfen Sie ruhig attraktiv aussehen, aber unterlassen Sie alles, was als unsachliche Einflussnahme gewertet werden könnte. Ausschnitt und Rocklänge sollten nicht der Präsentation der Persönlichkeit mit anderen Mitteln dienen. Und wegen der Krawatte darf sicherlich bei Freunden nachgefragt werden, ob sie wirklich zum Hemd und zum Jackett passt.

Und wie auffällig darf die Kleidung sein? Hier die Antwort: Als dem berühmten Dandy Beau Brummell über einen Konkurrenten berichtet wurde, dass dieser so exzellent gekleidet gewesen wäre, dass sich alle Welt nach ihm umgedreht habe, soll Brummell geantwortet haben: „Dann war er nicht gut angezogen."

Falsche Platzwahl

Während der ersten Minuten bei einer persönlichen Kontaktaufnahme ist die Aufregung meist am größten und dann kann es schon einmal passieren, dass man unüberlegt den Stammplatz des Gastgebers einnimmt. Bei Gesprächen in einem großen Konferenzraum platzieren sich manche Bewerber so, dass der Gesprächspartner eigentlich ein Opernglas bräuchte. Ebenfalls unzweckmäßig ist der Stuhl, der Sie sofort auf Tuchfühlung mit dem Einladenden bringt.

In Reih und Glied

Nico N. hat sich möglicherweise überrumpeln lassen. Nach der Begrüßung der beiden Gesprächspartner steuerte die Personalleiterin mit den Worten „Das ist mein Lieblingsplatz" auf einen Stuhl an der Längsseite des Tisches zu. Nico N. nahm den Platz rechts neben ihr ein – worauf sich der Geschäftsführer auf den noch freien Stuhl neben den Bewerber setzte. Alle drei saßen nun hübsch in einer Reihe und die Tortur begann: Mal wurde von rechts gefragt, mal wurde von links gefragt – Augen rechts, Augen links – und dies über eine gute Stunde.

In einer solchen Situation ist es tatsächlich sinnvoll, dass sich der Kandidat beherzt dafür entscheidet, auf die andere Seite des Tisches zu wechseln, um mit beiden Gesprächspartnern bequem Blickkontakt halten zu können. Eine Sitzordnung, die nicht zweckmäßig ist oder bei der sich der Bewerber unbehaglich fühlt, kann das Gesprächsergebnis negativ beeinflussen. Insofern hat es durchaus etwas mit Sozialkompetenz zu tun, wenn man sich auf Anhieb für einen günstigen Platz entscheidet oder auch einen anfänglichen Fehler bei der Platzwahl korrigiert.

Experten-Tipp

Suchen Sie sich den richtigen Platz

- Warten Sie ab, bis Sie gebeten werden, sich zu setzen.
- Wenn Ihnen kein bestimmter Platz zugewiesen wird, setzen Sie sich nicht an die Stirnseite des Tisches.
- Wenn Sie die Wahl haben, vermeiden Sie eine Platzierung, bei der die Sonne Sie stören könnte.
- Setzen Sie sich so hin, dass Sie Ihre Gesprächspartner gut im Blickfeld haben. Bei einem einzelnen Interviewpartner ist die Über-Eck-Position die angenehmste.
- Quetschen Sie sich mit dem Stuhl nicht an die Tischkante.

Ganz schlaue Personalexperten meinen, aus der Sitzfrage einen Psychotest machen zu müssen. Ihnen als Bewerber kann es deshalb passieren, dass Sie einen Stuhl zugewiesen bekommen, der zwei Meter vom Tisch entfernt steht. Und nun werden Sie beobachtet, ob Sie den Mumm haben, den Stuhl so umzustellen, dass Sie in eine angenehme und halbwegs ebenbürtige Sitzposition zu Ihren Gesprächspartnern kommen. Nehmen Sie derartige Spielchen aber nicht so ernst.

Der Aktenvermerk-Gesichtsausdruck

Manche Bewerber vermitteln im Vorstellungsgespräch den Eindruck, dass es nicht um Leben und Tod ginge – sondern um noch viel mehr. Die vorsätzlich wichtige Miene wirkt allerdings meist sehr gekünstelt und fördert nicht gerade eine entspannte Gesprächsatmosphäre. Natürlich darf man die Stunde der Wahrheit auch nicht auf die leichte Schulter nehmen, aber Unternehmen suchen bevorzugt Mitarbeiter, die mit Freude bei der Sache sind und sich für etwas begeistern können. Also: Gesicht entkrampfen und wenn es zum Gesprächsinhalt passt, dürfen Sie ruhig auch mal freundlich schauen und lächeln.
Das gilt ganz besonders für Bewerber, die eine Tätigkeit anstreben, die ein hohes Maß an Kontaktstärke erfordert. „Wer nicht lächeln kann“, heißt es in einem chinesischen Sprichwort, „sollte kein Geschäft aufmachen.“ Allerdings muss man sich auch nicht gleich wegschmeißen vor Lachen, wenn der Gesprächspartner einen Witz macht.

Konfusion mit den Namen

Experten-Tipp

Negativer Abschluss

Sven P. hat sich im Zuge seines Vorstellungsgesprächs einen der vorderen Plätze erarbeitet. „Er könnte zu uns passen", meinten für sich im Stillen seine drei Gesprächspartner. Das Gespräch hatten ein Personalberater, der Personalleiter und ein Fachvorgesetzter mit ihm geführt.

Aber hier zählt – wie im Fußball – auch die letzte Minute. Bei der Verabschiedung hatte Sven P. jeden seiner Gesprächspartner konsequent mit falschem Namen angesprochen. Er wurde höflichst korrigiert und schlich sich etwas betreten davon. Auch wenn ein solcher Fauxpas nicht gleich den Job kosten muss, er ist zumindest sehr ärgerlich.

Eitelkeit ist die Haut der Seele

Jeder Mensch hört seinen Namen gern – allerdings nur, wenn er richtig ausgesprochen wird. Wer nach einem Vorstellungsgespräch Frau Bleifeld als Frau „Bleifuß“ verabschiedet, hat eben etwas falsch gemacht. Dabei geht es nicht nur um verletzte Eitelkeiten, sondern auch um die Frage, ob so jemand z. B. für den Aufbau und die Entwicklung von Kundenkontakten geeignet ist. Sich Namen

- einzuprägen,
- sie korrekt auszusprechen und
- wohldosiert zu nutzen

gehört zur sozialen Kompetenz eines Menschen. Für den Bewerber ist das nicht ganz einfach, wenn er einen Gesprächspartner nur aus der Korrespondenz oder von Telefonaten kennt und zum Interview mit weiteren Personen bekannt gemacht wird.

Beherzigen Sie im Umgang mit Namen diese Regeln

- Wenn Ihnen die Namen Ihrer Gesprächspartner vorab mitgeteilt wurden, machen Sie sich einen Notizzettel und prägen Sie sich diese unmittelbar vor dem Termin nochmals ein.
- Fragen Sie sofort nach, wenn Sie meinen, einen Namen bei der Vorstellung nicht richtig verstanden zu haben. Am Ende des Gesprächs ist es hierfür zu spät.
- Eventuell erhaltene Visitenkarten können Sie vorläufig gern vor sich auf den Tisch legen.
- Sprechen Sie Ihre Gesprächspartner hin und wieder mit Namen an oder beziehen Sie sich namentlich auf die Äußerungen anderer („Darf ich noch einmal auf das zurückkommen, was Frau Y vorhin gesagt hat?"). Beachten Sie aber, dass es penetrant wirkt, wenn Sie alle Beteiligten ständig mit Namen ansprechen.
- Ignorieren Sie nicht den eventuellen Doktor- oder Adelstitel Ihrer Gesprächspartner – er ist Bestandteil des Namens.
- Gesichter einprägen: Mit ein wenig Glück finden Sie den einen oder anderen Gesprächspartner auf der Homepage des Unternehmens. Es kommt natürlich gut an, wenn Sie bei der Begrüßung den Gesichtern gleich die richtigen Namen zuordnen können.

Das Gespräch eröffnen

Zu forsches Auftreten

Michael L. hatte offenbar den falschen Beitrag über ein erfolgreiches Verhalten in Vorstellungsgesprächen gelesen. Die Devise, an der er sich orientierte, lautete: Bei jeder sich bietenden Gelegenheit die Initiative ergreifen! In Sekundenschnelle ein Thema an sich reißen! Wer reagiert oder sich zurücknimmt, zeigt nur Schwäche.

Natürlich werden durchsetzungsfähige Führungskräfte und Führungsnachwuchskräfte gesucht. Was Firmen allerdings gar nicht brauchen, sind Egozentriker. Man kennt diese Plagegeister hinreichend aus Meetings, die sich unnötig in die Länge ziehen. Tenor: „Es ist zwar schon alles gesagt – aber noch nicht von mir!“
Eröffnen Sie als Bewerber nicht das Gespräch. Das Gesetz des Handelns ist auf der Seite des Gastgebers. Er bestimmt die Dauer, die Struktur und weit gehend die Inhalte des Interviews und er hat Anspruch auf das erste Wort. Es macht sich folglich nicht gut,

ihm das Heft aus der Hand nehmen zu wollen. Gewiss gibt es auch Gesprächspartner, die einen beherzten Auftritt des Bewerbers als Spontaneität, Initiative und Selbstsicherheit werten, doch Sie wissen nie, mit wem Sie es zu tun haben werden. Also zunächst abwartend verhalten – wenn Sie Ihren Gesprächspartner besser kennen, können Sie immer noch zulegen. Das hat nichts mit Duckmäusertum, sondern etwas mit Höflichkeit zu tun.
Die meisten Fehler, die Sie im Gespräch machen können, bestehen in einem Verstoß gegen die drei wichtigsten Regeln erfolgreicher Kommunikation.

Experten-Tipp

Beachten Sie die drei grundsätzlichen Kommunikationsregeln

- Alterozentrierung: Achten Sie mehr auf den Menschen, den Sie überzeugen wollen, als auf sich selbst. Die Schlüsselfrage lautet: Mit wem habe ich es (vermutlich) zu tun?
- Einwandfreie Kommunikation: Formulieren und argumentieren Sie sachlich richtig und adressatengerecht. Die Schlüsselfrage lautet: Kommt das, was ich sage, auch so an, wie ich es mir wünsche?
- Emotionaler Anspruch: Denken Sie daran, dass Sie einen Menschen nur gewinnen und überzeugen können, wenn bei ihm keine emotionalen Widerstände vorhanden sind. Die Schlüsselfrage lautet: Berücksichtige ich die Bedürfnisse, Erwartungen, Stimmungen und eventuellen Eitelkeiten meines Gesprächspartners?

Diese Regeln gelten für alle Formen der Kommunikation: bei Konflikten mit Kollegen, Mitarbeitergesprächen, Verhandlungen und Verkaufsgesprächen und natürlich auch im privaten Bereich.

„Darf ich mir Notizen machen?"

Viele Bewerber stellen diese Frage so, als verdienten sie einen Applaus dafür. In Wirklichkeit ist sie überflüssig wie ein Kropf. Natürlich wird niemand einem Bewerber das Mitschreiben verbieten. Aber machen Sie dazu ein Gedankenexperiment: Versetzen Sie sich in die Lage Ihres Gastgebers. Und nun stellen Sie sich vor, Sie beschreiben Ihrem Kandidaten das Unternehmen, die Aufgabe und was sonst noch berichtenswert ist und der schreibt emsig mit. Wie fühlen Sie sich? Richtig, wie bei einem Diktat. Blickkontakt? Null. Dialog? Fehlanzeige. Sie fragen sich, warum das Urteil so hart ausfällt? Weil jeder sich einen konzentrierten Zuhörer wünscht, der einen anschaut und bei Verständnisfragen hellwach nachhakt. Und weil ein Unternehmen zukünftige Mitarbeiter sucht, die sich merken, was ihnen erzählt wird.

Experten-Tipp

Ohren wie Schöpflöffel haben

Wenn Sie richtig gut sind, achten Sie auf Informationen, die sich für ein späteres Nachfragen prima eignen. Heben Sie sich diese im Gedächtnis auf, denn die Gesprächsphase, die häufig mit „Welche Fragen darf ich Ihnen denn beantworten?" eingeleitet wird, kommt ja mit ziemlicher Sicherheit. Wenn Sie dann mit den Worten „Sie haben eingangs erwähnt, dass Ihr Unternehmen ..." beginnen können, profilieren Sie sich als guter Zuhörer und Mitdenker.

Was für Bewerber gilt, gilt allerdings nicht für die Interviewpartner. Die dürfen während der Selbstdarstellung des Kandidaten mitschreiben und manchmal tun sie das leider auch.

Experten-Tipp

Irritierend!

Niklas N. hatte es mit drei Interviewpartnern zu tun, die ständig damit beschäftigt waren, seine Äußerungen zu protokollieren. „Jedes Mal, wenn wieder einer etwas notierte, dachte ich: Schreibt der jetzt etwas auf, das gegen mich spricht?"

Angenehm ist eine solche Situation nicht und natürlich entsteht dadurch zusätzlicher Stress. Nehmen Sie die Sache gelassen. Wer zehn Bewerbungsgespräche am Tag führt, muss wohl zu diesem unschönen Mittel greifen.

Unstrukturierte Selbstdarstellung

„Nun schießen Sie mal los!“ Manche Bewerber dampfplaudern daraufhin aus ihrem Leben und merken nicht, dass ihr Gesprächspartner zunehmend unruhig wird. „Er kann die Tinte nicht halten“, spottete der Aphoristiker Georg Christoph Lichtenberg einmal über einen Schriftsteller. Sinngemäß gilt dies auch für das gesprochene Wort. Halten Sie sich grundsätzlich an Martin Luther: „Tritt fest! Mach’s Maul auf! Hör bald wieder auf!“

Kernpunkte der Selbstdarstellung

Beschränken Sie sich zunächst auf die folgenden Inhalte, wenn es darum geht, dass Sie an der Reihe sind:

- Kerninformationen zur Biografie. Beispiel: „Wie Sie meinen Unterlagen entnommen haben, entschied ich mich nach dem Abitur für eine Ausbildung zum …“
- Gehen Sie auf jene Ausbildungs- oder Studieninhalte besonders ein, die Sie für die fragliche Aufgabe empfehlen. Beispiel: „Schon während meiner Ausbildung habe ich mich besonders für das Finanz- und Rechnungswesen interessiert und deshalb …“
- Legen Sie praktische Erfahrungen dar. Beispiel: „Als Projektleiter Kundenbetreuung habe ich mit Erfolg die von mir erstellten Kalkulationen bei den Kunden durchgesetzt und …“
- Stellen Sie Ihre persönlichen Stärken heraus. Beispiel: „Schon während des Studiums habe ich darauf geachtet, wichtige Zusatzqualifikationen zu entwickeln. Besonders viel Spaß hat es mir immer gemacht, im Team Projekte zu bearbeiten und diese zu organisieren. Meine Freunde sagen immer: Komm, übernimm du das – du kannst gut organisieren.“
- Stellen Sie zusammenfassend noch einmal klar, warum Sie sich für die zu besetzende Position interessieren und empfehlen. Beispiel: „Aufgrund dieser Neigungen, Kenntnisse und Erfahrungen denke ich, den mit dieser Aufgabe verbundenen Anforderungen nach einer angemessenen Einarbeitungszeit gut gewachsen zu sein.“

Profilierungsgehabe

„Wer seine Ware zu sehr lobt", heißt es in einem chinesischen Sprichwort, „macht sie verdächtig." Das gilt auch für das Ausloben der eigenen Vortrefflichkeit. Sprechen Sie bei gegebenem Anlass ruhig auch über Ihre Misserfolge und Niederlagen! Erstens macht das sympathisch und zweitens hat Ihr Gegenüber in seinem beruflichen Leben bestimmt auch die eine oder andere Pleite erlebt.

Sich zu seinen persönlichen Niederlagen bekennen

Lesen Sie nun das Bekenntnis eines Menschen, der unbestritten als Erfolgsmensch gilt: „Niemand ist so oft an einem Achttausender gescheitert wie ich. Und nur diese Niederlagen haben mir zuletzt den Erfolg gebracht. Ich habe 30 Expeditionen unternommen, um alle 14 Achttausender zu besteigen. Zwölfmal bin ich gescheitert, 18-mal bin ich zum Gipfel gekommen. Wenn ich bei den 14 Achttausendern am Ende Erfolg hatte, dann auch deshalb, weil ich öfter als alle anderen wieder angefangen habe, wenn ich gescheitert war." Sie haben es sicher bemerkt – dieses Bekenntnis stammt von Reinhold Messner.

Experten-Tipp

Offenheit entwaffnet

Sie sind als Bewerber nicht dazu gezwungen, sich unentwegt zu verkaufen oder zu profilieren. Denken Sie daran: Das freimütige Ansprechen der eigenen Schwächen kann sich durchaus als vorteilhaft erweisen.

Fehler und Schwächen müssen besprochen werden – das ist das A und O des Berufslebens. Das gilt deshalb auch und gerade für das Vorstellungsinterview. Wer sich bereits beim Start drückt, liefert keine gute Prognose für die zukünftige Zusammenarbeit ab.

Experten-Tipp

Fehlermanagement

Ein Unternehmen auf dem Gebiet der Finanzdienstleistungen hat für die Mitarbeiter unter anderem den folgenden Leitsatz verabschiedet:

„Wir scheuen nicht davor zurück, unsere Vorgesetzten anzusprechen, wenn etwas am Arbeitsplatz nicht ‚rund' läuft."

Der Umgang mit Fehlern und Schwachstellen ist ein wichtiger Erfolgsfaktor. Deshalb werden Mitarbeiter gebraucht, die rechtzeitig Laut geben, wenn etwas schief gegangen ist. Oder anders: Eine Bedrohung stellen all jene dar, die Fehler und Defizite zu vertuschen versuchen. Und deshalb gehören Profilneurotiker nicht nur zu den nervenden, sondern auch zu den eher gefährlichen Zeitgenossen.

Märchen erzählen

Experten-Tipp

Dichtung und Wahrheit

Der 38-jährige Betriebswirt Christian R. hatte eine tolle Bewerbung eingereicht und wirkte auch im Gespräch souverän: Prädikatsexamen, vier erfolgreiche Jahre als stellvertretender Vertriebsleiter einer Maschinenbaufirma (sehr gutes Zeugnis), solide Auslandserfahrungen, ein nachträglich erworbener Abschluss als MBA in London etc.

Den Personalchef, bei dem sich der so überaus überzeugende Kandidat vorstellte, beschlich dann doch ein etwas komisches Gefühl. Er schaltete die britische Control Risks Group mit der Bitte ein, die Bewerbungsunterlagen zu überprüfen. Das Ergebnis: Einige Zeugnisse waren schlicht gefälscht und die Auslandserfahrungen bestanden aus einigen Sprachkursen.

Nach einer Untersuchung aus dem Jahr 2004 der Control Risks Group, einer Unternehmensberatung für wirtschaftliche Risiken mit Sitz in Berlin, sagen zwölf Prozent aller Bewerber über ihre Fähigkeiten nicht die Wahrheit. Am meisten wird im IT-Bereich geschummelt. Besonders häufig „glätten“ Bewerber ihre Beschäftigungszeiten.

Moralische Kompetenz als Schlüsselqualifikation

Die meisten Bewerber begründen den Abbruch einer Ausbildung bzw. eines Studiums damit, dass Ihnen Zweifel an der Zukunftsfähigkeit des Berufsbildes gekommen seien. Sie kollidieren damit allerdings mit einer Lebenserfahrung, die bis zum Beweis des Gegenteils gilt: Wer für eine Sache innerlich brennt, zieht sie durch und ist am Ende auch beruflich erfolgreich. Völlig unklug ist etwa der Hinweis auf die Studienbedingungen, die nicht so sind, wie sie sein sollten. Dieser Umstand betrifft bekanntlich (fast) alle Studierenden. Die wirklich Guten, so wird der unausgesprochene Einwand der Entscheidungsträger in Personalangelegenheiten lauten, machen ihren Weg auch und gerade unter widrigen Bedingungen.

Experten-Tipp

Das lange Studium

Mike T. hat zunächst sechs Semester Germanistik und dann 14 Semester Informatik studiert – mit einem überdurchschnittlich guten Abschluss. Deshalb und wegen der exzellenten Praktikazeugnisse wurde er zum Interview eingeladen. Natürlich kam man auf die lange Studiendauer zu sprechen.

Den Abbruch des Germanistikstudiums begründet er mit schlechten Berufschancen und die 14 Semester Informatik mit überfüllten Hörsälen und Seminaren. Außerdem hätte er immer wieder jobben müssen, weil seine Eltern ihn finanziell nicht unterstützen wollten. Der Blick auf die Vordiplom-Zeugnisse in Germanistik und Informatik zeigte, dass dem Bewerber ein Grundlagenstudium offenbar überhaupt nicht lag. Hier hatte er viel Zeit vertan und miese Noten erzielt.

Machen Sie ein Gedankenexperiment zu folgender Frage: Was erwarten Sie von Ihrem zukünftigen Vorgesetzen, wenn er etwas falsch gemacht oder versäumt hat und Sie davon direkt betroffen sind? Er soll dazu stehen. Erzählen also auch Sie keine Märchen und stehen Sie aufrichtig zu Ihren Fehlern der Vergangenheit.

Über Dinge reden, von denen man nichts versteht

„Wenn die Menschen nur über das sprächen, was sie begreifen, dann würde es sehr still auf der Welt sein." Die Mutmaßung von Albert Einstein ist zwar ironisch überspitzt, enthält aber einen wahren Kern.
Schweigen kann für Sie als Bewerber ebenfalls manchmal vorteilhaft sein. „Was halten Sie von der Shareholder-Value-Strategie vieler Großunternehmen?" Oder subtiler in der Fragestellung: „Meinen Sie nicht auch, dass die Shareholder-Value-Strategie längst überholt ist?" Jetzt ist Holland in Not, wenn der Bewerber keine Ahnung hat und sich als kompetenter Betriebswirt profilieren möchte. In ein wirkliches Desaster gerät er aber erst, wenn er die Shareholder-Strategie eifrig ablehnt und dann auf eine Nachfrage herauskommt, dass er das Für und Wider nicht auf die Reihe bekommt. Im Grunde wäre das keine Schande – eine Schande ist es jedoch, so zu tun, als kenne man sich bestens aus. Vor solchen potenziellen Mitarbeitern haben Unternehmen zu Recht Angst.

Experten-Tipp

Unwissen einräumen

Begeben Sie sich in einem Gespräch nicht fahrlässig auf dünnes Eis. Andererseits müssen Sie auch nicht gleich ungefragt von sich aus erzählen, von welchen Themen Sie keine Ahnung haben.

Aus der Sicht der Psychodiagnostiker noch eine Anmerkung: Schwache Persönlichkeiten versuchen, ihre Schwächen zu verbergen – starke Persönlichkeiten stehen zu ihren Schwächen. Gut ist es, wenn Sie bei dieser Gelegenheit kurz anführen, was Sie zur Behebung bestimmter Defizite zu tun gedenken.

Zu allem Ja sagen

Früher hieß es sinngemäß: „Diesen Hügel nehmen!" – und alle rannten los, nachdem sie das Hirn abgestellt hatten. Gute Vorgesetzte wünschen sich im Zweifelsfall Mitarbeiter, die sich der kollektiven Überwindung der Vernunft widersetzen und nachfragen: „Warum diesen Hügel?" In diesem Zusammenhang stellt sich immer die Frage nach der Unternehmenskultur: Wird ernsthaft delegiert und Verantwortung nach unten übertragen? Ist ein kritisches Mitdenken überhaupt erwünscht? Dies hängt natürlich auch davon ab, wie stark der Vorgesetzte ist.
Es gibt Führungskräfte – die diesen Titel dann allerdings kaum verdienen –, die nach der „Schmidt-sucht-Schmidtchen-Methode" verfahren. Bei ihnen machen nur jene Kandidaten das Rennen, die vermeintlich pflegeleicht sind und ihrem neuen Chef nicht gefährlich werden können. Gefährlich heißt in diesem Zusammenhang, dass sie gegebenenfalls das Zeug haben, sich eines Tages als bessere Alternative zum bisherigen Inhaber des Chefpostens zu empfehlen.

Nicht nach dem Mund reden

Wenn Sie nach Ihrer Meinung gefragt werden, müssen Sie aufpassen. Es kann nämlich sein, dass die Fragenden sie tatsächlich hören wollen. Beispiel: Sie bewerben sich im Marketing und Ihnen wird das Anschreiben eines Mailings vorgelegt, das das Unternehmen kürzlich initiiert hat. Nun will Ihr Gesprächspartner wissen, was Sie davon halten. Leider sagt er Ihnen nicht, dass diese Sache ein Riesenflop war. Wenn Ihnen also etwas auffällt, das nach Ihrem Dafürhalten besser hätte gelöst werden können – heraus mit der Sprache.

Achten Sie zudem darauf, bei solchen Gelegenheiten nicht neunmalklug aufzutreten und Kritisches verletzungsfrei zu kommunizieren. Diese Eigenschaften werden Sie ja später auch brauchen, um im Team bzw. mit Kolleginnen und Kollegen gut klarzukommen.

Schmeicheln

Jeder Mensch ist in gewisser Hinsicht eitel und für Schmeicheleien empfänglich. Für die Bewerbungssituation gilt dies aber nur bedingt. Wer sich täglich mit der Besetzung von Stellen zu befassen hat, ist längst immun gegen Versuche von Bewerbern, sich einzuschleimen. Auch ein eigentlich nett gemeintes Lob kann durchaus riskant sein. Beispiel: „Der Text Ihres Stellenangebots ist absolut überzeugend formuliert!" Lässt sich gegen eine derartige Nettigkeit ernsthaft etwas einwenden? Ja, lässt sich. Was ist denn, wenn der ursprüngliche Textentwurf Ihres Gesprächspartners von dessen Vorgesetztem abgelehnt und die von diesem redigierte Fassung in der Zeitung geschaltet wurde? Im Zweifelsfall haben Sie seinen Chef gelobt, mit dem er gerade im Clinch liegt. Denken Sie daran: Schmeichler und Höflinge können für Unternehmen gefährlich sein. Was Betriebe brauchen, sind Mitarbeiter, die auch schlechte Nachrichten überbringen können, wenn es die Lage erfordert.

Den früheren Arbeitgeber schlecht machen

Es gibt üble Arbeitgeber, die gegen alle Spielregeln verstoßen und Abmachungen nicht einhalten. Sie dürfen dies nur nicht ins Feld führen, um eine eventuell versiebte Probezeit oder eine Kündigung zu begründen. Wer sich auf einen Partner einlässt, der nicht hält, was er verspricht, hat einen Fehler gemacht. Und wer sich bei seinem potenziellen nächsten Arbeitgeber darüber beschwert, ist naiv und sozial inkompetent. Zumindest erweckt er diesen Eindruck. Und nur das zählt. Im Übrigen darf man davon ausgehen, dass derartigen Einlassungen wenig Glauben geschenkt wird.

Keine Schuldzuweisungen

Die wichtigste Verhaltensregel bei Reklamationen lautet: „Keine Schuldzuweisungen gegenüber Dritten. Wenn ein Kunde etwas zu monieren hat, schieben Sie die Schuld niemals auf andere." Das ist richtig, denn der Kunde interessiert sich nicht dafür, wer wofür verantwortlich ist und wie sich ein Unternehmen organisiert hat. Deshalb kommt es auch in einem Vorstellungsgespräch gar nicht gut an, wenn Sie für eine geschmissene Probezeit oder ein schlechtes Zeugnis andere verantwortlich machen oder ihnen Inkompetenz vorwerfen.

Niemand muss in Sack und Asche gehen, wenn er in einer beruflichen Station gescheitert ist. Aber er muss die möglichen Fehler zunächst bei sich selbst suchen. Dass man betrogen wurde, kann nicht als Entschuldigung gelten. Schließlich besteht eine der wichtigsten Sozialkompetenzen darin, sich nicht an der Nase herumführen zu lassen.

„Da haben Sie mich falsch verstanden"

Manchmal verderben auch kleine Sticheleien die Gesprächsatmosphäre. Bert Brecht hat einmal moniert: „Wir waschen hin und wieder unsere Wäsche, aber niemals unsere Wörter." Das ist ein guter Ratschlag für ein Bewerbungsgespräch. „Da haben Sie mich falsch verstanden!" Wie darf ein Gesprächspartner diesen Satz verstehen? Als Vorwurf, nicht aufgepasst zu haben? Als Zweifel an der intellektuellen Leistungsfähigkeit? Als Schuldzuweisung? Ein Satz, der nicht böse gemeint ist, kann eine üble Wirkung entwickeln. Was ist, wenn der Gesprächspartner kontert: „Könnte es sein, dass Sie sich nicht richtig ausgedrückt haben?" Er wird es nicht tun, aber er wird sich seinen Teil denken.

Experten-Tipp

Sätze, die Sie streichen sollten

„Da haben Sie mich falsch verstanden!"

„Wie ich vorhin schon versucht habe, Ihnen zu erklären ..."

„Ehrlich gesagt – ..."

„Jeder hat doch bestimmt schon mal ..."

„Wir alle können doch nicht immer ..."

„Sie können sich sicher vorstellen ..."

Die meisten Gesprächspartner übergehen solche Formulierungen – ein positives Gesprächsklima fördern sie aber nicht gerade.

Die bereits angesprochene Schlüsselqualifikation „einwandfreie Kommunikation" ist gefragt: „Kommt das, was ich sage, auch so an, wie ich es gern hätte?" Denken Sie an den früheren Chef der Deutschen Bank Hilmar Kopper. Er wurde einmal gefragt, welchen größten Fehler er in seiner Kariere begangen habe. Seine Antwort: „Das mit den Peanuts." Zur Erinnerung: Mit dem Kommentar, es handele sich angesichts der Pleite des Finanzbetrügers Jürgen Schneider um „Peanuts", löste der damalige Chef der Deutschen Bank eine allgemeine Empörung aus und lieferte das Unwort des Jahres 1994.

Einseitige Zuwendung von Aufmerksamkeit

Ein Gesprächspartner wird bevorzugt

Christine M. wird im Vorstellungsgespräch mit drei Gesprächspartnern konfrontiert: dem Geschäftsführer, der sie auch eingeladen hat, der Personalleiterin und dem Abteilungsleiter, der eine vakante Planstelle besetzen möchte. Während des gesamten Interviews spricht die Bewerberin fast immer den Geschäftsführer an. Selbst wenn die anderen Beteiligten eine Frage stellen, erhält Ersterer die Antwort.

Diese ungleichmäßige Verteilung von Aufmerksamkeit kann als Missachtung niedrigerer Ränge oder als Autoritätsfixierung gedeutet werden: Eine Person schaut nur auf denjenigen, der allen zeigen kann, wo der Hammer hängt. Ein guter Geschäftsführer wird aber nach dem Interview seine beiden Mitstreiter fragen, welchen Eindruck sie von dem Kandidaten haben. Das Urteil kann aus dem geschilderten Grund ungünstig ausfallen. Deshalb: Schauen Sie zuallererst natürlich denjenigen an, der die Frage gestellt hat, aber verlieren Sie dabei niemals die anderen aus den Augen.

Übersprungsbewegungen

Das Phänomen der Übersprungsbewegungen ist vom Hühnerhof bekannt: Wenn der Hahn die Henne nicht einholen kann, pickt er ziel- und sinnlos auf dem Boden herum. Hierbei handelt es sich um Aktionen, die absichtslos und unbewusst ablaufen. Sie dienen dem Abbau aufgestauter Energien – auch beim Menschen.

Stresssignale fallen auf

Jedes Mal, wenn Bewerber A eine Frage gestellt bekommt, kratzt er sich am rechten Bein, bevor er antwortet. Hingegen greift Bewerber B in einer vergleichbaren Situation nach seinem Schreibutensil und hantiert damit herum. Bewerber C baut mit seinen Händen ein Spitzdach.

Oft zeigen Übersprungsbewegungen einen innerpsychischen Konflikt an. Ein geschulter Interviewer wird sich bei dieser Gelegenheit sagen: „Aha, hier habe ich offensichtlich ein sensibles Thema angesprochen." Die Körpersprache – und dazu gehören auch Übersprungshandlungen – ist nun einmal die ehrlichste Form der Kommunikation. Wer mit zittrigen Händen seelische Belastbarkeit als besondere Stärke anführt, widerlegt sich selbst.

Wie aber kommt es zur Übersprungsbewegung? Stress bewirkt einen Adrenalinschub und dieser stellt körperliche Energien bereit. Diese können in einem Vorstellungsgespräch freilich nicht sinnvoll abgeleitet werden. Daher sucht sich der Körper eben ein Ventil in Form einer Ersatzhandlung. Auch wenn das normal ist, wirkt es meist störend und wenig souverän. Wer zu solchen Übersprungsbewegungen neigt, sich dessen aber bewusst ist, kann sich für eine gute Stunde durchaus zügeln.

Haspeln und verhaspeln

Einen Menschen nach seinem Sprachfluss zu beurteilen mag ungerecht sein, aber verbale Holprigkeiten schmälern nun mal die Wirkung des Gesagten. Dies gilt natürlich auch für das Vorstellungsinterview. Wie können Betroffene es vermeiden, sich in den eigenen Wörtern zu verheddern?

Was ist zu beachten, wenn ich möglichst unfallfreie Sätze formulieren möchte?

- Reagieren Sie auf eine Frage oder Aufforderung zum Sprechen nicht sofort. Zu einem gekonnten Dialog gehört es, einen Augenblick der Stille aushalten zu können. Niemand nimmt es Ihnen übel, wenn Sie einen kurzen Moment abwarten und zuerst nachdenken, ehe Sie mit Ihrer Antwort loslegen.
- Versuchen Sie nicht, sich als Formulierungskünstler zu profilieren. Dieser falsche Ehrgeiz wird nicht belohnt.
- Heinrich von Kleist beginnt seine berühmte „Anekdote aus dem letzten preußischen Kriege" mit einem Satz, der 15 Kommas und ein Semikolon enthält. Er ist wunderbar gelungen, aber stilistisch nicht zur Nachahmung empfohlen.

  Wenn Sie kein Sprachakrobat sind, verzichten Sie lieber auf Schachtelsätze und Einfügungen. Fangen Sie lieber neue Sätze an, auch wenn dies etwas schlicht wirkt.
- Zwingen Sie sich dazu, hin und wieder Kunstpausen einzulegen. Sie gönnen Ihren Zuhörern damit eine kurze Erholung und können sich sammeln. Die Pausen müssen natürlich an die richtige Stelle gesetzt werden, sie dürfen keinen zusammenhängenden Gedankengang des Sprechenden auseinander reißen.
- Sie haben den Faden verloren? Am ehesten finden Sie ihn wieder, indem Sie sich zu diesem kleinen Missgeschick bekennen. Das nimmt nämlich ein wenig den psychischen Druck.
- Natürlich dürfen Sie sich auch mal versprechen. Perfektion zieht dem Leben das Mark aus den Knochen.

„Wie ist das Betriebsklima?" und andere unintelligente Fragen

„So, jetzt tauschen wir einmal die Rollen – Sie haben doch bestimmt auch noch Fragen!" Dieses Angebot bietet gute Möglichkeiten, sich für den Job zu empfehlen – ist aber nicht ohne Tücken. Es gibt indiskrete, ungeschickte und schlicht dumme Fragen.

Auf dem falschen Fuß erwischt

Eigentlich lief für den Bewerber alles gut. Er konnte eindeutig punkten und fühlte sich im Gespräch recht komfortabel. Das Unternehmen, sein Umfeld, die Aufgabeninhalte und deren Rahmenbedingen waren ausführlich dargelegt worden. Auch die Selbstdarstellung war gut über die Bühne gegangen. Und dann kam sie – die obligatorische Frage: „Haben Sie Ihrerseits noch Fragen?" Leider fiel dem Bewerber erst gar nichts und dann nur Banales ein. Schade.

Was Sie tunlichst vermeiden sollten: Lesen Sie Ihre Fragen nicht von einem vorbereiteten Zettel ab. Es gibt immer wieder Bewerber, die so vorgehen und die notierten Punkte abarbeiten wollen. Da kommen dann mit Sicherheit Fragen, die längst beantwortet sind oder schlicht nicht mehr passen. Ein höflicher Gastgeber lässt seinen Gast zwar gewähren, denkt sich aber sein Teil: unflexibel, bürokratisch, unsouverän, wie im Verhör!

Und nun einige typische Fragen, die Sie in einem Vorstellungsinterview lieber nicht stellen sollten:

- „Wie ist das Betriebsklima in Ihrem Hause?“ Was soll Ihr Gesprächspartner darauf antworten? Wird er Ihnen im Zweifelsfall sagen, dass die Stimmung aufgrund von Restrukturierungsmaßnahmen im Keller ist? Diese Frage bringt gar nichts.
- „Wie halten Sie es mit der Delegation von Aufgaben und von Verantwortung an Ihre Mitarbeiter?“ Jeder Vorgesetzte wird sich hier zum Führungsmittel Delegation bekennen, auch wenn er dies mit dem Abschieben lästiger Aufgaben verwechselt. Sie sind nach dieser Antwort nicht schlauer und machen auch keine Punkte damit.
- „Fühlen sich Ihre Mitarbeiter immer ausreichend informiert?“ Wenn Sie Pech haben, werden Sie mit dem Konter „Mitarbeiter fühlen sich nie ausreichend informiert!“ abgekanzelt.
- „Wann wurde das Unternehmen gegründet?“ Diese Frage steht stellvertretend für alle Fragen, die Sie sich längst hätten selbst beantworten müssen – etwa durch Recherchen im Internet.
- „Wann ist morgens normalerweise Arbeitsbeginn?“ Das kann man später klären. Im Vorstellungsgespräch ist diese Frage ungeschickt. Ausnahme: Eltern, die ihre Kinder vorher noch in den Kindergarten oder in die Schule bringen müssen. Dasselbe gilt für Fragen nach dem Arbeitsende oder der Gleitzeitregelung.
- „Wie sieht es eigentlich mit dem Gehalt aus?“ Die Einkommensfrage schneidet Ihr Gastgeber an und Sie sollten ihm hier nicht die Initiative wegnehmen. Meist werden Sie ja doch mit einer Gegenfrage konfrontiert: „Welche Vorstellungen haben Sie denn?“ Damit wird Ihnen die Position des Fragestellers wieder genommen, stattdessen beginnt viel zu früh das Gehaltsgespräch.
- „Wie war die Resonanz auf Ihre Anzeige?“ Wer über ein Mindestmaß an Empathie verfügt, verkneift sich diese Frage. Denn sie hat mit der Entscheidungsfindung nichts zu tun.

Wer fragt, führt – wer fragt, motiviert

Mit Fragen, um dies noch einmal zu betonen, haben Sie die Chance, Profil zu zeigen und zusätzliche Informationen zu gewinnen. Bedenken Sie dabei aber, wie Ihre Fragen wirken, was diese bei Ihrem Gesprächspartner auslösen könnten. Empathie ist gefragt – also die Fähigkeit, sich in die Rolle seines Gegenübers zu versetzen.

Stellen Sie „Aufhänger-Fragen“

Experten-Tipp

Was aber sind gute Fragen? Das sind diejenigen, die sich auf Informationen beziehen, die Sie bisher von Ihrem Gesprächspartner über das Unternehmen und die zu erfüllende Aufgabe erhalten haben. Es geht um Formulierungen, Fakten und Daten, die Ihr Gegenüber in Ihrem gemeinsamen Gespräch bereits erwähnt hat.

„Sie haben eingangs gesagt, Herr K., dass in Ihrem Haus absolute Kostendisziplin im Vordergrund steht. Welche Bedeutung hat angesichts dieser Ausrichtung die Personalentwicklung bzw. Aus- und Weiterbildung?"

„Sie sprachen vorhin von einer guten Position in den asiatischen Märkten. Welche Rolle spielen in Ihren Überlegungen die neuen EU-Mitglieder insbesondere in Osteuropa?"

„Sie wollen alle Arbeitsprozesse konsequent weiter digitalisieren. An welche Software-Anbieter denken Sie in erster Linie?"

„Sie wollen die Reklamationsrate von derzeit vier Prozent innerhalb eines Jahres halbieren. An welche Maßnahmen denken Sie und wie könnte ich Sie als potenzieller neuer Mitarbeiter dabei unterstützen?"

Mit derartigen Aufhänger-Fragen profilieren Sie sich als jemand, der gut zuhören kann, der sich wichtige Dinge merkt und der dialogfähig ist.

„Ich habe noch andere Bewerbungen laufen"

Experten-Tipp

Selbst disqualifiziert

Hier noch einmal der Satz aus einer Bewerbung als Junior-Manager, der schon einmal als Beispiel gedient hat:

„Mit einer zügigen Bearbeitung meiner Bewerbung würden Sie mir sehr entgegenkommen, da ich mich innerhalb der kommenden Wochen entscheiden muss, ob ich eine mir angebotene Stelle im Außendienst annehme."

Darauf hinzuweisen, dass man noch andere Eisen im Feuer hat, ist keine gute Idee. Andererseits spielen Sie Vabanque, wenn Sie bei jeder Bewerbung erst das Resultat abwarten, ehe Sie eine neue Initiative starten. Was Ihnen aber nicht passieren sollte: Sie dürfen nicht nur annähernd in den Verdacht geraten, mögliche Alternativen als Druckmittel zu benutzen. Werten Sie es dagegen als gutes Zeichen, wenn Sie nach anderen Bewerbungen gefragt werden, und bekennen Sie sich freimütig dazu. Wie immer im Leben gibt es aber auch hier Ausnahmen. Ob Sie Alternativen erwähnen sollten, hängt davon ab, ob Sie Ein- oder Umsteiger sind.

Experten-Tipp

Berufseinsteiger oder Berufsumsteiger?

Wenn Sie als Berufseinsteiger erklären, dass Sie keine weiteren Bewerbungen auf den Weg gebracht haben, wird Ihnen Verantwortungslosigkeit in eigener Sache unterstellt. Das gilt auch für jeden, der sich aus der Arbeitslosigkeit heraus bewirbt.

Bei den Berufsumsteigern – also jenen, die den Arbeitgeber wechseln möchten – sieht die Sache freilich ganz anders aus. Wer aus einer festen Anstellung heraus diverse Initiativen startet, ist nach menschlichem Ermessen mit seiner derzeitigen Aufgabe unzufrieden. Meist wird unterstellt, dass der Bewerber in Not ist und die Kündigung erwartet. Nicht selten entspricht dies auch den Tatsachen. Das sollte man seinem Gesprächspartner im Vorstellungsgespräch aber nicht auf die Nase binden.

Sagen Sie bei entsprechender Nachfrage einfach, dass Sie die Angebote in den Stellenmärkten sporadisch beobachten und zufällig auf die interessante Aufgabe gestoßen seien, um die Sie sich gerade bewerben.

„Wie schätzen Sie meine Chancen ein?"

Aus gutem Grund wird an dieser Stelle auf diese Frage eines Bewerbers noch einmal gesondert eingegangen. Erstens wird sie immer wieder in Vorstellungsgesprächen gestellt, zweitens ist sie unmöglich und drittens lässt sich an ihr nochmals aufzeigen, worauf es prinzipiell in einem Vorstellungsinterview ankommt.

Schlechter Abschluss eines Gesprächs

Katja G. hat ein Vorstellungsgespräch, bei dem die Geschäftsführerin, der Personalleiter und ein Gruppenleiter des sie interessierenden Unternehmens anwesend sind. Am Ende des Interviews fragt Katja G. nach ihren Chancen, den Job zu bekommen. Daraufhin entsteht zwischen den Gesprächsteilnehmern ein peinliches Schweigen.

Experten-Tipp

Wer kann in einer solchen Situation etwas sagen, ohne seine Partner zu Statisten zu degradieren? Natürlich keiner. Wenn Sie mit zwei oder drei Firmenrepräsentanten konfrontiert werden, geht es ja ausdrücklich darum, dass diese sich unabhängig voneinander ein Bild machen möchten und danach gemeinsam eine Entscheidung treffen. Das ist aber logischerweise erst möglich, nachdem sich der Bewerber verabschiedet hat. Wer die Frage nach den Chancen stellt, wenn er mehrere Gesprächspartner hat, zeigt ein enormes Defizit in Sachen Empathie. Oder anders: Wer sich in die Lage seiner Partner versetzen kann, stellt diese Frage nicht.
Und auch wenn nur ein Interviewpartner das Gespräch mit Ihnen führt, ist die Frage nach den Chancen – auf die freilich jeder Bewerber gern eine Antwort hätte – unvorteilhaft. Denn möglicherweise stellen sich noch fünf weitere Kandidaten vor. Eine Auskunft wäre folglich zu diesem Zeitpunkt gar nicht möglich. Die Personalexperten erwarten, dass Sie als Bewerber von allein darauf kommen.

Schlechter Gesprächsabschluss

Der Beginn und das Ende eines Gesprächs bleiben am stärksten haften. Die Lernpsychologie konnte dies einstweilen recht gut belegen und es leuchtet eigentlich auch jedermann ein. Wer den ersten Auftritt verpatzt, hat keine guten Karten, und wer zum Schluss noch einen Bock schießt, auch nicht. Der schlechte erste Eindruck lässt sich während des Gesprächs allerdings noch wettmachen – der Abgang klingt oft noch lange nach. Etwa so, wie nach einem Kinobesuch.

Das kommt nicht gut an

Was auch immer Volker M. in seinem Vorstellungsinterview geritten haben mag – zum Abschluss eines sehr überzeugenden Gesprächs erwähnt er jedenfalls, dass er eigentlich gar nicht arbeiten müsse, weil seine Ehefrau sehr vermögend sei.

Experten-Tipp

Einen solchen Umstand zu erwähnen ist ungünstig, denn Mitarbeiter, die ohne Probleme alles hinschmeißen können, wünscht sich aus guten Gründen kein Unternehmen.

Insbesondere in schwierigen Zeiten gehören die Schlüsselqualifikationen Durchhaltevermögen und Frustrationstoleranz zu den wichtigsten Eigenschaften.

Kompetenter Gesprächsabschluss

Wenn Sie sich nach einem Vorstellungsgespräch gekonnt verabschieden wollen, beachten Sie Folgendes. Ein guter Abgang besteht darin:

- noch einmal kurz sein Interesse zu bekunden,
- sich für die Einladung zu bedanken,
- beim Abschied jeden Gesprächspartner mit dem Namen anzusprechen und
- falls es der Gastgeber nicht getan hat, den Verbleib zu klären. Wer meldet sich bis wann bei wem?

Fragenkatalog für das Vorstellungsgespräch

Zu allen Phasen sehen Sie im Folgenden noch einmal einen zusammenfassenden Fragenkatalog mit allen gängigen Fragetypen. Keine Angst, nicht jede dieser Fragen wird Ihnen gestellt, denn jeder Personalverantwortliche hat seinen individuellen Fragestil. Insgesamt können Sie aber von einem ähnlichen Gesprächsaufbau ausgehen. Wichtig ist für Sie, sich inhaltlich auf Basis dieser Fragen perfekt auf das Gespräch vorbereiten zu können.

Checkliste

Checkliste: Phase 1 – Aufwärmphase

Aufwärmphase	Tipps
Haben Sie gut hergefunden?	Ja, danke.
Wie sind Sie hierher gekommen?	Sehr gut, danke.
Wie geht es Ihnen?	Ein wenig nervös, aber insgesamt gut.
Wie haben Sie sich auf dieses Gespräch vorbereitet?	Informationen auf Ihrer Homepage (oder in anderen Medien).
Arbeiten Bekannte oder Freunde in unserem Unternehmen?	Ja/Nein.

Checkliste: Phase 2 – Ihre Selbstdarstellung

Selbstdarstellung	Tipps
	Ihre Story vorher aufschreiben, üben!
Erzählen Sie doch mal etwas über sich!	Das erwartet das Unternehmen von Ihnen: eine strukturierte Darstellung Ihres Werdegangs (roter Faden!), Ihre „Story" (siehe Kurzprofil „Ich über mich"). Start bei der Ausbildung – kurz die Abschlüsse und Schwerpunkte (in Bezug auf die ausgeschriebene Position) darlegen. ■ Berufliche Stationen wie im Lebenslauf ■ Leistungsbeispiele schildern ■ Kompetenzprofil Insgesamt maximal 6 bis 8 Minuten
Bitte schildern Sie kurz Ihren bisherigen Werdegang!	Wie oben
Stellen Sie bitte Ihren Werdegang dar!	Wie oben
In Ihrem Lebenslauf fehlen Angaben zu dem Zeitraum von ... bis ... Was haben Sie da gemacht?	Bitte schauen Sie nochmal im Kapitel „Lücken im Lebenslauf" nach.
Beschreiben Sie sich bitte in maximal fünf Sätzen!	Hier empfehle ich Ihnen: ■ Kurzprofil („Ich über mich") (siehe Kapitel „Jobmessen") ■ Berufliche Schwerpunkte ■ Fachliche Kompetenzen ■ Soziale und persönliche Kompetenzen, soweit diese zur Stelle passen und verlangt werden.

Checkliste: Phase 3 – Ihr Werdegang

Werdegang	Tipps
Bitte schildern Sie uns in kurzen Sätzen Ihren bisherigen Berufsweg.	
Wer oder was hatte den größten Einfluss auf Ihre Studien- oder Berufswahl?	
Wenn Sie frei wählen könnten, würden Sie das Gleiche noch mal studieren/lernen?	
Haben Sie Praktika absolviert? Wenn ja, wo? Auf wessen Initiative haben Sie das Praktikum absolviert?	
Warum haben Sie gerade an dieser Hochschule studiert?	
Welche Schwerpunkte haben Sie gewählt? Warum?	
Wie haben Sie diese guten Leistungen geschafft?	
Wie erklären Sie sich Ihre schlechteren Leistungen?	
Halten Sie Ihren Ausbildungsweg für konsequent?	
Können Sie uns Ziel und Ergebnis Ihrer Abschlussarbeit erläutern?	
Was würden Sie anders machen?	
Welche zusätzlichen Kenntnisse haben Sie sich neben dem Studium angeeignet? Weiterbildungsaktivitäten?	
Nennen Sie uns aktuelle Leistungsbeispiele/Projekte.	

Checkliste: Phase 4 – Fachliche Kompetenzen

Arbeitsinhalte	Tipps
	Beispiele aus Ihrem Kompetenzprofil erarbeiten!
Wodurch zeichnet sich – ganz allgemein – Ihr Arbeitsstil aus? Können Sie Beispiele dafür nennen?	
Beschreiben Sie bitte Ihre Vorgehensweise bei schriftlich zu bearbeitenden Aufgabenstellungen.	
Welche fachlichen Kenntnisse haben Sie in Ihren Praktika erworben?	
Was haben Sie während der einzelnen Nebenjobs gelernt, von dem Sie noch heute profitieren?	
Was ist Ihnen im Bezug auf Ihre Arbeitsumgebung wichtig?	
Wie strukturieren Sie Ihren Tagesablauf?	
Sind Sie eher jemand, der gerne eine Aufgabe zu Ende bringt, bevor er sich an eine andere macht, oder mögen Sie es, zwischen vielen Aufgaben laufend hin- und herzuwechseln?	
Was macht Ihnen fachlich besonders viel Spaß?	
Welche Aufgaben, die derzeit zu Ihrem Tätigkeitsbereich gehören, motivieren Sie am wenigsten?	
Welche beruflichen Probleme würden Sie ganz besonders reizen?	
Problemlösungskompetenz	
	Beispiele erarbeiten!
Wie gehen Sie ganz allgemein bei der Lösung von Problemen vor?	
Welche Problemlösetechniken kennen und nutzen Sie?	
Wonach entscheiden Sie, ob Sie die Probleme eigenständig lösen oder ob Sie weitere Personen in den Prozess einbinden? Können Sie dafür ein Beispiel bringen?	
Projektmanagement	
	Beispiele erarbeiten!
Schildern Sie bitte ein Beispiel für ein von Ihnen mit Erfolg durchgeführtes Projekt.	
Welche Hilfsmittel oder Tools aus dem Bereich des Projektmanagements haben Sie in der Vergangenheit kennen gelernt? Welche nutzen Sie?	
Was ist Ihre Vorgehensweise bei der Planung und Durchführung eines Projekts?	
Mit welchen Problemen hatten Sie im Rahmen von Projektaufgaben zu tun und wie haben Sie diese lösen können?	
Welche sind für Sie die entscheidenden Aspekte, die den Erfolg eines Projekts bestimmen?	
Wie überprüfen Sie den Zielerreichungsgrad Ihrer Projekte und wie greifen Sie gegebenenfalls steuernd ein?	

Checkliste: Phase 4 – Soziale Kompetenzen

Teamverhalten	
	Beispiele aus Ihrem Kompetenzprofil erarbeiten!
Welche Aufgaben bearbeiten Sie am liebsten im Team, welche Aufgaben bearbeiten Sie lieber allein?	
Wo liegen Ihre positiven, wo Ihre negativen Erfahrungen mit der Teamarbeit?	
Wie gehen Sie damit um, wenn es in Ihrer Arbeitsgruppe (Lerngruppe) deutliche Meinungsverschiedenheiten gibt?	
Wie verhalten Sie sich, wenn Sie mitbekommen, dass es in Ihrem Arbeitsteam (Lernteam, Freundeskreis) verdeckte Konflikte oder Spannungen gibt?	
Mussten Sie schon einmal eine Gruppe von Kollegen und Mitarbeitern (Mitstudenten, Mitschülern) für ein spezielles Projekt oder eine bestimmte Aufgabe zusammensetzen und koordinieren? Was war Ihnen dabei wichtig und wie sind Sie vorgegangen?	
Konfliktfähigkeit	
	Beispiele erarbeiten!
In welchen Situationen stimmen Sie sich mit Ihren jetzigen Dozenten/Kollegen (Mitstudenten, Freunden) ab und in welchen nicht?	
Gab es schon einmal ernstliche Meinungsunterschiede zwischen Ihnen und einem Dozenten/Kollegen/Mitstudenten/Freund von Ihnen? Was waren die Gründe dafür?	
In jeder Arbeitsumgebung gibt es schwierige Kollegen (Mitstudenten, Mitschüler). Bitte schildern Sie uns einen solchen von Ihnen erlebten Fall und wie Sie damit umgegangen sind.	
Können Sie ein Beispiel dafür bringen, wie Sie bemerkt haben, dass einer Ihrer Mitarbeiter oder Kollegen (Freunde, Mitstudent, Mitschüler) sich nicht wohl fühlt?	
Wie gehen Sie mit Vorgesetztenentscheidungen (Lehrer, Professoren) um, die Sie eigentlich nicht mittragen wollen?	
Schildern Sie bitte eine Konfliktsituation, die Sie in der letzten Zeit bewältigen mussten.	

Checkliste: Phase 4 – Persönliche Kompetenzen

Leistungsbereitschaft	
	Beispiele aus Ihrem Kompetenzprofil erarbeiten!
Was motiviert Sie, Leistung zu bringen?	
Wodurch motivieren Sie sich selbst in Ihrer Arbeit (beim Lernen)?	
Bei welchen Aufgaben fällt es Ihnen am schwersten, den Anfang zu finden?	
Was treibt Sie in Ihrer täglichen Arbeit (beim Lernen) an, was verschafft Ihnen Befriedigung?	
Was unterscheidet Sie von anderen in Ihrem Leistungsverhalten?	
Was sind Ihre persönlichen Ziele für das nächste Jahr?	
Was tun Sie, um sie zu erreichen?	
Welchen Stellenwert nimmt ein großer beruflicher (Lern-)Erfolg in Ihrem Leben ein?	
Wie gehen Sie mit Rückschlägen um?	
Durchsetzungsvermögen	
In welchen Situationen ist gute Überzeugungskraft für Sie wichtig?	
Wie überzeugen Sie Ihren Gesprächspartner von Ihrem Standpunkt?	
Wie gelingt es Ihnen, auch Ideen durchzusetzen, bei denen Sie auf Widerstand stoßen?	
Bevorzugen Sie Kompromisse oder versuchen Sie, Ihre Ideen lieber vollständig durchzusetzen?	
Lernverhalten	
	Beispiele erarbeiten!
Was möchten Sie gern noch lernen?	
Mit welchen Informationen und Methoden halten Sie sich persönlich fachlich auf dem Laufenden?	
Welche Fortbildungsmaßnahmen haben Sie in der letzten Zeit besucht und zu welchen Veränderungen an Ihrem Arbeitsplatz haben diese geführt?	
In welchen Bereichen haben Sie sich Trainingsmaßnahmen in der Vergangenheit gewünscht? Warum haben Sie sie (nicht) besucht?	

Persönliche Fragen	
	Beispiele aus Ihrem Kompetenzprofil erarbeiten!
Was sind Ihre Stärken? Nennen Sie drei!	
Was sind Ihre Stärken im Vergleich zu anderen?	
Welche Schwächen haben Sie? Nennen Sie drei!	
Wenn ich Ihren Freund (oder eine andere Person, die Sie kennt) zu Ihnen befrage, wie würde sie oder er Sie beschreiben?	
Wenn Sie sich jemandem beschreiben müssten, der Sie nicht kennt, wie würden Sie das tun?	
Für welche Verhaltensweisen oder Bereiche erhalten Sie negative Rückmeldung?	
Wie gehen Sie damit um?	
Worauf sind Sie besonders stolz?	
Können Sie uns drei Erfolge aus Ihrem Werdegang nennen?	
Können Sie uns drei Misserfolge nennen?	
Welche Werte und Leitbilder prägen Sie? Mit welchen identifizieren Sie sich gar nicht?	
Warum sollen wir Sie einstellen?	
Wo möchten Sie in fünf Jahren stehen? Oder: Was möchten Sie in fünf Jahren erreicht haben?	
Wie wollen Sie das erreichen?	
Fragen zu Motivation	
Warum wollen Sie gerade zu uns?	
Warum wollen Sie in diesem Bereich tätig werden?	
Was interessiert Sie gerade an dieser Position?	
Fragen zu Ihrem Kenntnisstand des Unternehmens	
	Im Vorfeld Recherche im Internet/ auf der Homepage/in der Presse
Was wissen Sie über unser Unternehmen?	
Was wissen Sie über unsere Produkte/Dienstleistungen?	
Welche Produkte, glauben Sie, sind unsere erfolgreichsten?	
Was wissen Sie über den Markt, in dem wir uns bewegen?	
Welche Produkte stellen sich in Zukunft eher schwierig dar?	
Was wissen Sie über unseren Wettbewerb?	
Was wissen Sie über die vakante Position?	
Was haben Sie aus unserer Anzeige herausgelesen und was erwarten Sie von der Aufgabenstellung?	
Welche Aufgaben interessieren Sie bei der zu besetzenden Position am meisten?	
Welche Erwartungen haben Sie an das Unternehmen/ Vorgesetzte/Kollegen/Mitarbeiter?	
Was wollen Sie in der von uns angebotenen Position erreichen?	

Fragen zu Familie und Freizeit	
	Achtung! Hier stecken schwierige Fragen!
Was machen Sie in Ihrer Freizeit?	
Welche Hobbys üben Sie aus?	
Sie nennen als ein Hobby Lesen – welches Buch lesen Sie gerade?	
Welche Tageszeitung lesen Sie?	
Sind Sie in Vereinen und Organisationen tätig?	

Checkliste: Phase 5 – Informationen über/Fragen an das Unternehmen

Selbstdarstellung des Unternehmens durch die Firmenvertreter	
Beschreibung des Unternehmens	
Beschreibung der Aufgabe mit Kompetenzen und Verantwortungsbereich	
Beschreibung der Ziele und Erwartungen an Sie	
Beschreibung der zuständigen Verantwortlichen	
Ihre Fragen an das Unternehmen **Fragen zur Position, falls noch nicht erörtert**	
Mit welchen Mitarbeitern/Abteilungen arbeite ich zusammen?	
Wie viele Mitarbeiter gibt es in dieser Abteilung?	
Wie ist der Arbeitsbereich innerhalb des Unternehmens eingeordnet?	
Wie gestalten Sie die Einarbeitung?	
Aus welchen Gründen wird die Stelle frei?	
Was sind Ihre Erwartungen an den zukünftigen Stelleninhaber?	
Wie gestaltet sich bei Ihnen das Thema Mitarbeiterbeurteilung?	
Wie ist Ihre Zeitplanung?	
Wie sind ggf. die weiteren Schritte?	

Checkliste: Phase 7 – Abschluss und Verabschiedung

Abschluss des Gesprächs und Verabschiedung	
Ist unser Unternehmen gut für Sie erreichbar?	
Wie lang ist die Fahrzeit von Ihnen zu uns?	
Fällt Ihnen ein Umzug nach XYZ schwer?	
Wie beurteilen Sie das Gespräch?	
War das Gespräch sehr anstrengend?	
Wie geht es Ihnen jetzt?	

Tipps für Ihre Bewerbung von Personalentscheidern und Führungskräften

Tim A. Ackermann

Graduate Recruitment, Deutsche Bank AG, Frankfurt am Main
www.deutsche-bank.de

Der Konzern und seine Mitarbeiter

Die Deutsche Bank gehört mit einer Bilanzsumme von rund 870 Mrd. Euro, ca. 64.000 Mitarbeitern und einem umfassenden Service in 74 Ländern zu den führenden internationalen Finanzdienstleistern. Als einer der weltweit besten Anbieter in den Geschäftsfeldern Corporate Banking and Securities, Transaction Banking, Asset Management sowie Private-Clients-Business verfügt die Deutsche Bank in Deutschland und anderen ausgewählten Ländern in Kontinentaleuropa über eine bedeutende Stellung im Privat- und Firmenkundengeschäft. Innerhalb der Bank bin ich selbst als Vice President Human Resources für das Recruiting von Hochschulabsolventen in den IT- und Abwicklungsbereichen sowie HR zuständig.

Aus dem Recruiting-Alltag

Nach fünf Jahren Recruiting-Alltag mit mehreren tausend Erstscreenings von Bewerbungen und bis zu 250 eingestellten Absolventen mache ich heute folgende Erfahrung: Einige Absolventen versuchen verstärkt, in Vorstellungsgespräch oder Assessment Center Erwartungen zu erfüllen, von denen sie denken, dass wir als Unternehmen sie haben. Sie schlüpfen in eine Rolle, die sie – manchmal – erfolgreich spielen. Was passiert aber, wenn sie damit tatsächlich Erfolg haben? Sie müssen diese Rolle weiter spielen, also „schauspielern", um erfolgreich auch in der beruflichen Realität zu sein. Auf Dauer ist dies für Sie und das Unternehmen sicher keine gute Lösung. Mein Plädoyer lautet daher: Konzentrieren Sie sich auf die Inhalte, spielen Sie keine Rolle und bleiben Sie Sie selbst!

Was sind Bewerbungsmythen?

Hunderte von Bewerbungsratgebern können nicht lügen. Oder doch? Auch die Personalabteilungen entwickeln sich in Richtung Zukunft. Aus meiner Erfahrung in Interviewtrainings und den dazugehörenden Feedbacks der Personalentscheider sieht man immer wieder, dass Kandidaten sich auf Bewerbungsmythen vorbereiten, die in der Realität nicht gefragt sind. Zwei Beispiele:
Mythos Nr. 1: die Noten. Natürlich sind Noten wichtig und natürlich gibt es Unternehmen, einige „Top-Beratungen" als Beispiel, die auf sehr gute Abschlussnoten und Prädikatsexamen als Knockout-Kriterium Wert legen. Aber zunehmend wichtiger wird für uns Personaler das Gesamtbild aus Studium, Noten, Praxiserfahrung, Auslands-

aufenthalten und Ihrem ganz individuellen Profil. Ein Bündel von harten Fakten prägt dieses Gesamtbild, das einzelne Faktum ist aber jeweils in Grenzen flexibel. Ein Beispiel: Wenn Sie eine lange Studiendauer vorweisen, aber alle anderen positionsrelevanten Fakten stimmen und Sie dann in Ihrem Anschreiben sinnvolle Begründungen für diese lange Studiendauer liefern, beziehen wir Sie trotzdem in die engere Wahl potenzieller Kandidaten ein.
Mythos Nr. 2: Die berühmte Frage nach den Stärken und Schwächen. Diese Frage ist ein wirklich angestaubtes Bewerbungs-Tool. Sie mag in gewissen Situationen ihre Berechtigung haben – aber nie dient sie zum Eruieren von Stärken und Schwächen. Neuere Ansätze sind dagegen die situativ-biografischen Fragen, also die Fragen mit der Headline „Wo haben Sie bereits konkretes Verhalten gezeigt?". Am Beispiel Teamwork lässt sich gut erklären, was gemeint ist. Eine Frage könnte hier lauten: „Wo haben Sie sich neu in ein bestehendes Team integriert und wie haben Sie das gemacht?" Oder die Frage nach Innovation: „Wo haben Sie zu bestimmten Prozessen oder Produkten eine Idee gehabt und wie haben Sie versucht, diese Idee umzusetzen?" In Deutschland reagieren Bewerber auf solche Fragen oft verunsichert – hier können sich die Kandidaten ein Beispiel an der angelsächsischen Kunst des Selbst-Marketing nehmen. Dort verkaufen die Bewerber Ihnen auch das korrekte Einlegen von Kopierpapier als eine eigene Innovation.

„Neue" Soft Skills

Veränderungen in der Arbeitsorganisation wie zunehmende Komplexität von Aufgaben und Prozessorientierung sowie das ökonomische und globale Umfeld lassen Fähigkeiten von Mitarbeitern, die früher keine Beachtung fanden, zunehmend an Bedeutung gewinnen. Die interkulturelle Kompetenz gehört dazu, also die Sensibilität für Probleme, die in der Kommunikation zwischen Interessengruppen unterschiedlicher Hintergründe auftreten können. Bei Verhandlungen mit Partnern eines anderen Landes empfiehlt es sich beispielsweise, nicht nur die Gepflogenheiten des Landes zu kennen, sondern auch sensibel für daraus resultierende Missverständnisse und Fehlinterpretationen zu sein.
Wir erwarten bei der Deutschen Bank zudem Proaktivität bei Hochschulabsolventen im Sinne von unternehmerischem Denken. Unternehmerisch denken Sie in unseren Augen dann, wenn Sie sich Problemen selbstständig annehmen und versuchen, diese zu lösen.
Als dritten „neuen" Soft Skill möchte ich die Fähigkeit nennen, Netzwerke aufzubauen und sich Informationen zu beschaffen, zu interpretieren und einen unilateralen Informationsaustausch zu organisieren.

Persönliche Empfehlung

Was Sie während Ihres Studiums nicht an vorzeigbaren Fähigkeiten erworben haben, werden Sie auch nicht im Rahmen eines Interviews unter Beweis stellen können!
Insgesamt zeichnen sich die Bewerbungen von Hochschulabsolventen heute durch eine höhere Qualität aus. Praxiserfahrung, Internationalität und eine sehr gute Ausbildung, unterstützt durch eine Lehre, sind (fast) Standard. Wie wählen wir Sie aus? Nach dem Gesamtbild Ihres Werdegangs, dem Bezug zur Stelle und ganz besonders

nach Authentizität als einem „Meta Skill“. Einfach ausgedrückt: Stellen Sie sich in positivem Licht dar, aber stellen Sie nichts dar, was Sie nicht selber sind!

Christina Callies

Geschäftsführerin Region Rhein Main der jobs in time GmbH, Bad Homburg/Frankfurt a. M.
www.jobsintime.de

Die „jobs in time GmbH“ wurde am 1. Juli 2000 gegründet. Die Schwerpunkte unserer Personaldienstleistung umfassen die Zeitarbeit, die Jobvermittlung und das Outsourcing. Heute arbeiten 1.600 qualifizierte Mitarbeiterinnen und Mitarbeiter in 16 deutschen Niederlassungen. Dabei dient der temporäre Einsatz oftmals als Brückenfunktion zur Festeinstellung in renommierten Kundenunternehmen. 60 Prozent unserer Mitarbeiter finden über die Zeitarbeit einen interessanten Arbeitsplatz. Insbesondere Frauen haben gute Chancen, sich neu zu positionieren. Dazu einige Zahlen aus der Region Rhein-Main: 73,6 Prozent Frauenanteil an Beschäftigten, 29,4 Prozent der Frauen haben Kinder, 23,5 Prozent der Frauen arbeiten in Teilzeit. Wir bieten unseren Mitarbeitern ein attraktives Gehalt, ein einzigartiges Prämiensystem und interessante Sozialleistungen. Seit 2004 arbeiten wir nach dem BZA-Tarifvertrag.
Die Jobvermittlung dient unseren Bewerberinnen, um entweder ihrer Karriere neue Impulse zu geben oder sich nach einem Arbeitsplatzverlust neu zu orientieren. Wir nutzen für sie unsere guten Kontakte in die Wirtschaft, um ihnen entsprechende Jobs anzubieten.

Bewerbungsunterlagen

Bevor es zu einem Vorstellungsgespräch in unserem Hause kommt, schauen wir uns Ihre Bewerbungsunterlagen an. Dabei legen wir Wert auf ein zur angestrebten Position passendes Foto und Anschreiben sowie auf einen ausführlichen Lebenslauf. Nach einem erfolgreichen Gespräch in unserem Hause und Ihrem Einverständnis erhalten unsere Kunden ein Profil, in dem wir Ihre Kompetenzen parallel zu Ihrem Werdegang darstellen. Dabei ist es von Vorteil, wenn Sie Ihren beruflichen und persönlichen Hintergrund sachlich und lückenlos darstellen. Auf Ihrem Foto (von einem professionellen Fotografen) sollten Sie sympathisch und durch Ihre Kleidung (Blazer mit T-Shirt/ Bluse) professionell wirken. Wir erwarten keinen perfekten Menschen. Auch Lücken und Knicke gehören zu Ihnen. Aber auch hier gilt, mit einer kurzen Erläuterung erzielen Sie die beste Aussicht auf Erfolg.

Vorstellungsgespräch

Die Gespräche in unserem Hause dauern in der Regel 45 Minuten. Neben der allgemeinen Aufforderung, etwas über sich selbst zu erzählen, stellen wir Ihnen gezielte Fragen zu Ihren fachbezogenen Tätigkeiten und Zeugnissen. Denn je mehr wir über Sie erfahren, desto besser können wir Ihr Profil „stricken“ und auf vielfältige Kundenaufträge platzieren. Da das zweite Gespräch überwiegend vor dem Vorstellungsgespräch bei unserem Auftraggeber geführt wird, setzen wir auch hier ein gepflegtes

Äußeres (Stichwort: Business-Outfit) voraus. Wir geben unseren Bewerbern vor dem Gespräch wichtige Informationen über das Kundenunternehmen.
Unser Tipp: Bereiten Sie sich auf das Gespräch gut vor und bringen Sie Schreibzeug mit!

Perspektiven

Immer mehr Unternehmen arbeiten mit Personaldienstleistern zusammen, um flexibel auf die Unternehmensentwicklung reagieren zu können und die Personalkosten als kalkulierbare Größe zu definieren. Ihre Karriere zu planen, Berufserfahrung zu sammeln oder wieder in den Beruf einzusteigen, dies sind Themen, die Sie mit jobs in time planen können. Sie haben dann einen Arbeitsplatz und ein höheres Selbstbewusstsein. „Test the job" ohne Risiko und sammeln Sie Erfahrungen in verschiedenen Unternehmen oder unterschiedlichen Branchen.
Mein persönlicher Tipp für Sie: Bewerben Sie sich parallel für Positionen in anderen Unternehmen! Und nutzen Sie die Chance, wenn Sie bei uns in einem Projekt arbeiten, dort mit Ihren Kollegen zu sprechen, Kontakte aufzubauen und über diese Kontakte Informationen über freie Stellen zu erhalten.

Anja Elligsen

Leitung Key Account Management, e-fellows.net GmbH & Co. KG, München
www.e-fellows.net

Was ist e-fellows.net?

Das Karrierenetzwerk e-fellows.net wurde 2000 als virtuelle Plattform für Studenten und Unternehmen von den Gesellschaftern Deutsche Telekom AG, McKinsey & Company Inc. und der Verlagsgruppe Georg von Holtzbrinck GmbH & Co. KG gegründet. e-fellows.net schafft Verbindungen zwischen den besten Studierenden aller Fachrichtungen, insbesondere der Wirtschafts-, Rechts-, Ingenieur- und Naturwissenschaften, und führenden Unternehmen. e-fellows.net vergibt auch das erste Online-Stipendium in Europa. Die Partnerunternehmen nutzen die effizienten und schnellen Kontaktmöglichkeiten zu den Stipendiaten und gewinnen so frühzeitig besonders qualifizierte und motivierte Talente. Fast die Hälfte der 12.000 Stipendiaten befindet sich im Hauptstudium, ein knappes Viertel ist im Grundstudium, jeder fünfte der Stipendiaten promoviert. Die Absolventen profitieren nicht nur vom kostenlosen Zugang zu 3000 Recherche-Datenbanken, sondern auch von Mentorenprogrammen. 250 Fach- und Führungskräfte der Partnerunternehmen betreuen seit 2002 600 Mentees.

Die Trends zum Thema Bewerbung

Wir als e-fellows.net sehen uns als Schnittstelle zwischen den Personal-Entscheidern auf der Unternehmens- und den potenziellen Bewerbern auf Studentenseite. Wir wissen daher auch, welche Trends sich im Bereich Bewerbung bei den Unternehmen abzeichnen und welchen Anforderungen die Kandidaten heute genügen müssen.

Das sind die Trends: weg von klassischen Bewerbungen – weg von E-Mail-Bewerbungen – Nein zu Bewerber-Homepages – hin zu Online-Bewerbungen auf den Unternehmens-Websites! „Bewerben Sie sich auf den Unternehmens-Websites über das jeweilige Bewerber-Management-System" – das ist die aktuelle Aufforderung an Sie. Mit einer Einschränkung: Eher konservative Unternehmen wie Anwaltskanzleien wünschen sich immer noch die klassische Bewerbung in Papierform.
Die Anforderungen an Absolventen haben sich in den letzten Jahren verändert. Nicht nur Fachwissen, sondern Kompetenzen im methodischen, sozialen, persönlichen und (selbst-)organisatorischen Bereich entscheiden über Top oder Flop. Ich empfehle Ihnen, schon während des Studiums praktische Erfahrungen zu sammeln, um die eigenen Stärken und Schwächen und auch eigene Zielsetzungen besser einschätzen zu lernen. Vor dem Start Ihrer Bewerbungsphase sollten Sie sich ein Konzept auf der Basis folgender Fragen machen: Was möchte ich wirklich machen? Was habe ich dafür vorzuweisen? Welche Unternehmen sind interessant für mich? In welchem Umfeld fühle ich mich wohl?
Zum allerersten Kennenlernen sind Recruiting-Events wie der Absolventenkongress in Köln oder die Talents in München geeignete Plattformen. Dort erhalten Sie einen ersten Eindruck von Unternehmen und können sich in Bezug auf Ihre Bewerbung „warmlaufen".

Meine persönlichen Tipps

Die Erfahrungen unserer Partner zeigen, dass trotz der vielen Infos zum Thema Bewerbung immer noch viele fehlerhafte Bewerbungen eingehen. Das Feedback der Unternehmen ist auch in Bezug auf E-Mail-Bewerbungen gespalten, oft klagen unsere Partner über ein zu legeres Handling und qualitativ schlechte Bewerbungen.
Das möchte ich daher empfehlen: Achten Sie in Ihrer Bewerbung besonders auf Fehlerlosigkeit in Anschreiben und CV. Dafür gibt es Rechtschreibprogramme! Angehängte Dokumente sollten Sie immer als PDF-Gesamtdokument und nicht in unterschiedlichen Dateiformaten versenden. Achten Sie auf die Gesamtgröße der Datei, diese sollte 1,5 MB nicht überschreiten. Nicht jeder Seminarschein oder Sprachkurs muss mitgeschickt werden. Die wichtigsten Zeugnisse für die Unternehmen sind für Ihre Zielgruppe das Abiturzeugnis, Vordiplom sowie – falls noch kein Abschlusszeugnis existiert – ein aktueller Notenspiegel und natürlich relevante Praktikumszeugnisse. Für den Lebenslauf gilt: Je nach Position auch das Thema der Studien- oder Diplomarbeit nennen. Bei Praktika oder Nebenjobs keinesfalls auf eine kurze Aufgabenbeschreibung (zwei bis drei Spiegelstriche) verzichten. Und: keine mehrmonatigen Lücken lassen, sondern diese füllen.
Für das Anschreiben gilt: Nicht 20 gleiche Anschreiben zu 20 Unternehmen schicken und nur den Adressaten auswechseln! Muss-Kriterien aus der Stellenanzeige ernst nehmen. Sinnvoll ist es, zwei bis drei Kriterien herauszugreifen und anhand von Beispielen aus der eigenen Vita zu belegen. Keiner möchte nur einen Standard-Eintopf an Soft Skills mit dem Wortlaut „Ich bin teamfähig, kommunikativ und arbeite eigenverantwortlich" lesen.
Aus meiner Erfahrung mit unseren Partner-Unternehmen und Stipendiaten betone ich noch einmal die Bedeutung von Information. Nutzen Sie alle Wege, um Informatio-

nen über potenzielle Arbeitgeber, interessante Jobs und neue Wege zum Unternehmen zu recherchieren. Der effiziente und kompetente Umgang mit Informationen ist eine der Zukunftsanforderungen an die Mitarbeiter von morgen.

Martina Erwig

Personalmarketing/Nachwuchssicherung, BMW Group München
www.bmwgroup.com/career

In eigener Sache

Die BMW Group ist weltweit einer der führenden Hersteller technisch anspruchsvoller und individueller Automobile, Motorräder, Motoren und Komponenten. Im Mittelpunkt stehen neben Technik, Systemen und Strukturen vor allem die 102.000 Menschen, die weltweit für BMW tätig sind. Der Frauenanteil beträgt dabei 13,2 %. Das ist viel für den gesamten Automobilbereich, wobei wenige Frauen den beruflichen Fokus auf Technikthemen gelegt haben. Ingenieurinnen haben auch bei BMW immer noch den Status von Exotinnen. Die BMW Group engagiert sich daher im Rahmen des mentorING-Programms mit der Technischen Universität München für die Förderung von Studentinnen einer natur- oder technikwissenschaftlichen Fakultät und möchte helfen, den Berufseinstieg von Frauen zu optimieren.

Ihre Bewerbung bei BMW

BMW erhält pro Jahr 260.000 Bewerbungen. Um diese hohe Menge bearbeiten zu können, bevorzugt man eine Online-Bewerbung über die BMW-Seite. Sie können zwei Wege nutzen, die Direktbewerbung auf eine offene Stelle oder die Initiativbewerbung über den „Job Assistenten". Ihre Unterlagen und Daten bleiben dabei anonym. Im BMW Group Bewerberpool werden dann alle Bewerber-Profile der eingegangenen Initiativbewerbungen gespeichert, um mit den Anforderungen der offenen Stellen abgeglichen zu werden. Wenn dieser Abgleich erfolgreich ist, identifiziert Sie das System als potenzielle Bewerberin und zeigt Ihre Daten den entsprechenden Fachbereichen an. Bei Interesse an Ihrem Profil schreiben wir Sie direkt an, um Sie für ein Gespräch einzuladen. Bei der Direktbewerbung sehen Personalbereich und die Fachabteilung Ihre Daten direkt und laden Sie bei passendem Profil ein.
Generell haben Frauen und Männer die gleichen Zugangschancen bei BMW, in Bezug auf Kompetenzen ist das Geschlecht unerheblich. Im Gegenteil: Wir sind dankbar für mehr Bewerbungen von Frauen, die auch technische Positionen (neben den klassischen Themen wie Personal, Marketing und Finanzen) besetzen möchten.
Frauen, die nach einer Erziehungszeit und Familienphase zurück in das Berufsleben streben, unterstützen wir intensiv. BMW betreibt z. B. firmeneigene Kindertagesstätten und kooperiert mit der pme Familienservice GmbH, die Unternehmen und deren Mitarbeiter und Mitarbeiterinnen dabei unterstützt, Kind und Beruf – durch Vermittlung von Tagesmüttern, Babysittern, Au Pairs oder anderen Modellen – unter einen Hut zu bringen.

Meine persönlichen Empfehlungen

Speziell für das Thema Wiedereinstieg und Vereinbarkeit von Beruf und Familie ist meine wichtigste Empfehlung für Sie, sich immer auch in die „Haut" des Unternehmens hineinzudenken. Häufig genug verhindern unklare, unrealistische Aussagen über die beruflichen Wünsche und Vorstellungen und fehlende Zielorientierung auf der Seite der Bewerberinnen, dass ihnen überhaupt Job-Möglichkeiten angeboten werden. Das Unternehmen auf der anderen Seite braucht von Ihnen aber im ersten Schritt eine gangbare Lösung und eben kein Problem. Denn auch dort sitzen „nur" Menschen, die kurz- und mittelfristig auch Entscheidungen über Personalkapazitäten treffen müssen. Beim Ausstieg in die Elternzeit schon den Wiedereinstieg und Ihre Rückkehr planen ist daher in dieser Richtung sinnvoll. Kommunizieren Sie mit Ihren Vorgesetzten über Ihre konkreten Vorstellungen und erarbeiten Sie mit ihnen konkrete Gestaltungsmöglichkeiten und Perspektiven. Ihr Mut und Ihre Initiative sind gefragt. Dann ist vieles auch bei BMW realisierbar.

Richard Fudickar

Geschäftsführender Gesellschafter Boyden International GmbH, Bad Homburg, und Vorstandsvorsitzender der Vereinigung Deutscher Executive Search Berater VDESB e. V.
www.boyden.de

„Wer glaubt etwas zu sein, hat aufgehört, etwas zu werden." Diese Aussage von Sokrates gilt nicht nur für einen professionellen und erfahrenen Personalberater. Auch für Sie als frisch gebackene Hochschulabsolventen hat dieser Satz große Bedeutung. Sie haben Ihren Hochschulabschluss in der Tasche und sind jetzt Diplom-Ingenieur oder Diplom-Kauffrau. Sie haben einen Magisterabschluss, einen Bachelor oder Master einer privaten Universität oder Hochschule. Damit haben Sie einen ersten großen Schritt in Richtung Zukunft gemacht. Aber eben nur den ersten. Die nächste Hürde ist Ihre Bewerbung.

Harter Wettbewerb

Sie stehen heute in einem harten internationalen Wettbewerb um Arbeitsplätze für Berufseinsteiger. Absolventen von Fachhochschulen und Hochschulen bewerben sich gemeinsam mit Absolventen der Berufsakademien und privaten Hochschulen um das knappe Gut Arbeitsplatz. Selbst ein Studium in Regelstudienzeit, ein Auslandssemester in den USA sowie eine praxisbezogene Diplomarbeit bei einem Großkonzern garantieren nicht mehr den direkten Übergang vom Studium zum Job. Eine Bewerbungsphase von einem halben Jahr ist auch bei den Unternehmen akzeptiert.

Professionelle Bewerbung

Die Notwendigkeit für Sie, sich in Ihrer Präsentation von Ihren Konkurrenten zu unterscheiden, ist umso gravierender. Es reicht nicht, einfach eine Bewerbung auf eine Stellenanzeige zu schicken. Und das womöglich 150-mal zu tun, in der Hoffnung, einen Treffer zu landen. Sie müssen Ihre Bewerbung professionell mit Ihrem individuellen Marketing-Mix vermarkten. Marketing-Mix bedeutet für Sie die optimale und systematische Kombination einzelner Instrumente, um Ihr Produkt – Sie – auf dem Arbeitsmarkt zu platzieren. Im ersten Schritt nehmen Sie eine Standortanalyse vor. Wo stehen Sie? Was haben Sie im Studium geleistet? Welche zusätzlichen Qualifikationen haben Sie sich über das Studium hinaus angeeignet? Wie verkaufen Sie das im nächsten Schritt Ihrer Zielgruppe Unternehmen? Welche Unternehmen kommen als Zielgruppe in Frage? Welche Verkaufskanäle existieren für Sie – Stellenanzeige, Internet-Jobbörsen, Karriereseiten der Unternehmen, Initiativbewerbung, Rekrutierungsveranstaltungen? Was haben die Kommilitonen gemacht, die vor ein oder zwei Semestern den Berufseinstieg geschafft haben? Und: Woran sind andere gescheitert?

Lebenslauf

Dann erst erstellen Sie Ihre Bewerbungsunterlage. Dabei bin ich persönlich der Meinung, dass man in Bezug auf die Anforderungen das Anschreiben vom Lebenslauf trennen muss. Der Lebenslauf ist die Pflicht, das Anschreiben ist die Kür. Ihr Lebenslauf liefert die Fakten über Sie. Verlassen Sie sich nicht darauf, dass der Personalverantwortliche alles in Ihren Zeugnissen nachliest. Benennen Sie Ihre Lebensstationen, skizzieren Sie Ihre Aufgabenprofile in Ihren Praktika. Was haben Sie in der „University of Life" gelernt und was hat Spuren bei Ihnen hinterlassen?

Anschreiben

Das Anschreiben ist der Appetizer. Damit können Sie Lust auf mehr machen. Hier verbinden Sie die Fakten aus dem Lebenslauf mit Ihrer Motivation und den Anforderungen des Unternehmens. Analysieren Sie die Stellenanzeige und finden Sie hier die Schnittmenge zu Ihrem Profil. Stellen Sie klar heraus, warum Sie für den potenziellen Arbeitgeber interessant sind. Aber biedern Sie sich nicht an! Die schriftliche Empathie muss dann allerdings im persönlichen Gespräch gezeigt werden – sachlich, positiv und authentisch.

Der Schritt in die Zukunft

Denken Sie daran, in fünf bis zehn Jahren sind Sie die Fach- und Führungskraft, die der Executive-Search-Berater direkt anspricht. Dafür ist Ihre optimale Bewerbung ein erster Schritt.

Hagen Gerle

Geschäftsführer der Gerle!Greiert Kommunikationsberatung in Frankfurt am Main
www.hagen-gerle.de

Fakten statt Floskeln

Was mich in Bewerbungsschreiben immer wieder erstaunt, ist die Selbstverständlichkeit, mit der Kandidaten vorgeben, genau zu wissen, was Sie im neuen Job erwartet. Natürlich soll mir eine Bewerbung den Eindruck vermitteln: „Dieser Mensch versteht etwas von seinem Handwerk, den guck ich mir an!" Ob Bewerber und Unternehmen aber tatsächlich zueinander passen, das merkt man erst nach einem bis mehreren Vorstellungsgesprächen und der anschließenden Probezeit. Deshalb mein erster Tipp: Werfen Sie im Bewerbungsschreiben nicht mit Adjektiven, Superlativen und Floskeln um sich, sondern konzentrieren Sie sich auf Fakten. „In den vergangenen beiden Jahren war ich als Assistent im Bereich Pressearbeit bei Bank XY tätig" sagt eben mehr aus als: „Ich bringe langjährige Erfahrung in der Kommunikation für einen großen Finanzdienstleister mit."

Orthografie und Zeichensetzung

Überhaupt das Anschreiben – da trennt sich schnell die Spreu vom Weizen. Wer sich auf einen Job in der Presse- und Öffentlichkeitsarbeit bewirbt und bereits auf der ersten Seite drei Fehler einbaut, mit dem beschäftige ich mich erst gar nicht weiter. Neben falscher Anrede und mangelhafter Rechtschreibung zählen für mich auch unkorrekte Zeichensetzung und (da bin ich pingelig, ich weiß) fehlende oder überzählige Leerzeichen zu den vermeidbaren Fehlern. Denn wer bereits im Anschreiben an mich schlampt – was wird der erst aus den Pressemitteilungen für meine Kunden machen? Lassen Sie Bewerbungsunterlagen immer von mindestens einer weiteren Person mit gutem Sprachgefühl gegenlesen. Im Zweifelsfall gibt es für solche Aufgaben Schreibbüros und Lektorate.

Formale Kriterien

Für jeden Kandidaten lege ich mir eine Plus/Minus-Liste an, um auch viele Bewerbungen miteinander vergleichen zu können. Ich bewerte dabei sowohl inhaltliche als auch formale Aspekte. Ein formales „+" vergebe ich für einen knappen, aber lückenlosen Lebenslauf mit klarer Gliederung, kompletter Adresse mit Telefon (und falls vorhanden: E-Mail-Adresse), Nennung der früheren Arbeitgeber und der dort bekleideten Positionen sowie vollständige Zeugnisse, die in der Reihenfolge des Lebenslaufs beigefügt sind. Außerdem schätze ich es, wenn der Lebenslauf mit der zuletzt ausgeübten Position beginnt – und nicht mit den Grundschuljahren in Bruchmühlbach-Miesau.

Foto und Lebenslauf

Ob Foto oder nicht, schwarzweiß oder in Farbe, ist für mich nicht wichtig – wenn aber eines beigefügt wird, dann bitte in einwandfreier Qualität und im Passbildformat. Ein übersichtlicher, vollständiger und vor allem verständlicher Lebenslauf auf einer Schreibmaschinenseite ist mehr wert als alle ausschweifenden Erläuterungen (Stichwort „dritte Seite") auf vier Seiten Büttenpapier samt großformatigem Porträt.

Letzter Tipp

Stellen Sie sich einfach vor, Sie sind Personalmensch, es ist Freitag Mittag, Sie müssen heute noch fünf Gespräche vereinbaren und haben 30 Bewerbungsmappen vor sich. Nach welchen Kriterien wählen Sie aus?

Carsten Greiert

Geschäftsführer der Gerle!Greiert Kommunikationsberatung, Frankfurt am Main
www.gerle-greiert.de

Studienabbruch – und nun?

Die Liste prominenter Studienabbrecher ist lang, aus Bill Gates, Steven Spielberg und Mick Jagger ist aber auch ohne Abschluss etwas geworden. Doch was ist mit den vielen anderen, weniger prominenten Studienabbrechern? Rund 25 % aller Studierenden entschließen sich Jahr für Jahr, ihr Studium nicht zu beenden. Durchschnittlich sieben Semester haben sie an der Hochschule verbracht, dann hat es ihnen gereicht. Interessanterweise stellt sich für diese Gruppe dennoch nicht automatisch die Frage „Studium abgebrochen – und jetzt?". Vielmehr sehen viele Firmen in ihnen eine attraktive Zielgruppe, wenn es um Neueinstellungen geht. Die Gründe hierfür sind vielfältig: Abbrecher sind häufig motivierte und gut qualifizierte junge Leute, denn sie haben ihr Studium nicht unbedingt aufgrund schlechter Leistungen vorzeitig beendet. Ihnen fehlte an den Hochschulen einfach der Bezug zur Praxis. Sie haben sich außerdem eine gute Portion Fachwissen angeeignet und verstehen es, wissenschaftlich zu arbeiten. Zudem nutzten nicht wenige die Zeit an der Hochschule, um erste echte Berufserfahrungen im Rahmen von Praktika zu sammeln. Diese Kombination ist für viele Unternehmen einfach spannend.

Aus dem Leben eines Studienabbrechers

Eigentlich wollte ich Journalist werden. Schon während meiner Schulzeit habe ich deshalb als Reporter gearbeitet – erst für die Schülerzeitung, dann für eine regionale Wochenzeitung. Nach dem Abitur sollte es dann richtig losgehen. Stattdessen durfte ich eine gewisse Ernüchterung verarbeiten, denn auf meine rund 50 Bewerbungen für ein Volontariat lagen nur Absagen in der Post. „Wir nehmen nur Leute mit Studium", war die gebräuchliche Aussage der angeschriebenen Tageszeitungen. Einzig ein Blatt bot mir wenigstens die Chance für eine freie Mitarbeit – und so war ich in den folgenden beiden Jahren als Lokal- und Sportreporter an unterschiedlichen Standorten tätig. Ein Volontariat wollte man mir danach leider nicht geben und so entschloss ich mich (die Absagetexte bestens im Kopf), doch noch zu studieren. Bloß was? Es wurde Diplom-Germanistik mit Schwerpunkt Journalistik und im Nebenfach Politik an der

Uni Bamberg. Nicht ganz weg vom Berufswunsch und besser als BWL allemal, dachte ich mir. Inwieweit mir allerdings Scheine in Alt- oder Mittelhochdeutsch dabei helfen sollten, ein guter Journalist zu werden, blieb mir bis zum Ende verschlossen. Es war auch nicht so sehr der Inhalt des eigenen Studium, der für mich im Mittelpunkt stand, sondern die Möglichkeit, Fächer übergreifende Erfahrungen zu sammeln. Vorträge an der Uni zum Thema Kommunikation und PR (bei den BWLern) und eine Exkursion zu einer großen PR-Agentur in Frankfurt (mit Market Team, einer Fach übergreifenden Studenteninitiative) brachten mich plötzlich auf ganz neue berufliche Ideen: Ich entdeckte mein Interesse für Public Relations. Sofort bewarb ich mich um einen Praktikumsplatz bei der Agentur, was nach einigen Anlaufschwierigkeiten auch erfolgreich war. Ein Urlaubssemester, drei Monate Semesterferien und viel „Reinknien" später erhielt ich dann ein Angebot als fest angestellter Berater – und fand mich in einer Zwickmühle wieder: acht Semester Studium und den Abschluss vor Augen versus fester Job. Der Entschluss, das Studium schließlich zu „schmeißen", fiel mir nicht leicht. Letztendlich setzte sich aber die Erkenntnis durch, dass ich ein Praktiker und kein Theoretiker bin. Natürlich war mir klar, dass der Studienabbruch später einmal bei den Personalentscheidern ein Kriterium gegen mich sein könnte, aber diese Konsequenz war ich bereit zu tragen. Heute, zwölf Jahre später, kann ich guten Gewissens sagen: Es hat mir nicht geschadet. Ich habe bei einer großen nationalen, einer kleineren regionalen und einer weltweit agierenden Netzwerkagentur gearbeitet; mein Studienabbruch war nie ein Thema. Inzwischen bin ich erfolgreich selbstständig – wenn auch noch nicht ganz so erfolgreich wie Bill Gates.

Machen Sie das, was Sie wirklich machen wollen

Grundsätzlich beruht eine erfolgreiche berufliche Entwicklung auf einer Kombination aus Überzeugung, Engagement und Glück. Ohne von seinem Berufswunsch überzeugt zu sein, wird man nie richtig gut und glücklich sein. Sie sollten sich also genau überlegen, was Sie machen möchten. Das beinhaltet auch die Notwendigkeit, sich einen Irrtum einzugestehen und ggf. einen neuen Weg zu gehen. Stellen Sie sich einfach folgende Fragen: Wer bin ich? Was will ich? Was kann ich? Meine Botschaft an Sie lautet: Machen Sie das, was Sie machen wollen – und engagieren Sie sich dafür. Zu vielen Berufen kommt man auf ganz unterschiedlichen Wegen, finden Sie Ihren Weg und gehen sie ihn konsequent. Nicht immer ist ein Studium oder akademischer Hintergrund eine zwingende Zugangsvoraussetzung. Was vielen Personalchefs ebenso wichtig ist, sind praktische Erfahrungen – mitunter auch in ganz anderen Branchen. Spiegelt sich im Lebenslauf der eigene Berufsweg konsequent wider, macht dies einen Studienabbruch durchaus wett. Das alles ist nicht immer einfach, aber langfristig sicher am Erfolg versprechendsten. Natürlich braucht man auch etwas Glück. Und deshalb bin ich der Überzeugung: Eine Chance ziehen zu lassen, nur um drei Jahre später den akademischen Abschluss zu machen, ist – auch wenn dies eine sehr provokante Aussage ist – nicht immer die bessere Alternative.

Praktika im Studium

Welcher Beruf passt zu mir? Um das wirklich beurteilen zu können, sollte man in „seinen Beruf" einfach einmal hineinschnuppern. Denn echte Erfahrungen sammelt man nicht an der Uni, sondern in der Praxis. Ich rate Ihnen deshalb, während Ihres Studiums so viele Praktika wie möglich zu machen. Nutzen Sie die Semesterferien und bewerben Sie sich rechtzeitig. Es ist immer besser, schon in der Ausbildung zu erkennen, dass die Praxis ganz anders aussieht als man es sich gedacht hat, damit man sich in diesem Fall neu orientieren kann.

Praktika in der PR-Branche

Für Studenten gilt: Alles nehmen, was man kriegen kann und dem Berufziel dient. Ein Praktikum ist die Chance, sich zu empfehlen. Hierfür ist es aber unabdingbar, Einsatz und Durchhaltevermögen zu zeigen. Meine Erfahrung sagt mir, dass man nicht auf einen guten Geist warten darf, der einen unter seine Fittiche nimmt. Initiative ist gefragt und nur sie wird belohnt. Speziell in der PR gilt: Kunden wollen Resultate und keine seitenlangen theoretischen Konzeptionen, wie sie noch viel zu oft an den Universitäten gelehrt werden. Sammeln Sie erste Erfahrungen in einem Praktikum. Und seien Sie hartnäckig, wenn es darum geht, eines zu bekommen. Denn Sie haben harte Konkurrenz: In den vergangenen Jahren haben viele Unternehmen ihre Kommunikations-Budgets zum Teil deutlich gekürzt. Als Konsequenz daraus sind viele sehr gute PR-Profis auf dem Arbeitsmarkt zu finden. Um überhaupt arbeiten zu können, nehmen einige von ihnen sogar Praktikantenplätze an – in der Hoffnung, über gute Leistungen in die Festanstellung wechseln zu können. Ich halte dies für eine Unsitte der Unternehmen. Wer bereits über Berufserfahrung verfügt, sollte nicht unter Wert eingekauft werden. Besser sind befristete Anstellungen zu fairen Konditionen. Es spricht übrigens nichts dagegen, dass Sie Ihr Studium auch abschließen. Und auch danach sind Praktika durchaus noch möglich. Passen Sie aber auf, dass nach spätestens zwei, drei Stationen eine Festanstellung folgt.

Katharina Mayer-Schaefer

Referentin Obere Führungskräfteentwicklung, Thomas Cook AG, Oberursel
www.thomascook.info

Über Thomas Cook

Die Thomas Cook AG – mit mehr als 160 Jahren Tradition die älteste und zugleich international bekannteste Marke in der Touristikindustrie – deckt sämtliche touristischen Wertschöpfungsstufen – Flug, Hotel, Veranstalter, Vertrieb und Serviceagenturen – ab. Zum Konzern gehören 37 Reiseveranstalter, über 2.400 Reisebüros im weltweiten Konzernvertrieb, 75.000 kontrollierte Betten, eine Flotte von 75 Flugzeugen und 24.600 Mitarbeiter. Das Unternehmen ist in den Absatzmärkten Deutschland, Großbritannien, Irland, Frankreich, Belgien, Luxemburg, Niederlande, Österreich, Ungarn, Polen, Slowakei, Slowenien, Ägypten, Indien und Kanada vertreten. Den Grundstein für den internationalen Touristikkonzern haben Anfang 1998 die beiden Gesellschafter des Unternehmens, die Deutsche Lufthansa AG (50 %) und die KarstadtQuelle AG (50 %), mit der Zusammenführung der Condor Flugdienst GmbH und der NUR Touristic GmbH (heute TC Touristik GmbH) gelegt. Durch den Erwerb des französischen Reiseunternehmens Havas Voyages im Juli 2000 sowie die Übernahme des britischen Reisekonzerns Thomas Cook Holdings Ltd. im April 2001 ist einer der führenden Touristikkonzerne der Welt entstanden.

Erfolgsfaktoren für Einsteiger – unsere Anforderungen an potenzielle Mitarbeiter

Die Mitarbeiterstruktur von Thomas Cook zeichnet sich durch eine Mischung ganz unterschiedlicher Persönlichkeiten und Kulturen aus. Parallel dazu prägen schnelle, globale und strukturelle Veränderungen die Tourismus-Branche. Bei uns haben aus diesem Grund flexible und pragmatische Profis mit Fingerspitzengefühl immer eine sehr gute Chance, und das ganz unabhängig vom einzelnen Ausbildungshintergrund. Wir bevorzugen daher Absolventen, die „hands-on" arbeiten können, dabei aber von betriebswirtschaftlichem Denken und hoher Leistungs- und Ergebnisorientierung geprägt sind. Die aber auch genau wissen, dass ein Arbeitstag auch bedeutet, im Tagesgeschäft gelegentlich langweilige Aufgaben wie Kalkulationen, Marktvergleiche oder buchhalterische Themen zu bearbeiten. Neben dem Tagesgeschäft sammeln die Absolventen aber auch Erfahrungen in einem lebendigen und dynamischen Umfeld und in einer spannenden Kombination von Touristik und Airline. Für die Touristik ist ein Studium mit dem Schwerpunkt Tourismus und relevanten Praktika gern gesehen, andere formale Kriterien in puncto Ruf und Qualität der Hochschule sind weniger relevant. Viel wichtiger sind für das spezielle Geschäft des Tourismus Persönlichkeiten, die in genau diese Branche passen. Einen sehr guten ersten Einstieg bietet sich dafür mit einem Praktikum. Und das heißt bei Thomas Cook nicht Ablage und Kaffee kochen, sondern zielgerichtete und eigenverantwortliche Arbeit zu leisten und „voll mit drin zu sein".

Wege zum Unternehmen

Drei Wege führen zu Thomas Cook: Der Online-Bewerbungsbogen für Praktikanten, hinter dem ein Bewerber-Management-System steckt. Und die Bewerbung per E-Mail oder der klassischen Postweg für den Direkteinstieg. Für eine E-Mail-Bewerbung gilt: Wegen möglicher Kompatibilitätsprobleme mit Lotus und Outlook bitte das Anschreiben als Word-Dokument im Anhang verschicken. Die übrigen Unterlagen bitte in zwei Dateien verschicken. Also den Lebenslauf als Word-Dokument und relevante Zeugnisse komprimiert als PDF-Datei.

Erfolgsfaktor Anschreiben

Warum möchten Sie, die Bewerber, zu uns? Was erwarten Sie von Thomas Cook? Das möchten wir verstehen. Das Anschreiben soll daher folgende Fragen, die wir an die Bewerber stellen, beantworten: Wo will ich hin? Was reizt mich an der Stelle? Was reizt mich an dem Unternehmen? Oder an der Branche? Denn zum einen schärfen Sie Ihr Profil als Bewerber. Aber auch für uns sind Ihre Antworten wichtig: Sie sind Indikatoren für unser Image als Unternehmen der Tourismus-Branche und auch für unser Image als Arbeitgeber.

Erfolgsfaktor Foto

Wir sind zwar ein Tourismusunternehmen, erwarten aber höchste Professionalität. Auch bei einem Bewerbungsfoto. Aus meiner Erfahrung ein Tipp für Sie: Auf keinen Fall ein Badehosen-Foto aufkleben! Weder für die Position des Vorstandsassistenten noch für die der Reiseleiterin!

Trend gegenchronologischer Lebenslauf

Wir Personaler nehmen uns etwa zwei Minuten Zeit für eine erste Durchsicht einer Bewerbungsunterlage. In diesen zwei Minuten müssen Sie Ihre Kernbotschaft „rüberbringen". Dies spricht für den gegenchronologischen Lebenslauf, bei dem Bewerber mit den aktuellen Themen auf der ersten Seite starten. Versetzen Sie sich daher immer auch an die Stelle der potenziellen Leser auf Unternehmensseite. Diese wollen nur eins: von den Bewerbern ein klares Bild bekommen.
Dieses klare Bild erzeugen Sie z. B. mit genauen Aufgabenbeschreibungen aus Praktika oder anderen Nebenjobs. Denn was lesen wir daraus? Wir lesen, dass da ein Bewerber schon einmal weiß, wie ein Acht-Stunden-Tag funktioniert. Wir lesen auch daraus, dass sich der Bewerber schon mal durchgebissen und erste Vorstellungen von den eigenen Fähigkeiten und Stärken hat.

Persönlicher Tipp

Auf der Basis langjähriger Erfahrung in der Auswahl und Entwicklung von Fach- und Führungskräften empfehle ich Ihnen: Gehen Sie mit angeblichen Schwachstellen aus Ihrem Werdegang offensiv und positiv um! Bleiben Sie authentisch! Das überzeugt uns.